CALIFORNIE

ÉDITION ÉCRITE ET ACTUALISÉE PAR

Nate Cavalieri, Brett Atkinson, Andrew Bender, Sara Benson, Alison Bing, Cristian Bonetto, Jade Bremner, Michael Grosberg, Ashley Harrell, Josephine Quintero, Andrea Schulte-Peevers, Helena Smith, John A Vlahides, Clifton Wilkinson.

Sommaire

Avant le départ

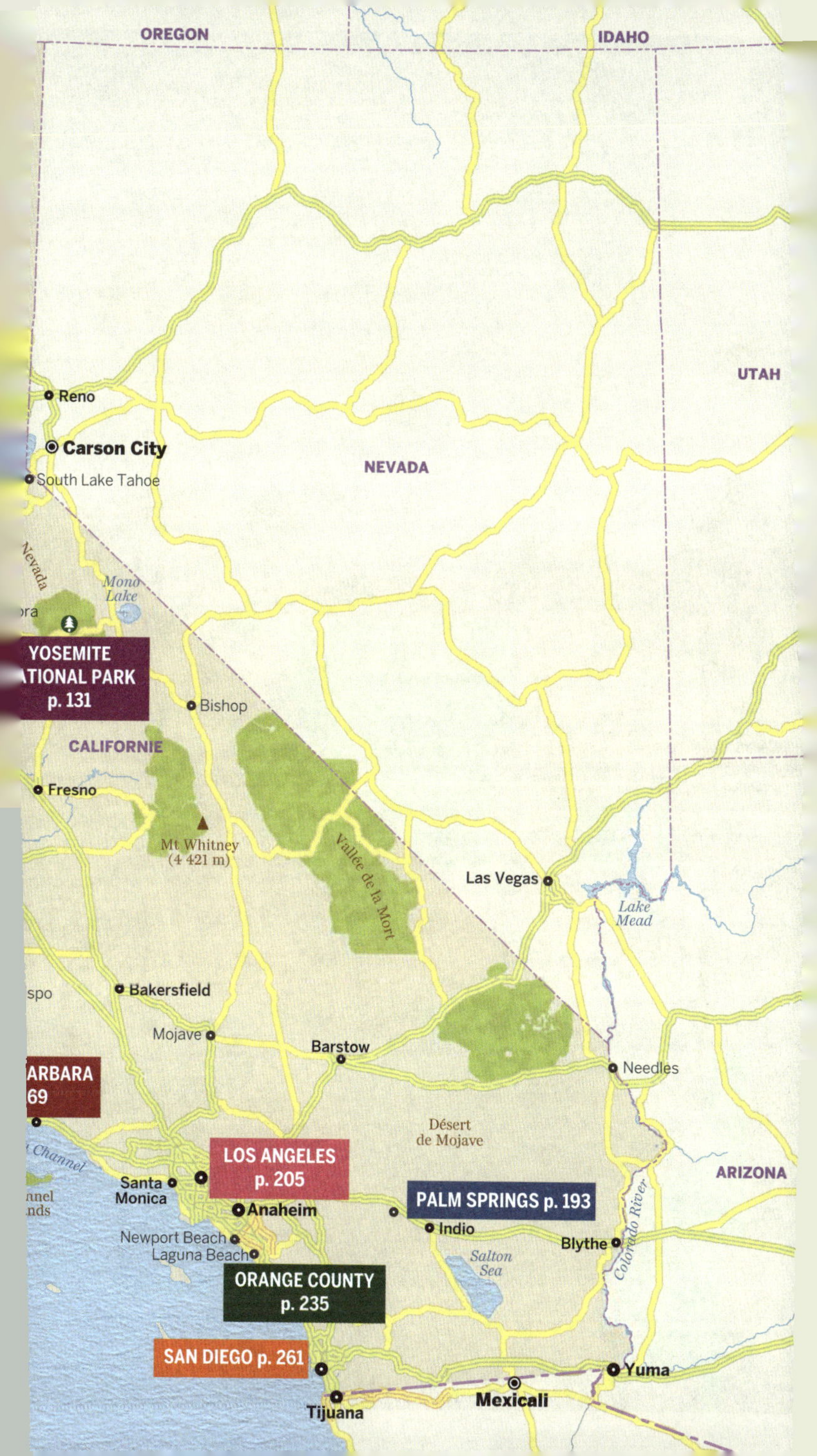
OREGON
IDAHO
UTAH
NEVADA
Reno
Carson City
South Lake Tahoe
Nevada
Mono Lake
YOSEMITE
ATIONAL PARK
p. 131
Bishop
CALIFORNIE
Fresno
Mt Whitney
(4 421 m)
Vallée de la Mort
Las Vegas
Lake Mead
Bakersfield
Mojave
Barstow
Needles
ARBARA
69
Désert
de Mojave
Channel
LOS ANGELES
p. 205
Santa
Monica
Anaheim
PALM SPRINGS p. 193
Indio
ARIZONA
Colorado River
Newport Beach
Laguna Beach
Blythe
Salton
Sea
ORANGE COUNTY
p. 235
SAN DIEGO p. 261
Yuma
Mexicali
Tijuana

Bienvenue en Californie

Des forêts de séquoias brumeuses du nord aux plages ensoleillées du sud, le chant des sirènes du "Golden State" séduit les voyageurs. Une beauté à couper le souffle qui s'accompagne d'une variété de cultures, de villes incroyables et de cuisines délicieuses.

Ici, au bout du continent, on a l'impression que tout peut arriver – et c'est souvent le cas. Les villes californiennes battent au rythme de l'énergie singulière de leurs habitants et prennent un air magique lorsque le soleil se couche sur le Pacifique et que les lumières commencent à scintiller sur les collines dorées. Les illuminations du Gaslamp Quarter à San Diego, le panneau "Hollywood" aussi brillant que la lune au-dessus de Los Angeles, les lumières du Bay Bridge accueillant les visiteurs à San Francisco... C'est une invitation à sortir et à vous amuser, que vous vous mêliez à la foule des clubs et des salles de cinéma pleines de stars à LA, des lieux branchés du quartier LGBT historique de San Francisco ou des brasseries à San Diego. Demain, vous découvrirez quartiers, plages, spas et boutiques, mais, ce soir, c'est la fête !

Loin de ces villes, la beauté de la Californie est encore plus magique. Rien d'étonnant à ce qu'elle soit le berceau d'Hollywood : ses charmes naturels semblent tout droit sortis d'un film, façonnés par des mouvements tectoniques qui menacent de rayer l'État du continent en un tremblement de terre. Après l'exploitation minière, l'abattage et le forage pétrolier du XIXe siècle, les premiers écologistes californiens ont sauvé des arbres anciens, assaini les cours d'eau et nettoyé les plages, donnant naissance aux parcs nationaux et parcs d'État qui continuent d'époustoufler les visiteurs aujourd'hui.

Ici, au bout du continent, on a l'impression que tout peut arriver.

Hôtel à Palm Springs (p. 194)

Crescent City
FORÊTS DE SEQUOIAS p. 89
Goose Lake
Weed
Mt Shasta (4 322 m)
Alturas
Redwood National Park
Arcata
Eureka
Redding
Susanville
Red Bluff
Coastal Range
Leggett
COASTAL HIGHWAY 1 p. 101
Chico
Sacramento River
Mendocino
Nevada City
Truckee
LAKE TAHOE p. 113
Calistoga
SONOMA VALLEY p. 75
Santa Rosa
Sacramento
Napa
Sonoma
Sutter Creek
San Rafael
Stockton
SAN FRANCISCO p. 35
Oakland
Palo Alto
San Jose
San Joaquin River
Santa Cruz
Monterey Bay
Monterey
Diablo Range
BIG SUR p. 155
Paso Robles
Cambria
Morro Bay
OCÉAN PACIFIQUE
0 200 km
0 100 miles

Lever du soleil sur Tahoe Lake (p. 114)
DON SMITH / GETTY IMAGES ©

Avant le départ
12 expériences incontournables

ALEX MENENDEZ / 500PX ©

San Francisco

La belle San Francisco allie culture et gastronomie

Quiconque s'est déjà cramponné à la barre d'un *cable car* vous le dira : San Francisco vous réserve un sacré voyage, des quais chics de la Marina à l'avant-gardiste Mission (p. 35). Et, juste au moment où vous pensez la comprendre, vous tombez sur une ruelle couverte de fresques murales, une vue sur des toits victoriens ou un escalier caché menant à des panoramas sur la baie... changeant complètement votre regard sur la ville. À gauche : le Golden Gate Bridge (p. 40) ; À droite : le centre-ville.

1

GAGAN KAUSHAL / 500PX ©

TIMOTHY S. ALLEN / SHUTTERSTOCK ©

TASFOTONL / SHUTTERSTOCK ©

Sonoma Valley

Collines baignées de soleil et vignobles à perte de vue

Ses habitants la surnomment "Slow-noma", et, contrairement à Napa, personne à Sonoma (p. 75) ne se formalisera si vous conduisez un vieux tacot et votez Vert. Le long de la bucolique Hwy 12 se dressent de vertes collines, constellées de vignobles, de fermes familiales et de jardins. Les charmantes villes de la vallée ne demandent qu'à vous accueillir pour un repas ou pour la nuit, entre deux visites de domaines viticoles. En haut : Vignobles, Sonoma Wine Country (p. 78) ; En bas : Sonoma Plaza (p. 82)

2

MATT MUNRO / LONELY PLANET ©

Forêts de séquoias

Flânez au milieu des géants majestueux

Il n'a jamais été si naturel d'enlacer un arbre qu'au cœur des bois californiens de séquoias séculaires (p. 89), les plus grands arbres du monde. Ces gentils géants sont typiques de la région. Leurs racines ont beau être peu profondes, elles leur permettent de se soutenir les uns les autres et d'atteindre des hauteurs vertigineuses. Une courte balade sur le sol tendre de la forêt, au pied de ces merveilles ancestrales, suffit à relativiser les ennuis du quotidien. Prairie Creek Redwoods State Park (p. 92)

3

4

Highway 1

Une route épique dans le Nord sauvage

La Highway 1 (p. 101), légendaire route côtière, tourne et serpente à plus de 300 mètres au-dessus du vaste et bleu Pacifique, au pied des falaises hautes de 1 600 mètres. En chemin, vous croiserez de petites villes pittoresques et passerez par Mendocino. Ce légendaire bastion bohème regorge de librairies, de boutiques d'aliments naturels et de fascinantes galeries, le tout enveloppé dans une brume salée aux effluves de lavande, de jasmin… et de cannabis.

5

Lake Tahoe

Un terrain de jeu "quatre saisons" dans les montagnes

Sur les hauteurs de la Sierra Nevada, le deuxième lac le plus profond des États-Unis (p. 113) et ses alentours vous offrent un camp d'activités toute l'année. En été, l'eau d'un bleu cristallin se prête à la baignade, au kayak ou même à la plongée, tandis que les adeptes de VTT dévaleront la montagne et que les randonneurs arpenteront le lacis de sentiers forestiers. Le soir, retrouvez votre cottage au bord de l'eau et faites griller de bonnes choses au feu de bois. Lorsque le lac revêt son beau manteau d'hiver, les stations de ski réputées prennent vie.

JASON TODD / GETTY IMAGES ©

TOPSELLER / SHUTTERSTOCK ©

AARON M / 500PX ©

Yosemite et ses environs

Il n'a jamais été si grandiose de se sentir si petit

Dans le Yosemite National Park (p. 131), tout est monumental : des torrents cascadant du haut des falaises et des dômes de granit aux sentiers sillonnant des bois de séquoias géants. Considéré comme un vaste sanctuaire par John Muir (1838-1914), pionnier en matière de protection de l'environnement, le Yosemite ne pourra que vous émerveiller avec ses immenses étendues parsemées de fleurs sauvages et ses vallées sculptées au fil des millénaires.

6

PAUL M O'CONNELL / GETTY IMAGES ©

Big Sur

Découvrez l'impressionnante lisière du continent

Admirez les cascades qui tombent du haut des falaises dans une brume arc-en-ciel et les yourtes juchées à l'orée des forêts de séquoias (p. 155). Au-delà des plages de sable violet et des criques ornées de jade de Californie, vous pourrez apercevoir des baleines en migration. Mais n'oubliez pas d'aller voir un peu plus loin : derrière ces côtes se cachent des sources chaudes et des lieux de retraite. En levant la tête, peut-être apercevrez-vous de rares condors survolant les falaises.

7

8

Santa Barbara

Élégance balnéaire et gastronomie

Les palmiers, les plages de sable blanc et les bateaux mouillant au port sont presque trop beaux pour être vrais. Mais Santa Barbara (p. 169) a travaillé dur pour rester idyllique : le centre-ville a été harmonieusement reconstruit dans un style néocolonial espagnol après un tremblement de terre en 1925 et les écologistes ont milité pour le nettoyage des plages dans les années 1960 et 1970. La "reine des missions" de Californie est d'une rare beauté, avec ses emblématiques bâtiments en adobe (blanchi à la chaux) et ses toits rouges.

PETER UNGER / GETTY IMAGES ©

JON BILOUS / SHUTTERSTOCK ©

S.BORISOV / SHUTTERSTOCK ©

9

Palm Springs

Oasis de luxe en plein désert

Havre de paix des vedettes dans le désert de Mojave depuis l'âge d'or de Frank Sinatra et du Rat Pack, "PS" (p. 193) attire les citadins de LA en quête d'un peu de détente dans un environnement rétro-chic. Suivez l'exemple des stars et des jeunes branchés : relaxez-vous au bord de la piscine d'un hôtel rétro, faites la tournée des galeries et des boutiques vintage, puis rafraîchissez-vous en savourant des cocktails. Les plus actifs exploreront les terres tribales amérindiennes sur les sentiers qui sillonnent les canyons ou grimperont au sommet des San Jacinto Mountains par un vertigineux tramway aérien. Tout à gauche : Palm Canyon Dr ; à gauche : Joshua Tree National Park (p. 196)

SEAN PAVONE / SHUTTERSTOCK ©

S. GREG PANOSIAN / GETTY IMAGES ©

MELPOMENE / SHUTTERSTOCK ©

Los Angeles

Paillettes, sable blanc et soleil sans fin

Si les célébrités sortent la nuit sur les tapis rouges des avant-premières dans des salles de cinéma rénovées, vous aussi aurez votre "instant Hollywood" sur le Walk of Fame. Mais la ville ne se résume pas qu'aux paillettes : la florissante Los Angeles (p. 205) offre une riche scène artistique, un centre-ville à la vitalité retrouvée et des quartiers balnéaires ultra branchés. Du haut, puis dans le sens des aiguilles d'une montre : Grauman's Chinese Theater (p. 210) ; Santa Monica beach (p. 231) ; Los Angeles la nuit

10

TRACEROUDA / GETTY IMAGES ©

Orange County

Des plages magnifiques et un royaume enchanté

11

Walt Disney a bâti son "royaume enchanté" sur d'anciens champs d'orangers et de noyers. Depuis son ouverture en 1955, Disneyland s'est étendu au parc voisin "Disney California Adventure" et est devenu la première attraction touristique de SoCal. Pour plus d'aventures à "OC" (p. 235), partez à la découverte de ses plages : les surfeurs se détendent à Huntington Beach, les plaisanciers se retrouvent à Newport Beach, et Laguna Beach charme tout le monde. Laguna Beach (p. 246)

STEPHEN MOEHLE / 500PX ©

San Diego

Plages, bières artisanales et incroyable zoo

12

Connue pour ses plages dorées, San Diego (p. 261) a d'autres facettes. Le magnifique Balboa Park fait la fierté de la ville, avec ses bâtiments rappelant l'époque coloniale et les missions espagnoles le long de la promenade d'El Prado, et plus d'une dizaine de musées sont dédiés aux arts, à la culture et aux sciences. Découvrez la faune exotique et montez à bord du "Skyfari" dans le célèbre zoo de San Diego, ou arpentez les rues de la vieille ville. Panda, zoo de San Diego (p. 265)

Avant le départ

Ce qu'il faut savoir

Quand partir

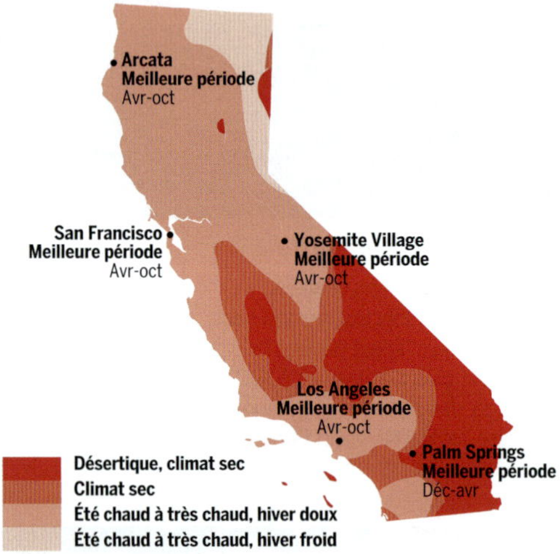

Haute saison (juin-août)

- Le prix de l'hébergement augmente de 50 à 100% en moyenne ; encore plus de monde et plus cher durant les grandes vacances.
- Basse saison pour le désert, où les températures dépassent 38°C (100°F).

Saison intermédiaire (avr-mai et sept-oct)

- Affluence et prix en baisse, surtout sur la côte et en montagne.
- Températures clémentes et journées ensoleillées ; climat plus humide au printemps qu'en automne.

Basse saison (nov-mars)

- Tarif des hébergements plus bas sur la côte, pas toujours en ville.
- Températures très fraîches, pluies fréquentes et fortes chutes de neige en montagne.
- Haute saison dans le désert du sud de la Californie.

Monnaie
Dollar américain ($)

Langue
Anglais

Visa
L'ESTA (p. 314) permet aux ressortissants français, belges et suisses possédant un passeport électronique de se rendre aux États-Unis sans visa pour un séjour d'une durée maximale de 90 jours. Les Canadiens peuvent s'y rendre munis de leur passeport.

Argent
DAB très répandus. Cartes bancaires souvent exigées pour les réservations et chèques de voyage (en dollars) rarement acceptés. Le pourboire n'est pas facultatif.

Téléphones portables
Seuls les téléphones GSM multibandes fonctionnent aux États-Unis. Achetez une carte SIM locale prépayée. Le réseau peut être capricieux dans les zones reculées.

Heure locale
Heure normale du Pacifique (UTC – 8h). Heure d'été du deuxième dimanche de mars au premier dimanche de novembre.

Budget quotidien

Moins de 100 $

- Lit en dortoir : 30-55 $
- Repas à emporter : 7-12 $

100-200 $

- Chambre double dans un motel ou un hôtel : 100-150 $
- Location de voiture, sans l'assurance ni l'essence : 50-80 $/jour

Plus de 200 $

- Hôtel haut de gamme ou *resort* en bord de mer : 150-300 $
- Repas de 3 plats dans un grand restaurant, sans les boissons : 80-120 $

Sites Web

California Travel & Tourism Commission (www.visitcalifornia.com/fr). Guides pour organiser votre voyage (en français).
Lonely Planet (www.lonelyplanet.fr/destinations/amerique/usa/ouest-americain). Infos sur la Californie, réservation d'hôtels, forum de voyageurs, etc.
LA Times Travel (www.latimes.com/travel). Rubrique Voyage du journal avec informations, bons plans et blogs.
Sunset (www.sunset.com/travel/california). Conseils et bons plans des habitants.
California State Parks (www.parks.ca.gov). Activités de plein air et camping.
Caltrans (www.dot.ca.gov). État des routes en temps réel.

Heures d'ouverture

Les boutiques et les restaurants ferment parfois plus tôt ou plus de jours hors saison (nov à mars). Le reste du temps, les horaires sont les suivants :
Banques 9h-18h lun-ven, certaines 9h-13h30 ou plus tard sam.
Bars 17h-2h tlj.
Boutiques 10h-18h lun-sam, 12h-17h dim (les centres commerciaux sont ouverts plus tard).
Clubs 22h-4h jeu-sam.
Restaurants 7h30-10h, 11h30-14h et 17h-21h tlj, parfois plus tard les ven et sam.
Supermarchés 8h-21h ou 22h tlj, certains 24h/24.

À l'arrivée

Los Angeles International Airport (LAX). Comptez de 30 minutes à 1 heure en taxi vers la plupart des destinations (30-50 $). Des navettes porte à porte (15-20 $) circulent 24h/24. Le bus FlyAway (9,75 $) dessert le centre-ville de LA. Des navettes gratuites rallient le City Bus Center et la gare Metro Rail de LAX.
San Francisco International Airport. Taxis (45-65 $) pour le centre-ville : de 25 à 50 minutes. Navettes porte à porte (à partir de 17 $) 24h/24. Les trains BART desservent l'aéroport (8,95 $, 30 minutes). Ils circulent tous les jours de 5h30 (plus tard le week-end) à minuit.

Comment circuler

En Californie, la plupart des gens utilisent la voiture. Vous pourrez prendre l'avion si vous avez un budget important, ou les bus longue distance et les trains touristiques (moins coûteux). Dans les villes, vous avez l'embarras du choix : bus, trains, tramways, *cable cars*, trolleybus ou taxis.
Voiture Le trafic urbain peut être cauchemardesque, surtout aux heures de pointe en semaine (6h-10h puis 15h-19h environ). Le stationnement en ville est souvent compliqué et onéreux.
Train Mode de transport le plus rapide pour circuler à San Francisco et à LA mais certaines zones sont mal desservies. Les lignes régionales et longue distance Amtrak relient certaines villes (plus coûteux).
Bus Mode de transport le moins cher mais le plus lent, c'est aussi celui qui offre le plus large réseau en ville. Les lignes interurbaines, régionales et longue distance Greyhound sont limitées et plus onéreuses.

Pour plus de détails sur Comment circuler, voir p. 326.

Avant le départ
Envie de...

PHOTO.UA / SHUTTERSTOCK ©

Cuisine renversante

Nourrie par deux siècles d'immigration, la cuisine californienne reflète un mélange de cultures, qui ne manquera pas d'enthousiasmer les gastronomes.

San Francisco Burritos au beau milieu de la nuit ou dernières tendances culinaires, San Francisco est le paradis des gourmands.

Ferry Building Cuisine responsable et marché de produits locaux. (p. 48 ; photo)

Sonoma Valley La reconnaissance internationale des vins de la Sonoma Valley dans les années 1970 a profité aux fromagers et restaurateurs locaux.

Cafe La Haye Tous les ingrédients utilisés sont locaux (moins de 100 km). (p. 84)

Los Angeles
La célèbre ville tentaculaire renferme un melting-pot de cuisines du monde entier.

Mariscos 4 Vientos
Incroyables tacos aux crevettes frites (p. 226)

SIMEONE HUBER / GETTY IMAGES ©

Parcs nationaux et parcs d'État

Sommets montagneux ciselés, prairies d'altitude, dunes dans le désert et îles battues par les vents au large des côtes – la nature sauvage de Californie n'a pas fini de vous étonner.

Yosemite National Park Gravissez les montagnes de la Sierra Nevada et contemplez les cascades tombant dans les vallées glaciaires au milieu des fleurs sauvages.

Glacier Point Montez à pied ou en voiture et admirez le coucher du soleil. (p. 134)

Forêts de séquoias Flânez et perdez-vous dans les forêts séculaires des plus grands arbres au monde, sur la côte Nord nimbée de brume.

Avenue of the Giants
Conduisez sous les vénérables séquoias. (p. 94)

Death Valley National Park Découvrez des îlots de vie insoupçonnés dans ce paysage désertique austère, parsemé de curiosités géologiques (photo).

Artists Drive
Une boucle panoramique à sens unique. (p. 189)

Plages

Si pour vous vacances de rêve riment avec bains de soleil, châteaux de sable et trempette dans l'océan, cap sur le sud de la Californie (SoCal).

LOWE LLAGUNO / SHUTTERSTOCK ©

Orange County
La région est riche en belles plages (et offre quelques excellents spots de surf).

Huntington City Beach
Un des meilleurs endroits de la côte pour nager. (p. 252)

Santa Barbara Cette ville balnéaire chic est la destination rêvée des chercheurs de petits trésors, des amateurs de bains de soleil et des surfeurs.

Arroyo Burro Beach
Cette plage de sable est l'une des perles du coin. (p. 175)

San Diego
La ville balnéaire à l'extrême sud de la Californie est parfaite pour surfer, et il y fait beau toute l'année.

Mission Beach et Pacific Beach Plages bondées vouées à l'hédonisme. (p. 268, photo)

Musées et galeries

Qui a dit que seule la culture populaire régnait en Californie ? Cassez la routine des journées plage en visitant de remarquables galeries d'art, expos scientifiques, planétariums et musées.

ALEX MILLAUER / SHUTTERSTOCK ©

San Francisco
La ville recense assez de lieux réputés pour passer une excellente semaine à flâner de musée en musée.

SFMOMA
Récemment rénové et largement agrandi. (p. 55)

Los Angeles La scène artistique et architecturale florissante du centre-ville de Los Angeles a fait revenir touristes et culture dans ce quartier.

LA County Museum of Art
Plus de 150 000 œuvres d'art. (p. 217, photo)

San Diego
Si vous arrivez à vous arracher de la plage, San Diego a beaucoup à vous offrir sur le plan culturel.

Musées de Balboa Park
Dédiés aux arts, à l'histoire et aux sciences. (p. 266)

Avant le départ
100% californien

ANJELIKAGR / SHUTTERSTOCK ©

Activités

La Californie est un terrain de jeu à ciel ouvert toute l'année. Randonnez au milieu des fleurs sauvages du désert au printemps, plongez dans le Pacifique en été, faites du VTT sous les feuilles d'automne et dévalez les pistes de ski en hiver. Après une bonne poussée d'adrénaline, plus rien ne vous fera peur : parapente au-dessus de l'océan, plongée au milieu d'épaves, escalade à flanc de falaise de granit ou rafting sur des rapides. Toutes les villes de la côte proposent un bon nombre d'excursions dans l'eau ou sur l'eau, comme l'observation des baleines avec un guide ou de longues sorties en surf.

Achats

Partout en Californie, encore plus le long de la côte, il y aura un vêtement de créateur, une bonne affaire dans un centre commercial ou une trouvaille vintage qui n'attendra qu'une chose : rentrer dans votre valise. Los Angeles a plus de boutiques dignes de stars que n'importe quelle autre ville en Californie et San Francisco a un style plus indépendant et éclectique. Pour des pièces vintage incroyables, direction Palm Springs et ses friperies. Vous y trouverez aussi des magasins d'usine.

Où se restaurer

Vous ne ferez qu'une bouchée de vos repas dans le Golden State (le surnom de la Californie) et vous aurez souvent envie de féliciter le chef – qui retournera le compliment aux producteurs locaux, agriculteurs, pêcheurs, éleveurs, vignerons et producteurs artisanaux sans lesquels le menu ne serait pas. La cuisine californienne est un travail collectif qui change au gré des saisons. Chaque région a sa spécialité mais le secret de ces menus renversants se trouve dans cette grande bande verte au milieu de l'État, la Central Valley. Cette zone incroyablement fertile nourrit le pays et apporte toujours des ingrédients frais sur la table.

LEMBI / SHUTTERSTOCK ©

Où prendre un verre et faire la fête

Jouez la star dans les clubs chics des villes californiennes… ou faites l'impasse sur les files d'attente et les codes vestimentaires et visez plutôt les bars décontractés. Los Angeles rime avec clubs glamour à Hollywood et scène montante dans WeHo (West Hollywood), tandis qu'à San Francisco, on mise plutôt sur les lieux éclectiques, les cocktails originaux et les bars animés dans la célèbre enclave LGBT du Castro. À San Diego, enfilez vos plus belles tongs et direction les bars de surfeurs ou mettez vos chaussures de marche et entamez la tournée des bars dans Gaslamp Quarter, quartier rouge historique du centre-ville.

Où sortir

La Californie – à Los Angeles en particulier – on s'amuse comme nulle part ailleurs, mais ce n'est pas tout. Outre les salles de concerts de classe internationale dans les villes à la scène musicale florissante (notamment San Francisco et LA), attendez-vous à trouver dans la moindre petite ville un théâtre régional ou un petit cinéma indépendant. Grâce à sa météo clémente tout au long de l'année, la Californie accueille certains des festivals les plus incroyables du pays, notamment le Coachella Music & Arts Festival. Sans oublier les événements sportifs : la Californie a plus d'équipes professionnelles que n'importe quel autre État, et l'attachement aux équipes de la NBA (basket), de la NFL (football américain) et de la ligue majeure de baseball est très profond.

★ Le meilleur de la cuisine californienne

Benu (p. 64)

In Situ (p. 63)

Brick & Fire (p. 99)

Fishetarian Fish Market (p. 109)

Catch LA (p. 228)

De gauche à droite : Shopping sur Rodeo Dr, Los Angeles (p. 224) ; Le Castro, San Francisco (p. 36)

Avant le départ
L'agenda

CHRIS NANOSKI / 500PX ©

Janvier

Mois le plus humide et période creuse sur la côte – mais c'est le meilleur moment pour aller skier en montagne et visiter les déserts du sud de l'État.

Rose Parade & Rose Bowl Game

La célèbre parade du Nouvel An qui précède le match universitaire de football américain (Tournament of Roses) attire près d'un million de spectateurs à Pasadena, en banlieue de Los Angeles.

Nouvel An chinois

Pétards, parades, lions dansants et cuisine de rue marquent le début du calendrier lunaire, fin janvier ou début février. En Californie, le plus grand défilé a lieu à San Francisco.

Février

Le soleil californien perce à travers la bruine : les skieurs dévalent les pistes en tee-shirt et les fleurs des champs s'ouvrent en chœur.

Observation de la nature

Le mois de février est la meilleure période pour observer les baleines au large des côtes, apercevoir les milliers de papillons monarques qui passent l'hiver dans les forêts californiennes et repérer les colonies d'éléphants de mer avec leurs petits dans les dunes de la Central Coast.

Academy Awards

Hollywood déroule le tapis rouge pour l'arrivée des stars de cinéma à l'occasion de la cérémonie des Oscars au Dolby Theatre (fin février ou début mars).

Mars

La saison de ski se termine tranquillement et les plages se réchauffent... juste à temps pour les vacances de printemps.

Mendocino Coast Whale Festivals

Mendocino, Fort Bragg et les villes voisines célèbrent le pic de migration des baleines grises vers le nord, avec dégustations,

CHRISTOPHER POLK / GETTY IMAGES ©

spectacles, conférences et balades guidées sur le thème de la nature.

Festival of the Swallows

Après avoir passé l'hiver en Amérique du Sud, les hirondelles reviennent à Mission San Juan Capistrano dans Orange County autour du 19 mars, et la ville de la mission historique fête son héritage hispano-mexicain.

Avril

Temps fort de la saison des fleurs sauvages dans les déserts d'altitude.

☆ Coachella Music & Arts Festival

Mi-avril, groupes de rock alternatif, DJ culte, célèbres rappeurs et divas de la pop affluent à Palm Springs pour 3 jours extravagants de concerts.

☆ San Francisco International Film Festival

Le plus vieux festival de cinéma du pays illumine les nuits de San Francisco : avant-premières aux invités prestigieux et 325 films du monde entier au programme.

★ Les 5 meilleurs festivals

Rose Parade & Rose Bowl Game, Janvier

Coachella Music & Arts Festival, avril

Pride Month, juin

Comic-Con International, Juillet

Monterey Jazz Festival, Septembre

Mai

L'air se réchauffe dans tout l'État. Le long week-end du Memorial Day marque officiellement le début de l'été.

Bay to Breakers

Chaque troisième dimanche de mai, coureurs et marcheurs costumés, enivrés ou en tenue d'Adam participent à la course annuelle entre Embarcadero et Ocean Beach, à San Francisco.

De gauche à droite : Comics présentés au Comic-Con International (juillet ; p. 24) ; Coachella Music & Arts Festival

Kinetic Grand Championship
Les artistes se préparent pendant des mois à ce "triathlon du monde artistique" et inventent d'étranges engins sculpturaux à propulsion pour parcourir les 67 km qui séparent Arcata et Ferndale.

Juin

À la fin de l'année scolaire, tout le monde se rue sur les plages. Les stations de montagne offrent de fraîches escapades, mais il fait vraiment trop chaud dans les déserts.

Pride Month
La communauté LGBT de Californie consacre tout le mois de juin à la fête : parades costumées, festivals de films, marches, etc. La célébration la plus en vue a lieu à San Francisco (près d'1,2 million de personnes)

Juillet

Les campings, plages et parcs à thème battent leur plein, surtout le 4 juillet (fête nationale).

☆ **Comic-Con International**
Affectueusement surnommé "Nerd Prom" (le bal des nerds), la plus importante convention du pays réunit les amateurs de comics, de culture populaire, de science fiction et de dessins animés à San Diego.

Août

Malgré la fin des vacances d'été, il y a foule sur les plages et dans les parcs de Californie.

Old Spanish Days Fiesta
Avec un programme de parades, de rodéos, d'expositions d'artisanat, de concerts et de danses, Santa Barbara célèbre début août ses racines espagnoles, mexicaines et sa culture américaine *rancho*.

Septembre

Le week-end férié du Labor Day est le bouquet final de l'été : il y a du monde partout (sauf dans les déserts de la SoCal).

☆ **Monterey Jazz Festival**
Les musiciens de jazz traditionnel, de fusion et de percussions ethniques se bousculent pour jouer lors de ce légendaire festival de jazz sur la Central Coast.

Tall Ships Festival
Le plus important rassemblement de grands voiliers historiques de la côte Ouest a lieu à Dana Point (Orange County).

Octobre

Au nord, l'été arrive enfin. Au sud, on souffle un peu après le marathon de plage qui dure depuis des mois.

☆ **Hardly Strictly Bluegrass**
Le premier week-end d'octobre, plus de 500 000 personnes se réunissent dans le Golden Gate Park pour ce festival de musique en plein air (gratuit).

Vineyard Festivals
Tout le mois d'octobre, les régions viticoles californiennes fêtent les vendanges. Au menu : mets et vins, dégustations au fût et foulage de raisin.

Novembre

Les températures baissent dans tout l'État, les premières gouttes de pluie tombent sur la côte et, avec un peu de chance, la saison de ski commence dans les montagnes.

Día de los Muertos
Le 2 novembre, la communauté mexicaine honore ses ancêtres par des défilés costumés, des têtes de mort en sucre, des pique-niques au cimetière, des processions à la bougie... Rendez-vous à San Francisco, Los Angeles et San Diego.

Décembre

Alors que les pluies hivernales commencent à tomber sur la côte, les déserts secs et ensoleillés du sud de l'État attirent les voyageurs.

Parade of Lights
Apportant une touche marine aux fêtes de Noël, des ports sont illuminés par des bateaux décorés et brillant de mille feux, notamment à Newport Beach, dans Orange County, et à San Diego.

Avant le départ

En avant-goût

GIANPAOLO_PHOTO / SHUTTERSTOCK ©

Livres

Un été dans la Sierra (1911). Découvrez ce qui poussa John Muir à fonder le Sierra Club.

Mildred Pierce (1941). Dans ce roman de James M. Cain, une mère de famille tente de conserver sa place au sein de la classe moyenne à Los Angeles lors de la Grande Dépression.

Rue de la Sardine (1945). Avant de visiter Monterey, lisez ce roman évocateur de John Steinbeck.

Les Chroniques de San Francisco (*Tales of the City*, 1976), d'Armistead Maupin. Une galerie de personnages singuliers dans le San Francisco agité des années 1970.

LA Confidential (1990). Un roman noir de James Ellroy sur le LA miteux des années 1950.

Films

Sueurs froides (*Vertigo*, 1958). Un grand Hitchcock à San Francisco.

Le Lauréat (*The Graduate*, 1967). Amour et mensonges en Californie du Nord.

Bullitt (1968), de Peter Yates. Une scène de poursuite dans les rues de San Francisco parmi les plus marquantes de l'histoire du cinéma.

Chinatown (1974). La guerre de l'eau à LA vue par Roman Polanski.

Bagdad Café (1987). Rencontres dans un motel du désert de Mojave.

Mulholland Drive (2001). L'univers de David Lynch à Los Angeles.

The Artist (2011), de Michel Hazanavicius. Une plongée dans le Hollywood des films muets.

Musique

Surfin' USA (The Beach Boys, 1963). L'ambiance balnéaire de la Californie.

Sittin'On (The Dock of the Bay) (1968). Album posthume d'Otis Redding et énorme succès.

L.A. Woman (The Doors, 1971). Nés à Venice Beach, les Doors font pleinement partie du décor new age de la Californie de la fin des années 1960.

Californication (Red Hot Chili Peppers, 1999). La plongée d'Anthony Kiedis dans le côté sombre de Hollywood.

California Gurls (Katy Perry, 2010). La rencontre entre la diva de la pop et le rappeur Snoop Dogg sur ce single extrait de l'album *Teenage Dream*.

Ci-dessus : Skateboarder à Venice Beach (p. 231)

Itinéraire : 5 jours

La baie de San Francisco

Visitez San Francisco puis faites étape dans la Sonoma Valley avant de remonter la côte pour découvrir tous les incontournables du nord de la Californie : excellents musées, routes incroyables, soirées électriques et cuisine et vins de classe mondiale.

Mendocino (p. 104)
Faites un détour par l'Ouest à travers les vergers de la région agricole Anderson Valley, et passez au milieu des séquoias sur la route de Mendocino, petite ville côtière pittoresque.

Sonoma Valley (p. 75)
Traversez le Golden Gate Bridge et partez pour une escapade dans le comté de Sonoma pour déguster des vins de renommée mondiale.
🚗 à 3 heures de Mendocino

San Francisco (p. 35)
Sautez dans un *cable car* et embarquez sur un ferry vers la tristement célèbre Alcatraz. Prenez le temps de visiter le Ferry Building.
🚗 à 2 heures de la Sonoma Valley

Plages de la SoCal

Célèbres attractions, plages de rêve et produits de la mer frais sont au menu de cet itinéraire qui parcourt 160 km de soleil, de sable et de surf. Si vous avez toujours rêvé de vivre dans une chanson des Beach Boys, ce circuit est fait pour vous.

Santa Barbara (p. 169)
Tombez sous le charme de élégante "Riviera américaine" et de ses kilomètres de plages nacrées.
🚗 à 2 heures de Santa Monica

Santa Monica (p. 208)
Partez de la célèbre jetée et longez tranquillement Muscle Beach et les quartiers balnéaires de Los Angeles.
🚗 à 1 heure de Laguna Beach

Laguna Beach (p. 246)
Découvrez les vastes plages de sable d'Orange County et prenez quelques vagues.

FROM LEFT: PAPER CAT / SHUTTERSTOCK ©; ASIF ISLAM / SHUTTERSTOCK ©

Itinéraire : 10 jours

De San Francisco à LA

Comment départager les deux villes, éternelles rivales ? Essayez de ne pas vous laisser distraire par les vues magnifiques sur l'océan au fil des 725 km de route côtière. Plus spectaculaires au Nord et plus ensoleillées au Sud.

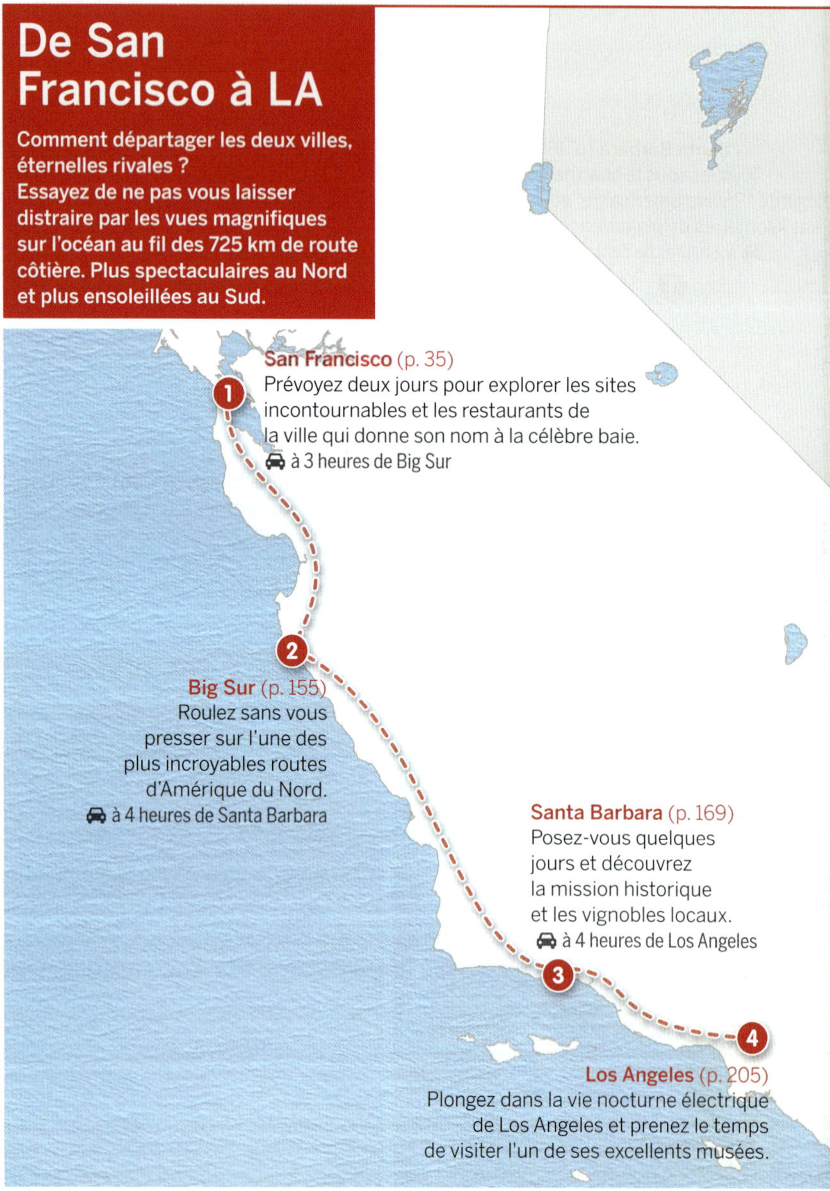

San Francisco (p. 35)
Prévoyez deux jours pour explorer les sites incontournables et les restaurants de la ville qui donne son nom à la célèbre baie.
🚗 à 3 heures de Big Sur

Big Sur (p. 155)
Roulez sans vous presser sur l'une des plus incroyables routes d'Amérique du Nord.
🚗 à 4 heures de Santa Barbara

Santa Barbara (p. 169)
Posez-vous quelques jours et découvrez la mission historique et les vignobles locaux.
🚗 à 4 heures de Los Angeles

Los Angeles (p. 205)
Plongez dans la vie nocturne électrique de Los Angeles et prenez le temps de visiter l'un de ses excellents musées.

4
AFI FEST NOV 6-12
Ghirardelli
(424) 222-2222
808-1000

3

1

Itinéraire : 2 semaines

Les incontournables

Commencez votre voyage au milieu des séquoias géants, cherchez le Golden Gate Bridge à travers la brume, contemplez les panoramas du Yosemite et faites-vous de nouveaux amis exotiques à San Diego.

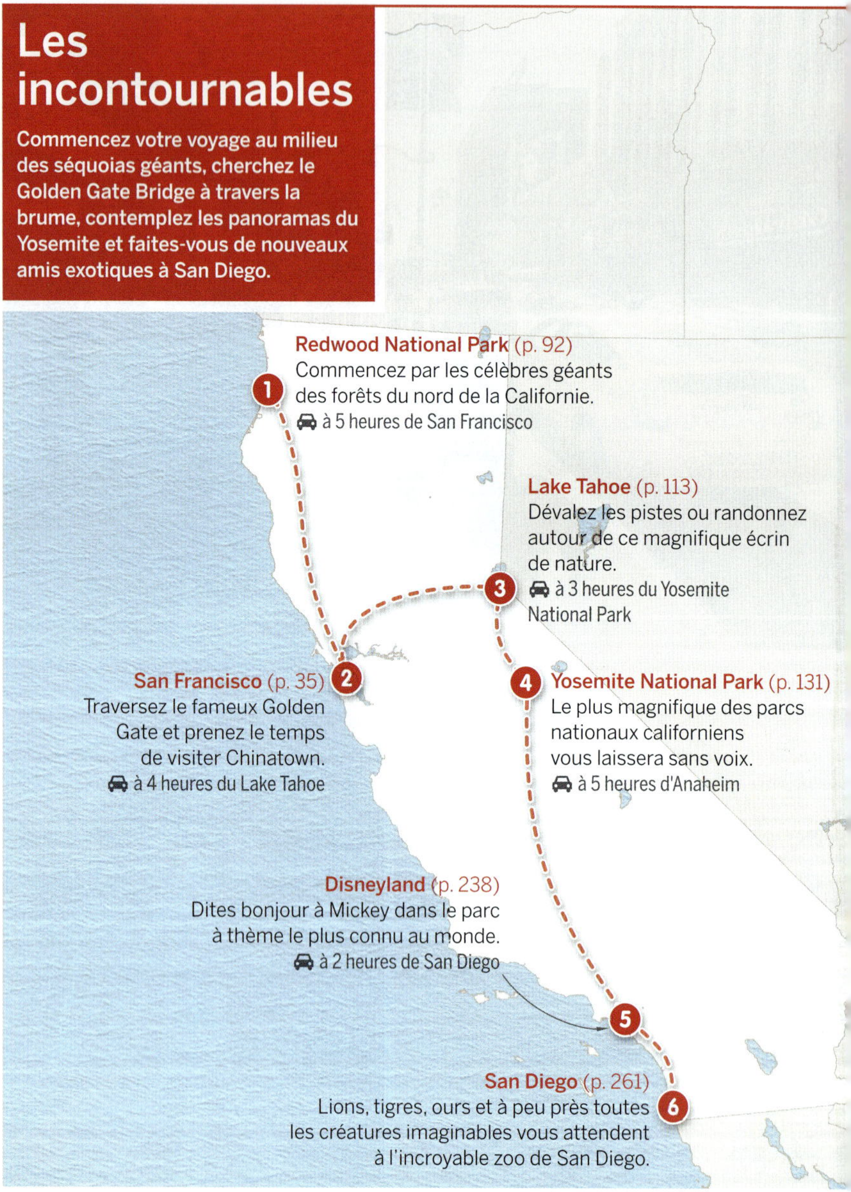

3

6

4

Avant le départ
Voyager en famille

SEAN PAVONE / SHUTTERSTOCK ©

La Californie en bref

La Californie est une destination idéale pour voyager avec des enfants. Les petits vous supplieront d'aller dans les parcs à thème et les ados vous traîneront dans les lieux branchés courus par les célébrités. Sans oublier les grands espaces, bien sûr : les plages ensoleillées et l'ombre de leurs palmiers, les forêts de séquoias dans la brume, les terrains de jeu toutes saisons en montagne. Il n'y a vraiment aucun souci à se faire en Californie avec vos enfants... tant que vous les badigeonnez de crème solaire.

Parcs à thème

La Californie est le paradis des parcs d'attractions à thème. **Disneyland Resort** (p. 238) figure en tête de liste des passages obligés de presque toutes les familles.

Avertissez les plus petits que certaines attractions peuvent exiger une taille minimale pour éviter déception et pleurs.

Parcs nationaux et parcs d'État

Renseignez-vous dans les *visitor centers* sur les activités familiales organisées avec des rangers. Des programmes "Junior Ranger" sont aussi proposés : les enfants reçoivent un badge après avoir rempli leur livret d'activités.

Hébergements

Lors de vos réservations, indiquez toujours que vous voyagez avec des enfants. Quelques endroits, surtout des B&B, pourraient ne pas vous accueillir avec le sourire si vous arrivez avec toute votre petite famille. Assurez-vous aussi de bien préciser le type de chambre que vous souhaitez, même si les demandes ne sont pas souvent garanties.

En règle générale, dans les motels et les hôtels, les chambres possèdent deux lits ou un canapé convertible en sus. Un lit pliant ou un berceau peut être ajouté, moyennant un supplément (demandez-le lors de la réservation). Certains établissements accueillent gratuitement les petits (souvent sans fournir de literie supplémentaire).

Se restaurer

Les enfants sont les bienvenus dans la plupart des établissements, sauf dans ceux hauts de gamme. Les restaurants ordinaires possèdent souvent des chaises hautes et proposent un menu enfant, ainsi que des sets en papier et des crayons pour dessiner. Manger dans un parc à thème peut revenir cher : emportez une glacière et faites un pique-nique sur le parking. Sur la route, des supermarchés servent des plats à emporter.

En pratique

- **Produits pour bébés** Aliments infantiles, préparations pour nourrissons, couches jetables, etc. sont disponibles dans la plupart des supermarchés et pharmacies.
- **Sièges auto** Les enfants de moins de 8 ans (ou de moins de 1,45 m) doivent être attachés à l'arrière dans un siège sécurisé adapté. La plupart des agences de location en proposent, moyennant un supplément, si vous le demandez lors de la réservation.

★ Les 5 meilleurs musées pour enfants

Exploratorium (p. 54)

New Children's Museum (p. 269)

La Brea Tar Pits & Museum (p. 219)

California Academy of Sciences (p. 61)

Griffith Observatory (p. 212)

- **Tarifs réduits** Musées, cinémas, bus, motels... il y a toujours un tarif enfant (la limite d'âge varie de 18 à 6 ans).
- **Toilettes** Des tables à langer sont souvent installées dans les toilettes publiques, et vous trouverez des toilettes individuelles "familiales" mixtes dans les aéroports, les musées, etc.

Pour des informations d'ordre général, consultez le guide *Voyager avec ses enfants* publié par Lonely Planet.

De gauche à droite : Griffith Observatory (p. 212), Los Angeles ; California Academy of Sciences (p. 61), San Francisco

Golden Gate Bridge (p. 40)
Coit Tower (p. 58)
La Marina,
le Fisherman's Wharf
et les quais (p. 54)

SAN FRANCISCO

Dans ce chapitre

San Francisco

Emportez votre manteau et une poignée de paillettes, et pénétrez sur une terre de brume et de fantaisie. Adieu les inhibitions, bonjour San Francisco ! D'autres villes peuvent surprendre, mais, à San Francisco, vous vous surprendrez vous-même. Ici, l'excentricité est de mise tout le temps. Bons moments et révolutions sociales ont tendance à partir d'ici, depuis la frénétique ruée vers l'or jusqu'aux bienheureux hippies. S'il y a une nouvelle figure de skateboard à inventer, une technologie à imaginer, un poème à déclamer ou un projet écologique à tester, il y a des chances pour que cela arrive ici, et maintenant. La ville a beaucoup perdu dans les séismes et les paris sur la bulle Internet, mais elle a toujours conservé son audace.

San Francisco en 2 jours

Montez à bord d'un *cable car* de la ligne Powell-Mason et accrochez-vous : collines et frissons garantis. Déjeunez dans le **Ferry Building** (p. 48) avant de prendre le ferry (réservation indispensable) vers la sinistre **Alcatraz** (p. 44). Le lendemain, n'oubliez pas votre appareil photo pour immortaliser la vue du **Golden Gate Bridge** (p. 40). Traversez le pont ou visitez le Golden Gate Park et admirez la vue depuis le **de Young Museum** (p. 61).

San Francisco en 4 jours

Le troisième jour, visitez **Chinatown** (p. 50) puis, dans l'après-midi, rendez-vous au **Fisherman's Wharf** (p. 54) où vous prendrez un ***cable car* de la ligne Powell-Hyde** (p. 42) jusqu'au **Maritime National Historical Park** (p. 54), en passant devant la très sinueuse **Lombard Street** (p. 59). Le dernier jour, commencez par admirer les fresques de **Balmy Alley** (p. 59) dans Mission, puis partez explorer le quartier hippie historique **Haight** (p. 59). Terminez la journée à **Chapel** (p. 72) pour un concert, ou au bar **ABV** (p. 69).

Lions de mer au Fisherman's Wharf (p. 54)

Comment s'y rendre

San Francisco Airport (SFO) Le BART (Bay Area Rapid Transit) permet de rallier rapidement Downtown pour 8,95 $; des navettes porte à porte coûtent de 17 à 20 $, plus le pourboire ; le bus express à destination de Temporary Transbay Terminal vaut 2,50 $ avec SamTrans ; les taxis demandent entre 40 et 55 $, plus le pourboire.

Oakland International Airport (OAK) Prenez le BART jusqu'à Downtown (10,20 $) ; des taxis partagés desservent Downtown pour 30 à 40 $; un taxi pour San Francisco coûte de 60 à 80 $.

Où se loger

Les hôtels de San Francisco sont parmi les plus chers du monde. Organisez-vous longtemps à l'avance et saisissez les bonnes affaires lorsqu'elles se présentent. Si vous avez le choix, les boutiques-hôtels ont beaucoup plus de cachet que les chaînes hôtelières, mais prenez ce que vous pouvez, dans la mesure de vos moyens. Pour plus d'informations, consultez la rubrique "Où se loger" (p. 73).

Nob Hill, Russian Hill et Fillmore

Ces collines sont les quartiers de prédilection des millionnaires et des randonneurs urbains.

La Marina, le Fisherman's Wharf et les quais

Les lions de mer espiègles et les bateaux pour Alcatraz continuent d'attirer les touristes sur le front de mer.

Golden Gate National Recreation Area

Golden Gate Bridge

OCÉAN PACIFIQUE

Presidio National Park

Haight, NoPa et Hayes Valley

À Haight, les musiciens de rue, les librairies anarchistes et les fresques psychédéliques témoignent de la vivacité de la culture hippie.

Golden Gate Park

Le Golden Gate Park et les avenues

Surfers et aventuriers gourmets se côtoient dans ce parc très agréable.

Carte San Francisco (p. 56)
Carte Mission (p. 60)
Carte Haight et Golden State Park (p. 62)

N 0 — 2 miles
0 — 4 km

North Beach et Chinatown

Les perroquets sauvages tournoient au-dessus des cafés italiens et des bars bohèmes, et les ruelles historiques embaument l'encens des temples.

Downtown, Civic Center et SoMa

On y trouve tout ce qui rend une ville agréable : galeries d'art, hôtels chics, théâtres renommés, centres commerciaux...

Mission et Potrero Hill

La meilleure façon de profiter de Mission est d'y flâner sous le soleil, un livre dans une main, un burrito dans l'autre, parmi les fresques, en compagnie des réalisateurs, informaticiens, épiciers, skaters et romanciers qui habitent le quartier.

Le Castro et Noe Valley

Les drapeaux arc-en-ciel vous accueillent à Castro et les poussettes sont légion devant les boulangeries et les boutiques du quartier familial de Noe Valley.

Golden Gate Bridge

Le monument le plus emblématique de la ville culmine à une hauteur équivalente à celle d'un immeuble de 80 étages et domine les eaux agitées du Golden Gate, fin détroit ouvrant sur la baie de San Francisco. La vue est magnifique lorsque le brouillard se dissipe.

Pour ceux qui aiment...

Ne ratez pas

La coupe transversale d'un câble de suspension du pont derrière le *Bridge Pavilion Visitor center*.

S'il existe d'autres ponts suspendus tout aussi impressionnants sur le plan de la construction, le Golden Gate Bridge remporte la palme dans l'art de la mise en scène. Les journées ensoleillées, son rouge vif captive les foules – grâce aux 25 peintres casse-cou qui appliquent chaque semaine quelque 4 000 litres d'"orange international".

La construction

Personne n'aurait pu l'imaginer. À partir des années 1920, la ville commença à se pencher sérieusement sur l'idée d'un pont traversant les eaux tourbillonnantes du détroit. L'armée, qui possédait les terrains des deux côtés de la baie et ne voulait pas prendre de risques, avait conçu un projet inesthétique (d'affreux pylônes en béton affublés de rayures jaunes) misant avant tout sur la sécurité et la solidité.

KAN KANKAVEE / SHUTTERSTOCK ©

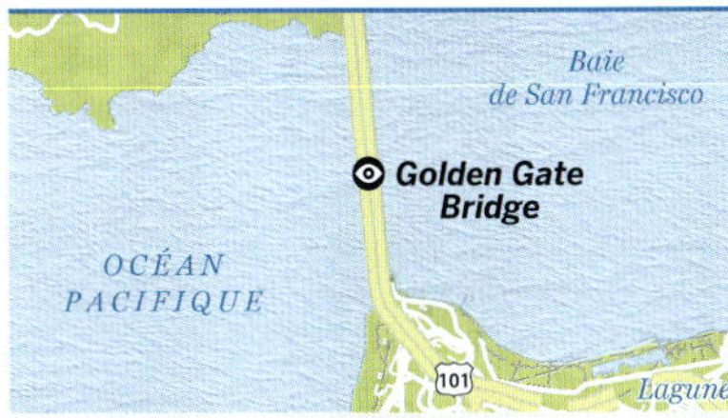

Infos pratiques

☎ renseignements 877-229-8655 ; www.goldengatebridge.org/visitors ; Hwy 101 ; gratuit vers le nord, 6,50-7,50 $ vers le sud ; 🚌 28, tous les bus Golden Gate Transit

Une petite soif ?

Véliplanchistes et amateurs de cerfs-volants boivent du café issu du commerce équitable à la **Warming Hut** (☎ 415-561-3042 ; www.parksconservancy.org/visit/eat/warming-hut.html ; 983 Marine Dr ; plats 4-9 $; ⏰ 9h-17h ; P 👪 ; 🚌 PresidiGo shuttle) 🍃.

★ Bon à savoir

Pour des renseignements sur place, arrêtez-vous au Bridge Pavilion Visitor Center (☎ 415-426-5220 ; www.ggnpc.org ; péage du Golden Gate Bridge ; ⏰ 9h-19h juin-août, 9h-18h sept-mai).

Mais ce fut la proposition de l'ingénieur Joseph B.Strauss et des architectes Gertrude et Irving Morrow de concevoir un pont suspendu Art déco plus sophistiqué, plus élancé et s'intégrant davantage dans le paysage, qui remporta le marché. Les ouvriers plongèrent dans les contre-courants de la baie et lancèrent la construction du pont en 1933. Quatre ans plus tard, les derniers travailleurs achevaient le plus long pont suspendu au monde de l'époque – près de 3 km et deux tours de suspension de 230 m, plus haute construction à l'ouest de New York.

Vues du pont

Pour les cinéphiles, Hitchcock avait vu juste en matière de belles vues : vu de dessous, à Fort Point, le pont de 1937 peut vraiment donner le vertige (*Sueurs froides*, 1958). Ceux qui aiment la brume préfèrent la vue depuis Vista Point (Marin County) et observer les rafales s'élever entre les câbles du pont.

Pour vous faire votre propre idée, traversez les 2,7 km de pont, à pied ou à vélo, sur les trottoirs prévus à cet effet. Le bus Muni 28 vous dépose au parking.

La traversée du pont

Les piétons doivent emprunter le trottoir du côté est. Habillez-vous chaudement ! Depuis le parking et l'arrêt de bus (après Lincoln Blvd), un sentier mène à la gare de péage. À partir de ce point, il vous reste 2,7 km de traversée. Si la distance aller-retour vous freine, prenez un bus Golden Gate Transit vers le côté nord et revenez à pied.

À vélo, dirigez-vous vers la Roundhouse depuis le parking du poste de péage, puis suivez les panneaux jusqu'au trottoir ouest, réservé aux cyclistes.

Cable cars sur California St

CANADASTOCK / SHUTTERSTOCK ©

Cable Cars

Avec des vues de rêve et de l'aventure à la clé, le cable car est l'une des meilleures manières d'explorer San Francisco. Ces merveilles cliquetantes vous conduisent clopin-clopant au cœur des plus beaux quartiers de la ville.

Aujourd'hui, les *cable cars* ressemblent plus à des survivants romanesques de la révolution industrielle qu'à un mode de transport moderne. Mais les engins inventés par Andrew Hallidie en 1873 ont miraculeusement résisté aux pentes vertigineuses de San Francisco et restent un moyen fiable – et respectueux de l'environnement – de partir à la conquête des plus hautes collines de la ville.

Ligne Powell-Hyde

L'ascension de Nob Hill vous rappellera le départ des montagnes russes – mais sur la ligne Powell-Hyde, vous n'avez encore rien vu. Ce *cable car* valse au gré des collines et le Golden Gate Bridge joue à cache-cache dans Russian Hill. Descendez à Lombard St et suivez la route en zigzags jusqu'à North Beach. Vous pouvez aussi vous arrêter et

Pour ceux qui aiment...

Ne ratez pas

La vue de la rue en lacets Lombard St sur la ligne Powell-Hyde.

Cable car sur Market St

JERRY SHARP / SHUTTERSTOCK ©

respirer le parfum des roses en gravissant les escaliers menant à la rue ombragée Macondray Lane et dans le Ina Coolbrith Park fleuri.

Ligne Powell-Mason

Certes, les vues sont moins impressionnantes le long de la ligne Powell-Mason, mais la culture est au rendez-vous. Faites un arrêt sur les hauteurs de Nob Hill pour boire des cocktails tropicaux dans le *tiki bar* Tonga Room (p. 68) puis reprenez le *cable car* jusqu'à Chinatown. Vous traverserez North Beach au niveau de Washington Square, où les ruelles portent le nom de nombreux poètes de la Beat Generation. Le terminus à l'angle de Bay St et de Taylor St se trouve à côté de deux sites captivants : l'USS *Pampanito* et le Musée mécanique.

Infos pratiques

Fréquents, lents et pittoresques, les *cable cars* circulent tous les jours de 6 h à 0h30. Un billet à l'unité coûte 7 $. Si vous prévoyez plusieurs trajets, achetez un pass Muni (21 $/jour).

Une petite soif ?

Sirotez un martini en profitant de la vue à Top of the Mark (p. 68) dans Nob Hill.

Bon à savoir

Repérez les panneaux de couleur pour différencier les deux lignes circulant sur Powell : jaune pour Powell-Mason, rouge pour Powell-Hyde.

Plaque tournante de la ligne Powell St

À l'angle de Powell St et Market St, vous pourrez observer les conducteurs sauter hors du *cable car*, agripper le chassis et lentement faire pivoter la voiture sur une plateforme tournante en bois. Les *cable cars* ne peuvent pas faire demi-tour : il faut donc les retourner manuellement au **terminus** (www.sfmta.com ; angle Powell St et Market St ; Powell-Mason, Mason-Hyde, M Powell, B Powell) des lignes de Powell St. Les places assises sont chères et la queue ne désemplit pas du milieu de la matinée jusqu'en début de soirée. Vous pouvez compter sur les artistes de rue et les annonciateurs de la fin du monde pour vous divertir pendant votre attente.

Ligne California St

Les passionnés d'histoire et ceux qui fuient la foule préfèrent cette ligne, en service depuis 1878. Elle passe par Chinatown, vers l'ouest, et devant Old St Mary's Cathedral, avant de gravir Nob Hill jusqu'à Grace Cathedral. Descendez dans Polk St et faites un tour à Swan Oyster Depot (p. 64), dans les boutiques alléchantes et les bars à cocktails. Le terminus sur Van Ness Ave se trouve à quelques pâtés de maisons de l'Alta Plaza Park et du Lafayette Park, tous deux bordés de maisons victoriennes.

Alcatraz

Pendant plus de 150 ans, l'île d'Alcatraz a fait frissonner les innocents et a donné des sueurs froides aux coupables. Première prison militaire de la nation, elle devint un pénitencier de haute sécurité et fut aussi un territoire disputé entre les activistes amérindiens et le FBI.

Pour ceux qui aiment...

Ne ratez pas

Les cellules d'isolement du bloc D pour une immersion à vous glacer le sang.

Histoire

La première mention d'Alcatraz remonte à 1775 : le lieutenant espagnol Juan Manuel de Ayala, qui avait longé l'île de 8 ha à bord du *San Carlos*, en fit mention à son retour sous le nom d'*Isla de Alcatraces* (île aux Pélicans). En 1859, l'île, devenue un site militaire et le premier fort américain de la côte Ouest, s'avéra fort pratique pour confiner, entre autres, les déserteurs de la guerre de Sécession.

En 1902, les quatre blocs de cellules en bois, en piteux état, devinrent incompatibles avec l'afflux de soldats condamnés pour crimes de guerre aux Philippines. En 1909, l'armée commença la construction d'une nouvelle prison. Mais les coûts de gestion du site étaient très élevés et le gouvernement eut d'autres priorités avec la Première Guerre mondiale et la crise financière.

FRANK VAN DEN BERGH / GETTY IMAGES ©

Infos pratiques

Alcatraz Cruises 415-981-7625 ; www.nps.gov/alcatraz ; visites tarif plein/enfant 5-11 ans 37,25/23 $ la journée, 44,25/26,50 $ la nuit ; standard téléphonique 8h-19h, départs du Pier 33 ttes les 30 min 8h45-15h50, visites nuit 17h55 et 18h30 ;

Une petite soif ?

Après votre visite, sirotez un verre au **Gold Dust Lounge** (415-397-1695 ; www.golddustsf.com ; 165 Jefferson St ; 9h-2h ; 47, Powell-Mason, M E, F), à 15 minutes à pied du Pier 33.

★ Bon à savoir

Renseignez-vous sur les installations artistiques prévues lors de votre visite pour y jeter un coup d' œil.

Prisonniers, évasion et abandon

En 1934, le Bureau fédéral des prisons utilise Alcatraz pour mettre en valeur sa lutte contre le crime. "The Rock" n'accueillit jamais plus de 264 détenus à la fois, mais les plus dangereux et les plus célèbres criminels du pays y purgèrent leur peine, notamment Al Capone, "Scarface", le parrain de la mafia de Chicago, le pimpant kidnappeur George "Machine Gun" Kelly et "Bumpy" Johnson, gangster au sang chaud de Harlem et poète à ses heures.

Il était théoriquement impossible de s'échapper d'Alcatraz mais, en 1962, Frank Morris et les frères Anglin s'évadèrent sur un radeau de fortune. Ils n'ont jamais été revus.

Finalement, en 1963, la prison fut abandonnée aux oiseaux à cause de son coût prohibitif.

L'occupation amérindienne

Après la fermeture de la prison, les Amérindiens réclamèrent la souveraineté de l'île car elle avait servi de lieu de retraite spirituelle au peuple Ohlone. En 1969, 79 activistes amérindiens occupèrent le site. Pendant 19 mois, quelque 5 600 Amérindiens se rendirent sur l'île. En 1970, le soutien du public incita le président Nixon à restaurer le territoire autochtone et à renforcer l'autonomie des nations amérindiennes.

Visite d'Alcatraz

Alcatraz est souvent venteuse et beaucoup plus fraîche que la ville. Prévoyez plusieurs couches de vêtements, couvrez-vous bien.

Préparez-vous à beaucoup marcher. Le ferry vous dépose au pied d'une colline de 40 m en haut de laquelle se trouve la prison. Pour les personnes à mobilité réduite, un petit train part du quai toutes les 30 minutes.

Alcatraz

VISITE D'UNE DEMI-JOURNÉE

Traversez les 2,5 km qui séparent le Pier 33 de l'ancienne prison la plus célèbre des États-Unis. La traversée offre une vue magnifique sur San Francisco. Une fois sur le **quai** ❶, rejoignez la prison à pied ou en petit train.

À mesure de votre ascension jusqu'au **Guardhouse** ❷, (corps de garde), observez les versants escarpés de l'île : avant d'être une prison, Alcatraz était un fort. Dans les années 1850, les militaires taillèrent les côtes rocheuses en falaises à pic. Les navires ne pouvaient amarrer qu'à un seul quai séparé des bâtiments principaux par un port surveillé (avec pont-levis et fossés dans ce qui est devenu le corps de garde). À l'intérieur, on peut encore voir l'ancienne prison à travers les grilles du plancher.

Les rosiers touffus du superbe **Officer's Row Gardens** ❸ (jardin du quartier des officiers), entretenu par des bénévoles, forment un contraste intéressant avec la carcasse incendiée de la **Warden's House** ❹ (maison du directeur). Au sommet de la colline, près de l'entrée de la **Main Cellhouse** ❺ (prison principale), on bénéficie d'un beau panorama sur les environs et notamment sur le **Golden Gate Bridge** ❻. Ne manquez pas les **graffitis et inscriptions historiques** ❼, au-dessus de la porte principale du bâtiment de l'administration, avant d'entrer dans la prison, froide et humide, où vous découvrirez la **cellule de Frank Morris** ❽, le plus célèbre évadé d'Alcatraz.

NOS CONSEILS

- Pour les visites audioguidées en journée, réservez au moins un mois à l'avance, et plus tôt encore pour les visites de nuit commentées par des rangers. Pour plus d'informations sur la visite des jardins, consultez le site www.alcatraz gardens.org.
- Préparez-vous à marcher, et comptez 2-3 heures sur l'île.
- Seule de l'eau est en vente sur place ; emportez des provisions. Il est autorisé de pique-niquer, mais seulement au débarcadère.

ADRIEN_G/SHUTTERSTOCK ©

Graffitis et inscriptions historiques

Durant l'occupation de 1969-1971, les Amérindiens ont laissé des inscriptions sur le château d'eau : "Foyer du territoire indien libre". Au-dessus de l'entrée de la prison, vouz verrez le blason arborant un aigle et le drapeau dont les rayures rouges et blanches ont été modifiées pour former le mot "Free"(libre).

DOPTIS/SHUTTERSTOCK ©

Warden's House (maison du directeur)

Pendant l'occupation indienne, des incendies détruisirent divers bâtiments, dont la maison du directeur. Le gouvernement accusa les Amérindiens qui, de leur côté, accusèrent des agents provocateurs agissant sur les ordres de l'administration Nixon pour saper le soutien du public.

Officer's Row Gardens (jardins du quartier des officiers)

Au XIXe siècle, des soldats importèrent de la terre pour embellir l'île par des jardins. Des détenus "de confiance" furent plus tard embauchés pour entretenir les jardins. Le faux-monnayeur Elliott Michener affirmait que cela lui avait permis de ne pas devenir fou. Des historiens, des ornithologues et des archéologues choisissent aujourd'hui les plantes qui viendront garnir les massifs.

FRANK VAN DEN BERGH / GETTY IMAGES ©

Main Cellhouse (prison principale)

Durant la première moitié du XXe siècle, la fameuse prison de haute sécurité accueillit les plus célèbres criminels de l'époque, notamment Al Capone et Robert Stroud, l'"homme aux canaris d'Alcatraz" (en réalité, ce dernier avait élevé et vendu des oiseaux au sein de la prison de Leavenworth, non à Alcatraz).

FRANCKREPORTER/GETTY IMAGES ©

Vue sur le Golden Gate Bridge

Le Golden Gate Bridge s'étire à l'horizon. C'est en haut de l'île, depuis l'Eagle Plaza, près de l'entrée de la prison, et au niveau de l'eau, sur l'Agave Trail (septembre à janvier uniquement), que l'on jouit des plus belles vues sur le pont.

Guardhouse (corps de garde)

Le plus ancien bâtiment d'Alcatraz date de 1857. Il a conservé son pont-levis et ses fossés d'origine. Durant la guerre de Sécession, le sous-sol fut transformé en prison militaire, signant l'acte de naissance de la prison d'Alcatraz.

Cellule de Frank Morris

La cellule 138 du bloc B abrite une réplique de la fausse tête que Frank Morris laissa dans son lit afin de tromper les gardiens lors de sa célèbre évasion d'Alcatraz en 1962.

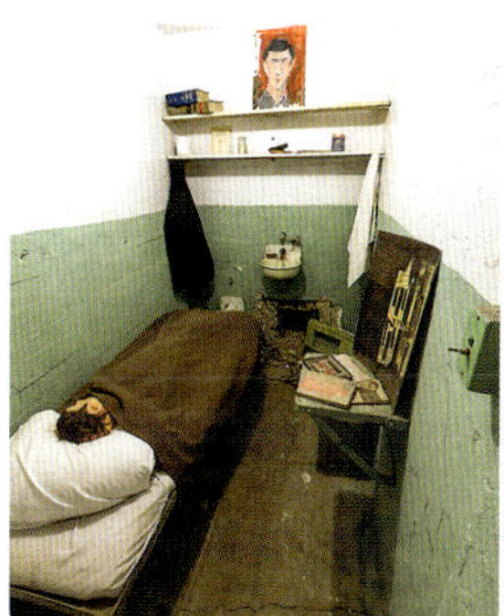

OSCITY/SHUTTERSTOCK ©

STEVE BOSSET/SHUTTERSTOCK ©

Quai des ferries

Un plan géant, sur le mur, permet de vous repérer. À l'intérieur du bâtiment 64, adjacent, de courts films et des expositions relatent l'histoire de la prison et détaillent l'épisode de l'occupation amérindienne.

TELESNIUK / SHUTTERSTOCK ©

Ferry Building

Les tendances culinaires mondiales naissent à San Francisco. Pour avoir un aperçu du menu de demain, flânez dans ce temple de la cuisine novatrice et durable. Dans le Ferry Building, goûtez au meilleur du nord de la Californie.

C'est à l'intérieur et autour de Ferry Building que San Francisco dévoile tout son amour de la gastronomie. Ce terminal des ferries jadis flamboyant fut défiguré dans les années 1950 par la construction d'une autoroute surélevée, qui fut détruite lors du séisme de Loma Prieta en 1989. Le Ferry Building tint bon et devint le symbole de la capacité de la ville à se réinventer sans cesse.

Pour ceux qui aiment...

Ne ratez pas

Embarcadero, pour la promenade au bord de l'eau et le point de vue sur Bay Bridge.

Histoire

Sa tour, haute de 73 m, accueille les usagers depuis 1898. Mais l'ouverture du Bay Bridge et du Golden Gate Bridge entraîne une baisse du trafic dans les années 1930. La construction d'une autoroute surélevée cache ensuite la majestueuse façade du bâtiment qui devient noire à cause des gaz d'échappement. Ce n'est qu'après le tremblement de terre de 1989 que les

MICHAEL WARWICK / SHUTTERSTOCK ©

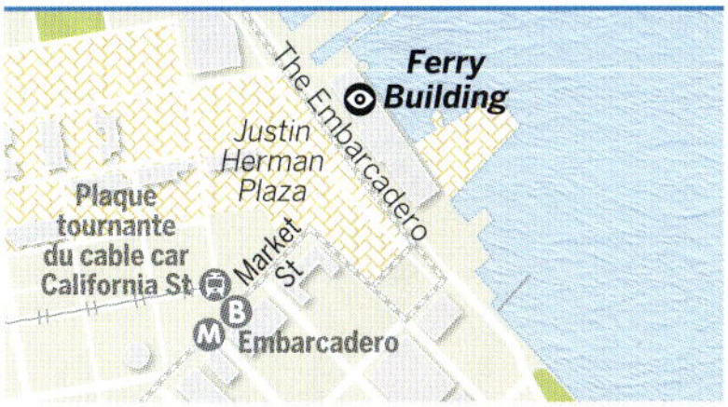

Infos pratiques

415-983-8030 ; www.ferrybuildingmarketplace.com ; angle Market St et Embarcadero ; 10h-19h lun-ven, 8h-18h sam, 11h-17h dim ; ; 2, 6, 9, 14, 21, 31, M Embarcadero, B Embarcadero

Une petite faim ?

Dégustez des huîtres de la North Bay à **Hog Island Oyster Company** (415-391-7117 ; www.hogislandoysters.com ; 1 Ferry Bldg, angle Market St et Embarcadero ; 4 huîtres 14 $; 11h-21h ; 2, 6, 9, 14, 21, 31, M Embarcadero, B Embarcadero).

★ Bon plan

Il est toujours possible d'embarquer sur un ferry au niveau de Ferry Building et, lorsqu'il fait beau, la traversée de la baie est une belle escapade.

urbanistes redécouvrent ses atouts : de grandes salles et ses vues sur la baie.

Haut lieu de la gastronomie

Aujourd'hui, les étals du hall des arrivées et les restaurants primés incitent plutôt les passagers à louper leur bateau pour tester les dernières tendances culinaires ! À l'intérieur, vous trouverez aussi bien du café torréfié dans les environs que des fromages et viandes fumées préparés de manière artisanale ainsi que toutes sortes de parfums de crèmes glacées bio.

Ferry Plaza Farmers Market

Avant la fin des travaux de rénovation du Ferry Building en 2003, le **Ferry Plaza Farmers Market** (415-291-3276 ; www.cuesa.org ; angle Market St et Embarcadero ; cuisine de rue 3-12 $; 10h-14h mar et jeu, 8h-14h sam ; ; 2, 6, 9, 14, 21, 31, M Embarcadero, B Embarcadero) s'installa sur les trottoirs et s'étendit rapidement face à la baie, réunissant trois fois par semaine entre 50 et 100 vendeurs de produits locaux. Si les habitants râlent parfois devant les prix, plus élevés que sur d'autres marchés, force est de reconnaître que le Farmers Market de Ferry Plaza propose des produits de saison et durables, des préparations maison raffinées et des spécialités introuvables ailleurs.

Rejoignez les légions de chefs professionnels et de gourmands : goûtez le fromage de chèvre artisanal, l'huile d'olive californienne fraîchement pressée, le sanglier et les pluots (un hybride prune/abricot) biologiques. Le samedi matin, le marché de producteurs locaux est l'endroit idéal pour observer les passants – il n'est pas rare de croiser des célébrités – mais arrivez tôt si vous comptez faire vos courses.

Chinatown

Les 41 ruelles sillonnant les 22 pâtés de maisons de Chinatown ont tout connu depuis 1849 : la ruée vers l'or, la révolution, l'encens, l'opium, les incendies et le mépris des autorités.

Dans ce quartier, les immeubles en briques sont alignés le long des ruelles très étroites et les temples surmontent des boulangeries, des blanchisseries et des barbiers – à partir de 1870, les Chinois durent se cantonner dans Chinatown, touchés par des restrictions concernant l'immigration, l'emploi et le logement.

Pour ceux qui aiment...

Ne ratez pas

Le claquement des tuiles de mah-jong, le gong des temples et les orchestres chinois dans les ruelles de Chinatown.

Grant Avenue

Entrez dans Chinatown par Dragon's Gate, don de Taiwan de 1970. La rue dans laquelle vous vous trouvez portait le nom de Dupont St à l'époque où des lanternes rouges brillaient au-dessus de nombreuses portes. L'architecture typique de Chinatown rappelant les toits des pagodes est une initiative prise dans les années 1920 par les commerçants du quartier, influencés par Look Tin Ely, pour attirer les touristes.

JOHN & LISA MERRILL / GETTY IMAGES ©

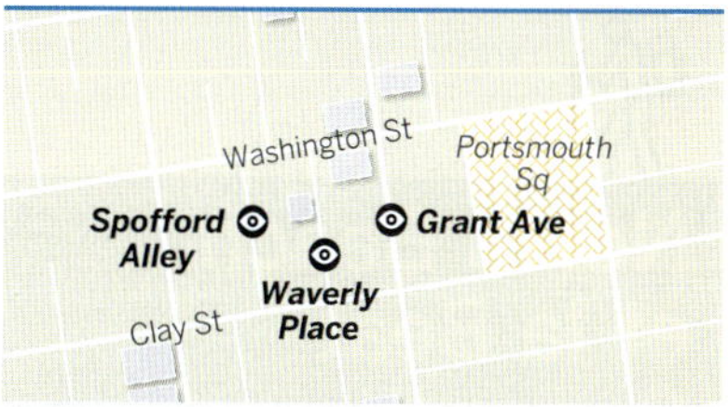

Infos pratiques

Entre Grant Ave, Stockton St, California St et Broadway ; 1, 30, 45, Powell-Hyde, Powell-Mason, California

Une petite soif ?

Prenez un verre au Li Po (p. 68), ancien antre du beatnik, fréquenté par Jack Kerouac.

★ Bon à savoir

Il est difficile de se garer. Un parking public se trouve sous Portsmouth Sq et au Good Luck Parking Garage.

Difficile de croire, devant les boutiques de souvenirs, qu'il s'agissait jadis d'une rue pleine de maisons closes, comme le montre l'exposition de la **Chinese Historical Society of America** (CHSA ; 415-391-1188 ; www.chsa.org ; 965 Clay St ; tarif plein/étudiant/enfant 15/10 $/gratuit ; 11h-16h mer-dim ; ; 1, 8, 30, 45, California, Powell-Mason, Powell Hyde) GRATUIT .

Waverly Place

Si Grant Avenue est le poumon économique de Chinatown, Waverly Place, bordée de balcons typiques décorés de drapeaux, en est l'âme. Les restrictions du XIXe siècle ont entraîné la création d'associations familiales et de temples au-dessus des commerces de ces deux pâtés de maisons. Au fil des années, Waverly Pl a tenu bon. L'encens des autels n'a jamais cessé de brûler depuis 1852 – même après le séisme et l'incendie de 1906.

Spofford Alley

C'est au numéro 36 que Sun Yat-sen organisa jadis le renversement de la dynastie Qing (mandchoue). Pendant la Prohibition, c'est ici qu'on réglait les conflits liés à la contrebande locale et au chantage à la protection. Spofford s'est adoucie avec l'âge, et elle est maintenant bordée de maisons de retraite. Mais, lorsque le soleil décline, place à l'action : un orchestre de musique chinoise vient jouer quelques morceaux, sur le bruit de fond des cliquetis du mah-jong.

Chinatown Tours

Chinatown Alleyway Tours (www.chinatownalleywaytours.org), propose des visites de 2 heures durant lesquelles un jeune habitant de Chinatown vous guidera à travers des ruelles chargées d'histoire.

La compagnie locale **Chinatown Heritage Walking Tours** (www.cccsf.us) propose des visites adaptées aux familles. Balades à thème et principaux sites historiques au menu (notamment la Golden Gate Fortune Cookie Company et Tin How Temple).

North Beach et la Beat Generation

Visitez les hauts lieux littéraires de North Beach et marchez dans les pas des poètes beatniks de San Francisco.

Départ City Lights Books
Distance 2,5 km
Durée 2 heures

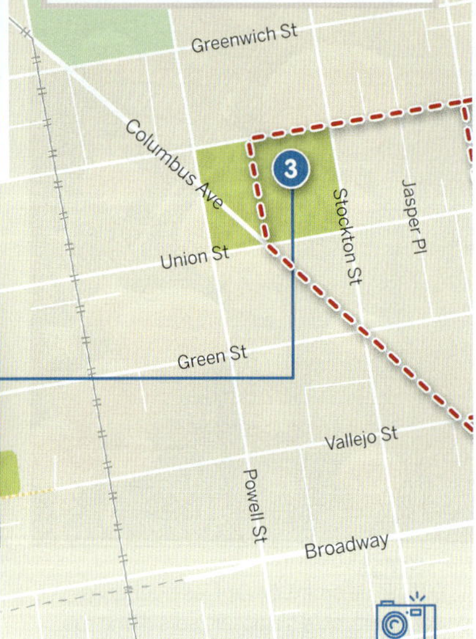

4 La paisible **Bob Kaufman Alley** a été baptisée en l'honneur du légendaire poète du coin de la rue qui a observé son vœu de silence pendant douze ans.

3 Sur **Washington Square**, observez les perroquets dans les arbres et les octogénaires adeptes du tai-chi.

Instant photo Au milieu des étagères de City Lights.

1 Dans la librairie **City Lights Books** (p. 59), berceau de la Beat Generation, choisissez les *San Francisco Poems* de Ferlinghetti comme source d'inspiration.

2 Au **Caffe Trieste** (p. 68), profitez des airs d'opéra du juke-box et d'un expresso bien serré dans une banquette du fond, où Francis Ford Coppola aurait écrit le scenario du *Parrain*.

5 C'est au **Beat Museum** (☎800-537-6822 ; www.kerouac.com ; 540 Broadway ; tarif plein/étudiant 8/5 $, visite guidée à pied 25 $; ⏲musée 10h-19h, visites guidées 14h-16h sam ; 🚋 Powell-Mason, 🚌 8, 10, 12, 30, 41, 45) que vous pourrez vous approcher au plus près du mouvement *beat generation* sans enfreindre la loi.

6 La balade touche à sa fin, mais la soirée ne fait que commencer. Le **Specs** (p. 68), lieu chargé d'histoire, est un excellent point de départ pour une tournée des bars littéraires.

Pause Faites un saut au Comstock Saloon (p. 67) pour un *pisco punch*.

À VOIR

La plupart des musées se trouvent dans Downtown, même si le Golden Gate Park abrite le de Young Museum et la California Academy of Sciences. Les quartiers les plus historiques de San Francisco sont Mission, Chinatown, North Beach et Haight. Les galeries sont toutes dans Downtown et dans North Beach, à Mission, Potrero Flats et Dogpatch. La ville ne manque pas de parcs sur les hauteurs, mais Russian Hill, Nob Hill et Telegraph Hill sont les plus hautes collines et offrent les vues les plus dégagées.

La Marina, le Fisherman's Wharf et les quais

Le long du **Fisherman's Wharf** (www.fishermanswharf.org ; ; 19, 30, 47, 49, Powell-Mason, Powell-Hyde, F) **GRATUIT** – les quais d'Embarcadero et de Jefferson St entre Pier 29 et Van Ness Ave –, les sites sont destinés aux touristes, notamment aux familles, et vous pourriez vous faire avoir car tout est fait pour attirer l'œil. Restez près de l'eau et ne vous arrêtez pas trop.

Maritime National Historical Park Site historique

(415-447-5000 ; www.nps.gov/safr ; 499 Jefferson St, Hyde St Pier ; billet 7 jours adulte/enfant 10 $/gratuit ; 9h30-17h oct-mai, 9h30-17h30 juin-sept ; ; 19, 30, 47, Powell-Hyde, F). Laissez voguer votre imagination à bord des quatre navires historiques qui composent ce parc maritime, l'attraction la plus autentique du Wharf. Amarrés le long de Hyde Street Pier, admirez l'*Alma*, goélette de 1891 (sorties en mer guidées l'été), l'*Eureka*, bateau à vapeur de 1890, l'*Eppleton Hall*, bateau à roue à aubes, et le *Balclutha*, à la coque en acier, qui apportait du charbon à San Francisco. L'accès aux quais est gratuit.

Exploratorium Musée

(415-528-4444 ; www.exploratorium.edu ; Pier 15 ; adulte/enfant 30/20 $, jeu 18h-22h 15 $; 10h-17h mar-dim, + 18 ans seulement jeu 18h-22h ; P ; E, F). Quelles sont les lois physiques du skateboard ? Les toilettes australiennes se vident-elles dans le sens inverse des aiguilles d'une montre ? Répondant à des questions que vous auriez

Fisherman's Wharf

aimé étudier à l'école, ce remarquable musée interactif, à la croisée des sciences et des arts, vous pousse à vous interroger sur votre perception du monde. Le cadre est tout aussi impressionnant que les collections : un bâtiment vitré sur une jetée de 3,6 ha faisant saillie dans la baie de San Francisco, avec de vastes espaces extérieurs à explorer gratuitement 24h/24.

Downtown et Civic Center

Asian Art Museum — Musée

(☎415-581-3500 ; www.asianart.org ; 200 Larkin St ; tarif plein/étudiant/enfant 15/10 $/ gratuit, 1er dim du mois gratuit ; ⏲10h-17h mar-mer et ven-dim, 10h-21h jeu ; 👪 ; M Civic Center, B Civic Center). L'imagination s'emballe devant la plus grande collection d'art asiatique hors d'Asie. Couvrant 6 000 ans d'histoire, ces 18 000 œuvres, présentées sur 3 niveaux, vont des miniatures persanes à la mode japonaise d'avant-garde. La programmation du musée est excellente et il y en a pour tous les âges (spectacles d'ombres chinoises, dégustations de thé et performances de DJ à la croisée des cultures).

Contemporary Jewish Museum — Musée

(☎415-344-8800 ; www.thecjm.org ; 736 Mission St ; tarif plein/étudiant/enfant 14/12 $/gratuit, 5 $ le jeu après 17h ; ⏲11h-17h lun-mar et ven-dim, 11h-20h jeu ; 👪 ; 🚌14, 30, 45, B Montgomery, M Montgomery). Ce cube d'acier qui repose en équilibre précaire sur l'un de ses angles n'est pas une sculpture, mais l'entrée sur Yerba Buena Lane du Contemporary Jewish Museum. Et cette institution bouleverse effectivement les idées reçues sur l'art et la religion. Les expositions explorent la culture, l'identité et les idées juives en s'attardant sur des personnalités comme l'écrivaine Gertrude Stein, le producteur de rock Bill Graham, la dessinatrice Roz Chast ou le réalisateur Stanley Kubrick.

San Francisco Museum of Modern Art — Musée

(SFMOMA ; ☎415-357-4000 ; www.sfmoma.org ; 151 3rd St ; tarif plein/étudiant/-18 ans 25/19 $/ gratuit ; ⏲10h-17h ven-mar, 10h-21h jeu, espaces publics à partir de 9h ; 👪 ; 🚌5, 6, 7, 14, 19, 21, 31, 38, M Montgomery, B Montgomery) Trois fois plus grand pour accueillir une vaste collection d'œuvres d'art moderne et 19 expositions réparties sur 10 niveaux, le nouveau musée d'art moderne SFMOMA a repoussé ses limites depuis son ouverture en 1935. Le musée fut l'un des premiers investisseurs visionnaires à croire aux formes artistiques encore naissantes à l'époque : la photographie, les installations, la vidéo, les performances et (ce qui est bien à propos pour un pôle technologique mondial) l'art numérique et le design industriel. Même pendant la Grande Dépression, le musée voyait un monde de possibilités débordantes qui commenceraient à San Francisco.

San Francisco pour les enfants

San Francisco regorge d'activités à faire en famille, notamment à la **California Academy of Sciences** (p. 61), dans le Golden Gate Park, et à l'**Exploratorium** (page ci-contre), sur les quais.

Les enfants sont fascinés par la visite de la prison **Alcatraz** (p. 44) où ils peuvent évoluer en toute sécurité. Dans SoMa, le **Children's Creativity Museum** (☎415-820-3320 ; creativity.org/ ; 221 4th St ; 12 $; ⏲10h-16h mer-dim ; 👪 ; 🚌14, M Powell, B Powell) leur donne accès à des technologies incroyables : robots à programmer, vidéos à réaliser et ateliers d'animation 3D.

Et n'oublions pas le bon vieux tour de *cable car* qui ravira toute la famille.

California Academy of Sciences
ANTON_IVANOV / SHUTTERSTOCK ©

San Francisco

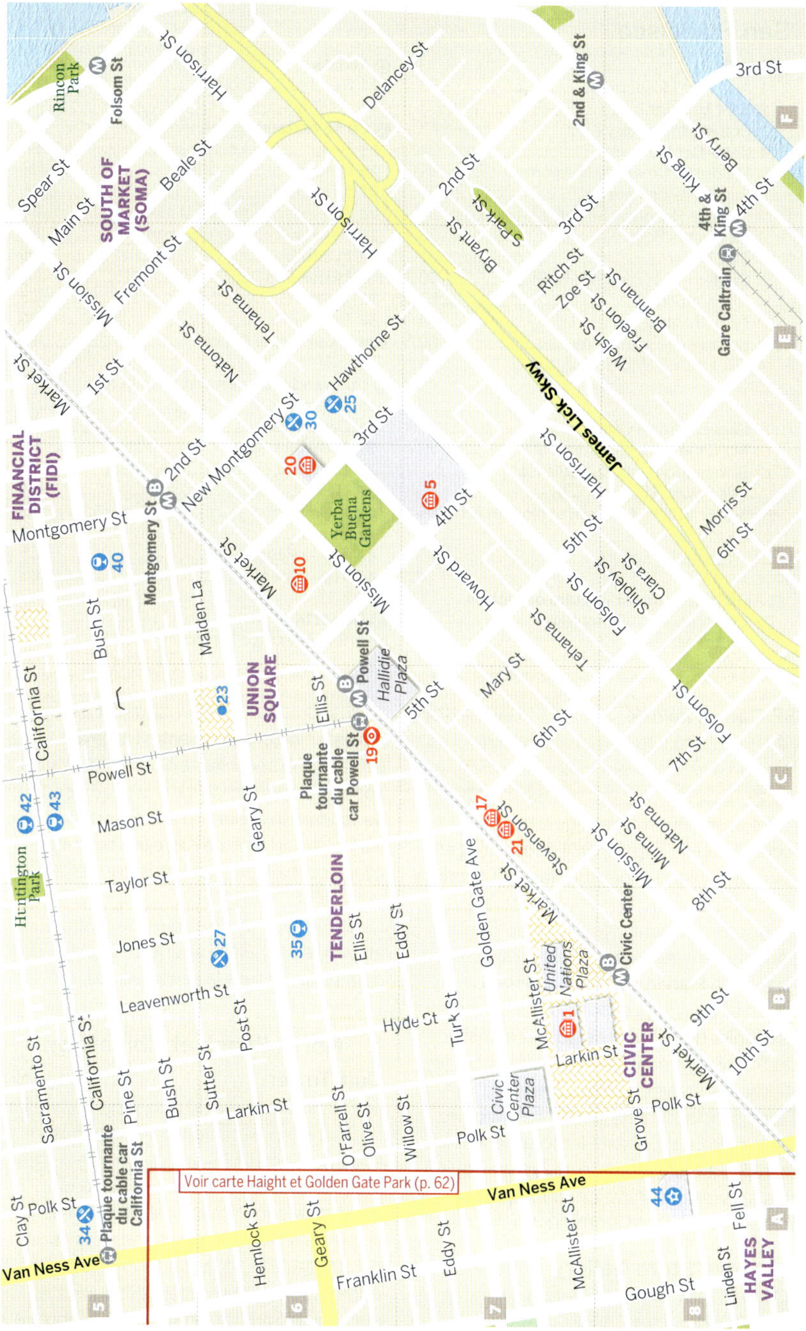
FINANCIAL DISTRICT (FIDI)
SOUTH OF MARKET (SOMA)
UNION SQUARE
TENDERLOIN
CIVIC CENTER
HAYES VALLEY
Rincon Park
Yerba Buena Gardens
Huntington Park
Hallidie Plaza
United Nations Plaza
Civic Center Plaza
Montgomery St
Powell St
Civic Center
2nd & King St
4th & King St
Gare Caltrain
Plaque tournante du cable car Powell St
Plaque tournante du cable car California St
Voir carte Haight et Golden Gate Park (p. 62)
James Lick Skwy
Van Ness Ave
Market St
Mission St
Howard St
Folsom St
Harrison St
Bryant St
Brannan St
Berry St
King St
Townsend St
Spear St
Main St
Beale St
Fremont St
1st St
2nd St
3rd St
4th St
5th St
6th St
7th St
8th St
9th St
10th St
New Montgomery St
Hawthorne St
Delancey St
Tehama St
Natoma St
Minna St
Stevenson St
S Park St
Ritch St
Zoe St
Freelon St
Welsh St
Morris St
Shipley St
Clara St
Mary St
Montgomery St
Maiden La
Ellis St
Bush St
California St
Powell St
Mason St
Taylor St
Jones St
Leavenworth St
Hyde St
Larkin St
Polk St
Geary St
Post St
Sutter St
Pine St
Sacramento St
Clay St
O'Farrell St
Olive St
Willow St
Eddy St
Turk St
Golden Gate Ave
McAllister St
Grove St
Fell St
Linden St
Gough St
Franklin St
Hemlock St
A
B
C
D
E
F
5
6
7
8
1
5
10
17
19
20
21
23
25
27
30
34
35
40
42
43
44

San Francisco

À voir

1 Asian Art Museum ... B7
2 Beat Museum ... D3
3 Bob Kaufman Alley ... C3
4 Cable Car Museum ... C4
5 Children's Creativity Museum ... D7
6 Ruelles de Chinatown ... C4
7 Chinese Historical Society of America ... C4
8 City Lights Books ... C3
9 Coit Tower ... D2
10 Contemporary Jewish Museum ... D6
11 Exploratorium ... E3
12 Ferry Building ... F4
13 Escalier de Filbert Street ... D2
14 Fisherman's Wharf ... B1
15 George Sterling Park ... A3
16 Lombard Street ... A2
17 Luggage Store Gallery ... C7
18 Maritime National Historical Park ... A1
19 Plaque tournante du *Cable Car* de Powell St ... C6
20 San Francisco Museum of Modern Art ... D6
21 SF Camerawork ... C7
22 Washington Square ... C3

Activités, cours et circuits organisés

23 Emperor Norton's Fantastic Time Machine ... C6

Achats

24 Recchiuti Chocolates ... F4

Où se restaurer

25 Benu ... E6
26 Cotogna ... D3
27 farm:table ... B6
28 Ferry Plaza Farmers Market ... F4
29 Hog Island Oyster Company ... F4
30 In Situ ... E6
31 Mister Jiu's ... C4
32 Molinari ... C3
33 Seven Hills ... B4
34 Swan Oyster Depot ... A5

Où prendre un verre et faire la fête

35 Bourbon & Branch ... B6
36 Caffe Trieste ... C3
37 Comstock Saloon ... D4
38 Gold Dust Lounge ... B1
39 Li Po ... C4
40 Pagan Idol ... D5
41 Specs ... D3
42 Tonga Room ... C5
43 Top of the Mark ... C5

Où sortir

44 San Francisco Symphony ... A8

SF Camerawork — Galerie d'art

(☎415-487-1011 ; www.sfcamerawork.org ; 1011 Market St, 1er ét. ; 12h-18h mar-sam ; 6, 7, 9, 21, B Civic Center, M Civic Center). GRATUIT Cette association artistique à but non lucratif excelle depuis 1974 dans l'imagerie photographique expérimentale qui déborde du classicisme du noir et blanc et la simplicité de clichés numériques. Depuis son emménagement dans cette spacieuse galerie de Market St, Camerawork a organisé plusieurs expositions inspirantes : souvenirs d'amour et de guerre en Asie du Sud-Est, vacances imaginaires à partir de clichés sauvés de la décharge de San Francisco, fascinants photomontages de Sanaz Mazinani, artiste irano-américaine installée à San Francisco, qui glisse dans des œuvres d'inspiration islamique de minuscules Donald Trump (entre autres).

Luggage Store Gallery — Galerie d'art

(☎415-255-5971 ; www.luggagestoregallery.org ; 1007 Market St ; 12h-17h mer-sam ; 5, 6, 7, 21, 31, M Civic Center, B Civic Center). Comme un pissenlit qui pousse entre les pavés, cette galerie audacieuse à but non lucratif a apporté un peu de vie dans le quartier difficile de Tenderloin depuis 20 ans. Fournissant une vitrine aux artistes de rue, elle a contribué à faire connaître le graffeur Barry McGee, le muraliste Rigo et la photographe Cheryl Dunn. Trouvez la porte couverte de graffitis, et grimpez jusqu'à la galerie du 1er étage, qui domine la rue sans la perdre de vue.

North Beach et Chinatown

Coit Tower — Art public

(☎415-249-0995 ; www.sfrecpark.org ; Telegraph Hill Blvd ; entrée ascenseur (non-résident) adulte/enfant 8/5 $; 10h-18h avr-oct, 10h-17h nov-mars ; 39). C'est d'ici que vous aurez un des plus beaux panoramas de la ville, et c'est là que vous verrez les peintures murales des années 1930 de la Works Progress Administration, qui mettent à l'honneur les ouvriers de San Francisco. Taxées à l'époque de communistes, elles font désormais partie du patrimoine national. Pour une vue aérienne de San Francisco, à 64 m de haut, prenez l'ascenseur jusqu'à la plateforme à ciel ouvert de la tour. Pour contempler les 7 peintures récemment restaurées dans la cage d'escalier dérobée du 1er étage, participez à une **visite guidée** (11h mer et sam ; gratuit, don apprécié).

City Lights Books Librairie
(415-362-8193 ; www.citylights.com ; 261 Columbus Ave ; 10h-minuit ; ; 8, 10, 12, 30, 41, 45, Powell-Mason, Powell-Hyde). La liberté d'expression et de pensée s'épanouit ici depuis 1957, quand Lawrence Ferlinghetti, poète et fondateur de la libraire-éditions City Lights, et le libraire Shigeyoshi Murao gagnèrent à l'issue d'un procès historique le droit de publier *Howl*, superbe poème épique d'Allen Ginsberg. Alors jouissez pleinement de votre droit à bouquiner sur la chaise du poète qui surplombe l'allée Jack Kerouac, feuilletez un fanzine dans la mezzanine et découvrez les idées libertaires du nouveau rayon "Pedagogies of Resistance".

Filbert Street Escaliers
(39). En gravissant les marches de Filbert Street jusqu'à la Coit Tower, vous aurez probablement besoin d'une pause à mi-chemin. C'est parfait : reprenez votre souffle en admirant les villas bordant la promenade en bois de Napier Lane, les jardins fleuris émaillés de sculptures et la vue panoramique sur le Bay Bridge. En guide d'encouragements, les perroquets sauvages perchés dans les arbres vous lanceront des expressions choisies étonnantes.

Nob Hill et Russian Hill

Lombard Street Rue
(Powell-Hyde). Les huit lacets du 900 Lombard St sont mondialement connus, mais, même si l'office du tourisme l'a baptisée "rue la plus tortueuse au monde", Vermont St sur Potrero Hill compte plus de virages. Cela dit, Lombard St est plus photogénique avec ses briques rouges et ses massifs de fleurs entretenus amoureusement. La rue n'a pas toujours été ainsi : avant l'ère automobile, elle plongeait tout droit jusqu'au pied de la colline.

Cable Car Museum Site historique
(415-474-1887 ; www.cablecarmuseum.org ; 1201 Mason St ; don apprécié ; 10h-18h avr-sept, 10h-17h oct-mars ; ; Powell-Mason, Powell-Hyde). GRATUIT Vous entendez ce vrombissement sous les rails du *cable car* ? Il s'agit des cables qui tirent les wagons, et ils sont tous reliés dans cet entrepôt, depuis longtemps en activité, où s'est installé le musée. Manivelles, moteurs, freins... si vous aimez la mécanique, le Cable Car Museum vous enchantera.

Mission

Balmy Alley Art public
(415-285-2287 ; www.precitaeyes.org ; entre 24th St et 25th St ; 10, 12, 14, 27, 48, B 24th St Mission). Vous reconnaîtrez l'archevêque Romero, activiste récemment béatifié, et la peintre Frida Kahlo parmi la foule de personnages bigarrés qui ornent les portes des garages de cette ruelle, célèbre pour le nombre de ses fresques, aux thèmes souvent engagés. Et pour cause : les premières fresques y furent peintes par le collectif *Las Mujeres Muralistas* (les femmes muralistes), ayant pour vocation la visibilité des femmes au sein du mouvement des muralistes mexicains... lui-même fortement engagé dans les luttes sociales et politiques.

Dolores Park Parc
(sfrecpark.org/destination/mission-dolores-park ; Dolores St, entre 18th St et 20th St ; 6h-22h ; ; 14, 33, 49, B 16th St Mission, M J). Bronzage et pique-niques à base de tacos : bienvenue sous le soleil de San Francisco ! Dolores Park a de quoi plaire à tous : basket-ball, tennis, aire de jeux "maya" avec pyramides, manifestations politiques et rencontres sportives toute l'année. Les soirs d'été, projections gratuites de films et spectacles de mime. Grimpez dans l'angle supérieur sud-ouest pour une superbe vue sur Downtown, encadrée par des palmiers.

Haight

Intersection entre Haight St et Ashbury St Lieu emblématique
(6, 7, 33, 37, 43). C'est autour de ce croisement légendaire entre Haight et

Mission et Potrero Hill

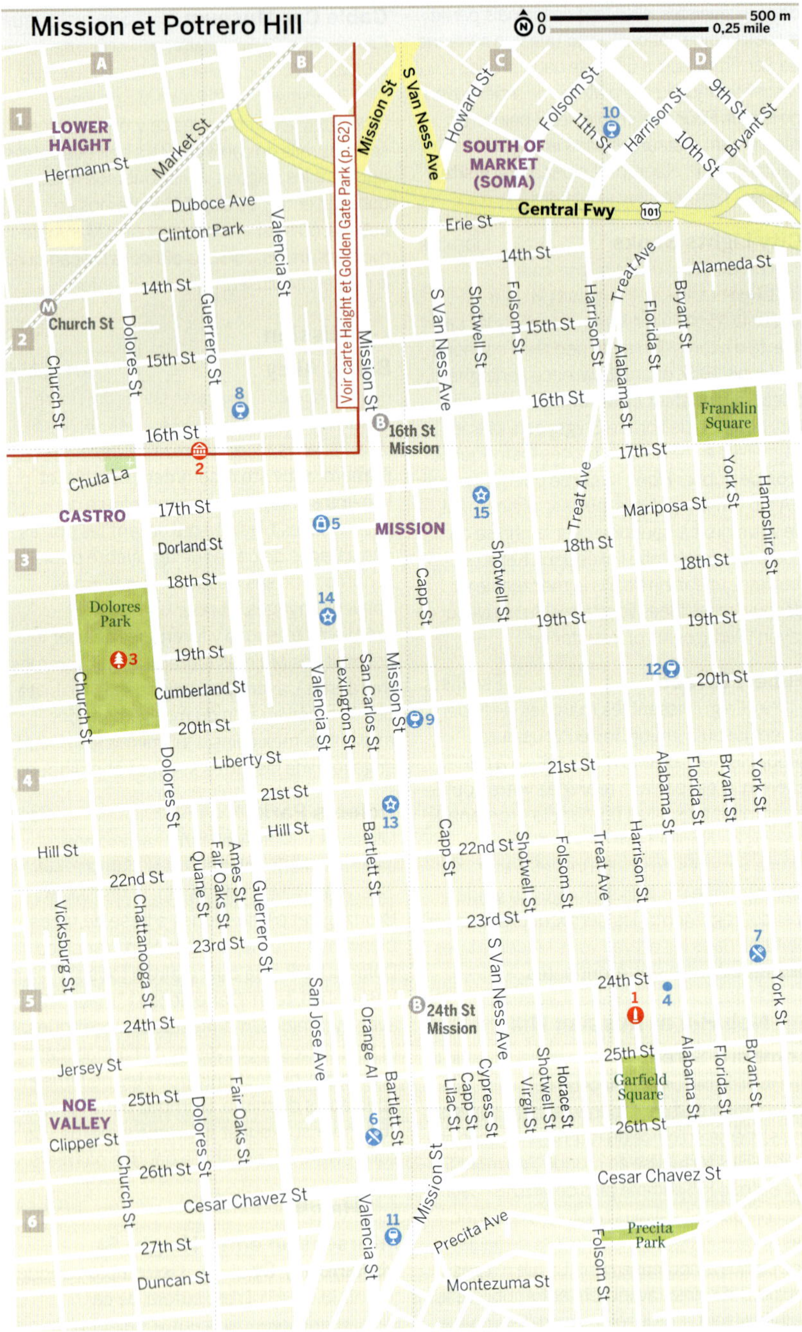

Mission et Potrero Hill

À voir
1 Balmy Alley D5
2 Creativity Explored A3
3 Dolores Park A3

Activités, cours et circuits organisés
4 Precita Eyes Mission Mural Tours D5

Achats
5 Community Thrift B3

Où se restaurer
6 Al's Place B6
7 La Palma Mexicatessen D5

Où prendre un verre et faire la fête
8 ABV B2
9 20 Spot C4
10 Bar Agricole D1
11 El Rio B6
12 Trick Dog D4

Où sortir
13 Alamo Drafthouse Cinema B4
14 Chapel B3
15 Oberlin Dance Collective C3

Ashbury que le psychédélisme a régné en maître dans les années 1960. "Hashbury" attire toujours la contre-culture. Le samedi, on peut signer ici des pétitions, commander un poème ou écouter quelqu'un jouer *Hare Krishna* au piano ou du Bob Dylan au banjo. La pendule marque toujours 16h20, soit "l'heure internationale de la fumette" (International Bong-Hit Time), pour les amateurs d'herbe. Une semaine après une réparation, elle se bloquait à nouveau sur 16h20.

Golden Gate Park

Pour les habitants, le Golden Gate Park est tout simplement "le parc". Il faut dire qu'il rassemble tout ce qu'ils aiment : pêle-mêle, la liberté d'esprit, les concerts en plein air, les séquoias, le frisbee, les manifestations, l'art, les bonsaïs et la sauce buffalo.

California Academy of Sciences Musée

(415-379-8000 ; www.calacademy.org ; 55 Music Concourse Dr ; tarif plein/étudiant/enfant 35/30/25 $; 9h30-17h lun-sam, 11h-17h dim ; P ; ; 5, 6, 7, 21, 31, 33, 44, M N). Le bâtiment (2008) de l'architecte Renzo Piano respecte les règles du Leadership in Energy and Environmental Design, visant à promouvoir les constructions écologiques. Il abrite 40 000 animaux aussi étranges que merveilleux dans une forêt tropicale sur quatre étages, un aquarium à plusieurs niveaux et un planétarium, le tout sous un toit végétal semé de fleurs sauvages.

de Young Museum Musée

(415-750-3600 ; deyoung.famsf.org/ ; 50 Hagiwara Tea Garden Dr ; adulte/enfant 15 $/gratuit, gratuit 1er mar du mois ; 9h30-17h15 mar-dim, 9h30-20h45 ven avr-nov ; ; 5, 7, 44, M N). Suivez la ligne de faille du sculpteur Andy Goldsworthy le long du trottoir jusqu'au bâtiment épuré en cuivre oxydé des architectes suisses Herzog & de Meuron, qui se fond harmonieusement dans le paysage du parc. Ici, on s'ouvre à différents horizons artistiques : les pièces exposées vont des masques de cérémonie d'Océanie à des créations de mode hippie psychédélique en passant par le dôme "Skyspace", installation de James Turrell. Votre billet vous permet d'entrer gratuitement le même jour à la **Legion of Honor** (415-750-3600 ; legionofhonor.famsf.org ; 100 34th Ave ; adulte/enfant 15 $/gratuit, réduction de 2 $ sur présentation de votre ticket Muni, gratuit le 1er mar du mois ; 9h30-17h15 mar-dim ; ; 1, 2, 18, 38).

ACHATS

Park Life Cadeaux et souvenirs

(415-386-7275 ; www.parklifestore.com ; 220 Clement St ; 11h-20h lun-sam, 11h-18h dim ; 1, 2, 33, 38, 44). Adresse branchée, qui fait office à la fois de boutique de déco, d'éditeur indépendant et de galerie d'art. Parmi les trésors que l'on y trouve : figurines de soldat en pleine pause yoga, montres Casio revisitées par Tauba Auerbach, catalogue des peintures de Shaun O'Dell et photos glauques de chats signées Todd Hido.

Haight et Golden Gate Park

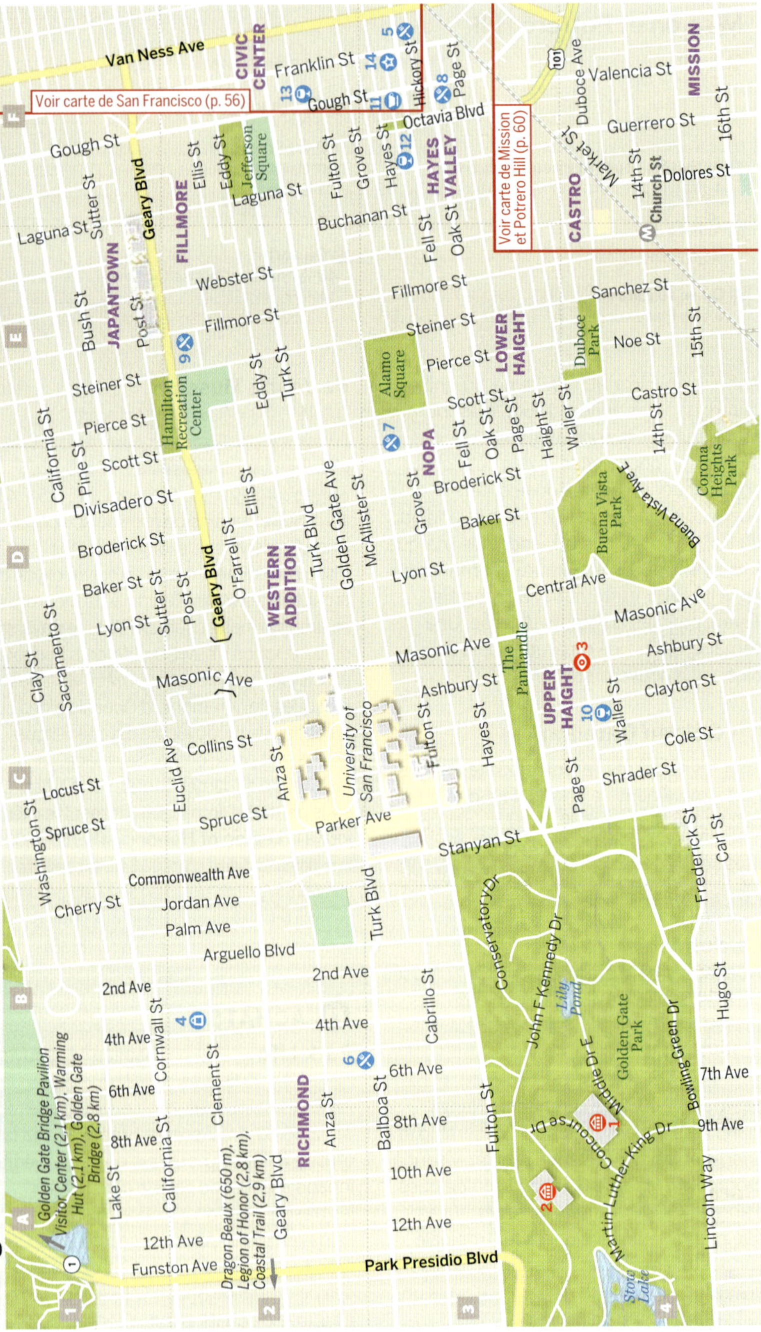

Haight et Golden Gate Park

À voir
1 California Academy of Sciences ... A4
2 de Young Museum ... A3
3 Haight St et Ashbury St ... D4

Achats
4 Park Life ... B2

Où se restaurer
5 Cala ... F3
6 Cinderella Russian Bakery ... B2
7 Mill ... E3
8 Rich Table ... F3
9 State Bird Provisions ... E2

Où prendre un verre et faire la fête
10 Aub Zam Zam ... C4
11 Blue Bottle Coffee Kiosk ... F3
12 Riddler ... F3
13 Smuggler's Cove ... F2

Où sortir
14 SFJAZZ Center ... F3

Community Thrift Vêtements, Vintage
(415-861-4910 ; www.communitythriftsf.org ; 623 Valencia St ; 10h-18h30 ; 14, 22, 33, 49, B 16th St Mission). Quand les collecteurs et les commerçants de la ville ont des surplus intéressants, ils les donnent à Community Thrift. Les bénéfices de cette boutique sont reversés à 200 organismes de bienfaisance – raison de plus pour craquer pour une tasse-totem à 5 $, un coupe-vent vintage à 10 $ ou un combi-short à paillettes disco à 14 $. On peut aussi y donner des vêtements (jusqu'à 17h tlj).

Recchiuti Chocolates Gourmandises
(415-834-9494 ; www.recchiuticonfections.com ; 1 Ferry Bldg, angle Market St et Embarcadero ; 10h-19h lun-ven, 8h-18h sam, 10h-17h dim ; M Embarcadero, B Embarcadero). Difficile de résister : on fond pour les caramels à la fleur de sel et les marshmallows enrobés de chocolat fondu, on découvre les audacieuses associations chocolat-vin rouge, et certains ne jurent que par les chocolats créés par les artistes handicapés mentaux de Creativity Explored (les recettes sont alors reversées à cette galerie à but non lucratif).

OÙ SE RESTAURER

Downtown et Civic Center

farm:table Américain $
(415-292-7089 ; www.farmtablesf.com ; 754 Post St ; plats 6-9 $; 8h-12h lun, 7h30-14h mar-ven, 8h-15h sam-dim ; ; 2, 3, 27, 38). Rayon de soleil dans le cœur de béton de la ville, cette petite adresse n'utilise que des produits bio et de saison californiens pour ses petits-déjeuners et déjeuners fermiers. Consultez le menu quotidien sur Twitter (@farmtable) pour connaître les céréales, tartes et toasts du jour... comme le pain complet au levain garni de pêches au gingembre et de mascarpone. Excellent café. Espèces uniquement.

Cotogna Italien $$
(415-775-8508 ; www.cotognasf.com ; 490 Pacific Ave ; plats 19-35 $; 11h30-22h30 lun-jeu, 11h30-23h ven et sam, 17h-21h30 dim ; ; 10, 12). Michael Tusk, le chef de cet établissement proposant une cuisine italienne, accumule les James Beard Awards (les oscars de la cuisine). Il sait donner de la saveur à ses pâtes rustiques, ses pizzas cuites au feu de bois et son bar en croûte de sel. Il est fortement recommandé de réserver, surtout le dimanche pour les dîners à 4 plats à 55 $, avec vins à 35 $. Une autre solution est de venir entre le déjeuner et le dîner.

In Situ Californien, International $$
(415-941-6050 ; insitu.sfmoma.org ; SFMOMA, 151 3rd St ; plats 14-34 $; 11h-15h30 jeu-mar, 17h-21h jeu-sam et 17h-20h dim ; 5, 6, 7, 14, 19, 21, 31, 38, B Montgomery, M Montgomery). Le désormais célèbre temple de la cuisine contemporaine, rattaché au SFMoMA, propose des chefs-d'œuvre à déguster. Le chef Corey Lee collabore avec des collègues du monde entier et reproduit leurs meilleurs plats à partir de produits californiens. Vous pourrez goûter en un seul et même endroit l'irréprochable saumon mariné à l'anis de Harald Wohlfahrt, les incroyables cuisses de

Mission Mural Tours

Le week-end, les muralistes de Precita Eyes organisent des **circuits à pied** (☎415-285-2287 ; www.precitaeyes.org ; 2981 24th St ; adulte 15-20 $, enfant 3 $; ; 12, 14, 48, 49, B 24th St Mission) couvrant 60 à 70 fresques de Mission, sur 6 à 10 pâtés de maisons autour de Balmy Alley (p. 59). Les circuits durent de 1 heure 30 à 2 heures 15 (pour la "Classic Mural Walk"). Les bénéfices de cette association artistique à but non lucratif financent l'entretien des fresques.

"Un Pasado Que Aún Vive", Joel Bergner, 2004

poulet de Hiroshi Sasaki et le gâteau au cacao d'Albert Adrìa, veritable défi lancé à la gravité.

Benu Californien, fusion $$$

(☎415-685-4860 ; www.benusf.com ; 22 Hawthorne St ; menu dégustation 285 $; 18h-21h mar-sam ; 10, 12, 14, 30, 45). Voilà 150 ans que la ville est pionnière dans la cuisine fusion asiatique, mais la façon dont le chef et propriétaire Corey Lee associe produits locaux et saveurs du Pacifique est inédite : en témoigne la soupe aux raviolis de foie gras ! Quant à la soupe de faux ailerons de requin réhaussée de crabe de Dungeness et de crème de truffe, elle étonnera les palais les plus fins. Le menu n'est pas donné, mais les associations ingénieuses du sommelier vedette Yoon Ha (185 $) valent le coup.

North Beach et Chinatown

Molinari Traiteur $

(☎415-421-2337 ; www.molinarisalame.com ; 373 Columbus Ave ; sandwichs 10-13,50 $; 9h-18h lun-ven, 9h-17h30 sam ; 8, 10, 12, 30, 39, 41, 45, Powell-Mason). Respectez le rituel quasi-religieux de North Beach. Prenez un numéro et un petit pain croustillant, puis attendez que des employés le garnissent de mets délicieux (mozzarella de bufflone, tomates séchées, fine tranche de jambon de Parme ou légendaire salami fumé maison) arrosés d'un filet d'huile d'olive et de vinaigre balsamique. Dégustez votre panini bien chaud en terrasse.

Mister Jiu's Chinois $

(☎415-857-9688 ; misterjius.com ; 28 Waverly Pl ; plats 14-45 $; 17h30-22h30 mar-sam ; 30, California). Depuis la ruée vers l'or, San Francisco adore la cuisine chinoise, les spécialités locales et les cocktails forts. Mister Jiu's offre tout cela. Créez votre banquet avec des plats chinois classiques à la mode californienne : *chow mein* aux chanterelles, nouilles de riz au crabe de Dungeness, riz gluant aux cailles et aux figues. Les assortiments de plats et cocktails sont également inspirés. Goûtez le Happiness ($13), du gin infusé au jasmin, en savourant un confit de canard de Sonoma fumé au thé.

Nob Hill et Russian Hill

Swan Oyster Depot Poisson et fruits de mer $$

(☎415-673-1101 ; 1517 Polk St ; plats 10-25 $; 10h30-17h30 lun-sam ; 1, 19, 47, 49, California). Contrairement aux restaurants de poisson classiques, Swan ne fait pas de manière. Certes, il faut attendre pour déjeuner au comptoir vintage, mais les produits sont excellents et ultrafrais.

Seven Hills Italien $$$

(☎415-775-1550 ; www.sevenhillssf.com ; 1550 Hyde St ; plats 19-31 $; 17h30-21h30 dim-jeu, 17h30-22h ven et sam ; 10, 12, Powell-Hyde). Anthony Florian a appris auprès de chefs californiens et italiens reputés, et il est expert dans l'art de marier les ingrédients de saison pour les sublimer. La petite carte, concoctée en fonction du marché, propose des pâtes maison agrémentées de lapin ou de pancetta affinée sur place, et des viandes californiennes de qualité. Les tables sont proches mais l'élégante salle jouit d'une technologie permettant de diminuer le bruit. Service impeccable.

Mission

La Palma Mexicatessen Mexicain $

(☎415-647-1500 ; www.lapalmasf.com ; 2884 24th St ; tamales, tacos et huarache 3-5 $; 8h-18h lun-sam, 8h-17h dim ; ; 12, 14, 27, 48, B 24th St Mission). Non, ce ne sont pas des applaudissements, mais bien le son de la préparation des tortillas bio de La Palma. Découvrez ce temple du *tamale* maison, de la *pupusa* (petite tortilla) aux pommes de terre et *chicharones* (couenne de porc), de la *carnita* (porc rôti à feu doux) et de la *cotija* (fromage d'Oaxaca). La Palma a aussi sa propre sauce *tomatillo*. Commandez à emporter ou occupez les tables sur le trottoir pour dévorer ce copieux repas.

Al's Place Californien $$

(☎415-416-6136 ; www.alsplacesf.com ; 1499 Valencia St ; assiettes à partager 15-19 $; 17h30-22h mer-dim ; ; 12, 14, 49, M J, B 24th St Mission). La Californie est à l'honneur chez Al, avec des produits cultivés dans la région, du poisson pêché dans le Pacifique, et de la viande d'animaux nourris à l'herbe. Parmi les plats exquis : cabillaud à la peau croustillante avec mousse de citron vert ou pêches grillées accompagnant un foie gras velouté. Les portions sont un peu chiches, mais les goûts explosent en bouche.

Haight et Hayes Valley

The Mill Boulangerie $

(☎415-345-1953 ; www.themillsf.com ; 736 Divisadero St ; tartines 4-7 $; 7h-19h mar-jeu, 7h-20h ven-dim, 7h-21h lun ; ; 5, 21, 24, 38). Le roboratif pain Josey Baker, fabriqué à partir de céréales complètes moulues sur place, nourrit les hipsters de Haight. Le prix des tartines peut paraître élevé, mais force est de constater que, recouvertes de pâte à tartiner à la noisette maison ou de beurre d'amande de Californie, elles constituent un repas. Goûtez au granola maison au yaourt de Sonoma. Soirée pizza le lundi.

Rich Table Californien $$

(☎415-355-9085 ; richtablesf.com ; 199 Gough St ; plats 17-36 $; 17h-22h ; 5,

Pritzker Center for Photography au SFMOMA (p. 55)

Coit Tower (p. 58)

6, 7, 21, 47, 49, Ⓜ Van Ness). Rich Table, inventeur des donuts aux cèpes, des pâtes farcies miso-moelle et des madeleines au poulet frit servies avec du caviar, fait naître d'incroyables envies. Le couple de chefs propriétaires Sarah et Evan Rich s'amusent avec les produits californiens de saison, et se lâchent avec des amuse-bouches comme les marshmallows à la betterave ou le Dirty Hippie : une pannacotta de babeurre de chèvre saupoudrée de graines de chanvre.

Cala Mexicain, californien $$$

(415-660-7701 ; www.calarestaurant.com ; 149 Fell St ; 17h-22h dim-mer, 17h-23h jeu-sam, bar à tacos 11h-14h lun-ven ; 6, 7, 21, 47, 49, Ⓜ Van Ness). Les racines mexicaines de San Francisco sont mises à l'honneur chez Cala. Quelle révélation, cette sauce *salsa* soyeuse, ces savoureuses tortillas accompagnant une pomme de terre fondante, cuite à la braise... ! Ouvrez-vous l'appétit avec une margarita au mezcal, avant de partir sur un plat terre et mer californien : oursins et langue de bœuf. Finissez par une glace au chocolat maya. Original, inoubliable.

OÙ PRENDRE UN VERRE ET FAIRE LA FÊTE

Pour une tournée des bars, commencez dans les saloons de North Beach ou dans Mission, autour de Valencia St et 16th St. Ensuite, vous avez le choix : bars gays historiques dans Castro, clubs dans SoMa, bars miteux et anciens bars clandestins (*speakeasy*) dans Downtown et autour d'Union Sq, clientèle chic à la Marina et population alternative plus variée dans Haight.

Downtown, Civic Center et SoMa

Pagan Idol Lounge

(415-985-6375 ; www.paganidol.com ; 375 Bush St ; 16h-1h lun-ven, 18h-1h30 sam ; Ⓑ Montgomery, Ⓜ F, J, K, L, M). Un bar à l'ambiance exotique et aux cocktails fortement dosés. Mention spéciale pour le Hemingway Is Dead, à base de rhum, de bitter et de pamplemousse, servi dans un crâne. Possibilité de réserver en ligne une hutte pour quatre ou six personnes.

Bar Agricole Bar

(415-355-9400 ; www.baragricole.com ; 355 11th St ; 17h-23h lun-jeu, 17h-minuit ven et sam, 10h-14h et 18h-21h dim ; 9, 12, 27, 47). Un Whiz Bang, mariage de bitter maison, de whisky, de vermouth et d'absinthe, et vous voilà d'attaque pour la soirée ! Ou alors, commandez un Presidente au rhum blanc, curaçao artisanal et jus de grenade californien. Le lieu est reputé pour ses liqueurs et son design écolo. Les huîtres sont à 1 $ et les apéritifs à 5 $ entre 17h et 18h du lundi au samedi.

Bourbon & Branch Bar

(415-346-1735 ; www.bourbonandbranch.com ; 501 Jones St ; 18h-2h ; 27, 38). "Ne songez même pas à demander un Cosmopolitain" dit l'une des règles de la maison, un ancien bar clandestin (*speakeasy*) datant de la Prohibition et reconnaissable à son enseigne délicieusement trompeuse de la ligue anti-saloons. Pour prendre un cocktail haut de gamme dans la bibliothèque accessible par un passage secret, susurrez le mot de passe ("*books*") au videur. Réservation nécessaire pour les banquettes de la salle avant et la Wilson & Wilson Detective Agency, *speakeasy* à l'intérieur du *speakeasy* (mot de passe fourni lors de la réservation).

North Beach et Chinatown

Comstock Saloon Bar

(415-617-0071 ; www.comstocksaloon.com ; 155 Columbus Ave ; 16h-minuit dim-lun, 16h-2h mar-jeu et sam, 12h-2h ven ; 8, 10, 12, 30, 45, Powell-Mason). Il n'est plus possible de se soulager dans la gouttière en marbre située sous le bar, sous le regard de Joshua Norton, un Sanfranciscain qui s'était autoproclamé empereur des États-Unis. Néanmoins, ce saloon victorien de 1907 évoque les jours glorieux de la Barbary Coast avec son authentique *pisco punch* et son Martinez (gin, vermouth, bitters, marasquin), précurseur du martini. Réservez une banquette ou une table dans l'arrière-salle pour écouter des concerts de ragtime le soir.

San Francisco, la dynamique

Les week-ends de beau temps, tout le monde sort son cerf-volant, sa planche de surf ou son vélo. N'oubliez pas la crème solaire, même par temps couvert ; les rayons UV traversent le fin brouillard de San Francisco.

Depuis Fort Funston, suivez le **Coastal Trail** (www.californiacoastaltrail.info ; aube-crépuscule ; 1, 18, 38), chemin côtier de 17 km, à travers les 6 km de sable d'Ocean Beach puis le long du rivage du Presidio, jusqu'au Golden Gate Bridge. Pour une balade plus tranquille, on peut accéder au sentier récemment restauré des Sutro Baths et continuer vers Lands End, pour un superbe panorama sur l'océan Pacifique et, à marée basse, sur les épaves de bateaux.

Pour une activité plus originale, découvrez l'**Emperor Norton's Fantastic Time Machine** (415-644-8513 ; www.emperornortontour.com ; 20 $; 11h et 14h30 jeu et sam, 11h dim ; 30, 38, B Powell St, M Powell St, Powell-Mason, Powell-Hyde). Suivez l'"empereur Norton" (alias l'historien Joseph Amster) pour une balade de 3 km. Au programme : histoires horribles et intrigantes, légendes urbaines et anecdotes diverses sur les différents sites. La visite du dimanche, sur les quais, part du Ferry Building. Les autres visites partent de Dewey Monument, à Union Sq. Paiement en espèces uniquement. Réservation indispensable.

Randonnée vers le Golden Gate Bridge (p. 40)

Adresses bon marché sur les avenues

Après une balade dans le Golden Gate Park pour vous ouvrir l'appétit, mettez le cap au nord pour une cuisine du monde savoureuse.

Le brouillard et le froid ne peuvent rivaliser avec le pouvoir réconfortant de **Cinderella Russian Bakery** (415-751-6723 ; www.cinderellabakery.com ; 436 Balboa St ; pâtisseries 1,50-3,50 $, plats 7-13 $; 7h-19h ; ; 5, 21, 31, 33). Depuis 1953, cette boulangerie propose des gourmandises maison à l'ancienne : pirojki aux œufs et aux cébettes, bortsch copieux, chaussons sucrés ou salés.

Le **Dragon Beaux** (415-333-8899 ; www.dragonbeaux.com ; 5700 Geary Blvd ; raviolis 4-9 $; 11h30-14h30 et 17h30-22h lun-jeu, jusqu'à 22h30 ven, 10h-15h et 17h30-22h sam-dim ; ; 2, 38), restaurant cantonais glamour, met Hong Kong à la sauce Vegas. Laissez-vous tenter par les copieuses viandes rôties et les raviolis originaux, notamment ceux à la sauce XO et aux crevettes arrosées de brandy et enroulées dans des feuilles d'épinard.

Dim sum dans un restaurant à San Francisco
JESSICA RUSCELLO / SHUTTERSTOCK ©

Specs — Bar

(Specs Twelve Adler Museum Café ; 415-421-4112 ; 12 William Saroyan Pl ; 17h-2h ; 8, 10, 12, 30, 41, 45, Powell-Mason). Le lieu est truffé de souvenirs de la mer (l'os pénien d'un morse surplombe le comptoir), et vous risquez de tanguer si vous essayez de rivaliser avec les loups de mer de l'arrière-salle. Il ne vous reste qu'à commander une cruche d'Anchor Steam. Paiement en espèces uniquement.

Li Po — Bar

(415-982-0072 ; www.lipolounge.com ; 916 Grant Ave ; 14h-2h ; 8, 30, 45, Powell-Mason, Powell-Hyde). Dans ces box en vinyle rouge, Allen Ginsberg et Jack Kerouac débattaient jadis sur le sens de la vie à côté d'un bouddha doré à l'air perplexe. Entrez par la porte de 1937 aux allures de fausse grotte et passez entre les lanternes rouges pour commander une bière Tsing Tao ou un *mai tai* chinois à base de *baijiu* (liqueur de riz), au goût sucré dissimulant une forte teneur en alcool. Avec ses barmen brusques et ses toilettes en sous-sol, c'est un formidable tripot. Paiement en espèces uniquement.

Caffe Trieste — Café

(415-392-6739 ; www.caffetrieste.com ; 601 Vallejo St ; 6h30-23h tlj ; ; 8, 10, 12, 30, 41, 45). Écrits sur les murs des toilettes, jukebox dédié aux airs d'opéra, concerts d'accordéon chaque semaine, et présence occasionnelle de Lawrence Ferlinghetti, célèbre poète de la Beat Generation : depuis les années 1950, le Caffe Trieste est un symbole de North Beach. Commandez un expresso et installez-vous là où Francis Ford Coppola écrivit le scénario du film *Le Parrain*. Espèces uniquement.

Nob Hill et Russian Hill

Tonga Room — Lounge

(réservations 415-772-5278 ; www.tongaroom.com ; Fairmont San Francisco, 950 Mason St ; concert 5-7 $; 17h-23h30 dim, mer et jeu, 17h-0h30 ven et sam ; 1, California, Powell-Mason, Powell-Hyde). Avis de tempête tropicale toutes les 20 minutes à San Francisco, mais seulement sur le groupe qui joue sur l'île au milieu de la piscine. À l'abri à votre table, vous pourrez siroter tranquillement votre cocktail dans une noix de coco en plastique. Arrivez avant 20h pour éviter de payer l'entrée.

Top of the Mark — Bar

(www.topofthemark.com ; 999 California St ; droit d'entrée 10-15 $; 16h30-23h30 dim-jeu, 16h30-

Lombard Street (p. 59)

0h30 ven et sam ; 1, California). Certes, l'endroit est touristique, et chic, mais c'est ici que vous pourrez tournoyer sur la piste de danse la plus élevée de la ville. Un groupe de jazz au grand complet joue du jeudi au samedi. Piano le mercredi. C'est plus calme du dimanche au mardi, mais quelle vue ! Étonnamment, c'est souvent désert au coucher du soleil – et somptueux les soirs sans brouillard. Comptez 15 $ la boisson.

Mission

ABV — Bar à cocktails

(415-400-4748 ; www.abvsf.com ; 3174 16th St ; 14h-2h ; 14, 22, B 16th St Mission, M J). Avec son nom qui évoque le degré d'alcool des bouteilles ("% Alcohol By Volume"), il n'est pas surprenant que les serveurs fassent la différence entre un rye Rittenhouse et un whisky au malt japonais. Les breuvages haut de gamme sont servis rapidement et sans esbrouffe ; il y a entre autres du vin californien et de la bière à la pression, et des cocktails d'inspiration historique comme le Sutro Swizzle (armagnac, alcool de pamplemousse, marasquin).

20 Spot — Bar à vins

(415-624-3140 ; www.20spot.com ; 3565 20th St ; 17h-minuit lun-jeu, 17h-1h ven et sam ; 14, 22, 33, B 16th St Mission). Découvrez le cru californien qui vous correspond dans ce bar de quartier installé dans un édifice victorien de 1885. Après avoir accueilli pendant des décennies la boutique de disques punk Force of Habit – notez l'enseigne vintage –, le lieu est désormais dévolu au vin pétillant de Berkeley's Donkey and Goat et à d'autres breuvages. Attention : on prend vite goût aux huîtres au kaki mariné.

Trick Dog — Bar

(415-471-2999 ; www.trickdogbar.com ; 3010 20th St ; 15h-2h ; 12, 14, 49). Osez l'aventure de ces ingénieux cocktails inspirés des obsessions locales : muralistes de San Francisco, dîners chinois ou théories du complot. Tous les six mois, Trick Dog change de thème et renouvelle sa carte, preuve que l'on peut toujours réinventer des classiques comme le Manhattan. Arrivez tôt pour avoir un tabouret au bar ou montez grignoter des en-cas raffinés.

Les 5 meilleurs restaurants californiens

In Situ (p. 63)

Benu (p. 64)

Rich Table (p. 65)

Ferry Building (p. 48)

Al's Place (p. 65)

De gauche à droite : Produits au Farmers Market de Ferry Plaza (p. 49) ; Piedmont Boutique, Haight Ashbury (p. 59) ; les maisons victoriennes "Painted Ladies" (p. 300)

ANDREW MONTGOMERY / LONELY PLANET ©

KRIS DAVIDSON / LONELY PLANET ©

El Rio — Club

(☎415-282-3325 ; www.elriosf.com ; 3158 Mission St ; gratuit-8 $; ⏲13h-2h ; 🚌12, 14, 27, 49, B 24th St Mission). Lâchez-vous sur la piste de danse avec la clientèle la plus hétéroclite de la ville – les personnages les plus hauts en couleur viennent faire la fête ici. Salsa le dimanche, huîtres gratuites à partir de 17h30 le vendredi, célèbres drag-queens aux platines, concerts dans l'arrière-cour, parties de ping-pong, margarita surpuissante et flirt sans gêne dans le patio, qui aura tout vu depuis 1978. Espèces uniquement.

Haight et Hayes Valley

Smuggler's Cove — Bar

(☎415-869-1900 ; www.smugglerscovesf.com ; 650 Gough St ; ⏲17h-1h15 ; 🚌5, 21, 47, 49, M Civic Center, B Civic Center). Dans une ambiance de flibuste, commandez un Dead Reckoning (rhum nicaraguayen, porto, ananas et bitter), ou partagez un foudroyant Scorpion Bowl. Les pirates ont l'embarras du choix dans ce bar aux allures d'épave de la Barbary Coast, caché derrière une porte en verre fumé. Avec 550 rhums et plus de 70 cocktails du monde entier (et 2 $ de réduction tlj 17h-18h), vous ne resterez pas lontemps en cale sèche !

Blue Bottle Coffee Kiosk — Café

(www.bluebottlecoffee.com ; 315 Linden St ; ⏲7h-18h lun-sam, 8h-18h dim ; 👪🐾 ; 🚌5, 21, 47, 49, M Van Ness). Ne vous moquez pas de la café-mania de San Francisco avant d'avoir goûté l'élixir produit dans ce kiosque coincé dans une allée. Le Blue Bottle de la région de la Baie s'est forgé une réputation avec la micro-torréfaction de café bio et le Gibraltar, un expresso de son invention avec de la mousse de lait servi dans un petit verre. Courte file d'attente et chaises à l'extérieur sur une chaussée réaménagée de manière créative.

The Riddler — Bar à vins

(www.theriddlersf.com ; 528 Laguna St ; ⏲16h-22h mar-jeu et dim, 16h-23h ven et sam ; 🚌5, 6, 7, 21). L'équipe entièrement féminine de ce bar à champagnes sert des bulles à partir de 12 $, notamment du Veuve Cliquot, la marque qui porte le nom de la femme qui aurait inventé la table de remuage (*riddling* en anglais), un processus qui permet d'obtenir un vin totalement limpide.

Aub Zam Zam Bar

(415-861-2545 ; 1633 Haight St ; 15h-2h lun-ven, 13h-2h sam-dim ; 6, 7, 22, 33, 43, M N). Arches orientales, fresques façon *Mille et Une Nuits*, jazz des années 1930 au jukebox et cocktails haut de gamme à prix doux font de cette adresse un pilier de Haight St depuis 1941. Bruno, le fondateur légendaire, jetait dehors les clients qui osaient commander un martini vodka. Espèces uniquement.

OÙ SORTIR

San Francisco Symphony Musique classique

(billeterie 415-864-6000, réservations dernière minute 415-503-5577 ; www.sfsymphony.org ; Grove St, entre Franklin St et Van Ness Av ; billets 20-150 $; 21, 45, 47, M Van Ness, B Civic Center). Sous la baguette de Michael Tilson Thomas, l'orchestre symphonique de San Francisco, détenteur de nombreux Grammy Awards, tient en haleine son auditoire avec du Beethoven, du Mahler, des concerts lors de projections de films (par exemple *Star Trek*), et des collaborations avec des artistes comme Elvis Costello ou Metallica.

SFJAZZ Center Jazz

(866-920-5299 ; www.sfjazz.org ; 201 Franklin St ; billets 25-120 $; ; 5, 6, 7, 21, 47, 49, M Van Ness). De grands noms du jazz américain et du monde entier se produisent dans la plus récente et la plus grande salle de jazz du pays. Descendez dans le Joe Henderson Lab et écoutez des versions revisitées de grands classiques de jazz et des poètes improviser avec des groupes live. Assistez à d'incroyables collaborations sur la grande scène, d'Afro-Cuban All Stars aux légendes Emmylou Harris, Rosanne Cash et Lucinda Williams.

Alamo Drafthouse Cinema Cinéma

(415-549-5959 ; drafthouse.com/sf ; 2550 Mission St ; billets 9-20 $; ; 14, B 24th St Mission). Imaginé par Timothy Pfleuger en 1932, ce cinéma emblématique de New Mission a été restauré et a retrouvé tout son faste Art déco. La nouveauté : on peut désormais combiner un film et un repas de qualité. Le personnel apporte les bières artisanales et les plats jusqu'aux somptueux fauteuils. Ainsi, vous ne

Les couleurs LGBT de San Francisco

Qu'importe votre origine, qui vous aimez et qui sont vos parents : si vous êtes à San Francisco et que vous êtes homosexuel(le), vous êtes ici chez vous. Il n'est nulle part aussi facile de s'afficher fièrement que dans la ville la plus arc-en-ciel des États-Unis.

À San Francisco, pas besoin d'écumer les bas-fonds de la ville pour trouver la scène gay. L'angle de 18th St et Castro St est le centre historique du monde homosexuel, mais les *dancing queens* choisissent SoMa pour les grosses boîtes de nuit. Mission reste le quartier de prédilection des filles, lesbiennes et transgenres.

Passage piéton arc-en-ciel à Castro
DIEGO GRANDI / SHUTTERSTOCK ©

manquerez pas une minute des avant-premières, rétrospectives de classiques (soirées musicales le lundi) ou films culte de San Francisco, de *Madame Doubtfire* à *L'Inspecteur Harry*. Des rencontres avec les réalisateurs sont souvent organisées.

Chapel Concerts
(☎415-551-5157 ; www.thechapelsf.com ; 777 Valencia St ; entrée 15-40 $; ⏲bar 19h-2h ; 🚌14, 33, Ⓜ J, Ⓑ16th St Mission). Un tonnerre d'applaudissements résonne régulièrement dans ce monument de style California Craftsman (1914), à l'acoustique remarquable. Douze mètres de hauteur sous plafond pour accueillir des orchestres de cuivre de La Nouvelle-Orléans, des classiques du folk américain, des rockeurs de légende et des icônes du hip-hop.

Oberlin Dance Collective Danse
(ODC ; ☎billetterie 415-863-9834, cours 415-549-8519 ; www.odctheater.org ; 3153 17th St ; cours sans réservation à partir de 15 $, spectacles 20-50 $; 🚌12, 14, 22, 33, 49, Ⓑ16th St Mission). Depuis 45 ans, ODC s'attache à redéfinir la danse avec des performances brutes et audacieuses communiquant la joie pure du mouvement. La saison s'étend de septembre à décembre, mais sa scène accueille toute l'année des spectacles d'artistes locaux et internationaux. ODC Dance Commons propose plus de 200 cours par semaine, du flamenco à la vogue, pour tous âges et niveaux.

RENSEIGNEMENTS

SF Visitor Information Center (www.sanfrancisco.travel/visitor-information-center). Muni Pass, bons de réduction sur certaines activités, programme des événements culturels.

DEPUIS/VERS SAN FRANCISCO

La baie de San Francisco dispose de trois grands aéroports : San Francisco (SFO), Oakland (OAK) et San José (SJC). Prévoyez plus de temps – et d'argent – pour rejoindre San Francisco depuis Oakland ou San José. Notez que ce que vous aurez économisé sur votre billet d'avion passera alors peut-être dans le transport par la route.

Si votre temps n'est pas compté, vous pouvez voyager en train. Ainsi, vous échapperez aux embouteillages et limiterez vos émissions de CO^2.

COMMENT CIRCULER

S'ils ne sont pas pressés, les locaux se déplacent à pied, à vélo ou en transport en commun – bus, trolleybus et *cable cars* du réseau **Muni** (Municipal Transit Agency ; ☎511 ; www.sfmta.com ; plan disponible en ligne). Le trafic est infernal aux heures de pointe et il est presque impossible de se garer dans les quartiers du centre-ville.

Pour circuler autour de la baie, renseignements par téléphone (511) ou sur www.511.org.

Où se loger

Des auberges de jeunesse bien pratiques aux pensions bohèmes en passant par les suites dans des hôtels de luxe, vous avez le choix à San Francisco... tant que vous vous y prenez (bien) à l'avance.

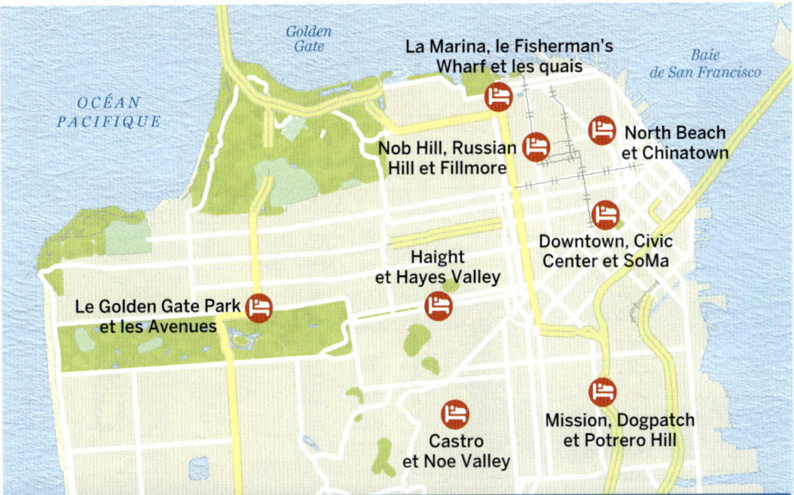

Quartiers	Atmosphère
Marina, Fisherman's Wharf et les quais	Proche du front de mer ; pratique avec des enfants ; nombreux bars et restaurants à la Marina ; très touristique. Il est très difficile de se garer dans ce secteur.
Downtown, Civic Center et SoMa	Le plus grand choix d'hôtels, proche de tous les transports publics et à distance de marche de nombreux sites. Downtown est très calme en soirée ; le Civic Center n'est pas toujours sans danger ; les rues ne sont pas très sûres le soir à SoMa.
North Beach et Chinatown	Ambiance multiculturelle, superbes balades, nombreux cafés et restaurants. Immersion dans la vie de la ville. Rues bruyantes, choix et transports limités.
Nob Hill, Russian Hill et Fillmore	Beaux hôtels classiques en haut de Nob Hill, restaurants et boutiques de qualité à Pacific Heights et Japantown. Rues très escarpées. Se garer est difficile. Un peu éloigné des principaux sites.
Mission, Dogpatch et Potrero Hill	Le relief plat de Mission est parfait pour la marche et le vélo. Bon accès au BART. Choix limité d'hébergements.
Castro et Noe Valley	Fabuleuse vie nocturne, surtout pour les voyageurs LGBT ; véritable vie de quartier ; loin des grands sites touristiques.
Haight et Hayes Valley	Nombreux bars et restaurants. Proche des sites culturels et du Golden Gate Park. Choix limité d'hébergements.
Golden Gate Park et les avenues	Calme le soir, parfait pour les activités en plein air, on se gare facilement. Très éloigné des principaux sites, froid et brouillard en été.

S. GREG PANOSIAN / GETTY IMAGES ©

City Hall, Sonoma Plaza (p. 82)

SONOMA VALLEY

Dans ce chapitre

Sonoma Valley

Nous avons un faible pour le côté sans façon de Sonoma, que ses habitants surnomment "Slow-noma". Ses collines ondoyantes sont parsemées de chênes centenaires, et ses bandes de vignobles tapissent les flancs de coteau à perte de vue. Principale ville de la bucolique vallée éponyme qui s'étend sur une trentaine de kilomètres, à 1 heure seulement de San Francisco, Sonoma constitue une bonne base pour découvrir le Wine Country. Elle possède en outre une forte identité historique avec ses monuments du XIXe siècle. À mi-chemin en montant dans la vallée, la tranquille Glen Ellen semble tout droit sortie d'une peinture de Norman Rockwell.

Sonoma Valley en 2 jours

Commencez votre aventure dans ce pays du vin avec un café à **Sonoma Plaza** (p. 82). En deux jours, vous aurez largement le temps de sillonner la vallée pittoresque et les routes bordées de vignes en vous arrêtant régulièrement pour déguster les crus de la région : ne manquez pas la plus ancienne exploitation viticole familiale de Californie, **Gundlach Bundschu** (p. 81). Si l'*Appel de la forêt* est votre livre de chevet, prenez le temps de visiter le **Jack London State Historic Park** (p. 85).

Sonoma Valley en 4 jours

Profitez de deux jours supplémentaires pour louer un vélo et vous rendre au **Bartholomew Park** (p. 82), domaine constellé de chênes dans un cadre naturel incroyable. Vous trouverez une **exploitation viticole** (p. 81) sur place. Les plus aventureux combattront la légère léthargie due aux vapeurs d'alcool en parcourant les sentiers de **Sugarloaf Ridge State Park** (p. 84). Le dernier soir, faites honneur aux produits de la Sonoma Valley en dégustant un repas à base de produits locaux au **Cafe La Haye** (p. 84).

Comment s'y rendre

Voiture La Sonoma Valley se situe à 1 heure 30 de San Francisco. La Sonoma Hwy (Hwy 12), bordée de vignobles, part de Sonoma, longe Glen Ellen, traverse Kenwood, va jusqu'à Santa Rosa et continue dans l'ouest de Sonoma County.

Bus Vous pouvez vous rendre dans la région en transport public mais, une fois sur place, vous ne pourrez pas facilement passer d'un vignoble à l'autre. Pour plus d'informations, composez le ☎511 ou consultez le site www.transit.511.org.

Où se loger

Pour vivre pleinement l'expérience des vignes, dormez dans l'un des nombreux domaines viticoles de la région. Les hébergements sont souvent pittoresques et romantiques. Les couples trouveront beaucoup de charmants cottages et auberges à Glen Ellen. Un hôtel haut de gamme et un excellent camping se trouvent à Kenwood. Les budgets moyens trouveront aussi de nombreux hôtels historiques dans la région de Sonoma. Pour les plus petites bourses, visez plutôt Santa Rosa. Les prix dégringolent hors saison.

Sonoma Wine Country

C'est dans cette région tranquille, un peu moins sophistiquée et beaucoup plus abordable que sa célèbre sœur, Napa, que les premières vignes de Californie ont poussé, il y a plus de deux cents ans. Sonoma s'est embourgeoisée au fil du temps, mais elle n'a pas le côté chic de Napa (ce que ses habitants apprécient) ; les vignes sont plus accessibles, toutefois les quelque 400 vignobles du comté sont dispersés.

Pour ceux qui aiment...

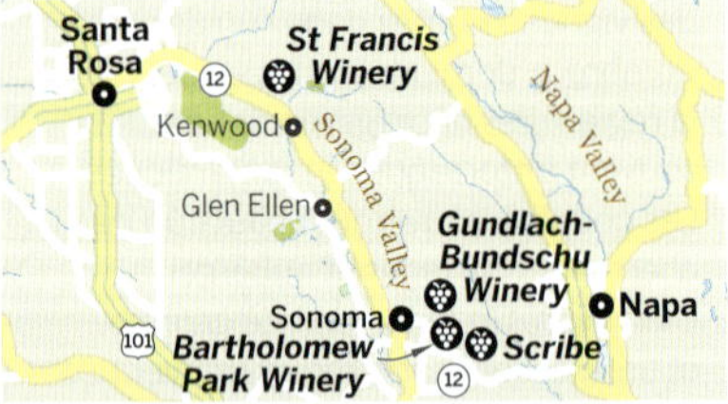

Infos pratiques

Les meilleures périodes sont le printemps et l'automne. L'été est très chaud, plein de poussière et de monde. À l'automne, il fait beau et c'est le temps des vendanges et du foulage de raisins.

★ Bon à savoir

N'ayez pas peur de poser des questions, les vignerons adorent discuter. Si vous ne maîtrisez pas l'art de la dégustation ou si vous ne savez pas quel vin choisir, adressez-vous à la personne derrière le comptoir qui vous aidera à trouver ce que vous aimez.

Dégustation de vin

Pour découvrir le Wine Country authentique, évitez les vignobles industriels et visitez plutôt les petites caves familiales (qui produisent moins de 20 000 caisses par an) et les exploitations de taille moyenne (20 000 à 60 000 caisses par an).

Lors d'une dégustation, vous goûtez entre quatre et six vins différents (vous devez avoir au moins 21 ans). Le prix varie de 5 à 20 $.

Pour ne pas vous lasser, ne visitez pas plus de trois vignobles par jour. La plupart sont ouverts tous les jours entre 10h ou 11h et 16h ou 17h mais appelez avant si vous avez repéré une adresse en particulier. Prévoyez au moins cinq heures pour remonter tranquillement toute la Sonoma Valley.

Ne buvez pas si vous conduisez. Les routes sinueuses sont dangereuses et les contrôles de police fréquents.

Visites guidées

Vous serez plus libre si vous conduisez, mais les visites guidées sont une bonne solution pour éviter l'alcool au volant.

Considérée comme l'antidote aux circuits snobs de vignobles, **Platypus Wine Tours** (www.platypustours.com) a pour spécialité les vignobles peu connus, des domaines anciens et familiaux. Pour une visite plus originale, **Active Wine Adventures** (www.activewineadventures.com) combine mets et vins avec randonnées pittoresques, art local, aventures littéraires et, plus récemment, microbrasseries.

Vous pouvez aussi choisir une visite guidée à vélo. Les premiers prix commencent autour de 90 $ la journée (vélo, dégustations et déjeuner inclus). Pour une simple location de vélo, contactez **Sonoma Valley Cyclery** (☎707-935-3377 ;

Bartholomew Park Winery

www.sonomacyclery.com ; 20091 Broadway/ Hwy 12 ; location de vélo à partir de 30 $/jour ; 10h-18h lun-sam, 10h-16h dim ;).

Vignobles

Bartholomew Park Winery

Accessible à vélo, **Bartholomew Park** (707-939-3026 ; www.bartpark.com ; 1000 Vineyard Lane, Sonoma ; dégustation 15 $; 11h-16h30 ; P) occupe un terrain de 150 ha (p. 82). Cultivées depuis 1857, les vignes, aujourd'hui certifiées bio, produisent un sauvignon blanc aux arômes d'agrumes, un cabernet sauvignon plus doux que ceux de Napa et un zinfandel capiteux.

Ne ratez pas

Les routes secondaires bordées de vignes : parfaites pour se balader tranquillement en voiture (ou à vélo).

INTERSECTION PHOTOS / ALAMY STOCK PHOTO ©

Gundlach Bundschu Winery

Si le **plus ancien domaine familial de Californie** (707-938-5277 ; www.gunbun.com ; 2000 Denmark St, Sonoma ; dégustation 20-30 $, visite incluse 30-60 $; 11h-17h30 mai-oct, 11h-16h30 nov-avr ; P) ressemble à un château, il y règne une ambiance décontractée. Fondé en 1858 par un immigré bavarois, il est connu pour son gewürztraminer et son pinot noir, mais "Gun-Bun" a surtout été le premier producteur américain de vins 100% merlot. Le domaine est situé en bas d'un chemin sinueux qui mérite d'être parcouru à vélo avant la visite, avec pique-nique, balade, lac et peut-être même un concert à la clé.

St Francis Winery & Vineyards

Les vignobles sont pittoresques, mais la degustation de mets et de vins assortis constitue la principale attraction de **St Francis** (707-538-9463 ; www.stfranciswinery.com ; 100 Pythian Rd sur la Hwy 12, Santa Rosa ; dégustation 15 $, vins et fromages assortis 25 $, vins et mets assortis 68 $; 10h-17h). Des sommeliers aimables et connaisseurs vous proposent des vins qui se marient avec des plats alléchants. Ainsi, le porc braisé Kurobuta est servi avec du cabernet franc et le bœuf wagyu avec un zinfandel issu de vieilles vignes.

Scribe

Avec **Scribe** (707-939-1858 ; scribewinery.com ; 2100 Denmark St, Sonoma ; dégustation 35 $, vins et mets assortis 65 $; 11h30-16h jeu-lun, uniquement sur réservation), une nouvelle génération a trouvé sa place au pays du vin. De joyeux groupes d'amis fréquentent ce vignoble branché inspiré des châteaux français. Autour des tables de pique-nique, ils dissertent sur le pinot rosé racé, le chardonnay fermenté avec la peau du raisin et le cabernet audacieux.

Une petite faim ?

Régalez-vous avec de délicieux pancakes au babeurre au Fremont Diner (p. 84).

Sonoma

Même si les boutiques chics tendent de plus en plus à remplacer les quincailleries, Sonoma conserve un charme désuet, notamment en raison de sa "plaza" – plus grande place urbaine de l'État – et des bâtiments historiques qui l'encadrent, figés dans le temps. Il est permis de boire en public sur la place (chose rare en Californie), mais seulement entre 11h30 et le coucher du soleil.

À VOIR

Sonoma Plaza Place

(entre Napa St, Spain St et 1st St). Au centre, l'hôtel de ville (1906-1908), de style néocolonial (renouveau du style des missions espagnoles), arbore quatre façades identiques pour contenter, dit-on, les commerces de la place qui souhaitaient tous faire face à la mairie. À l'angle nord-est de la place, le **Bear Flag Monument** (Sonoma Plaza) commémore la Bear Flag Revolt de 1846, qui dura presque un mois, lorsqu'un petit groupe d'habitants se rebella contre le gouvernement mexicain et proclama la république indépendante de Californie. Chaque semaine, un marché de producteurs (17h30-20h mardi, avr-oct) vend des produits alimentaires de grande qualité.

Bartholomew Park Parc

(707-938-2244 ; www.bartholomewpark.org ; 1000 Vineyard Lane ; 10h-16h30 ; P). GRATUIT Principale attraction en plein air proche de la ville, près de Castle Rd, le Bartholomew Park s'étend sur 150 ha. Vous pouvez y pique-niquer sous des chênes géants et parcourir 3,2 km de sentiers de randonnée, avec des points de vue d'où vous pourrez apercevoir San Francisco. À l'entrée du parc, la **Palladian Villa** est une reconstitution de la résidence pompéienne originale du comte Haraszthy, ouverte de midi à 15h le samedi et le dimanche. Un bon vignoble (p. 81) indépendant se trouve aussi dans le parc.

Cornerstone Sonoma Jardins

(707-933-3010 ; www.cornerstonesonoma.com ; 23570 Arnold Dr ; 10h-17h, jardins 10h-16h ; P). GRATUIT Dans ce marché en bord de route, vous pourrez visiter 25 jardins (dont certains potagers), plusieurs boutiques hors du commun, des salons de dégustation de vin ainsi que le Visitors Bureau (p. 85) de la région. On y trouve un bon café (assez cher) et un laboratoire culinaire extérieur. Cherchez l'énorme chaise Adirondack orange au bord de la route.

Coup de cœur pour **Nomad Chic**, boutique design qui a récemment déménagé du centre-ville de Sonoma, et pour **Prohibition Spirits Distillery** (707-933-7507 ; www.prohibition-spirits.com ; 23570 Arnold Dr, Sunset Gardens at Cornerstone ; 10h-17h), où vous pourrez goûter l'orangecello et d'autres alcools originaux.

Sonoma Valley Museum of Art Musée

(707-939-7862 ; www.svma.org ; 551 Broadway ; adulte/enfant 14-17 ans/famille 10 $/5 $/15 $; 11h-17h mer-dim). Ce musée d'art moderne et contemporain de 740 m^2 présente des expositions temporaires d'artistes locaux et internationaux, et met l'accent sur le renforcement de la communauté autour de l'art.

ACTIVITÉS

De nombreuses auberges fournissent des vélos, excellent mode de transport pour visiter les vignobles.

Willow Stream Spa au Sonoma Mission Inn Spa

(707-938-9000 ; www.fairmont.com/sonoma ; 100 Boyes Blvd ; 9h-18h). Le clinquant spa du Sonoma Mission Inn éclipse la plupart des autres de la région. Réservez une entrée simple (89 $) ou un soin et accédez aux 5 piscines d'eau minérale (3 extérieures, 2 intérieures), à la salle de sport, au sauna et au hammam aux plantes dans un bâtiment de style roman. Âge minimum : 18 ans.

Ramekins Sonoma Valley Culinary School Cuisine

(707-933-0450 ; www.ramekins.com ; 450 W Spain St ;). Superbes démonstrations et

Sonoma

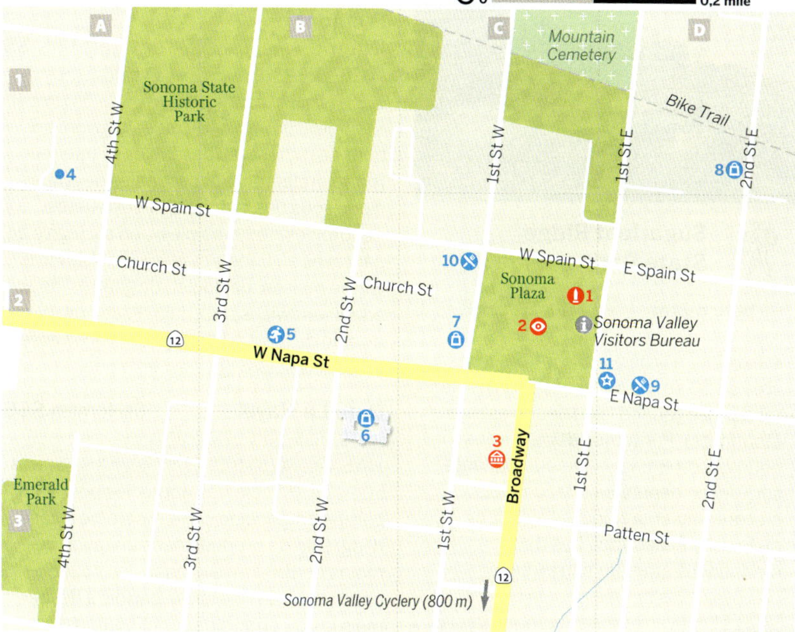

Sonoma

À voir

1 Bear Flag Monument C2
2 Sonoma Plaza C2
3 Sonoma Valley Museum of Art C3

Activités, cours et circuits organisés

4 Ramekins Sonoma Valley Culinary School A1
5 Wine Country Cyclery B2

Achats

6 Chateau Sonoma B3
7 Figone's Olive Oil C2
8 Vella Cheese Co D1

Où se restaurer

9 Cafe La Haye D2
10 El Dorado Kitchen C2

Où sortir

11 Sebastiani Theatre D2

ateliers pratiques pour les chefs amateurs, notamment sur les hors-d'œuvre et l'association fromage et vin. L'école propose aussi des visites culinaires de fermes locales, et des repas avec des vignerons et des chefs.

Vintage Aircraft Company — Vues du ciel

(☎707-938-2444 ; www.vintageaircraft.com ; 23982 Arnold Dr, Sonoma ; vol 20 min 1/2 pers 175/270 $). Survols de Sonoma en biplan d'époque commandé par un pilote qui réalise des loopings sur demande.

Wine Country Cyclery — Vélo

(☎707-966-6800 ; www.winecountrycyclery.com ; 262 W Napa St ; location de vélo 30-75 $/jour ; ⏱10h-18h). Des vélos hybrides et électriques, des vélos de route et même des tandems. Il vaut mieux réserver.

ACHATS

Chateau Sonoma — Décoration

(☎707-935-8553 ; www.chateausonoma.com ; 23588 Arnold Dr ; ⏱10h-17h). La France

Sugarloaf Ridge State Park

Ce **parc d'État** (707-833-5712 ; www.sugarloafpark.org ; 2605 Adobe Canyon Rd, Kenwood ; 8 $/voiture ;) propose près de 50 km de superbes sentiers de randonnée (quand la chaleur n'est pas étouffante). Par temps dégagé, vous pourrez admirer la vue époustouflante sur l'océan depuis Bald Mountain, ou contempler la Napa Valley le long du Brushy Peaks Trail. Ces deux randonnées étant un peu ardues, prévoyez trois heures pour la boucle. Vélos et chevaux peuvent emprunter les sentiers autour du parc selon la saison.

rencontre Sonoma dans cette boutique qui a récemment déménagé dans Cornerstone Sonoma : cadeaux originaux et décoration d'intérieur créative.

Vella Cheese Co Fromages
(707-938-3232 ; www.vellacheese.com ; 315 2nd St E ; 9h30-18h lun-ven, 9h30-17h sam). Réputée pour ses fromages Jack typiques de Californie (fabriqués depuis 1931), cette fromagerie a pour spécialité le *dry jack*, enrobé de poudre de cacao. Elle produit aussi de bons Mezzo Secco. Emballage sous vide pour l'expédition.

Figone's Olive Oil Produits alimentaires
(707-282-9092 ; www.figoneoliveoil.com ; 483 1st St W ; 10h-18h dim-jeu, 10h-19h ven et sam). Figone presse sa propre huile d'olive vierge extra. Certaines sont parfumées (au citron Meyer par exemple). Dégustation gratuite.

OÙ SE RESTAURER

Fremont Diner Américain, Sud des États-Unis $$
(707-938-7370 ; www.thefremontdiner.com ; 2698 Fremont Dr ; plats 9-22 $; 8h-15h lun-mer, 8h-21h jeu-dim ;). Un *diner* locavore en bord de route, avec des tables à l'intérieur (notre préférence) et des tables de pique-nique sous une grande tente extérieure. L'endroit est toujours plein : on s'y régale de pancakes au babeurre et au sirop cannelle-vanille maison, de poulet, de gaufres, de *po' boys* (sandwichs) aux huîtres, de grillades et de pain de maïs cuit à la poêle. Venez assez tôt ou assez tard pour éviter la queue.

Cafe La Haye Californien $$$
(707-935-5994 ; www.cafelahaye.com ; 140 E Napa St ; plats 19-25 $; 17h30-21h mar-sam). Table *très* appréciée pour sa cuisine américaine contemporaine à base d'ingrédients produits dans un rayon de moins de 100 km. On mange au coude-à-coude et le service laisse parfois à désirer, mais les recettes simples et goûteuses en font l'adresse de choix des gourmets. Réservez le plus tôt possible.

El Dorado Kitchen Californien $$$
(707-996-3030 ; eldoradokitchen.com ; 405 1st St W ; plats déj 15-24 $, dîner 21-31 $; 8h-11h, 11h30-14h30 et 17h30-21h lun-jeu, jusqu'à 22h ven et sam). Cette adresse élégante, à côté de la place, est réputée pour sa cuisine californienne-méditerranéenne moderne, à base d'ingrédients locaux de saison – paella aux fruits de mer, tartare de thon *ahi* et pâtes maison. Une grande table commune occupe le centre de la salle, où l'on vient autant pour regarder que pour être vu. Bar lounge tendance, qui sert de bonnes petites assiettes (11-22 $) et des cocktails originaux. Réservez.

OÙ SORTIR

Sebastiani Theatre Cinéma
(707-996-2020 ; www.sebastianitheatre.com ; 476 1st St E). Ce magnifique cinéma, construit en 1933 dans le style

des missions espagnoles, présente une programmation de films d'art et d'essai et de vieux films, et accueille occasionnellement des pièces de théâtre.

RENSEIGNEMENTS

Sonoma Valley Visitors Bureau (707-966-1090 ; www.sonomavalley.com ; 453 1st St E ; 9h-17h lun-sam, 10h-17h dim). Vous y trouverez guides, cartes, brochures, informations de vente sur les offres et les événements, etc. Autre antenne à Cornerstone Sonoma (p. 82).

Glen Ellen

La paisible Glen Ellen offre un aperçu de l'ancienne Sonoma avec ses clôtures blanches et ses petits *cottages* près d'un ruisseau bordé de peupliers. S'il y a du monde dans le centre-ville de Sonoma, vous pouvez vous évader et flâner tranquillement à Glen Ellen. C'est une étape parfaite pour se dégourdir les jambes entre deux visites de vignoble ou pour une nuit romantique sous le ciel étoilé. En journée, les principales attractions sont le Jack London State Historic Park et la **Benziger winery** (888-490-2739 ; www.benziger.com ; 1883 London Ranch Road, Glen Ellen ; 10-17h ;), qui propose des visites en "tramway" à travers les vignobles biodynamiques (tarif plein/-21 ans 30/10 $) ainsi que des cours d'initiation à l'œnologie (20 $/pers).

À VOIR ET À FAIRE

Jack London State Historic Park — Parc

(707-938-5216 ; www.jacklondonpark.com ; 2400 London Ranch Rd, Glen Ellen ; voiture 10 $, visite cottage adulte/enfant 4/2 $; 9h30-17h ; P). Si Napa a hébergé Robert Louis Stevenson, Sonoma a accueilli Jack London. Ce parc de 567 ha évoque les dernières années de l'écrivain. Ne ratez pas l'excellent **musée** sur place. Des kilomètres de **sentiers** (parfois accessibles en VTT) serpentent au milieu des chênes, entre 180 et 700 m d'altitude. Une boucle facile de 3,2 km serpente jusqu'au **London Lake**, où vous pourrez pique-niquer. Certains soirs

Jack London State Historic Park

ANDRIY BLOKHIN/SHUTTERSTOCK ©

GARYTOG / GETTY IMAGES ©

GEORGE ROSE / GETTY IMAGES ©

De gauche à droite : Plateau de fruits et de fromages dans un vignoble de Sonoma Valley ; Raisin de cépage pinot noir, Sonoma (p. 78) ; Vignoble à Glen Ellen (p. 85)

d'été, le parc se transforme en théâtre pour "Broadway Under the Stars". Attention aux feuilles de sumac vénéneux.

Tour à tour pêcheur à Oakland, chercheur d'or en Alaska, navigateur dans le Pacifique et romancier, Jack London (1876-1916) finit par devenir fermier. Il acheta le Beauty Ranch en 1905 et s'y installa en 1911. Avec sa seconde épouse, Charmian, il vécut et écrivit dans un petit cottage pendant la construction de sa demeure, **Wolf House**. En 1913, presque achevée, la maison fut détruite par un incendie. Ce désastre anéantit l'écrivain qui envisagea de la rebâtir, mais il mourut avant. Sa veuve fit construire la **House of Happy Walls**, reconvertie en **musée** (10h-17h), à 800 m à pied des ruines de la Wolf House en passant devant la tombe de London. D'autres sentiers contournent la ferme jusqu'au cottage où il vécut et travailla (12h-16h).

Quarryhill Botanical Garden — Jardins

(707-996-3166 ; www.quarryhillbg.org ; 12841 Hwy 12 ; adulte/enfant 13-17 ans 12/8 $; 9h-16h). Alors que vous pensiez que les vignobles continueraient d'apparaître à l'infini, vous êtes surpris par ce célèbre jardin botanique dédié à la flore asiatique. Vous pourrez vous promener sur les sentiers au milieu de spécimens rapportés au fil des expéditions en Extrême-Orient, et vous détendre au bord de l'étang, devant le paysage boisé savamment aménagé.

ACTIVITÉS

Triple Creek Horse Outfit — Randonnée équestre

(707-887-8700 ; www.triplecreekhorseoutfit.com ; 2400 London Ranch Rd ; balade 1 heure/1 heure 30 80/100 $; 9h-17h lun-sam). Parcourez le Jack London State Park (p. 85) à cheval pour des vues renversantes sur la Sonoma Valley. Réservation obligatoire.

ACHATS

Wine Country Chocolates Tasting Bar — Chocolats

(707-996-1010 ; www.winecountrychocolates.com ; 14301 Arnold Dr Suite 2, Glen Ellen ; 10h-17h). Goûtez de fins chocolats plus ou moins forts en cacao et la sélection de ganaches du jour.

GEORGE ROSE / GETTY IMAGES ©

OÙ SE RESTAURER

Fig Cafe & Winebar Français, Californien $$
(☎707-938-2130 ; www.thefigcafe.com ; 13690 Arnold Dr, Glen Ellen ; plats 12-24 $, dîner 3 plats 36 $; ⌚10h-14h30 sam-dim, 17h-21h dim-jeu, 17h-21h30 ven et sam). Le Fig Cafe sert une cuisine provençale-californienne roborative : calamars frits avec un aïoli au citron épicé, salade de figues et roquette, steak frites. Les vins aux prix corrects et le brunch du week-end sont une incitation à y retourner. Pas de réservation ; pas de droit de bouchon.

Glen Ellen Star Californien, Italien $$$
(☎707-343-1384 ; www.glenellenstar.com ; 13648 Arnold Dr, Glen Ellen ; pizzas 15-20 $, plats 24-50 $; ⌚17h30-21h dim-jeu, 17h30-21h30 ven et sam ;). Sous la houlette du chef Ari Weiswasser, qui travaillait auparavant au **French Laundry** (☎707-944-2380 ; www.thomaskeller.com/tfl ; 6640 Washington St ; dîner à prix fixe 310 $; ⌚11h-12h30 ven-dim, 17h-21h tlj) de Thomas Keller, ce bistrot fait la promotion des meilleurs fermes et ranchs de Sonoma. Les produits locaux, bio et de saison sont à l'honneur dans les plats tels le ragoût d'agneau de printemps, le poisson entier rôti avec des *broccoli di cicco* ou les betteraves jaunes avec du crumble à la harissa. Réservation recommandée.

Neighborhood Night ("Soirée du quartier") le mercredi : pas de droit de bouchon et menu à 36 $ (deux plats).

Aventine Italien $$$
(☎707-934-8911 ; www.aventinehospitality.com ; 14301 Arnold Dr, Glen Ellen ; plats 14-28 $; ⌚16h30-22h mer-ven, 11h-22h sam-dim). Cette antenne de Sonoma d'un restaurant populaire de San Francisco est installée dans un charmant ancien moulin à blé avec patio ensoleillé. Le menu propose des plats d'inspiration italienne, notamment l'Aventino, spécialité de la maison : boulettes de viande farcies à la mozzarella et pesto sur polenta. Réservation recommandée.

Glen Ellen Inn Américain $$
(☎707-996-6409 ; www.glenelleninn.com ; 13670 Arnold Dr, Glen Ellen ; plats 16-25 $; ⌚11h30-21h jeu-mar, 17h30-21h mer). Huîtres, martinis et steaks grillés. Joli jardin et bar bien approvisionné.

Humboldt Redwoods State Park (p. 94)

Dans ce chapitre

Forêts de séquoias

Peu de surfeurs, pas de palmiers : la côte nord n'a pas grand-choses à voir avec la Californie chantée par les Beach Boys. C'est une région accidentée, sauvage et pittoresque, voire vaguement inquiétante : les brumes fantomatiques y ont favorisé la croissance des arbres les plus hauts de la planète et de plantes résistantes, tandis qu'un esprit à part a donné naissance à une série de petites villes perdues au caractère bien trempé. Dans cette région, on traverse des vallées de séquoias (redwoods) anciens et on explore des criques secrètes avec une couverture et une bouteille de vin local. Mais allez-y pour les arbres – sous ces géants majestueux et surnaturels, vos soucis du quotidien sembleront bien insignifiants.

Forêts de séquoias en 2 jours

Si vous n'avez que deux jours pour observer les séquoias, roulez jusqu'au **Humboldt Redwoods State Park** (p. 94). Faites un tour dans les boutiques originales le long de la Hwy 101, avant de vous balader dans **Rockefeller Forest**, la plus grande forêt primaire de séquoias anciens. Plantez votre tente sous les branches silencieuses.

Forêts de séquoias en 4 jours

Continuez vers le nord jusqu'au **Redwood National Park** (p. 92), où les arbres sont si grands que les minuscules villes le long de la route semblent encore plus petites. En chemin, faites une pause repas au très populaire **Brick & Fire** (p. 99) à Eureka, et soulagez les douleurs post-randonnée dans les bains du **Finnish Country Sauna and Tubs** (p. 97) à Arcata, la ville universitaire de la région.

Comment s'y rendre

Arcata-Eureka Airport (www.humboldtgov.org/1396/Aviation). Situé au nord de McKinleyville sur la côte nord, signalé à l'ouest de la Hwy 101. Vols réguliers vers les principales villes de Californie et d'Oregon et au-delà.

Bus. Des bus Greyhound desservent Eureka (57 $, 6 heures 45, tlj) et Arcata (57 $, 7 heures, tlj) depuis San Francisco.

Où se loger

Pour un logement confortable et typique, direction Arcata, Eureka ou Trinidad. Vous trouverez aussi de nombreux B&B à Ferndale, un autre village pittoresque de la région. La Hwy 101 ne manque pas de motels datant du milieu du siècle mais les voyageurs ayant un petit budget devraient pouvoir dormir dans la nature (si autorisé). Une foule de possibilités s'offrent à vous, notamment dans le Redwood National Park.

Littoral à Redwood National Park

ZACK FRANK / SHUTTERSTOCK ©

Redwood National & State Parks

Difficile de rester de marbre face à la magie ancienne de ce pays des arbres géants, dont certains étaient déjà là cinq siècles avant l'Empire romain… place aux émotions fortes.

Pour ceux qui aiment…

Ne ratez pas

Les wapitis du Prairie Creek Redwoods State Park.

Redwood National Park

Ce **parc** (☎707-465-7335 ; www.nps.gov/redw ; Hwy 101, Orick ; P 👪) GRATUIT est le plus méridional des Redwood National & State Parks, gérés conjointement par les administrations fédérales et celles de l'État. À quelques kilomètres au nord d'Orick, sur la Hwy 101, roulez sur Bald Hills Rd. Vous atteindrez le **Lady Bird Johnson Grove** et sa boucle de 1,5 km (accessible aux enfants), ou vous vous perdrez dans la quiétude de **Tall Trees Grove**, isolé (le nombre de voitures admises par jour est limité). Les permis sont délivrés au *visitor center* à Orick.

Prairie Creek Redwoods State Park

Ses forêts de séquoias vierges et sa côte sauvage valent aux 5 665 ha de ce **parc** (www.parks.ca.gov ; Newton B Drury Scenic

Stout Grove, Jedediah Smith Redwoods State Park

CHRISTOPHER KIMMEL / GETTY IMAGES ©

Pkwy ; 8 $/voiture ; P) une réputation méritée. Les routes sont superbes et une partie des 112 km de sentiers de randonnée est adaptée aux enfants. Des wapitis nains peuvent être observés lorsqu'ils broutent dans l'**Elk Prairie**, indiquée depuis la route. Vous avez plus de chances d'en apercevoir tôt le matin ou au crépuscule.

Del Norte Coast Redwoods State Park

Avec ses profonds canyons et ses bois touffus, ce **parc** (707-465-7335 ; www.parks.ca.gov ; Mill Creek Rd ; 8 $/voiture ; P) de 2 600 ha est constitué pour moitié de forêts de séquoias préservées, sillonnées par des kilomètres de sentiers. Il offre aussi 13 km de littoral sauvage. Depuis la côte, la Hwy 1 y pénètre au niveau de la belle Wilson Beach et traverse la forêt dense. False

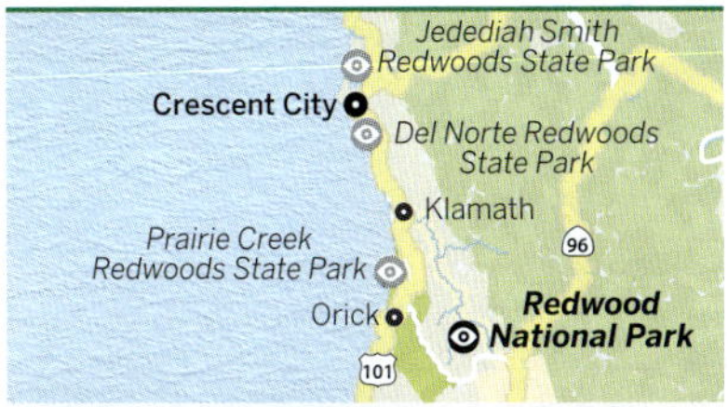

Infos pratiques

Thomas H. Kuchel Visitor Center (707-465-7765 ; www.nps.gov/redw ; Hwy 101, Orick ; 9h-17h avr-oct, 9h-16h nov-mars ;). Sur la Hwy 101, à environ 1,6 km au sud d'Orick.

Une petite faim ?

Faites le plein d'eau, de barres de céréales et autres en-cas si vous comptez randonner dans les parcs.

Bon à savoir

Avis aux amateurs, la minuscule localité de Klamath compte quelques belles installations kitsch en bord de route.

Klamath Cove est parfait pour une pause pique-nique sur le sable. En montant vers le nord, de grands arbres s'accrochent aux parois abruptes des canyons qui dévalent jusqu'au rivage rocheux et jonché de bois.

Jedediah Smith Redwoods State Park

Tout au nord, le Jedediah Smith est situé à 16 km au nord-est de Crescent City. Les séquoias formant un mur impénétrable, peu de chemins de randonnée traversent ce **parc** (707-465-7335 ; www.parks.ca.gov ; Hwy 199, Hiouchi ; 8 $/voiture ; aube-crépuscule ; P). Seule la **route panoramique de Howland Hill** (environ 20 km), pénètre dans certaines zones (prenez la Hwy 199 jusqu'à South Fork Rd, puis tournez à droite après avoir traversé 2 ponts). Arrêtez-vous pour une petite balade sous les énormes arbres du **Simpson-Reed Grove**. Un chemin de quelques centaines de mètres part de l'autre bout du camping. L'été, une passerelle traverse la Smith River, et le chemin mène au **Stout Grove**, bosquet le plus connu du parc.

Dyerville Giant

Humboldt Redwoods State Park

Ne vous privez pas d'une promenade magique à travers le plus grand parc de séquoias de Californie qui s'étend sur 215 km² – dont 70 km² de forêt ancienne – et compte certains des plus magnifiques arbres du monde.

Pour ceux qui aiment...

Ne ratez pas

Dyerville Giant : marchez le long de son tronc impressionnant.

Avenue of the Giants

Sur la Hwy 101, prenez la sortie Avenue of the Giants. Cette petite route à deux voies, d'une cinquantaine de kilomètres, est une bonne alternative à l'autoroute. Aux entrées sud (à 10 km au nord de Garberville, près de Phillipsville) et nord (au sud de Scotia, au niveau de Pepperwood), des guides de la région sont fournis gratuitement au niveau des panneaux indicateurs ; il y a des points d'accès depuis la Hwy 101.

À 5 km en direction du nord, dans le **California Federation of Women's Clubs Grove**, une cheminée à quatre faces de l'architecte de San Francisco Julia Morgan, construite en 1931, célèbre "la virginité de la forêt".

À 7 km à l'ouest de l'Avenue en passant par Mattole Rd, quittez la route, dernière trace de civilisation, pour pénétrer dans

Wapiti de Roosevelt

KRIS WIKTOR / SHUTTERSTOCK ©

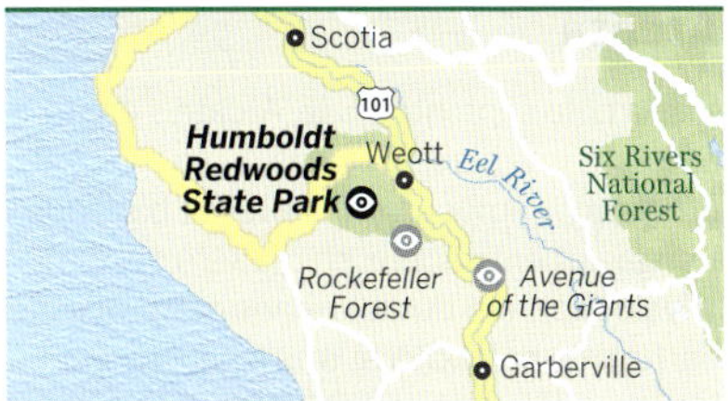

Infos pratiques

707-946-2409 ; www.parks.ca.gov ; Hwy 101 ; P GRATUIT

Une petite soif ?

Faites une halte à **Riverbend Cellars** (707-943-9907 ; www.facebook.com/RiverbendCellars ; 12990 Avenue of the Giants, Myers Flat ; 12h-18h) pour un excellent verre de rouge (local) El Centauro.

★ Bon plan

Vous trouverez des hébergements simples dans plusieurs villes le long de la route, mais le camping reste de loin la meilleure option.

la **Rockefeller Forest**, plus grande forêt primaire de séquoias au monde, inchangée depuis un siècle. Elle héberge 20% de ces antiques titans. Parcourez les 4 km du sentier du **Big Trees Loop** (passerelle saisonnière au-dessus de la rivière), vous aurez l'impression d'être au temps des dinosaures.

À **Founders Grove**, au nord du centre des visiteurs, ne manquez pas le **Dyerville Giant**, arbre de tous les records, géant de 112 m déraciné en 1991.

Randonner dans Humboldt

Le parc offre plus de 160 km de sentiers de randonnée, de VTT et d'équitation. Pour les débutants, de petites boucles permettent de découvrir Founders Grove et Rockefeller Forest. Le **Drury-Chaney Loop Trail**, et sa cueillette de baies en été, enchantent gourmands et marcheurs. Les amateurs de trek choisiront le **Grasshopper Peak Trail**, au sud du centre des visiteurs, qui monte jusqu'à la tour d'observation à 1 030 m.

Humboldt Redwoods Visitor Center

Au sud de Weott, à un peu plus de 3 km, un **visitor center** (707-946-2263 ; www.humboldtredwoods.org ; Avenue of the Giants ; 9h-17h avr-oct, 10h-16h nov-mars) géré par des bénévoles, vend des cartes et projette trois films courts. Vous y touverez aussi une petite exposition sur la faune et la flore locales.

Se déplacer

Les arrêts de bus les plus proches se trouvent à Scotia, au nord, et à Garberville, au sud. Ils sont desservis par la compagnie **Redwood Transit System** (707-443-0826 ; www.hta.org/agencies/redwood-transit-system/). Il faudra être véhiculé pour vous rendre au parc et le visiter. Vous pouvez aussi transporter un vélo et pédaler tout le long de l'Avenue of the Giants.

Arcata

Sur la côte septentrionale, Arcata s'étend autour d'une place centrale où se croisent étudiants, campeurs, touristes et badauds. L'engagement sérieux en matière de développement durable, dans cette ville au parfum de patchouli et très à gauche sur le plan politique, a fait naître certaines des actions citoyennes les plus progressistes aux États-Unis.

Fondée en 1850 comme camp de base pour l'exploitation forestière, Arcata attire aujourd'hui comme un aimant les jeunes (20-30 ans) en quête d'ouverture, notamment à la Humboldt State University (HSU). Depuis qu'une proposition au niveau de l'État a légalisé l'usage du cannabis à des fins médicales en 1996, l'économie de la région est inexorablement liée aux champs de culture de la marijuana.

À VOIR

Deux sites historiques nationaux se trouvent autour d'Arcata Plaza : la **Jacoby's Storehouse** (707-826-2426 ; www.facebook.com/Jacobysstorehousemerchantassociation/ ; Arcata Plaza ; horaires variables) datant de 1857, et l'**Hotel Arcata** (707-826-0217 ; www.hotelarcata.com ; 708 9th St) de 1915. Le **Minor Theatre** (707-822-3456 ; www.minortheatre.com ; 1013 10th St ; horaires variables), est un autre bâtiment ancien (1914). Certains historiens affirment qu'il s'agit de la plus veille salle de spectacles des États-Unis construite pour la seule projection de films.

Arcata Marsh & Wildlife Sanctuary Réserve naturelle
(www.cityofarcata.org ; Klopp Lake). Sur les rives de Humboldt Bay, 8 km de chemins de randonnée traversent un site parfait pour observer les oiseaux. La **Redwood Region Audubon Society** (707-826-7031 ; www.rras.org ; dons appréciés) organise des visites à 8h30 le samedi, quel que soit le temps. Départ du parking situé au sud de I St. La visite des Friends of Arcata Marsh part, elle, à 14h de l'**Arcata Marsh Interpretive Center** (707-826-2359 ; www.humboldt.edu/arcatamarsh ; 569 South G St ; 9h-17h mar-dim, 13h-17h lun ;) GRATUIT.

Une devanture à Arcata

PIERRETTE GUERTIN / ALAMY STOCK PHOTO ©

ACTIVITÉS

Finnish Country Sauna and Tubs — Spa

(☎707-822-2228 ; cafemokkaarcata.com ; 495 J St ; 30 min par adulte/enfant 9,75/2 $; ⏲12h-23h dim-jeu, 12h-1h ven-sam ; 👪). Ces Jacuzzis privatifs en séquoia et le sauna sont installés en plein air, autour d'une petite mare aux grenouilles. L'endroit est décontracté, simple et propre, et le personnel est sympathique. Réservation conseillée, surtout le week-end.

OÙ SE RESTAURER ET PRENDRE UN VERRE

Slice of Humboldt Pie — Californien $

(☎707-630-5100 ; 828 I St ; tourte 4,50-7,50 $; ⏲11h-22h lun-jeu, 11h-23h ven-sam). Tourtes et cidre sont les maîtres mots ici. Côté salé : tourtes au poulet ou bœuf-champignons, et *empanadas* de poulet curry-coco ou poulet thaïlandais sauce saté. Côté sucré : tourte caramel-beurre de cacahuète ou aux pommes. Bouteilles de cidres locales et importées.

Wildflower Cafe & Bakery — Café $$

(☎707-822-0360 ; www.wildflowercafebakery.com ; 1604 G St ; petit-déj et déj 5-8 $, dîner plats 15-18 $; ⏲8h-20h dim-mer ; ✍). Parfait pour les végétariens, vous trouverez dans ce petit café de superbes frittatas, pancakes et curries, et de copieuses salades croquantes.

Folie Douce — Américain moderne $$$

(☎707-822-1042 ; www.foliedoucearcata.com ; 1551 G St ; dîner plats 28-37 $, pizzas 17-24 $; ⏲11h-14h lun-sam, 17h30-21h mar-jeu, 17h30-22h ven et sam). 🍃 Un petit endroit qui jouit d'une énorme réputation. Le menu, court mais inventif, propose une cuisine de saison d'inspiration bistrot, de l'Asie à la Méditerranée, utilisant des produits locaux et bio. Les pizzas cuites au feu de bois sont réputées, de même que les desserts… originaux : Vous prendrez bien une part de cheese-cake au cœur d'artichaut ? Réservation indispensable pour le dîner.

L'économie de "l'herbe d'Humboldt"

On estime qu'un cinquième des habitants du comté d'Humboldt cultive cette herbe. Ici, une grande partie de l'économie fonctionne, depuis des dizaines d'années, sur la base de l'encaissement minimum, de l'évasion fiscale et du règlement en espèces… mais elle a assez prospéré pour soutenir de nombreuses entreprises locales. Dans les années 1990, les agriculteurs recevaient jusqu'à 6 000 $ (environ 4 800 €) la livre (environ 450 g) pour leur récolte, mais, depuis la légalisation de l'usage du cannabis à des fins médicales, les prix ont chuté (à peine plus de 1 000 $/livre). En novembre 2016, l'État a adopté une autre loi, qui légalise l'usage du cannabis à des fins récréatives, signant ainsi, selon certains, l'effondrement des prix et la mort des petites fermes au profit des grandes exploitations et sociétés.

La marijuana, "l'herbe d'Humboldt"
ERIS AND EDRINGTON CO / SHUTTERSTOCK ©

Six Rivers Brewery — Microbrasserie

(☎707-839-7580 ; www.sixriversbrewery.com ; 1300 Central Ave, McKinleyville ; ⏲11h30-23h30 dim et mar-jeu, 11h30-0h30 ven et sam, à partir de 16h lun). L'une des premières brasseries californiennes tenues par des femmes, ce "brew with a view" se distingue dans toutes les catégories : bonne bière (mention spéciale pour la ale spicy-chili-pepper), incroyable ambiance de quartier, concerts et délicieuses ailes de poulet. De prime abord, le menu peut rappeler celui de n'importe quel bar, mais les plats sont frais et très copieux. Les pizzas sont succulentes.

Humboldt Bay National Wildlife Refuge

Cette **réserve faunique** (☎707-733-5406 ; www.fws.gov/refuge/humboldt_bay ; 1020 Ranch Rd, Loleta ; ⏱8h-17h ; P 👪) GRATUIT protège les habitats marécageux de plus de 200 espèces d'oiseaux qui volent tous les ans le long de la voie migratoire du Pacifique. Entre l'automne et le début du printemps, on peut observer plus de 25 000 bernaches de Hutchins en troupeau, qui cancanent devant le centre des visiteurs.

Un troglodyte des marais
PHOTOGRAPHY BY ADRI / SHUTTERSTOCK ©

RENSEIGEMENTS

Arcata Humboldt Welcome Center (☎707-822-3619 ; www.arcatachamber.com ; ⏱9h-17h). Non loin de la jonction de la Hwy 299 et de la Hwy 101. Vous y trouverez des informations sur la région.

Eureka

À une heure au nord de Garberville, au bord de Humboldt Bay, Eureka est la plus grande baie au nord de San Francisco. Le ravissant centre-ville historique est entouré de centres commerciaux. Malgré une communauté variée et intéressante d'artistes, d'écrivains et de libres-penseurs, le côté rebelle d'Eureka ne ressort qu'à certaines occasions – pendant le Redwood Coast Jazz Festival fin mars ou les concerts sur la jetée de F St en été –, mais, en général, la ville se couche avec les poules. Visitez la vieille ville, petit quartier historique avec de jolies boutiques et des quais rénovés.

À VOIR

Morris Graves Museum of Art Musée
(☎707-442-0278 ; www.humboldtarts.org ; 636 F St ; 5 $; ⏱12h-17h mer-dim ; 👪). Non loin de la Hwy 101, cet excellent musée, installé dans la **Carnegie library** (1904), qui fut la première bibliothèque publique de Californie, accueille des expos temporaires d'artistes californiens et des spectacles. Le musée propose aussi des ateliers et des cours d'art pour adultes et enfants.

Romano Gabriel Wooden Sculpture Garden Jardins
(315 2nd St). Venez admirer cette collection d'œuvres d'art fantaisistes enfermées sous verre. Les personnages en bois du jardin de Romano Gabriel ont fasciné les habitants pendant trente ans et, à sa mort en 1977, la ville a déplacé la collection ici.

Kinetic Museum Eureka Musée
(☎707-786-3443 ; www.kineticgrandchampionship.com/kinetic-museum-eureka ; 518 A St ; dons appréciés ; ⏱14h15-18h30 ven-dim, et 18h-21h le 1er sam du mois ; 👪). Venez découvrir les fantasques et étonnantes machines à propulsion humaine utilisées lors de la course annuelle Kinetic Grand Championship entre Arcata et Ferndale. En mai, ces engins colorés ambulants en forme de poisson géant ou d'ovni parcourent routes, eau et marais.

ACTIVITÉS

Blue Ox Millworks & Historic Park Bâtiment historique
(☎707-444-3437 ; www.blueoxmill.com ; 1 X St ; tarif plein/6-12 ans 10 $/5 $; ⏱9h-17h lun-ven tte l'année, plus 9h-16h sam avr-nov ; 👪). Dans ce lieu unique en son genre, les vieux outils et l'usine produisent les boiseries dentelées authentiques pour les édifices victoriens. La visite autoguidée de 1 heure vous permettra de découvrir la forge et l'atelier de façonnage du XIXe siècle. Les enfants adoreront les bœufs !

Harbor Cruise Croisières
(Madaket Cruises ; ☎707-445-1910 ; www.humboldtbaymaritimemuseum.com ; 1st St ;

AGE FOTOSTOCK / ALAMY STOCK PHOTO ©

Croisière dans Humboldt Bay à bord du *Madaket*

croisières commentées adulte/enfant 22 $/18 $; 13h, 14h30 et 16h mer-sam, 13h et 14h30 dim-mar mi-mai à mi-oct ;). Découvrez l'histoire de Humboldt Bay à bord du *Madaket*, amarré au bout de C St. Construit en 1909, il s'agit du plus vieux bateau de passagers des États-Unis toujours en activité. Au choix : croisière spéciale "cocktail-coucher du soleil" (10 $) ou celle de 1 heure 15, qui permet d'observer la faune.

OÙ SE RESTAURER

Cafe Nooner Méditerranéen $

(707-443-4663 ; www.cafenooner.com ; 409 Opera Alley ; plats 10-14 $; 11h-16h dim-mer, 11h-20h jeu-sam ;). Dans une ambiance cosy de style bistrot avec ses nappes à carreaux rouges et blancs, ce restaurant qui ne désemplit pas sert des plats naturels et bio d'inspiration méditerranéenne. Au menu : mezze à la grecque, kebabs, salades et soupes. Menu enfant "santé".

Brick & Fire Californien $$

(707-268-8959 ; www.brickandfirebistro.com ; 1630 F St, Eureka ; plats dîner 14-23 $; 11h30-21h lun et mer-ven, 17h-21h sam-dim ;). Couleurs chaudes, décor bohème intimiste et animation permanente : voici l'une des meilleures tables d'Eureka. On s'y régale de pizzas à pâte fine, de délicieuses salades, de hors-d'œuvre (choix constamment renouvelé) et de plats à base de produits locaux et de champignons sauvages.

Restaurant 301 Californien $$$

(707-444-8062 ; www.carterhouse.com ; 301 L St ; plats 24-40 $; 17h-20h30). Restaurant du Carter House Inn, la meilleure table d'Eureka, romantique et raffinée, propose une cuisine californienne contemporaine, créée à partir des produits de ses jardins bio (possibilité de visiter). Le menu dégustation 5 plats (62 $, avec vins 107 $) est une bonne occasion de goûter des mets de saison locaux.

RENSEIGNEMENTS

Eureka Chamber of Commerce (707-442-3738 ; www.eurekachamber.com ; 2112 Broadway ; 8h30-17h lun-ven ;). Le principal centre d'information des visiteurs, sur la Hwy 101.

COASTAL HIGHWAY 1

Dans ce chapitre

Coastal Highway 1

Plus au sud, on l'appelle la PCH (Pacific Coast Highway), mais, pour les habitants de la côte Nord, c'est tout simplement la Hwy 1. Quoi qu'il en soit, préparez-vous à parcourir des kilomètres magiques sur cette route côtière sinueuse, qui passe sur des falaises isolées au-dessus des vagues déferlantes. Avec ses fermes, ses villages de pêcheurs et ses plages cachées, cette portion de la Hwy 1 est plus impressionnante, plus isolée et, de toute évidence, plus authentique que celle sur la côte de Big Sur. On s'arrête volontiers sur les dégagements en bord de route pour scruter l'horizon brumeux du Pacifique à la recherche de baleines en migration, et observer le littoral parsemé de formations rocheuses sans cesse battues par les vagues.

La Hwy 1 en 2 jours

Si vous avez deux jours devant vous, visez **Mendocino** (p. 104), la ville la plus pittoresque de cette partie de la côte et où se trouve le fameux **Cafe Beaujolais** (p. 105). Prenez votre temps dans les virages de la Hwy 1 et sur les **plages** (p. 106) le long de la route (quand il est temps de rentrer, coupez par la Hwy 101 pour une route directe).

La Hwy 1 en 4 jours

Depuis Mendocino, vous pourrez découvrir une portion du littoral le plus sauvage de Californie. Passez une demi-journée aux **Mendocino Coast Botanical Gardens** (p. 110) et cherchez des petits galets de verre poli sur **Glass Beach** (p. 110) à Fort Bragg. Si vous avez prévu de redescendre par la Hwy 1, faites une pause à Bodega Bay pour déguster une chaudrée de palourdes sur le **marché aux poissons** (p. 109).

Comment s'y rendre

Si la Hwy 1 est appréciée des cyclistes et desservie par certains bus de la Mendocino Transit Authority (www.mendocinotransit.org), il est presque indispensable d'avoir une voiture pour explorer cette région. La route venteuse caresse la côte avant de couper par les terres et de rejoindre la Hwy 101, à Leggett. Ni Greyhound ni Amtrak ne desservent les villes de la Hwy 1.

Où se loger

Bodega Bay, Mendocino et Fort Bragg regorgent de B&B de qualité, mais chers. Servant de plateforme de transit pour la côte Nord, Fort Bragg offre les chaînes d'hôtels et de motels les moins coûteuses. Il est également possible de camper dans la région, mais il faudra réserver en été.

Mendocino Headlands State Park

Mendocino

Débouchant sur un joli promontoire, Mendocino est le village "carte postale" de la côte Nord avec ses B&B entourés de jardins de roses, ses clôtures blanches et ses châteaux d'eau de style Nouvelle-Angleterre, en bois de séquoia.

Pour ceux qui aiment...

Ne ratez pas

Une balade sur la lande jalonnée de mûriers et de fleurs sauvages.

Bâtie par des personnes déplacées de la Nouvelle-Angleterre dans les années 1850, Mendocino se développe tardivement au XIXe siècle. Les bateaux transportaient alors du bois de séquoia vers San Francisco. Les usines ont fermé dans les années 1930 et la ville a été redécouverte dans les années 1950 par des artistes et des marginaux. Aujourd'hui, les habitants, cultivés, politisés et voyageurs, accueillent les visiteurs.

Mendocino Headlands State Park

Ce **parc côtier** (707-937-5804 ; www.parks.ca.gov ; Ford St) GRATUIT spectaculaire, strié de chemins de randonnée et ponctué de hautes falaises et de criques, fait la fierté de Mendocino. Renseignez-vous au *visitor center* sur les promenades guidées à thème (les fleurs sauvages ou les baleines, par exemple), organisées le week-end.

Estuaire de Big River

Dans le plus long estuaire sauvage du nord de la Californie (12 km), vous ne verrez ni autoroute ni bâtiment mais des plages, des forêts, des marécages, des cours d'eau, une faune et une flore abondantes et des sites historiques du temps de l'exploitation forestière. Sympathique agence, **Catch a Canoe** (707-937-0273 ; www.catchacanoe.com ; 44850 Comptche-Ukiah Rd, Stanford Inn by the Sea ; location kayak, canoë ou vélo 3 heures adulte/enfant 28/14 $; 9h-17h ;) loue vélos, kayaks et canoës pour partir à la découverte de l'estuaire. Prévoyez un pique-nique et un appareil photo.

Événements à Mendocino

Dégustations de vins et de chaudrées aux palourdes, observation de baleines et nombreux concerts sont au programme du

Infos pratiques

Ford House Museum & Visitor Center (707-537-5397 ; www.mendoparks.org ; 45035 Main St ; 11h-16h).

Une petite faim ?

Faites une halte au **Mendocino Cafe** (707-937-6141 ; www.mendocinocafe.com ; 10451 Lansing St ; plats déj 12-16 $, plats dîner 21-33 $; 11h30-20h ;) pour un déjeuner à l'extérieur, sur la terrasse avec vue sur l'océan.

★ Bon plan

Pour éviter la foule, visitez Mendocino en semaine ou en basse saison, lorsque l'ambiance est plus douce – et que les prix sont plus raisonnables.

Mendocino Whale Festival (www.mendowhale.com ; début mar). En été, des concerts de musique de chambre et symphonique sont organisés sur le promontoire, dans le cadre du **Mendocino Music Festival** (www.mendocinomusic.com ; mi-juil ;).

Dîner à Mendocino

L'afflux de visiteurs arrivant de la Bay Area les week-ends a donné naissance à une scène gastronomique adhérant avec ferveur aux principes de la cuisine bio et responsable.

Pour une occasion spéciale, le fameux **Cafe Beaujolais** (707-937-5614 ; www.cafebeaujolais.com ; 961 Ukiah St ; plats déj 10-18 $, plats dîner 23-38 $; 11h30-14h30 mer-dim, dîner à partir de 17h30 tlj ; P), réputé pour sa cuisine de la région, californienne et française, est installé dans une ferme de 1893, transformée en salle de restaurant chic et moderne. On y vient pour le menu de saison et les produits locaux. Le confit de canard de Petaluma est un délice.

Shell Beach

Sonoma Coast State Beach

Dans votre sac : des jumelles, un pique-nique et du temps. Vous aimerez flâner sur la Sonoma Coast, avec ses criques cachées et ses promontoires rocheux.

Pour ceux qui aiment...

Ne ratez pas

Les colonies de phoques alanguis sur le sable de Goat Rock.

Entre Bodega Head et Vista Trail, à 6,5 km au nord de Jenner, la glorieuse Sonoma Coast State Beach déroule, sur près de 25 km, son chapelet de plages et de petites criques. Certaines plages sont minuscules, d'autres sont très larges et longues. La plupart d'entre elles sont reliées par des sentiers côtiers panoramiques le long des falaises.

Découvrir la côte

Depuis Bodega Bay, dirigez-vous vers **Salmon Creek Beach** (3095 Hwy 1, Bodega Bay ; P), autour d'un lagon, et où les vagues plairont aux surfeurs. Vous pouvez aussi découvrir **Portuguese Beach** (entre Bodega Bay et Jenner ; P) et ses criques abritées entre des affleurements rocheux.

Duncan's Landing (6947 Cliff Ave, Bodega Bay ; P), sur un promontoire de roches où de petits bateaux déchargent au petit matin,

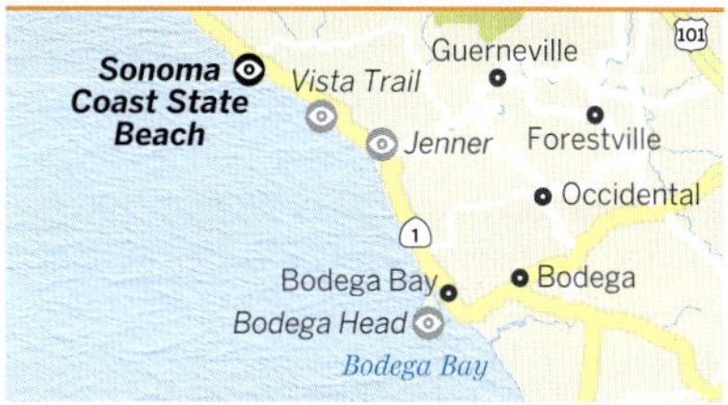

Infos pratiques

Les plages de Sonoma Coast sont très belles, mais les vagues souvent trop fortes, ne serait-ce que pour tremper ses pieds ; surveillez bien les plus petits.

Une petite faim ?

Faites une pause au Café Aquatica pour un café, une pâtisserie et une vue imprenable sur la Russian River.

★ Bon à savoir

Vous pouvez partir une bonne journée à la découverte de cette zone, mais veillez à avoir de l'eau, de la nourriture et un téléphone chargé sur vous car vous ne trouverez rien par ici.

est un excellent endroit où se balader au milieu des fleurs sauvages. Juste au nord, un sentier mène à **Shell Beach** (Shell Beach Rd, Jenner ; P), parfaite pour se baigner dans les cuvettes de marée et arpenter le sable à la recherche de petits trésors oubliés.

Si vous ne devez choisir qu'une plage, direction **Goat Rock** (5400-5900 N Hwy 1, Jenner ; P), célèbre pour sa colonie de phoques se prélassant au soleil à l'embouchure de la Russian River. L'arche au loin dans l'eau tiendrait son nom (rocher de la chèvre) des troupeaux de chèvres qui broutaient ici il y a plus de 100 ans.

Juste au nord du fleuve, à Jenner, vous tomberez sur le charmant **Café Aquatica** (☎707-865-2251 ; 10439 Hwy 1 ; pâtisseries et sandwichs 4-10 $; ⏰8h-17h ;) : les pâtisseries du jour et le café bio dissiperont le brouillard de la côte Nord.

Hébergement à Sonoma Coast

Si vous n'avez pas envie de planter des piquets de tente, vous devrez vous établir à Bodega Bay ou à Jenner.

Autrement, **Wright's Beach** (☎800-444-7275 ; www.reserveamerica.com ; 7095 Hwy 1 ; emplacements tente et camping-car 35 $, en journée 8 $; P) est le meilleur terrain de camping, même si les emplacements manquent d'intimité et qu'il n'y a pas d'eau chaude. Il n'y a que 27 emplacements, mais il est possible de réserver six mois à l'avance (ceux de 1 à 12 se trouvent sur la plage). Plus proche de Bodega Bay, **Bodega Dunes** (☎800-444-7275 ; www.reserveamerica.com ; 3095 Hwy 1, Ranch Rd, Bodega Bay ; emplacements tente et camping-car 35 $, en journée 8 $; P) est le plus grand camping des parcs de Sonoma Coast State Beach avec près de 100 emplacements. Ces derniers se trouvent sur les hautes dunes et disposent de douches chaudes, mais autant vous prévenir : la corne de brume résonne toute la nuit.

Bodega Bay

Première d'un chapelet de bourgades de pêcheurs sur la North Coast, Bodega Bay a servi de cadre au film *Les Oiseaux* (1963) d'Alfred Hitchcock (si les mouettes ne sont pas assoiffées de sang, gardez quand même un œil sur votre pique-nique). Aujourd'hui, les visiteurs de la Bay Area viennent y passer le week-end pour profiter des plages, se baigner, observer les baleines, pêcher, surfer et déguster des fruits de mer.

À VOIR

Bodega Head Point de vue

(Bay Flat Rd). À la pointe de la péninsule, Bodega Head toise l'océan du haut de ses 80 m. C'est l'endroit idéal pour observer les baleines. Les marins d'eau douce aiment se balader au-dessus des vagues. Plusieurs sentiers s'offrent à vous dont un de 6 km jusqu'au camping de Bodega Dunes ou une balade de 3,5 km jusqu'à Salmon Creek Ranch. Sur la Hwy 1, prenez Eastshore Rd en direction de l'ouest, puis tournez à droite sur Bay Flat Rd au panneau stop.

Ren Brown Collection Gallery Galerie

(707-875-2922 ; www.renbrown.com ; 1781 Hwy 1 ; 10h-17h mer-dim). C'est le calme après la tempête dans ce petit musée qui présente une célèbre collection d'estampes japonaises contemporaines et des œuvres d'artistes californiens. Ne manquez pas le jardin japonais à l'arrière.

ACTIVITÉS

Chanslor Ranch Randonnée équestre

(707-875-3333, 707-875-2721 ; www.horsenaroundtrailrides.com ; 2660 N Hwy 1 ; à partir de 125 $; 10h-17h ;). Partez en balade à cheval, au bord de l'eau ou sur les collines alentour, avec ce centre équestre, juste au nord de la bourgade. Ron, le sympathique cow-boy qui ouvre la voie, recommande la promenade qui longe la Salmon Creek et la sortie nocturne, si le temps le permet (téléphonez avant). Les balades sur la plage (1 heure 30) sont, à juste titre, très populaires.

Bodega Bay

Bodega Bay Sportfishing Center Pêche, observation des baleines
(707-875-3495 ; www.bodegacharters.com ; 1410b Bay Flat Rd ; sortie pêche en mer 135 $, observation des baleines adulte/enfant 50/35 $;). Adressez-vous au Sportfishing Center, qui jouxte le Sandpiper Cafe, pour une journée de pêche en mer ou une sortie d'observation des baleines (3 heures). On y trouve aussi appâts, matériel et permis de pêche. Renseignez-vous par téléphone sur les dernières excursions.

OÙ SE RESTAURER

Fishetarian Fish Market Californien $
(707-480-9037 ; www.fishetarianfishmarket.com ; 599 Hwy 1 ; plats à partir de 12 $; 11h-18h lun-jeu et dim, 11h-19h ven et sam ; P). Poissonnerie, épicerie fine et bonne adresse avec une ambiance musicale reggae et une terrasse au bord de l'eau. La carte, fournie, proposent salades bio originales, tofu (ou calamar) frit avec frites maison, huîtres, tacos de poisson, croquettes de crabe et bonne chaudrée de palourdes. Bières artisanales à la pression et délicieux desserts.

Spud Point Crab Company Produits de la mer $
(707-875-9472 ; 1860 Westshore Rd ; plats 6,75-12 $; 9h-17h ; P). Dans la tradition des baraques sur les quais, le Spud Point régale ses clients d'une chaudrée de palourdes maison (régulièrement lauréate de prix culinaires locaux) ou de sandwichs au crabe frais à la sauce sucrée-salée. À déguster aux tables de pique-nique face à la marina. Vous pouvez aussi acheter un crabe à cuisiner à la maison. On y accède par Bay Flat Rd.

Drakes Californien $$$
(888-875-2250 ; www.drakesbodegabay.com ; 103 Hwy 1, Bodega Bay Lodge & Spa ; plats 25-28 $, bouchées apéritives 8-17 $; 7h-22h ; P). Le Drakes Sonoma Coast Kitchen, propose des petits-déjeuners et des dîners (magret de canard poêlé et faux-filet de bœuf Black Angus accompagnés de sauce orange-amande et purée au parmesan), tandis que le Fireside Lounge offre un cadre relaxant pour des plats plus légers, notamment des huîtres du Pacifique et des frites à l'ail.

Les oiseaux assoiffés de sang de Bodega Bay

Bodega Bay est la star des environs depuis qu'elle a servi de décor au film *Les Oiseaux* d'Alfred Hitchcock. Les effets spéciaux ont complètement modifié le véritable visage de la ville, mais on réussit à imaginer la ferme de Mitch Brenner (interprété par Rod Taylor) à l'endroit où elle est censée se trouver. Le **Tides Wharf & Restaurant** (707-875-3652 ; www.innatthetides.com ; 835 Hwy 1 ; petit déj 9-24 $, déj 17-30 $, dîner 25-38 $; 7h30-21h30 lun-jeu, 7h30-22h ven, 7h-22h sam, 7h-21h30 dim ; P), où les oiseaux du film causent tant de dégâts, existe toujours. Autrefois très cosy, il a été transformé en énorme restaurant en 1962. Enfoncez-vous 8 km dans les terres jusqu'à la petite ville de Bodega et vous reconnaîtrez deux lieux emblématiques du film, restés tels quels : l'école et l'église. Chair de poule garantie si un corbeau passe par là...

TOMSMITH585 / GETTY IMAGES ©

RENSEIGNEMENTS

Sonoma Coast Visitor Center (707-377-4459 ; www.bodegabay.com ; 913 Hwy 1 ; 9h-17h lun-jeu et sam, 9h-18h ven, 10h-17h dim). En face de Tides Wharf. Vous y trouverez les meilleurs renseignements sur la côte et le *North Coaster*, un petit journal indépendant d'essais et de brillants articles d'opinion sur la culture locale.

Point Arena Lighthouse

Construit en 1908, ce **phare** (707-882-2809 ; www.pointarenalighthouse.com ; 45500 Lighthouse Rd ; adulte/enfant 7,50/1 $; 10h-15h30 mi-sept à mi-mai, 10h-16h30 mi-mai à mi-sept ; P), de près de 35 m de haut, est le plus grand de la côte Ouest des États-Unis. C'est le seul phare californien au sommet duquel on peut monter. Achetez votre billet au musée puis montez les 145 marches et observez la lentille de Fresnel et la vue à couper le souffle.

Le phare est 113 km au nord de Bodega Bay et 72 km au sud de Fort Bragg.

WESTEND61 / GETTY IMAGES ©

Fort Bragg

Il fut un temps où Fort Bragg était la vilaine demi-sœur de Mendocino, réduite à sa scierie, à un centre-ville désordonné et à ses cols bleus réservant un accueil glacial aux étrangers. Depuis la fermeture de la scierie en 2002, la ville a commencé à se réinventer autour du tourisme. Le centre-ville continue de se développer comme une alternative modeste à Mendocino. Dépassez les chaînes de magasins et dirigez-vous vers le centre, où vous trouverez de meilleurs burgers et du bon café, des bâtiments anciens et des habitants impatients de vous faire découvrir leur ville.

À VOIR

Mendocino Coast Botanical Gardens Jardins

(707-964-4352 ; www.gardenbythesea.org ; 18 220 N Hwy 1 ; tarif plein/enfant/senior 14 $/5 $/10 $; 9h-17h mars-oct, 9h-16h nov-fév ; P). Ce bijou du nord de la Californie présente la flore endémique, des rhododendrons et des roses Heritage. Le jardin biologique est entretenu par des bénévoles pour distribuer les récoltes aux habitants de la région dans le besoin. Les sentiers (dont les principaux sont accessibles en fauteuil roulant) serpentent le long des 19 ha de terrain en front de mer, au sud de la ville.

Northcoast Artists Gallery Galerie

(www.northcoastartists.org ; 362 N Main St ; 11h-17h). Dans cette coopérative artistique locale, les 20 membres à temps plein travaillent dans le domaine de la photographie, de la verrerie, de l'ébénisterie, de la joaillerie, de la peinture, de la sculpture, du textile et de la gravure. Consultez le site www.mendocino.com pour avoir la liste complète des galeries dans le comté de Mendocino.

Glass Beach Plage

(Plage de verre ; Elm St). Tirant son nom des galets de verre poli (ou ce qu'il en reste) sur le sable, vestiges du temps où la ville était une décharge, cette plage fait maintenant partie du **MacKerricher State Park** (707-964-9112 ; www.parks.ca.gov ; Fort Bragg). Empruntez le sentier le long du promontoire depuis Elm St, près de Main St. N'emportez pas de bouts de verre en souvenir (même si aucune loi ne l'interdit explicitement).

ACTIVITÉS

Skunk Train Train historique

(707-964-6371 ; www.skunktrain.com ; 100 W Laurel St ; adulte/enfant 84 $/42 $; 9h-15h ;). Grande fierté de Fort Bragg, ce vieux train tient son surnom (Train moufette) de ses machines à vapeur à essence qui dégageaient des odeurs nauséabondes. Aujourd'hui, les locomotives historiques à vapeur et au diesel sont inodores. Le train passe au milieu des montagnes couvertes de séquoias, longe des cours d'eau, traverse des ponts et de profonds tunnels.

Glass Beach

Si vous comptez vous rendre à Willits, prévoyez d'y passer la nuit. La gare se trouve au centre-ville au pied de Laurel St, une rue à l'ouest de Main St.

OÙ SE RESTAURER

Taka's Japanese Grill Japonais $

(☎707-964-5204 ; 250 N Main St ; plats 10,50-17 $; ⊙11h30-15h et 16h30-21h ; P). En dépit de son apparence quelconque, ce restaurant japonais est succulent. Le propriétaire travaillait comme trieur sur le marché aux poissons de Tokyo : la qualité est donc au rendez-vous et il va chercher chaque semaine des produits de la mer fraîchement importés à San Francisco. Au menu : sushis, teriyakis, soupes de nouilles et nouilles sautées au saumon, au bœuf ou au poulet.

Piaci Pub & Pizzeria Italien $$

(☎707-961-1133 ; www.piacipizza.com ; 120 W Redwood Ave ; plats 8-20 $; ⊙11h-21h30 lun-jeu, 11h-22h ven et sam, 16h-21h30 dim). Cette adresse incontournable de Fort Bragg est connue pour ses pizzas cuites au feu de bois dans un four en briques et pour sa longue liste de bières de microbrasseries. Goûtez la "Gustoso" : chèvre, pesto et poires sur une pâte fine. Petit, bruyant et divertissant, Piaci ressemble plus à un bar qu'à un restaurant. Attente aux heures d'affluence.

Cucina Verona Italien $$$

(☎707-964-6844 ; www.cucinaverona.com ; 124 E Laurel St ; plats 26-30 $; ⊙9h-21h). Authentique restaurant italien qui propose des plats traditionnels mais aussi d'inspiration californienne (lasagnes à la butternut et bruschettas à l'artichaut). L'ambiance y est aussi agréable que les plats : éclairage tamisé, couleurs chaudes et musique live discrète la plupart des soirs. La carte propose de nombreuses bières de microbrasseries ainsi que des vins locaux et importés.

RENSEIGNEMENTS

Fort Bragg-Mendocino Coast Chamber of Commerce (☎707-961-6300 ; www.mendocinocoast.com ; 217 S Main St ; ⊙10h-17h lun-ven, 10h-15h sam ; 📶). Informations sur cette portion de la côte et sur ses événements. Consultez aussi le guide en ligne.

Emerald Bay State Park (p. 124)

Dans ce chapitre

Lake Tahoe

Ce lac aux mille nuances de bleu et de vert est le deuxième des États-Unis en profondeur. Situé à une altitude de 1 906 m, c'est aussi l'un des plus élevés du pays. Les sommets découpés autour du lac, qui chevauche la frontière entre la Californie et le Nevada, attirent les visiteurs toute l'année. Le soleil brille sur Tahoe trois jours sur quatre. En été, vous pourrez nager, naviguer, faire du kayak, de la planche à voile ou du paddle, mais aussi vous balader, camper et randonner sur plusieurs jours. L'hiver, la neige abondante permet de profiter des stations de ski et de snowboard du Tahoe.

Lake Tahoe en 2 jours

Votre itinéraire sur deux jours dépendra complètement de la saison : en hiver, vous passerez au moins une journée sur les **pistes** (p. 116), en été, une **sortie sur le lac** (p. 127) sera de rigueur. Quelle que soit la période, roulez le long du rivage pour profiter de ce fabuleux paysage. Sachez tout de même qu'il vaut mieux être en forme si vous décidez de parcourir toute la route du littoral (115 km).

Lake Tahoe en 4 jours

Avec deux jours supplémentaires, vous pourrez davantage explorer les environs, sur les pistes, en hiver, ou sur le sentier de **Desolation Wilderness** (p. 122), menant aux lacs et aux plaines de haute montagne. Pour une activité moins physique, dirigez-vous vers le sud et découvrez **Vikingsholm Castle** (p. 124) dans l'Emerald Bay State Park. Réservez-vous une soirée au **Cafe Fiore** (p. 127) pour déguster un délicieuse cuisine italienne.

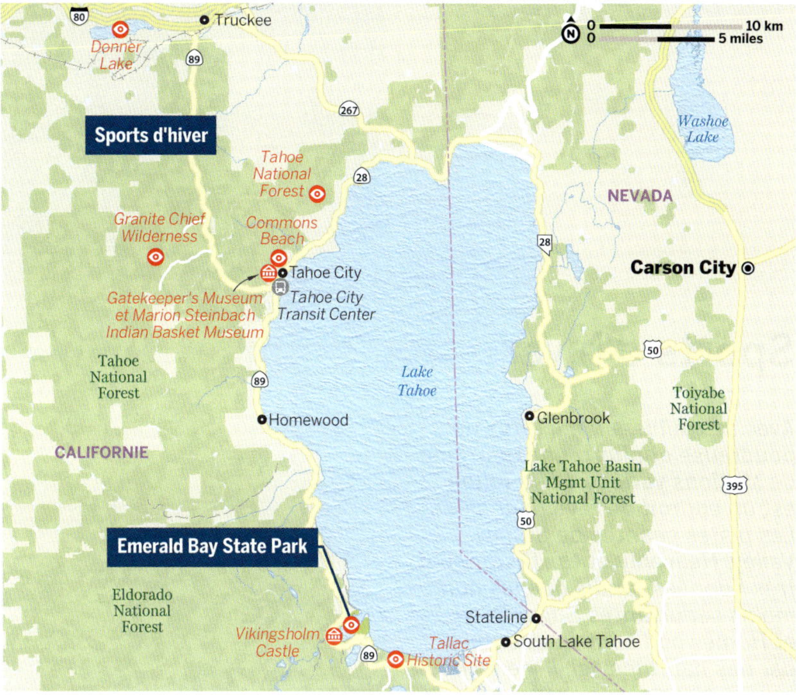

Comment s'y rendre

Voiture Prévoyez des chaînes à partir de la fin de l'automne et jusqu'au début du printemps. Vous pourrez en acheter et les installer dans les villes le long des routes I-80 et Hwy 50.

Bus et train Depuis Reno, Sacramento et San Francisco, prendre un bus Greyhound ou le train *Zephyr* (quotidien) jusqu'à Truckee. Depuis Truckee, les bus TART (www.laketahoetransit.com) desservent les rives nord, ouest et est du lac.

Où se loger

Si vous ne logez pas dans l'une des stations de ski, vous aurez le choix entre les nombreuses locations de vacances un peu partout autour du lac. L'offre est très variée entre les refuges de luxe avec spa et les cabanes en bois rustiques. En été, les prix dans les stations de ski dégringolent, mais le plus bel endroit où passer la nuit reste sous les étoiles, dans l'arrière-pays de la Desolation Wilderness.

Sports d'hiver

Avec ses milliers d'hectares de poudreuse et plus d'une douzaine de stations variées, Lake Tahoe est un endroit de rêve pour skier. Les pistes géantes de Squaw Valley, Heavenly et Northstar sont très huppées tandis que les non moins séduisantes Sugar Bowl et Homewood sont fréquentées par des habitués. Ici, il y en a pour tout le monde, des enfants aux casse-cou.

Pour ceux qui aiment...

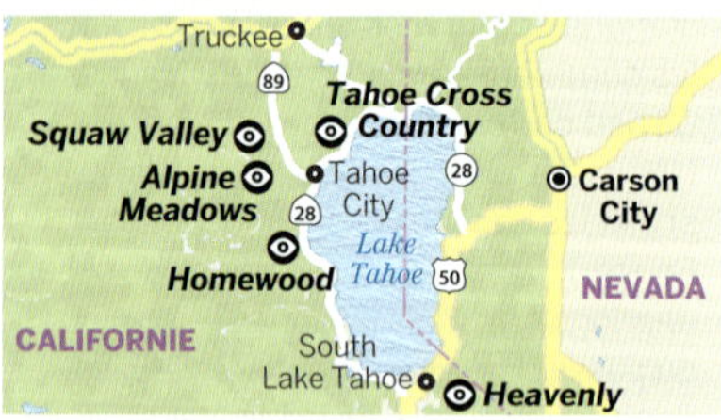

Infos pratiques

Pour faire la fête et rencontrer du monde, cap sur la rive sud. Pour plus de calme, renseignez-vous sur les offres sur la rive nord.

★ Bon plan

Le Bay Area Ski Bus (www.bayareaskibus.com) au départ de San Francisco et de Sacramento vous épargne la conduite fatigante sur l'I-80.

La saison de ski dure généralement de novembre à avril. Elle peut parfois débuter dès octobre et s'étendre jusqu'aux dernières chutes de neige de mai ou juin. Toutes les stations proposent des cours, la location de matériel et d'autres services ; renseignez-vous sur les sites Internet sur l'enneigement, les bulletins météo et les navettes gratuites au départ des hébergements.

Offres et rabais

Il y a souvent des offres sur les forfaits achetés en milieu de semaine ou pour l'après-midi. En revanche, les prix s'envolent le week-end et pendant les vacances. À San Francisco, Sports Basement (shop.sportsbasement.com) vend des forfaits à prix très réduit.

Si vous êtes avec vos enfants, renseignez-vous sur le forfait "Parent Predicament", disponible dans certaines stations. Il permet à l'un de skier pendant que l'autre reste avec les petits, puis d'échanger.

Les meilleures stations de ski

Heavenly

Heavenly (☎775-586-7000 ; www.skiheavenly.com ; 4080 Lake Tahoe Blvd ; adulte/13-18 ans/5-12 ans 135/113/79 $; ⏲9h-16h lun-ven, 8h30-16h sam, dim et jours fériés ; 👪), la "reine" des montagnes du Tahoe possède le domaine skiable le plus vaste (avec 97 pistes et 28 remontées), la piste la plus longue (près de 9 km) et le dénivelé le plus important des environs (1 067 m). Suivez le soleil : skiez côté Nevada le matin, et côté Californie l'après-midi. Les deux snowparks raviront les snowboardeurs de tous niveaux (High Roller pour les plus expérimentés uniquement).

Vue sur le Lake Tahoe depuis les montagnes

Squaw Valley

Les fans de glisse ne résisteront pas à cette **méga-station** (☎530-452-4331 ; www.squaw.com ; 1960 Squaw Valley Rd, près de la Hwy 89, Olympic Valley ; tarif plein/13-22 ans/-13 ans 124/109/75 $; ⏲9h-16h lun-ven, 8h30-16h sam, dim et jours fériés ; 👪) de plus de 170 pistes (868 m de dénivelé), de classe internationale (elle a accueilli les Jeux olympiques d'hiver en 1960). Les skieurs expérimentés font le plein de frissons en dévalant corniches, toboggans et bosses, tandis que les débutants s'entraînent dans un espace dédié sur la montagne supérieure. Il y a aussi une bonne ambiance "après-ski" et relativement peu d'attente aux 29 remontées mécaniques.

Ne ratez pas

La patinoire extérieure à Squaw Valley's High Camp (p. 128).

GEARTOOTH PRODUCTIONS / SHUTTERSTOCK ©

Alpine Meadows

Aujourd'hui rattachée à sa voisine Squaw (les forfaits fonctionnent dans les deux stations et elles sont reliées par une navette gratuite), **Alpine** (☎530-452-4356 ; www.squawalpine.com ; 2600 Alpine Meadows Rd, près de la Hwy 89 ; tarif plein/13-22 ans/-13 ans 124 $/109 $/75 $; ⏲9h-16h) reste une station simple avec un peu plus de 100 pistes intéressantes (13 remontées, 549 m de dénivelé), sans le village, l'ambiance, ou la foule chics. Il y a plus de neige qu'à Squaw et la station offre le plus bel arrière-pays des alentours. Les snowboardeurs font des figures dans le snowpark conçu par Eric Rosenwald.

Homewood

De cette **petite station** (☎530-525-2992 ; www.skihomewood.com ; 5145 Westlake Blvd, près de la Hwy 89 ; tarif plein/13-19 ans/5-12 ans 83 $/65 $/35 $; ⏲9h-16h ; 👪), à 10 km au sud de Tahoe City, les habitants et les initiés chérissent la vue imprenable sur le lac, l'ambiance décontractée, l'affluence raisonnable, les 64 pistes bordées d'arbres (8 remontées, 503 m de dénivelé), les zones *freeride* ouvertes (notamment "Quail Face", piste réservée aux plus expérimentés) et le télésiège express. Les familles adorent les pistes larges aux pentes douces.

Tahoe Cross Country

Géré par la Tahoe Cross Country Ski Education Association (à but non lucratif), ce **centre** (☎530-583-5475 ; www.tahoexc.org ; 925 Country Club Dr, après N Lake Blvd/Hwy 28 ; adulte/13-17 ans/-12 ans 24 $/20 $/gratuit ; ⏲8h30-17h ; 👪🐾), à 5 km au nord de Tahoe City, offre 64 km de pistes de ski de fond dans de belles forêts (23 sentiers pour tous les niveaux). Les cours collectifs incluent la location de matériel de bonne qualité. Offres réduites pour les accès demi-journée et soirée.

✕ Une petite faim ?

Rendez-vous au **Chamois & Loft Bar** (www.squawchamois.com ; 1970 Squaw Valley Rd ; plats 7-17 $; ⏲11h-18h lun-ven, 11h-20h sam-dim, bar jusqu'à 21h ou 22h ; 👪🐾).

Tahoe Rim Trail (p. 123)

Randonnées et treks

Collines aux sommets de granit et panoramas incroyables : le meilleur moyen de faire connaissance avec ce pays des merveilles naturel est de le découvrir à pied, sur un ou plusieurs jours.

Pour ceux qui aiment...

Ne ratez pas

La vue, à couper le souffle lorsque vous levez le nez du sentier.

Infos pratiques

Au départ des sentiers, vous trouverez des permis d'accès pour une journée à remplir vous-même. Les permis pour plusieurs jours sont à réserver en ligne (www.recreation.gov), mais leur nombre est parfois limité.

RYAN HEFFERNAN / GETTY IMAGES ©

Randonner au sud du Lake Tahoe

Beaucoup de sentiers de randonnée d'été partent des télécabines, à Heavenly (p. 118). Côté Nevada, le **Lam Watah Nature Trail** serpente sur un peu plus de 3 km aller-retour, sous les pins et à côté de prairies et d'étangs, à commencer par le parc communautaire proche de Kahle Dr.

Plusieurs balades à faire avec vos enfants et votre chien commencent à côté du *visitor center* de Taylor Creek, géré par United States Forest Service (USFS), près de la Hwy 89 notamment le **Rainbow Trail** et le vallonné **Moraine Trail** (1,6 km), à côté du Fallen Leaf Lake. Si vous allez chercher la fraîcheur un peu plus en altitude, le circuit vers les **Angora Lakes** (1,6 km) est aussi un sentier accessible aux enfants très populaire : il débouche sur une plage et sur un snack-bar qui vend des glaces.

Randonner dans la Desolation Wilderness

Sculptée il y a une éternité par de puissants glaciers, cette **région sauvage** (www.fs.usda.gov/detail/eldorado/specialplaces/) relativement compacte s'étend au sud et à l'ouest du Lake Tahoe. C'est la plus populaire de la Sierra Nevada avec ses 260 km² de sommets en granit poli, de lacs de montagne, de vallées glaciaires et de forêts de pins qui se dégarnissent en haute altitude. En été, les fleurs sauvages poussent entre les rochers.

Découvrez le magnifique arrière-pays qui renferme toutes ces merveilles. On y accède par six grands points d'entrée du côté du Tahoe Lake : Glen Alpine (à côté de Lily Lake, au sud de Fallen Leaf Lake), Tallac (face à l'entrée de Baldwin Beach), Echo Lakes (à côté de Echo Summit sur la Hwy 50), Bayview, Eagle Falls et Meeks

Tahoe Rim Trail

Bay. Les sentiers les plus fréquentés sont ceux de Tallac et Eagle Falls mais vous vous retrouverez vite seul dans la nature.

Randonner dans la Granite Chief Wilderness

Découvrez les superbes sentiers de la **Granite Chief Wilderness**, au nord et à l'ouest de Tahoe City. Vous trouverez des cartes et des instructions au *visitor center*. Parmi les randonnées d'une journée recommandées : le **Five Lakes Trail** (plus de 6,5 km aller-retour, moyennement difficile), qui commence à Alpine Meadows Rd, près de la Hwy 89 en direction de Squaw Valley,

Une petite faim ?

Faites le plein de nourriture saine pour la randonnée au New Moon Natural Foods **(p. 128)****.**

HAIRBALLUSA / GETTY IMAGES ©

et le sentier facile vers **Paige Meadows**, débouchant sur le **Tahoe Rim Trail** (www.tahoerimtrail.org) GRATUIT. Paige Meadows est aussi idéal pour s'essayer au VTT et aux raquettes. Il n'est pas nécessaire d'avoir de permis, même pour les randonnées sur plusieurs jours. En revanche, il vous faudra un permis (gratuit) pour faire du feu, même pour l'utilisation d'un réchaud à gaz. Les chiens en laisse sont acceptés sur ces sentiers.

Randonner autour de Truckee

Truckee est un bon point de départ pour randonner dans la **Tahoe National Forest**, notamment autour du **Donner Summit**. Un sentier populaire de 8 km monte jusqu'au Mt Judah (2 512 m) et offre une vue incroyable sur le **Donner Lake** (www.donnerlakemarina.com ; P) et sur les sommets environnants. Une randonnée plus longue et plus difficile sur la crête (segment du **Pacific Crest Trail**) relie **Donner Pass** à Squaw Valley (24 km aller), longeant la base de célèbres sommets, mais il vous faudra deux véhicules pour pouvoir revenir par la route.

Donner Summit est aussi un paradis pour l'escalade traditionnelle et sportive, avec plus de 300 voies. Pour connaître toutes les ficelles du métier, prenez un cours avec **Alpine Skills International** (530-582-9170 ; www.alpineskills.com ; 11400 Donner Pass Rd).

Randonner dans Squaw Valley

Plusieurs sentiers partent de High Camp (p. 128). Vous pouvez aussi faire le **Shirley Lake Trail** (8 km aller-retour), jolie randonnée modérée le long d'une rivière jusqu'à des chutes d'eau, des blocs de granit et un tapis de fleurs sauvages. Ce sentier commence au pied de la montagne, au bout de Squaw Peak Rd, derrière le bâtiment du téléphérique. Les chiens en laisse sont acceptés.

★ Bon à savoir

Il est fortement recommandé d'utiliser les boîtes de stockage à l'épreuve des ours dans toutes les zones sauvages. Vous pouvez en emprunter gratuitement dans les bureaux USFS.

Vikingsholm Castle

Emerald Bay State Park

C'est l'un des plus beaux sites naturels autour du lac, qui attire les familles sur ses plages en été et les randonneurs en raquettes en hiver.

Pour ceux qui aiment...

Ne ratez pas

La belle vue sur l'eau émeraude depuis la fenêtre est du salon de thé sur Fannette Island.

Les falaises de granit et le rivage ciselé dans Emerald Bay, superbe crique aux contours sculptés par l'érosion glaciaire, feront de splendides photos. Selon la lumière, l'eau se pare de nuances allant du vert foncé au turquoise. Au beau milieu de ce paysage : Fannette Island, pittoresque îlot de granit. Guettez les points de vue panoramiques qui jalonnent la Hwy 89, notamment à **Inspiration Point**. Un peu plus au sud, l'accotement disparaît des deux côtés de la route et la descente offre une vue extraordinaire sur l'Emerald Bay au nord et le Cascade Lake au sud.

Vikingsholm Castle

Autre point de mire dans ce magnifique parc : **Vikingsholm Castle** (www.vikingsholm.com ; visite adulte/7-17 ans

10/8 $; ⏲10h30-15h30 ou 16h fin mai-sept ; P 👪), manoir de l'héritière Lora Knight sur la baie. Achevé en 1929, cet exemple rare de l'architecture ancienne de style scandinave regorge d'éléments structuraux psychédéliques, notamment les toits couverts de tourbe où poussent des fleurs sauvages à la fin du printemps, ainsi qu'une tour de trois étages. L'accès se fait par un sentier escarpé de 1,6 km qui mène également à un *visitor center*. Vous pouvez faire une visite (30 minutes) de l'intérieur de la maison où beaucoup de meubles d'origine ont été conservés. Connue aujourd'hui pour cet incroyable bâtiment, l'excentrique Lora Knight fut aussi l'une des premières mécènes de Charles Lindbergh pour son vol en solitaire sans escale au-dessus de l'Atlantique en 1927.

Infos pratiques

☎530-541-6498 ; www.parks.ca.gov

Une petite faim ?

Faites des réserves avant la visite du parc avec quelques en-cas locaux à base de fruits à Grass Roots Natural Foods (p. 126).

★ Bon à savoir

Pour vous y rendre en transport public, prenez le Emerald Bay Trolley (☎531-541-7149 ; www.tahoetransportation.org ; 2 $; 👪) **depuis le South Y Transit Center.**

Fannette Island

Le lopin de terre de Lora Knight comprenait aussi la seule île de Tahoe. La broussailleuse et inhabitée Fannette Island garde les vestiges vandalisés d'un minuscule salon de thé des années 1920 où l'hôte conduisait parfois ses invités en bateau à moteur. L'île est accessible par bateau ou par kayak, sauf pendant la période de nidification des bernaches du Canada (généralement de février à mi-juin). Vous pouvez louer des bateaux à Meeks Bay ou South Lake Tahoe. Vous pouvez aussi faire une croisière commentée dans la baie ou un tour en hors-bord depuis South Lake Tahoe.

Eagle Falls Trail

Si vous voulez partir à l'aventure sur la terre ferme, ce sentier escarpé (3,2 km) vous permettra d'admirer les fleurs sauvages. La randonnée aller-retour va d'Emerald Bay Rd à Eagle Lake, et passe par d'impressionnantes chutes d'eau. En hiver, lorsque Emerald Bay est calme et déserte, vous pouvez louer des raquettes pour suivre ce sentier.

South Lake Tahoe et Stateline

Embouteillé et sururbanisé, South Lake Tahoe est une zone commerciale très dense qui s'étend au bord du lac, avec un paysage alpin en toile de fond. Au pied de la très chic station de ski de Heavenly (p. 118) et à deux pas des casinos de Stateline, juste après la frontière côté Nevada, la rive sud du lac Tahoe séduit les visiteurs par sa plage en été, sa neige abondante en hiver et sa belle gamme d'activités, de restaurants et d'hôtels.

À VOIR

Tallac Historic Site Site historique

(www.tahoeheritage.org ; Tallac Rd ; visite optionnelle adulte/enfant 10/5 $; 10h-16h tlj mi-juin à sept, ven et sam fin mai à mi-juin ;). GRATUIT À l'abri d'une pinède et à côté d'une grande plage de sable, ce site historique national se trouve sur le terrain de fouilles archéologiques de Tallac. Au tournant du XXe siècle, l'endroit était un lieu de villégiature pour la haute société de San Francisco. Baladez-vous à pied ou à vélo sur les terres boisées et venteuses, transformées en centre artistique communautaire. Les chiens tenus en laisse sont acceptés.

ACTIVITÉS

Nevada Beach Baignade

(7 $/voiture). Grande plage de sable avec une aire de pique-nique en bois et une cahute proposant glaces et boissons.

Camp Richardson Corral & Pack Station Équitation

(530-541-3113 ; www.camprichardsoncorral.com ; Emerald Bay Rd/Hwy 89 ; balades 50-168 $;). Depuis 1934, ce centre propose des balades à cheval ou en carriole. En hiver, vous pouvez aussi faire une sortie magique en traîneau.

ACHATS

Grass Roots Natural Foods Alimentation

(www.grassrootstahoe.com ; 2030 Dunlap Dr ; 9h-20h). Articles bio, produits "bien-être" et alimentaires. Également sandwichs et pizzas.

Tallac Historic Site

RICHARD CUMMINS / GETTY IMAGES ©

OÙ SE RESTAURER ET PRENDRE UN VERRE

Cafe Fiore Italien $$

(☎530-541-2908 ; www.cafefiore.com ; 1169 Ski Run Blvd ; plats 18-34 $; ⏲17h30-21h). Ce minuscule restaurant romantique sert une cuisine italienne d'excellente qualité sans prétention. Ici, on marie les succulents plats de pâtes, de produits de la mer et de viande avec une liste de 300 vins millésimés récompensés. L'escalope de veau, la crème glacée maison au chocolat blanc et le pain à l'ail sont excellents. Réservation indispensable : il n'y a que sept tables (treize en été, lorsque le patio est ouvert).

Freshie's Fusion $$

(☎530-542-3630 ; www.freshiestahoe.com ; 3330 Lake Tahoe Blvd ; plats 14-28 $; ⏲11h30-21h ; 🖉). Que vous soyez végan ou amateur de fruits de mer, vous devriez trouver votre bonheur sur le long menu de ce restaurant fusion hawaïen où vous pourrez admirer le coucher du soleil depuis la terrasse. La plupart des produits sont locaux et bio, et les tacos de poisson cuit avec des épices sont les meilleurs de South Lake Tahoe.

Brewery at Lake Tahoe Brasserie

(www.brewerylaketahoe.com ; 3542 Lake Tahoe Blvd ; ⏲11h-22h30). La Bad Ass Ale, la bière maison, coule à flots dans cette brasserie ultra-populaire. Le barbecue est extraordinaire et une terrasse côté rue ouvre pendant l'été. Ne partez pas sans votre autocollant à coller sur votre pare-chocs !

Croisière sur le lac Tahoe

Deux bateaux à aube, exploités par la compagnie **Lake Tahoe Cruises** (☎800-238-2463 ; www.zephyrcove.com ; 900 Ski Run Blvd ; adulte/enfant à partir de 55 $/20 $; 👪), naviguent toute l'année sur le lac Tahoe. Plusieurs croisières sont proposées : panoramas, bar, repas, soirée dansante ou excursion commentée de 2 heures en journée vers Emerald Bay.

Après une journée à la plage, admirez le coucher du soleil un verre de champagne à la main ou profitez de l'happy hour sur un catamaran avec **Woodwind Cruises** (☎775-588-3000 ; www.tahoecruises.com ; 760 Hwy 50, NV, Zephyr Cove Marina ; croisière 1 heure tarif plein/2-12 ans à partir de 49/18 $). Cinq départs quotidiens en été. Réservation conseillée.

Croisière sur le lac Tahoe
ASIF ISLAM/SHUTTERSTOCK ©

RENSEIGNEMENTS

Lake Tahoe Visitors Authority (☎800-288-2463 ; www.tahoesouth.com ; 169 Hwy 50, Stateline, NV ; ⏲9h-17h lun-ven). Informations touristiques complètes.

Tahoe City

Pendant votre séjour autour du lac, vous passerez au moins une fois à Tahoe City, noyau commercial de la rive ouest à la jonction entre la Hwy 89 et la Hwy 28. Cette étape est pratique pour faire des courses et pour louer de l'équipement de sport. C'est aussi la ville la plus proche de Squaw Valley (p. 119). La rue principale, N Lake Blvd, déborde de magasins de sport de plein air, de boutiques pour touristes et de cafés.

À VOIR

Gatekeeper's Museum et Marion Steinbach Indian Basket Museum Musée

(☎530-583-1762 ; www.northtahoemuseums.org ; 130 W Lake Blvd/Hwy 89 ; tarif plein/-13 ans 5 $/gratuit ; ⏲10h-17h tlj fin mai-sept, 11h-16h ven et sam oct-avr). Proche de la ville, une maison en bois accueille ce musée qui propose une

High Camp et Olympic Museum

Au bout du téléphérique à Squaw Valley, **High Camp** (☎800-403-0206 ; www.squawalpine.com ; téléphérique tarif plein/13-22 ans/5-12 ans 39 $/25 $/15 $, accès illimité 46 $/38 $/19 $; 11h-16h30 ;) offre une piscine extérieure chauffée saisonnière (adulte/enfant 14/8 $), un parcours gratuit 18 "trous" de *disc golf* (qui se joue avec des frisbees), deux courts de tennis en haute altitude (possibilité de louer des raquettes et d'acheter des balles), et une piste de roller (14/8 $) qui devient patinoire en hiver. De nombreux sentiers de randonnée commencent ici.

Le ticket de téléphérique inclut l'entrée à l'**Olympic Museum** (11h-16h sam-dim), incursion rétro et amusante dans les Jeux olympiques de 1960 comprenant un film et de nombreux souvenirs.

Piscine à High Camp
SACRAMENTO BEE / GETTY IMAGES ©

petite mais fascinante collection de souvenirs de Tahoe datant des JO, de l'époque des bateaux à vapeur, ou encore de l'époque où le tourisme a explosé. Dans le pavillon plus récent, vous découvrirez une magnifique série de paniers fabriqués par plus de 85 peuples amérindiens de Californie.

Commons Beach Parc

(400 N Lake Blvd). Ce petit parc plaisant dispose de terrains de sable ou d'herbe, de tables de pique-nique, de barbecues, d'un bloc d'escalade et d'une aire de jeux. Concerts gratuits (www.concertsatcommonsbeach.com) et séances de cinéma en plein air l'été. Les chiens tenus en laisse sont acceptés.

ACTIVITÉS

Truckee River Raft Rentals Rafting

(☎530-583-0123 ; www.truckeeriverraft.com ; 185 River Rd ; tarif plein/6-12 ans 30/25 $; 8h30-15h30 juin-sept ;). À cet endroit, au nord-ouest du lac, la Truckee River est calme et large : parfait pour les pagayeurs débutants. Cette boutique loue des rafts pour parcourir les 8 km entre Tahoe City et **River Ranch Lodge** (☎530-583-4264 ; www.riverranchlodge.com ; angle Hwy 89 et Alpine Meadows Rd ; plats en terrasse ou intérieur 8 $-13 $, restaurant 22 $-30 $; déj juin-sept, dîner tte l'année, appelez pour connaître les horaires selon la saison). Le transport retour est compris dans le prix de location. Réservation vivement conseillée.

OÙ SE RESTAURER ET PRENDRE UN VERRE

Fat Cat Californien $

(www.tahoefatcat.com ; 599 N Lake Blvd ; plats 9-17 $; 11h-21h, bar jusqu'à 2h ;). Vous trouverez de tout dans ce restaurant familial décontracté aux murs couverts d'œuvres d'art locales : soupes maison, salades copieuses, sandwichs, incroyables burgers, plats de pâtes et petites bouchées frites à partager. Concerts de musique indépendante le vendredi et le samedi soir.

New Moon Natural Foods Épicerie, cuisine saine $

(505 W Lake Blvd ; plats 6-12 $; 9h-20h lun-sam, 10h-19h dim ;). Cette épicerie, petite mais bien fournie, vend des aliments naturels et prépare de délicieux plats à emporter, dans des emballages biodégradables et compostables. Essayez les tacos de poisson ou la salade thaïlandaise avec ses légumes verts bio et sa sauce à la cacahuète épicée.

Tahoe Mountain Brewing Co Brasserie

(www.tahoebrewing.com ; 475 N Lake Blvd ; 11h30-22h). Brassées à Truckee, la Sugar Pine Porter, les "*sour*" vieillies en fût et la Paddleboard Pale Ale primée accompagnent parfaitement les frites de patate douce, burgers et autres plats servis sur la terrasse, face au lac.

Rafting sur la Truckee River

RENSEIGNEMENTS

Tahoe City Downtown Association (www.visittahoecity.org ; 425 N Lake Blvd ; 9h-17h lun-jeu). Informations touristiques et calendrier des événements en ligne.

Tahoe City Visitors Information Center (530-581-6900 ; www.gotahoenorth.com ; 100 N Lake Blvd ; 9h-17h). Au niveau de la jonction de la Hwy 89 et de la Hwy 28.

DEPUIS/VERS TAHOE CITY

Juste au sud de la jonction de la Hwy 28 et de la Hwy 89, le nouveau centre moderne **Tahoe City Transit Center** (www.nextbus.com/tahoe ; 870 Cabin Creek Rd) est la principale gare routière. Derrière ce bâtiment se trouve le parking pour le départ du **Tahoe Rim Trail** (p. 123) et plusieurs sentiers cyclables. Des lignes de bus régulières relient la ville à d'autres endroits autour du lac.

Homewood

Ce hameau de villégiature calme et très montagnard et la station de ski (p. 119) du même nom sont très appréciés des plaisanciers l'été et des skieurs et snowboardeurs l'hiver. **West Shore Sports** (530-525-9920 ; www.westshoresports.com ; 5395 W Lake Blvd ; 8h-17h) loue tout l'équipement de saison qu'il vous faut.

OÙ SE RESTAURER

West Shore Café Californien $$

(530-525-5200 ; www.westshorecafe.com ; 5160 W Lake Blvd ; plats 12-33 $; 11h-21h30 mi-juin à sept, 17h-21h30 oct à mi-juin). Dans l'agréable restaurant du **West Shore Inn** (ch/ste à partir de 199/349 $;), le chef Mike Davis prépare des plats à partir de produits frais et de viande d'élevage. Vous pourrez y déguster des burgers ou un omble chevalier servi avec courge spaghetti et champignons.

DEPUIS/VERS HOMEWOOD

Les bus de **Tahoe Area Rapid Transit** (TART ; 530-550-1212 ; www.laketahoetransit.com ; 10183 Truckee Airport Rd ; billet simple/journée 2/4 $) desservent la rive nord jusqu'à Incline Village.

GARY TOGNONI / GETTY IMAGES ©

YOSEMITE
NATIONAL PARK
ET SES ENVIRONS

Dans ce chapitre

Yosemite National Park et ses environs

Avec ses pics de granit vertigineux et ses cascades grondantes encadrant la Yosemite Valley et les séquoias géants du Mariposa Grove, le Yosemite, classé au patrimoine mondial de l'Unesco, est le plus impressionnant des parcs nationaux des États-Unis. Laissez-vous charmer par cette merveille de la nature : la silhouette imposante du Half Dome, la présence massive d'El Capitan et les brumes enveloppantes des Yosemite Falls.

À l'Est, la Hwy 395 court tout le long de la Sierra Nevada, conduisant à des forêts de pins, des prairies parsemées de fleurs, des lacs tranquilles, des sources thermales et des canyons creusés par l'érosion glaciaire.

Yosemite National Park et ses environs en 2 jours

Si vous n'avez que deux jours, dirigez-vous directement dans la vallée et contemplez les majestueux **Half Dome** (p. 136) et El Capitan, avant de siroter un verre ou deux au confortable **Majestic Bar** (p. 137). Pour en profiter pleinement, faites une petite randonnée pour admirer quelques **chutes** (p. 138) de la vallée.

Yosemite National Park et ses environs en 4 jours

Enfoncez-vous davantage dans cet incroyable parc en suivant les lacets de la deux-voies bitumée, CA 120, vers les hauteurs de Yosemite et les **Tuolumne Meadows** (p. 142). En route, prenez le temps d'admirer la vue à **Olmsted Point** (p. 136). Pour les plus ambitieux, montez jusqu'à **Glacier Point** (p. 134) pour une vue panoramique sur la vallée et ses monuments, ou partez à la découverte des magnifiques sites naturels de l'**est de la Sierra Nevada** (p. 147).

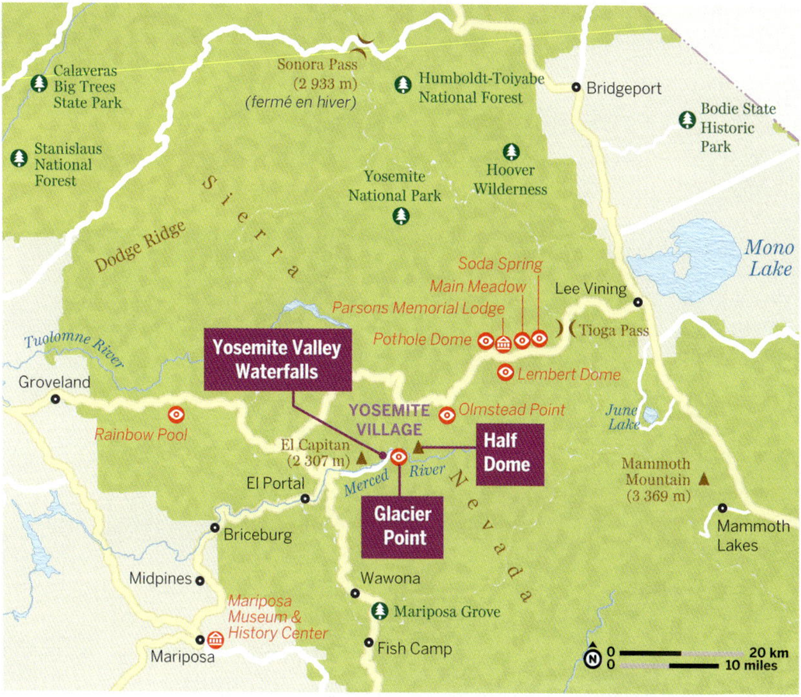

Comment s'y rendre

Voiture. Yosemite est accessible par l'ouest (Hwy 120 W et Hwy 140) et par le sud (Hwy 41) toute l'année, et par l'est (Hwy 120 E) en été. L'entrée à Yosemite coûte 30 $ par véhicule (15 $ pour les cyclistes ou les piétons) pour 7 jours consécutifs.

Bus et train. Le Yosemite fait partie des parcs nationaux facilement accessibles par les transports publics. Les bus Greyhound et les trains Amtrak desservent Merced, à l'ouest du parc, où l'on peut prendre les bus du Yosemite Area Regional Transportation System (YARTS : www.yarts.com).

Où se loger

La région est jalonnée de campings. Le camping sauvage est réservé aux plus aventureux et requiert parfois un permis. Pour tout autre hébergement à l'intérieur du parc de Yosemite, autre que le camping, les réservations se font auprès d'Aramark/ Yosemite Hospitality (www.travelyosemite.com). Il y a quelques hôtels de qualité à Groveland, plusieurs types de logements dans l'est, le long de la Hwy 120, dans Stanislaus National Forest, et un bon nombre de chaînes d'hôtels à Mariposa. Mammoth Lakes compte des motels, hôtels, auberges, B&B, appartements et villas de location. Les réservations sont indispensables partout en été.

Lever de soleil sur Half Dome (p. 136), depuis Glacier Point

KRIS WIKTOR / SHUTTERSTOCK ©

Glacier Point

Avec ses pics de granit à perte de vue, Glacier Point offre l'une des vues les plus impressionnantes de Californie, avec un panorama sur El Capitan et le Half Dome.

Pour ceux qui aiment...

Ne ratez pas

Les parois en granit de la Sierra baignées de lumière chaude et dorée au coucher du soleil.

Histoire

Glacier Point connaît une importante fréquentation presque depuis la création du parc, quand l'ascension constituait encore une entreprise ardue. Les choses changèrent avec l'ouverture, en 1872, du Four Mile Trail. Puis une route pour chariots fut construite en 1882, suivie de l'actuelle Glacier Point Rd en 1936. Le chaleureux Glacier Point Trailside Museum était l'un des premiers projets du parc, un simple abri en pierre qui offre un bon refuge en cas de tempête passagère.

La vue

Rejoindre Glacier Point (2 199 m) en voiture sans le moindre effort physique donne le sentiment de ne pas avoir mérité la perspective qui se déploie devant vous. Il suffit en effet d'une rapide ascension depuis le parking pour contempler toute

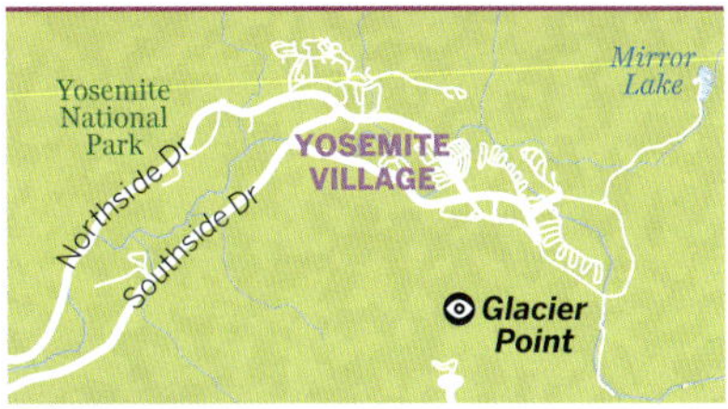

Infos pratiques

L'accès à Glacier Point est fermé en hiver. La meilleure période pour y monter est à la fin du printemps, dès que la route est dégagée, pour pouvoir admirer les plus belles chutes d'eau.

Une petite faim ?

Préparez un pique-nique et baladez-vous jusqu'à l'amphithéâtre de Glacier Point, un endroit parfait avec une vue époustouflante.

★ Bon plan

En été, une navette gratuite relie Badger Pass à Glacier Point. Départ toutes les 20 minutes.

la partie est de la Yosemite Valley, des **Yosemite Falls** au **Half Dome**, de même que les pics lointains qui entourent les Tuolumne Meadows. Sur le Half Dome, quasiment à hauteur des yeux, on peut même distinguer les randonneurs comme des colonnes de fourmis.

À gauche du Half Dome se trouve le **Tenaya Canyon** d'origine glaciaire, à droite les rubans blancs ondoyants des **Nevada Falls** et des **Vernal Falls**. Au fond de la vallée, la Merced River serpente à travers des prairies verdoyantes et des vergers. Si vous n'avez pas le vertige, faufilez-vous jusqu'à la balustrade, accrochez-vous bien et plongez le regard vers le village de Half Dome, plus de 975 m sous vos pieds. Le **Basket Dome** et le **North Dome** s'élèvent au nord de la vallée. Le **Liberty Cap** et le **Clark Range** se découpent à droite du Half Dome.

Au bout de Glacier Point, **Overhanging Rock**, un énorme bloc de granit en surplomb au-dessus du vide, prolonge la paroi rocheuse, défiant les lois de la gravité. Les casse-cou aimaient s'y faire photographier dans des poses acrobatiques, mais son accès est désormais interdit.

Dans les environs

Dans les alentours, si vous n'avez pas eu votre dose de panoramas, vous pouvez randonner jusqu'au sommet du Sentinel Dome (2 476 m). C'est l'ascension d'un dôme de granit de Yosemite la plus courte et la plus facile. Pour ceux qui ne peuvent pas se rendre au sommet du Half Dome, c'est une alternative avec une vue à 360° tout aussi incroyable sur les merveilles de Yosemite, et le sentier aller-retour de 3,5 km ne vous prendra qu'une heure environ. Pour un spectacle captivant, allez-y pour le lever ou le coucher du soleil, voire lors de la pleine lune.

Lever du soleil sur Half Dome

Half Dome

Site phare de Yosemite, cet à-pic vieux de 87 millions d'années présente la paroi la plus verticale (93%) d'Amérique du Nord.

Origines mythiques

D'après une légende amérindienne, l'un des premiers habitants de la Yosemite Valley descendit des montagnes jusqu'au Mono Lake, où il épousa une Païute nommée Tesaiyac. Le retour dans la vallée fut difficile. Lorsque le couple atteignit le site du futur Mirror Lake, la femme voulut rebrousser chemin pour rentrer chez les siens, mais l'homme refusa de vivre sur une terre aussi aride et stérile.

Désespérée, Tesaiyac s'enfuit en direction du Mono Lake, son mari à ses trousses. Entendant les bruits de leur dispute, les esprits furieux pétrifièrent les deux époux. Lui devint le North Dome, elle le Half Dome, et les larmes coulant sur son visage formèrent le Mirror Lake.

Pour ceux qui aiment...

Ne ratez pas

La vue du Half Dome de derrière, depuis **Olmsted Point**, à mi-chemin entre l'embranchement pour May Lake et Tenaya Lake.

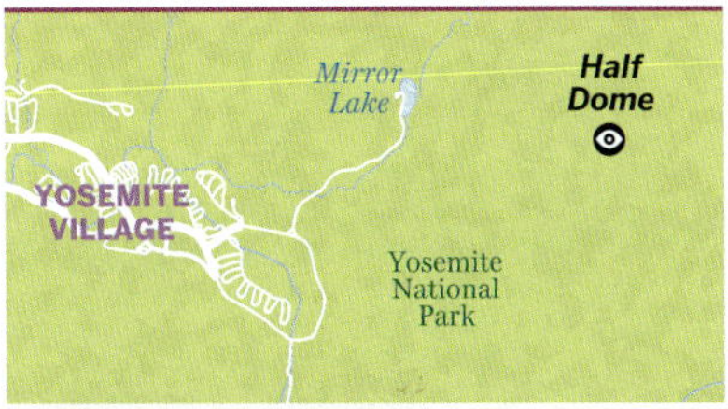

Infos pratiques

Des rangers vérifient les permis au pied des câbles qui permettent de faire l'ascension.

Une petite soif ?

Installez-vous confortablement pour un verre au **Majestic Bar** (www.travelyosemite.com ; Majestic Yosemite Hotel, 1 Ahwahnee Dr, Yosemite Valley ; 11h-22h) à l'intérieur du Majestic Yosemite Hotel.

★ Bon à savoir

Si vous voulez gravir le dôme, consultez les dernières informations à jour sur www.nps.gov/yose/planyourvisit/hdpermits.htm.

Escalade et randonnée

Si des grimpeurs du monde entier viennent s'attaquer à sa face nord légendaire, les bons marcheurs peuvent atteindre le sommet par un sentier (27 km aller-retour) partant de la Yosemite Valley. Celui-ci comporte un dénivelé positif de 1 500 m et des câbles garde-fou jalonnent les 200 derniers mètres.

La randonnée peut s'effectuer dans la journée, mais camper pour la nuit (Little Yosemite Valley est l'endroit le plus prisé) ajoute à son attrait.

Permis

Afin d'éviter les longues files (et le danger croissant) le long des câbles vertigineux du Half Dome, les randonneurs doivent obtenir un permis à l'avance.

Loterie pré-saison (www.recreation.gov). Les candidatures (10 $) pour les 300 entrées quotidiennes doivent être remplies en mars. Vous recevrez une notification de confirmation mi-avril et devrez payer 10 $ par personne pour confirmer le permis. Les demandes sont limitées à 6 personnes et 7 choix de date.

Loterie quotidienne. Une cinquantaine de permis supplémentaires sont attribués deux jours avant la date de chaque randonnée. Adressez votre demande en ligne ou par téléphone (877-444-6777) entre minuit et 13h (heure locale) : vous recevrez une notification le jour même, en soirée. Vous aurez plus de chance en semaine.

Backpackers. Les visiteurs munis du permis nature délivré par le parc peuvent en demander un pour le Half Dome (12,50 $/pers) sans passer par le tirage au sort.

Bridalveil Fall

Yosemite Valley Waterfalls

Les chutes d'eau du parc fascinent jusqu'aux voyageurs les plus blasés, surtout quand les pluies printanières les transforment en cataractes grondantes.

Pour ceux qui aiment...

Ne ratez pas

Les brumes rafraîchissantes de Vernal Falls en plein été.

Yosemite Falls

À l'ouest du Yosemite Village, les Yosemite Falls, les plus hautes chutes d'Amérique du Nord, dévalent sur 740 m en trois niveaux. Vous pourrez les admirer depuis des points de vue un peu partout dans la vallée car elles font face aux prairies ouvertes. Pour une perspective différente et plus de solitude, grimpez l'éprouvant Yosemite Falls Trail (5,5 km) jusqu'au sommet. La fonte des neiges au printemps transforme les célèbres cascades de la vallée en cataractes grondantes, puis la plupart se réduisent à un filet d'eau à la fin de l'été.

Bridalveil Fall

À l'extrémité sud-ouest de la Yosemite Valley, la Bridalveil Fall coule d'une hauteur de 189 m. Les Ahwahneechee l'appellent

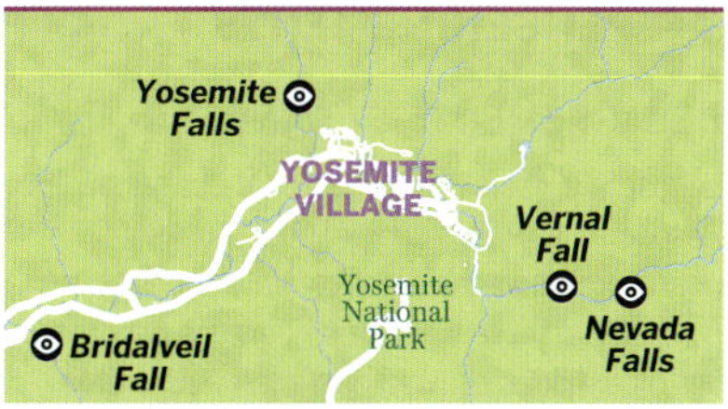

Infos pratiques

Un accident est vite arrivé : soyez d'une extrême prudence lorsque les sentiers et les balustrades sont mouillés, vous risqueriez de tomber dans les chutes.

Une petite faim ?

Le **Village Store** (Yosemite Village : 8h-20h, 8h-22h en été) vend des produits sains et biologiques pour recharger les batteries pendant votre randonnée.

★ Bon à savoir

Prévoyez votre équipement pour la pluie ou attendez-vous à être trempé(e) lorsque les chutes sont importantes.

Pohono (esprit du vent qui souffle), car des rafales la poussent souvent d'un côté à l'autre, projetant dans les airs des gerbes d'eau. Le débit devient toutefois très faible au milieu de l'été.

Garez-vous sur le grand parking au croisement de Wawona Rd (Hwy 41) et de Southside Dr, à 400 m du pied des chutes. Guère praticable en fauteuil roulant, le sentier asphalté se termine par une pente abrupte. Évitez d'escalader les rochers glissants, car vous pourriez vous casser quelque chose.

Vernal Falls et Nevada Falls

Les Vernal Falls sont l'une des chutes d'eau les plus emblématiques de Yosemite. Les eaux de la Merced River dévalent près de 19 m pour rejoindre la Yosemite Valley avec fracas. Le sentier qui mène aux chutes, Mist Trail, est très apprécié des visiteurs. En haut, la vue est époustouflante (et un peu effrayante). Reprenez le chemin avant d'arriver aux Emerald Pool et Silver Apron qui seront très tentantes par un jour d'été étouffant, mais où il est extrêmement dangereux de se baigner. Vous pouvez ensuite traverser un petit pont et suivre une petite portion du fameux sentier John Muir Trail, qui vous ramènera dans la Yosemite Valley (environ,6 km). Ce chemin de retour vous offrira d'incroyables panoramas sur Liberty Cap (cherchez les grimpeurs en été) et sur les Nevada Falls.

Une autre vue spectaculaire vous attend au niveau de ces dernières. L'eau ricoche sur 180 m de "l'escalier géant" (Giant Staircase) qui mène la Merced River dans la vallée. La plupart des visiteurs empruntent le Mist Trail (vous passez devant les Vernal Falls en chemin), mais le John Muir Trail monte aussi jusqu'en haut.

RENSEIGNEMENTS

DÉSAGRÉMENTS ET DANGERS

Le Yosemite est le principal habitat des ours noirs. Respectez les règles du parc pour stocker la nourriture convenablement et utilisez des boîtes ou casiers à l'épreuve des plantigrades pour la nuit. Les moustiques peuvent être infernaux en été ; vous serez sûrement content d'avoir un répulsif sous la main en cas de besoin. Ne nourrissez pas les écureuils : vous les trouverez beaucoup moins mignons après une vilaine morsure.

SERVICES MÉDICAUX

Yosemite Medical Clinic (☎209-372-4637 : 9000 Ahwahnee Dr, Yosemite Village : ⏲9h-19h tlj mi-mai à fin sept, 9h-17h lun-ven fin sept à fin mai). Service d'urgences 24h/24h.

OFFICES DU TOURISME

Yosemite Valley Visitor Center (☎209-372-0200 : 9035 Village Dr, Yosemite Village : ⏲9h-17h : 👪). Le principal centre des visiteurs, avec des expositions et des films projetés gratuitement. Prévoyez d'y passer du temps, les files d'attente sont longues en été. Il délivre les permis d'accès de novembre à avril, lorsque le **Wilderness Center** (☎209-372-0745 : Yosemite Village : ⏲8h-17h mai-oct) est fermé.

DEPUIS/VERS LE YOSEMITE NATIONAL PARK

TRANSPORTS PUBLICS

Le Yosemite fait partie des rares parcs nationaux facilement accessibles par les transports en commun. Les bus Greyhound (p. 325) et les trains Amtrak (p. 326) desservent Merced, à l'ouest du parc, où les cars du **Yosemite Area Regional Transportation System** (YARTS : ☎877-989-2787 omwww.yarts.com) prennent le relais. Vous pouvez acheter vos billets Amtrak qui comprennent la correspondance YARTS jusqu'au parc. Des bus sur la Hwy 140 rallient la Yosemite Valley plusieurs fois par jour et toute l'année, avec plusieurs arrêts.

En été (de juin à septembre), un autre itinéraire du YARTS relie Mammoth Lakes, sur la Hwy 395, à la Yosemite Valley, en passant par la Hwy 120. L'aller simple pour la Yosemite Valley coûte 13 $ (9 $ pour les enfants et les

Yosemite Valley

seniors, trajet : 3 heures) depuis Merced, et 18 $ (15 $ pour les enfants et les seniors, trajet : 3 heures 30) depuis Mammoth Lakes – moins, si vous montez en route.

Les tarifs du YARTS incluent l'entrée au parc, c'est donc une excellente affaire. Les chauffeurs acceptent les cartes bancaires.

VOITURE

Le Yosemite est accessible par l'ouest (Hwy 120 W et Hwy 140) et par le sud (Hwy 41) toute l'année, et par l'est (Hwy 120 E) en été. En hiver, les routes sont déneigées, mais il vaut mieux s'équiper de chaînes. En 2006, un énorme éboulement a recouvert une partie de la Hwy 140, 10 km à l'ouest du parc : sur cette portion, la circulation est limitée aux véhicules de moins de 13,7 m. Big Oak Flat Rd a été fermée plusieurs mois après une "chute de pierres" – tout le flanc de montage, en réalité – en février 2017. Soyez prudent !

Vous pouvez faire le plein toute l'année à Wawona dans le parc (vous le paierez cher), à El Portal sur la Hwy 140 juste après la limite ouest du parc, ou à Lee Vining, à la jonction de la Hwy 120 et de la Hwy 395, à l'extérieur du parc, à l'est. En été, vous trouverez aussi du carburant à Crane Flat – la station-service à Tuolumne Meadows a fermé.

COMMENT CIRCULER

VÉLO

Le vélo est un moyen idéal de découvrir la Yosemite Valley. Vous pouvez louer un vélo cruiser à guidon large (12,50/32 $ par heure/jour), ou un vélo avec remorque pour enfant (19/59 $ par heure/jour) au **Yosemite Valley Lodge** ou au **Half Dome Village** (9h-18h mars-oct). Loue aussi poussettes et fauteuils roulants.

VOITURE

Des panneaux portant l'image d'un ours rouge marquent les nombreux endroits où les automobilistes ont percuté des ours : n'appuyez pas trop sur l'accélérateur et respectez les limites de vitesse. Il est conseillé aux visiteurs de laisser leur voiture pour prendre plutôt le Yosemite Valley Shuttle Bus. Malgré cela, la vallée a parfois des faux airs de Los Angeles aux heures de pointe.

Glacier Point Rd et Tioga Rd sont fermées l'hiver.

Village Garage (209-372-8320 : Tecoya Rd : 8h-17h) effectue des réparations d'urgence et peut fournir du carburant en dernier recours.

Visites guidées du Yosemite

La **Yosemite Conservancy** (209-379-2317 : www.yosemiteconservancy.org) à but non lucratif organise des circuits en tout genre, y compris sur mesure.

Ceux qui viennent pour la première fois apprécient la visite de 2 heures **Valley Floor Tour** (209-372-1240 : www.travelyosemite.com : adulte/enfant 35 $/25 $: toute l'année :) qui passe devant les incontournables de la vallée.

Pour connaître les autres possibilités, renseignez-vous aux comptoirs des circuits et des activités au **Yosemite Valley Lodge** (209-372-1240 : 7h30-19h), au Half Dome Village ou au Yosemite Village. Téléphonez au 209-372-4386 ou consultez le site www.travelyosemite.com.

Valley Floor Tour
BARBARA DAVIDSON / GETTY IMAGES ©

Groveland

Depuis l'entrée de Big Oak Flat dans Yosemite, 35 km vous séparent de Groveland, une adorable petite ville aux bâtiments rénovés datant de l'époque de la ruée vers l'or, qui propose de nombreux services pour les visiteurs.

Les impressionnantes Tuolumne Meadows

À environ 1 heure 30 de route (90 km) de la Yosemite Valley, via Tioga Rd (ou Hwy 120 E, route panoramique ouverte en saison), les **Tuolumne Meadows** sont les plus grandes prairies subalpines de la Sierra Nevada (2 621 m). Avec leur végétation abondante, leurs lacs bleu azur, leurs pics de granit irréguliers, leurs dômes et leurs températures plus fraîches, elles créent un contraste saisissant avec la Yosemite Valley. Si vous venez en juillet ou en août, les prairies broussailleuses se parent de fleurs sauvages aux mille couleurs.

La plus grande mesure près de 4 km de long et se trouve du côté nord de Tioga Rd, entre **Lembert Dome** et **Pothole Dome**. Si vous gravissez les 60 m jusqu'au sommet de ce dernier – au coucher du soleil, de préférence – vous aurez une vue splendide sur ce paysage. Un sentier explicatif part des écuries et vous mènera jusqu'aux sources boueuses **Soda Springs**, où l'eau naturellement gazeuse fait des bulles dans des flaques rougeâtres. Tout proche, le **Parsons Memorial Lodge** accueille des petites expositions sur l'histoire de la région.

Les amateurs de randonnée et d'escalade auront l'embarras du choix autour des Tuolumne Meadows, qui se trouvent être aussi la porte d'entrée vers le camping dans la High Sierra.

À VOIR ET À FAIRE

Rainbow Pool Piscine naturelle

(www.fs.usda.gov/stanislaus). À quelque 24 km à l'est de Groveland, dans la Stanislaus National Forest, la Rainbow Pool est une piscine naturelle populaire avec une petite cascade. Panneaux indicatifs sur la portion sud de la Hwy 120.

ARTA River Trips Rafting

(☎800-323-2782, 209-962-7873 ; www.arta.org ; 24000 Casa Loma Rd). Cet établissement à but non lucratif propose des sorties en rafting sur un ou plusieurs jours sur la Tuolumne River, et des sorties d'une journée sur la Merced River.

Sierra Mac Rafting

(☎209-591-8027 ; www.sierramac.com ; 27 890 Hwy 120). Juché sur une colline, à 21 km à l'est de la ville, ce centre est l'un des deux seuls à proposer des descentes sur la Cherry Creek, réservé aux personnes expérimentées. Elle organise aussi des sorties sur la Tuolumne River et la Merced River. Marty McDonnell, le propriétaire de Sierra Mac, est guide depuis les années 1960.

OÙ SE RESTAURER ET PRENDRE UN VERRE

Les burgers, sandwichs et pizzas ne manquent pas. Groveland offre aussi un restaurant de cuisine américaine moderne ainsi qu'un restaurant mexicain – deux adresses recommandées. Si vous allez vers les terrains de camping ou les hébergements plus à l'est, vous pourrez faire des courses au supermarché de la ville (ci-dessous).

Mar-Val Supermarché $

(☎209-962-7452 ; 1900 Main St ; ⌚7h-22h, 7h-21h en hiver). Ce grand supermarché situé à la sortie est de la ville est parfait pour faire le plein de nourriture et de matériel avant de prendre la route pour le Yosemite National Park.

JON CHICA / SHUTTERSTOCK ©

Mariposa (p. 144)

Charlotte Bistro & Bar Américain moderne $$
(www.hotelcharlotte.com ; 18736 Main St ; plats 17-28 $; 18-21h jeu-sam, 9h-13h dim mar-nov). Plutôt rare aux alentours, la cuisine "locale, biologique et responsable" est un régal dans ce restaurant à la fois rustique et raffiné, installé dans un saloon historique à l'**Hotel Charlotte** (209-962-6455 ; www.hotelcharlotte.com ; ch 129-249 $;). L'hiver, l'établissement se transforme en "Pop-Up restaurant" et accueille de jeunes chefs cherchant à élaborer leurs menus et à se faire connaître auprès du public avant de lancer leur propre restaurant.

Iron Door Saloon & Grion Bar
(209-962-6244 ; www.iron-door-saloon.com ; 18761 Main St ; restaurant 7h-22h, bar 11h-2h, horaires réduits en hiver). On vient pour l'ambiance (et la poussière) dans cet établissement qui se dit le "plus vieux bar de l'État" : portes à battants, bar géant, trophées de chasse et plafonds hauts couverts de centaines de billets. Concerts en été, les soirs de week-end. Dans la salle de restaurant, plus moderne, vous pourrez déguster de bons steaks, des travers de porcs et des plats de pâtes (plats 9,50 $-25 $).

RENSEIGNEMENTS

USFS Groveland Ranger Station (209-962-7825 ; www.fs.usda.gov/stanislaus ; 24545 Hwy 120 ; 8h-16h30 lun-sam juin-août, horaires réduits sept-mai). À environ 13 km à l'est de Groveland, ce centre fournit des informations touristiques sur la Stanislaus National Forest et la Tuolumne Wild and Scenic River Area, toutes proches.

Vous trouverez deux banques avec DAB et une station-service à 2,4 km à l'ouest de la ville.

COMMENT S'Y RENDRE ET CIRCULER

Les bus YARTS (209-388-9589, 877-989-2787 ; www.yarts.com) circulent toute l'année le long de la Hwy 140 jusque dans la Yosemite Valley (3 $ l'aller simple, 1 heure 45) et s'arrêtent au *visitor center* à Mariposa. Le ticket inclut l'entrée dans le parc.

BURACHET / SHUTTERSTOCK ©

JIM LUNDGREN / ALAMY STOCK PHOTO ©

De gauche à droite : le Half Dome (p. 136) la nuit : Cascades sous les Vernal Falls (p. 139) : Randonnée avec vue sur le Half Dome

Mariposa

À peu près à mi-chemin entre Merced et la Yosemite Valley, Mariposa ("papillon" en espagnol) est la ville la plus grande et la plus intéressante autour du Yosemite National Park. Fondée pendant la ruée vers l'or, c'était une ville minière traversée par les rails. Vous y trouverez un tas de vestiges de l'époque ainsi que plusieurs musées dédiés à l'histoire de la région. Son palais de justice est le plus vieux en service continu (depuis 1854) à l'ouest du Mississippi.

À VOIR

Mariposa Museum & History Center Musée

(209-966-2924 : www.mariposamuseum.com : 5119 Jessie St : adulte/enfant 5 $/gratuit : 10h-16h :). Ce musée redonne vie au passé de Mariposa. Enfin, si l'on peut dire, car les objets présentés sont plutôt vétustes. Menus, registres, billets de train, photos... sont répartis dans de petites salles qui rappellent des dioramas, pour conter les histoires d'époques ou de personnes spécifiques. Si vous avez le temps, vous tomberez sur des perles rares, comme ces authentiques lettres de mineurs.

Sur le terrain du musée, vous pourrez visiter des constructions d'époque et une maison en écorce des Miwoks du Yosemite.

OÙ SE RESTAURER ET PRENDRE UN VERRE

Happy Burger Diner $

(209-966-2719 : www.happyburgerdiner.com; Hwy 140, au niveau de 12th St : plats 8-14 $: 5h30-21h :). Burgers, frites et milkshakes dans un décor nostalgique du style Americana. Avec ses murs couverts de vieilles pochettes d'albums et le plus long menu de la Sierra, Happy Burger est l'une des adresses les moins chères en ville. Les burgers ne vous tentent pas ? Sandwichs, cuisine mexicaine, salades et une ribambelle de desserts glacés sont aussi proposés. Accès gratuit à un ordinateur à l'intérieur, et "espace repas pour les chiens" à l'extérieur.

ONNES / SHUTTERSTOCK ©

Savoury's Américain $$

(☎209-966-7677 ; 5034 Hwy 140 ; plats 17-35 $; ⊙17h-21h30, fermé le mer en hiver ; ✎). À la fois chic et décontracté, Savoury's est le meilleur restaurant de la ville. Les tables noires laquées et les œuvres d'art moderne créent un cadre paisible pour déguster les raviolis aux champignons sauvages, le steak aux épices cajunes et oignons poêlés, ou les croquettes de crabe avec une sauce aïoli coriandre-citron vert.

Charles Street Dinner House Steak $$$

(☎209-966-2366 ; www.charlesstreetdinnerhouse.net ; angle Hwy 140 et 7th St ; plats 19-32 $; ⊙11h-14h et 17h-22h mar-sam, 9h-13h dim). On ne peut pas faire plus *old school* : box en bois, roues de wagon en guise de décoration et, au menu, l'une des valeurs sûres : des steaks. Les portions sont assez copieuses pour satisfaire les plus gros appétits.

The Alley Bar

(☎209-742-4848 ; www.thealleylounge.com ; 5027 Hwy 140 ; ⊙16h-22h lun-jeu, 16h-minuit ven-sam). Les vins et les bières artisanales de Californie sont servis dans un espace sophistiqué et moderne, mais c'est le ravissant jardin à l'arrière, ouvert pendant les mois chauds, qui distingue cette adresse des autres. Grignotez des bretzels frais (9 $) et du saumon fumé (14 $) en profitant de l'ambiance décontractée. Concerts certains soirs.

RENSEIGNEMENTS

John C. Fremont Hospital (☎209-966-3631 ; www.jcf-hospital.com ; 5189 Hospital Rd ; ⊙24h/24h). Urgences.

Mariposa County Visitor Center (☎209-966-7081 ; angle Hwy 140 et Hwy 49 ; ⊙8h30-17h30 ; 📶). Personnel aimable et présentoirs à brochures. Toilettes publiques.

DEPUIS/VERS MARIPOSA

Les **bus YARTS** (☎209-388-9589, 877-989-2787 ; www.yarts.com) circulent toute l'année le long de la Hwy 140 jusque dans la Yosemite Valley (3 $ aller simple, 1 heure 45) et s'arrêtent au *visitor center* à Mariposa. Le ticket inclut l'entrée dans le parc.

Merced River Canyon

La route pour arriver au Yosemite par la Hwy 140 est l'une des plus belles, surtout la portion en lacets dans le Merced River Canyon. La fonte au printemps en fait un endroit spectaculaire pour le **rafting**. Juste avant l'entrée Arch Rock, **El Portal** est un point de départ pratique pour visiter le parc. La plupart des habitants sont des employés qui y travaillent.

OÙ SE RESTAURER

June Bug Cafe Californien $$

(☎206-966-6666 ; www.yosemitebug.com/cafe.html ; Yosemite Bug Rustic Mountain Resort, 6979 Hwy 140, Midpines ; plats 8-22 $; ⏲7h-10h, 11h-14h et 18-21h ;). Les clients de tous âges et de tous horizons du **Yosemite Bug resort** (☎209-966-6666 ; www.yosemitebug.com ; 6979 Hwy 140, Midpines ; dort 30 $, tente "prêt à camper" à partir de 65 $, ch avec/sans sdb à partir de 165 $/95 $;) se retrouvent dans ce chaleureux café pour échanger leurs histoires et partager des repas délicieux fraîchement préparés, une bière, un verre de vin ou assister à un concert certains soirs. Plus de six plats sains et copieux sont affichés au tableau et servis sans chichis.

DEPUIS/VERS LE MERCED RIVER CAYON

La Hwy 140 qui passe dans le canyon est très jolie, mais, si vous ne vous levez pas à l'aube, elle risque d'être chargée en plein été.

Les bus YARTS en provenance de Mariposa s'arrêtent à Midpines (1 $ aller simple) et El Portal (3 $ aller simple) avant la Yosemite Valley.

Mariposa Grove

À un peu plus de 1 heure de route au sud de la Yosemite Valley, près de Wawona, se trouve le peuplement de séquoias le plus grand et le plus impressionnant du Yosemite, dont la vedette incontestée est le **Grizzly Giant**, un colosse âgé de 1 800 ans. Vous ne pouvez pas le manquer : il se trouve à 800 m à pied sur un sentier bien marqué qui débute près du parking. Au-

Mono Lake

THEPICTHING/GETTY IMAGES ©

delà, il y a moins de monde, mais, pour être tranquille, venez tôt le matin ou après 18h.

Bien que creusé à la hache en 1895 – on peut passer à travers le tronc –, le **California Tunnel Tree** est toujours debout. Si vous en avez le courage, faites la promenade jusqu'au **Wawona Tunnel Tree**, dans la partie haute de la forêt.

Est de la Sierra Nevada

Des Tuolumne Meadows, poursuivez à l'est par le col de Tioga pour découvrir de splendides sites naturels le long de la Hwy 395.

Mono Lake

Le deuxième lac le plus ancien d'Amérique du Nord est une paisible et mystérieuse étendue d'eau d'un bleu azur, qui reflète les sommets déchiquetés de la Sierra, les cratères volcaniques et les colonnes de tuf, irréelles, qui lui confèrent sa particularité. Sortant de l'eau telles des chandelles, ces concrétions se forment lorsque le calcium provenant de sources souterraines d'eau douce s'allie aux carbonates contenus dans l'eau saline du lac.

L'eau salée foisonne de mouches alcalines et de crevettes indigènes, les unes et les autres étant fort appréciées par les dizaines d'espèces d'oiseaux migrateurs qui reviennent ici chaque année, comme les mouettes de Californie, qui nidifient sur les îles volcaniques du lac d'avril à août.

À VOIR ET À FAIRE

South Tufa Réserve naturelle

(adulte/enfant 3 $/gratuit). Les colonnes de tuf bordent tout le lac, mais leur concentration la plus dense se trouve ici, sur la rive sud. Un sentier d'interprétation de 1,5 km a été aménagé. Renseignez-vous au Mono Basin Scenic Area Visitors Center sur les circuits organisés par les rangers. Pour aller à la réserve, prenez la Hwy 395 vers le sud sur 9 km depuis Lee Vining, puis la Hwy 120 vers l'est sur 8 km jusqu'à la piste qui mène à un parking.

Navy Beach Plage

Le meilleur endroit pour la baignade, le canoë et le kayak est Navy Beach, juste à l'est de la réserve de South Tufa. De fin juin à début septembre, le **Mono Lake Committee** (☎760-647-6595 ; www.monolake.org/visit/canoe ; circuit 25 $: ⏰8h, 9h30 et 11h sam-dim juin-début sept) organise des balades en canoë de 1 heure autour des colonnes de tuf. **Caldera Kayaks** (☎760-934-1691 ; www.calderakayak.com ; circuits 75-120 $/pers ; ⏰mi-mai à mi-oct) propose des sorties d'une demi-journée en kayak le long de la rive ou à Paoha Island. Réservation indispensable.

OÙ SE RESTAURER

Historic Mono Inn Californien $$

(☎760-647-6581 ; www.monoinn.com ; 55620 Hwy 395 ; plats 15-40 $; ⏰17h-21h mar-sam, 10h-14h dim avr à mi-nov). Face au lac, ce lodge datant de 1922, qui appartient à la famille du photographe Ansel Adams, a été restauré, et transformé en élégant restaurant – cuisine exquise, excellents vins et vue sublime. Terrasse au bord de l'eau. À environ 8 km au nord de Lee Vining. Réservation conseillée.

Whoa Nellie Deli Californien $$

(☎760-647-1088 ; www.whoanelliedeli.com ; Tioga Gas Mart, Hwy 120 et Hwy 395 ; plats 10-22 $; ⏰6h30-21h fin avr-déb nov ; 👪). Après avoir fait connaître cet excellent restaurant de station-service, son célèbre chef est parti s'installer à Mammoth (Toomey's, p. 148), ce qui n'empêche pas les gens du coin de continuer à le plébisciter. Vous dégusterez ici de délicieux tacos de poisson ou du pain de viande au buffle sauvage.

RENSEIGNEMENTS

Mono Basin Scenic Area Visitor Center

(☎760-647-3044 ; www.fs.usda.gov/inyo ; 1 Visitor Center Dr ; ⏰8h-17h avr-nov ; 👪). Près de la Hwy 395. Plans, expositions pédagogiques, permis pour l'Inyo National Forest, location de boîtes anti-ours et librairie.

Le Tunnel Log, Sequoia National Park

ELENA PUEYO/GETTY IMAGES ©

Sequoia et Kings Canyon

Les deux parcs jumeaux de Sequoia et de Kings Canyon n'en finiront pas de vous impressionner, bien qu'ils soient souvent éclipsés par le Yosemite, leur voisin plus modeste au nord (à environ 3 heures 30 de route).

Pour ceux qui aiment...

Ne ratez pas

Le plus grand séquoia du monde, le General Sherman Tree, aussi haut qu'un immeuble de 27 étages.

Avec leurs forêts de séquoias géants qui renferment certains des plus grands arbres du monde, et la Kings River qui coule tout au fond du Kings Canyon, l'une des failles les plus profondes du pays, ces parcs sont des joyaux qui attirent moins de touristes et où il est facile de trouver le calme et la solitude.

Sequoia National Park

Giant Forest

Dans la **Giant Forest** (baptisée ainsi par John Muir en 1875) d'une superficie de 8 km², poussent de gigantesques séquoias, dont le **General Sherman Tree**, le plus grand au monde. Éloignez-vous des foules en empruntant le réseau des chemins de randonnée (emportez une carte).

Entouré de pics escarpés et de lacs alpins, la **Mineral King Valley**, un camp de mineurs

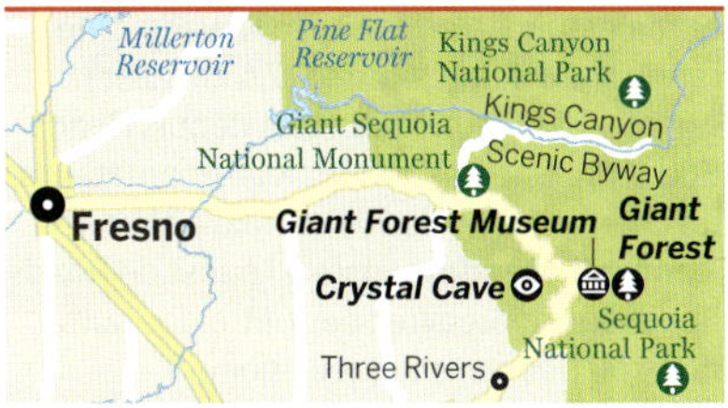

Infos pratiques

☎infos 24h/24 559-565-3341 ; www.nps.gov/seki ; accès 7 jours 30 $/véhicule ; P 👪 🍃

Une petite pause ?

Lodgepole Village et Grant Grove Village sont les principaux carrefours commerciaux des parcs.

☆ Bon à savoir

Quoique distincts, ces deux parcs sont gérés conjointement, et le même ticket d'entrée vaut pour les deux.

et de bûcherons de la fin du XIXe siècle, mérite le détour. La belle route de 40 km, avec près de 700 lacets vertigineux, est habituellement ouverte de fin mai à fin octobre.

Giant Forest Museum

Pour découvrir l'écologie et l'histoire des séquoias et le cycle naturel des feux de forêt, allez explorer cet excellent **musée** (☎559-565-4480 ; www.nps.gov/seki ; angle Generals Hwy et Crescent Meadow Rd ; ⏲9h-16h30 ; P 👪) 🍃 GRATUIT, puis poursuivez la visite en suivant le **Big Trees Trail**, un chemin goudronné de 2 km (accessible en fauteuil roulant), ponctué de panneaux d'explication, qui part du parking.

Crystal Cave

Découverte en 1918 par deux employés du parc partis pêcher, cette **grotte** (www.explorecrystalcave.com ; Crystal Cave Rd ; visite adulte/enfant/ado à partir de 16/5/8 $; ⏲mai-sept ; P 👪) 🍃 a été creusée par une rivière souterraine dans un marbre vieux de 10 000 ans. Les tickets pour la visite-découverte de 50 minutes se prennent uniquement en ligne et à l'avance, sauf en octobre et novembre où ils s'achètent au Giant Forest Museum et au Foothills Visitor Center (pas à la grotte !). Prévoyez un vêtement chaud.

Kings Canyon National Park et Scenic Byway

Juste au nord de Grant Grove Village s'élèvent les géants majestueux du **General Grant Grove**. Au-delà, la Hwy 180, l'une des routes les plus spectaculaires de la Californie, entame sa descente de 48 km dans le **Kings Canyon**, serpentant le long de parois rocheuses sillonnées de cascades. La route rejoint la Kings River, qui gronde entre des falaises de granit hautes de 2 438 m qui forment l'un des canyons plus profonds d'Amérique du Nord.

Au fond de ce dernier, **Cedar Grove** est la dernière localité avant la partie sauvage et majestueuse de la Sierra Nevada. Une randonnée d'une journée (7,4 km aller) grimpe jusqu'aux **Mist Falls** depuis Roads End. Apprécié des ornithologues amateurs, un chemin facile de 2,4 km fait le tour de **Zumwalt Meadow**, juste à l'ouest de Roads End. Vous apercevrez peut-être des ours noirs ou des cerfs à queue noire.

La route secondaire panoramique qui passe par Hume Lake et rejoint Cedar Grove Village est généralement fermée de mi-novembre à fin avril.

Activités

Plus de 1 300 km de chemins balisés font des parcs le paradis des randonneurs. Les coins les plus isolés sont accessibles depuis Cedar Grove et Mineral King. Les chemins rouvrent généralement dans la seconde quinzaine de mai.

Un permis est nécessaire si vous comptez passer la nuit sur place. L'été, ces pass sont soumis à quota et coûtent 15 $ par groupe ; sinon, ils sont gratuits et s'obtiennent sur simple demande. Environ 75% des emplacements requièrent une réservation ; pour les autres, premier arrivé, premier servi. Les réservations, ouvertes au 1er mars, peuvent se faire jusqu'à 2 semaines avant votre arrivée. Pour plus de renseignements, consultez le site (www.nps.gov/seki/planyourvisit/wilderness_permits.htm) ou rendez-vous au *visitor center* de Lodgepole.

Des cartes topographiques et des guides sont disponibles aux postes de rangers et aux *visitor centers*. Important : la présence d'ours impose de transporter la nourriture dans des boîtes validées par les autorités

Redwood Creek, Highway 180, Kings Canyon National Park

du parc (location dans les supérettes et *visitor centers* ; 5 $ par séjour).

Où se loger et se restaurer

Le camping est l'option la mieux adaptée et la moins chère pour découvrir les parcs, mais les terrains se remplissent vite en haute saison. Vous pourrez toujours tenter votre chance dans les autres espaces sauvages de la Sequoia National Forest aux alentours. Le Sequoia National Park ne dispose que d'un refuge officiel, le **Wuksachi Lodge** (renseignements 866-807-3598, réservation 317-324-0753 ; www.visitsequoia.com ; 64740 Wuksachi Way ; ch 215-290 $;). C'est la ville de Three River, à l'entrée du parc, qui offre le plus de possibilités en matière d'hébergement. À Kings Canyon, vous trouverez des lodges à Grant Grove (**John Muir** ; 866-807-3598 ; www.visitsequoia.com ; Grant Grove Village ; ch à partir de 225 $;) et Cedar Grove.

Tous les lodges sont dotés de restaurants. Deux ou trois autres sont disséminés dans le Sequoia National Park. Three Rivers, au sud de celui-ci, est un bon endroit pour faire le plein.

☆ Bon à savoir

Sequoia et Kings Canyon ne sont accessibles en voiture que par l'ouest, via la Hwy 99 depuis Fresno ou Visalia.

BJÖRN ALBERTS ©

Renseignements

Lodgepole Village et Grant Grove Village possèdent des *visitor centers*, des bureaux de poste, des marchés, des DAB, des laveries et des douches publiques (en été seulement). Dans la National Forest – en dehors des parcs –, vous trouverez de l'essence à prix prohibitif à Hume Lake (toute l'année) et Stony Creek (fermé l'hiver).

Kings Canyon Visitor Center (559-565-4307 ; Hwy 180, Grant Grove Village ; 9h-17h). Situé à Grant Grove Village (Kings Canyon National Park).

Lodgepole Visitor Center (559-565-4436 ; Lodgepole Village ; 7h-17h fin avr-début oct, 7h-19h haute saison). Au cœur du Sequoia National Park.

Comment s'y rendre et circuler

Les navettes de **Big Trees Transit** (800-325-7433 ; www.bigtreestransit.com ; aller-retour avec accès parc 15 $; fin mai-début sept) assurent la liaison entre Fresno et Grant Grove (dans le Kings Canyon National Park) et celles de **Sequoia Shuttle** (877-287-4453 ; www.sequoiashuttle.com ; fin mai-fin sept) de Visalia ou Three River au Giant Forest Museum (Sequoia National Park).

Des navettes gratuites (5 lignes) parcourent le Sequoia National Park, mais pas le Kings Canyon.

☆ Bon plan

À chaque entrée (Big Stump ou Ash Mountain), les visiteurs reçoivent une carte et le journal des parcs, *Guide* – une mine d'infos (numéros de téléphone, horaires, activités, hébergements, etc.).

LUCKY-PHOTOGRAPHER / SHUTTERSTOCK ©

BIG SUR

Julia Pfeiffer Burns State Park (p. 161)

Dans ce chapitre

Big Sur

De fait, Big Sur est plus un état d'esprit qu'un point sur une carte. Quand le soleil est couché, les étoiles et la Lune assurent l'éclairage public – si le brouillard dense de l'été ne les voile pas. Beauté brute et énergie maritime intense caractérisent ce bout de terre logé entre Santa Lucia Range et l'océan Pacifique.

Dans les années 1950 et 1960, Big Sur devint un refuge apprécié de nombreux artistes et écrivains, notamment Henry Miller, ainsi que Lawrence Ferlinghetti et Jack Kerouac, membres de la Beat Generation. Aujourd'hui, Big Sur attire encore des adeptes du new age, des artistes, des citadins et, bien sûr, des touristes.

Big Sur en 2 jours

En deux jours, vous pouvez parcourir tranquillement la Hwy 1 entre San Francisco et Los Angeles. À chaque virage, vous risquez de tomber sur un incroyable panorama : prévoyez du temps pour vous arrêter et prendre des photos. Vous passerez devant de nombreuses plages en route mais la plus spectaculaire est **Pfeiffer Beach** (p. 161). Faites une pause pour boire un verre à l'**Alvarado Street Brewery** (p. 163).

Big Sur en 4 jours

Avec deux jours supplémentaires, vous aurez plus de temps pour flâner sur les plages et prendre des photos. Allez voir le phare au **Point Sur State Historic Park** (p. 160), marchez le long de **Sand Dollar Beach** (p. 161) et faites une randonnée dans la **Los Padres National Forest** (p. 161). La **Henry Miller Memorial Library** (p. 166) et le **Hearst Castle** (p. 164) sont deux autres étapes incontournables.

Comment s'y rendre

Voiture Meilleur moyen de transport pour visiter Big Sur. Notez que même si cette route étroite et sinueuse ne vous fait pas peur, vous n'êtes pas seul sur la route. La vitesse moyenne observée est de 55 km/h (voire moins).

Bus Le bus n° 22 de la MST (www.mst.org) part de Monterey, passe par Carmel et Point Lobos et descend jusqu'au restaurant Nepenthe (3,50 $, 1 heure 15). Il marque l'arrêt au Andrew Molera State Park et au Big Sur River Inn.

Où se loger

Le long de la Hwy 1, les endroits où dormir ne manquent pas mais, dans l'ensemble, il n'y a pas beaucoup de chambres disponibles. La demande excède souvent l'offre et les prix peuvent être élevés. En été et pendant les week-ends, il est indispensable de réserver. Actuellement, il est possible de camper dans quatre parcs d'État de Big Sur et sur deux terrains d'United States Forest Service (USFS) le long de la Hwy 1.

Bixby Bridge (p. 160)

Sur la Highway 1

La Hwy 1, l'une des routes les plus spectaculaires d'Amérique du Nord, serpente à la lisière du continent. Au programme : littoral accidenté, falaises embrumées, forêts denses, chutes d'eau et plages isolées qui ne demandent qu'à être découvertes.

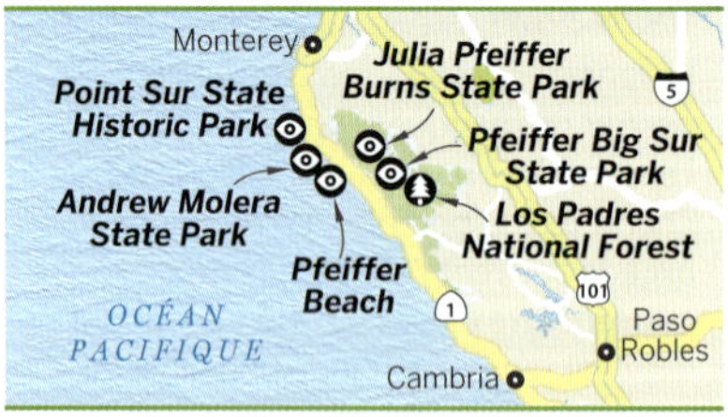

Pour ceux qui aiment...

Ne ratez pas

Les vagues qui se brisent sur les formations rocheuses à Pfeiffer Beach.

Infos pratiques

Traverser Big Sur sur cette petite autoroute à deux voies n'est pas une mince affaire. Il faudra compter au moins 3 heures pour aller de la péninsule de Monterey à San Luis Obispo sans arrêt.

Point Sur State Historic Park

À quelque 10 km au sud du **Bixby Bridge**, l'un des ponts suspendus les plus hauts du monde, Point Sur s'élève des flots telle une forteresse d'un vert velouté. Sur ce rocher volcanique qui ressemble à une île, mais est relié au continent par un banc de sable, trône un phare en pierre (1889), automatisé depuis 1974. Une **visite guidée** (☎831-625-4419 ; www.pointsur.org ; près de la Hwy 1 ; adulte/6-17 ans à partir de 12/5 $; ⏲visites généralement à 13h mer, 10h sam-dim oct-mars, 10h et 14h mer et sam, 10h dim avr-sept, et 10h jeu juil-août) GRATUIT de 3 heures permet d'admirer l'océan et d'écouter des anecdotes sur la vie des gardiens et de leurs familles. Appelez à l'avance pour vérifier le calendrier des visites et arrivez tôt car l'espace est limité. Pas de réservations, cartes bancaires acceptées.

Andrew Molera State Park

Baptisé en l'honneur du premier fermier qui planta des artichauts en Californie, ce **parc** (☎831-667-2315 ; www.parks.ca.gov ; Hwy 1 ; 10 $/voiture ; ⏲30 min avant l'aube-30 min après le crépuscule ; P 👪) méconnu est un somptueux patchwork de prairies herbeuses, de cascades, de promontoires rocheux et de plages de sable. Parcouru de sentiers, il est aussi parfait pour observer la faune.

Au sud du parking, apprenez tout sur le condor de Californie, une espèce menacée, au **Big Sur Discovery Center** (☎831-624-1202 ; www.ventanaws.org/discovery_center ; Andrew Molera State Park ; ⏲10h-16h sam-dim fin mai à début sept ; P 👪) GRATUIT. Dans le laboratoire situé à l'intérieur d'un petit appentis, des naturalistes baguent les oiseaux pour suivre leur évolution à long terme.

Formation rocheuse de Pfeiffer Beach

Pfeiffer Big Sur State Park

Pfeiffer, du nom des premiers colons européens arrivés en 1869, est le plus grand **parc d'État** (☎831-667-2315 ; www.parks.ca.gov ; 47225 Hwy 1 ; 10 $/voiture ; ⏲30 min avant l'aube-30 min après le crépuscule ; P) de la région de Big Sur. Les forêts de séquoias sont sillonnées de sentiers, dont le plus fréquenté monte jusqu'aux **Pfeiffer Falls**, des chutes saisonnières (décembre-mai) hautes de 20 m ; l'aller-retour fait 3 km.

Pfeiffer Beach

Cette superbe **plage** (☎831-667-2315 ; www.fs.usda.gov/lpnf ; au bout du Sycamore Canyon Rd ; 10 $/véhicule ; ⏲9h-20h ; P) en forme de croissant est connue pour son énorme formation rocheuse trouée d'une arche où s'engouffrent les vagues avec force. Les chiens sont acceptés. La plage est souvent venteuse et les vagues sont trop fortes pour se baigner, mais creusez dans le sable mouillé... il est violet ! Les grenats manganifères des flancs des collines alentour entraînés par les eaux de pluie expliquent ce phénomène. Pour y accéder depuis la Hwy 1, prenez le virage serré à droite pour prendre Sycamore Canyon Rd.

Une petite faim ?

Arrêtez-vous au Big Sur Deli & General Store (p. 167) où vous pourrez acheter des en-cas (sandwichs, tortillas, etc.).

JITHESH KRISHNANUNNY/GETTY IMAGES ©

Julia Pfeiffer Burns State Park

Si vous aimez les cascades, arrêtez-vous dans ce parc baptisé en l'honneur d'une célèbre pionnière de Big Sur. Du parking, l'**Overlook Trail** (2 km aller-retour) descend vers l'océan en passant par un tunnel sous la Hwy 1. Tout le monde vient ici pour photographier les **McWay Falls**, des chutes de 25 m de haut qui s'écoulent toute l'année sur une falaise de granit et tombent dans l'océan – ou sur la plage, en fonction de la marée. L'entrée du parc se trouve du côté est de la Hwy 1, à environ 13 km au sud du restaurant Nepenthe (p. 167).

Los Padres National Forest

Les 65 km très sinueux de la Hwy 1 au sud de Lucia qui mènent au Hearst Castle (p. 164) sont peu habités, sauvages et isolés, et passent surtout dans les forêts nationales. À quelque 8 km au sud du camping de Kirk Creek vous tomberez sur **Sand Dollar Beach**, bande de sable en forme de croissant que les hautes falaises protègent du vent, et la plus longue plage de sable de Big Sur. À côté, partez à la pêche au trésor sur la plage de **Jade Cove**, et roulez un peu au sud vers les **Salmon Creek Falls**, chutes d'eau qui tombent dans un étroit canyon boisé.

★ Bon à savoir

Consultez l'état de la route en temps réel sur Caltrans (www.dot.ca.gov) et faites le plein avant de partir.

Monterey

Ville ouvrière, Monterey est résolument tournée vers la mer. L'aquarium de classe mondiale surplombe le Monterey Bay National Marine Sanctuary, une réserve marine qui abrite une faune marine rare sublime et une forêt de kelp.

À VOIR

Monterey Bay Aquarium Aquarium

(☎informations 831-648-4800, billetterie 866-963-9645 ; www.montereybayaquarium.org ; 886 Cannery Row ; adulte/13-17 ans/3-12 ans 50/40/30 $; ⏲10h-18h ; 👪). Une visite s'impose à cet énorme aquarium, aussi fascinant qu'instructif, construit sur le site de ce qui fut la plus grande conserverie de sardines de la ville. On y découvre quantité de créatures aquatiques : étoiles de mer, limaces ou loutres de mer, énormes thons de plus de 360 kg... autant de représentants de l'incroyable diversité de la baie de Monterey (des panneaux explicatifs vous racontent tout ce qu'il faut savoir).

Monterey State Historic Park Site historique

(☎informations 831-649-7118 ; www.parks.ca.gov). GRATUIT La vieille ville est un étonnant patchwork d'édifices en brique et adobe du XIXe siècle, géré par le Monterey State Historic Park. La visite autoguidée, pompeusement intitulée *Path of History* (chemin de l'histoire), consiste en une promenade de 3,5 km au gré de dizaines de bâtiments, dont certains agrémentés de jardins ravissants. En raison des restrictions budgétaires du parc d'État, ils sont parfois fermés.

OÙ SE RESTAURER ET PRENDRE UN VERRE

Tricycle Pizza Pizza $

(www.tricyclepizza.com ; 899 Lighthouse Ave ; pizza 11-13 $; ⏲15h-21h mer-ven, 12h-21h sam). L'un des meilleurs *food trucks* de la ville s'est sédentarisé dans un bâtiment en dur le long de Lighthouse Ave. Les pizzas croustillantes de Tricycle sont toujours cuites au feu de bois dans le camion d'origine, garé sur

Monterey State Historic Park

SILICONVALLEYSTOCK / ALAMY STOCK PHOTO ©

place, mais il est maintenant possible de s'asseoir et de manger dans un espace de style industriel juste à côté. Essayez donc la pizza saucisse-champignons (origan bio, champignons cuits au feu de bois et saucisse au fenouil).

Monterey's Fish House Poisson et fruits de mer $$
(☎831-373-4647 ; www.montereyfishhouse.com ; 2114 Del Monte Ave ; plats 11-25 $; ⏲11h30-14h30 lun-ven et 17h-21h30 tlj). Sous l'œil des pêcheurs siciliens dont les photos sont accrochées au mur, dégustez de l'espadon grillé au bois de chêne ou cuit dans des épices, des huîtres cuites au barbecue ou, pour les plus courageux, le steak de calamar mexicain. Il est indispensable de réserver car le restaurant est toujours bondé, mais l'ambiance est décontractée : on dirait que les chemises hawaiiennes sont de rigueur.

Alvarado Street Brewery Bière artisanale
(☎831-655-2337 ; www.alvaradostreetbrewery.com ; 426 Alvarado St ; ⏲11h30-22h dim-mer, 11h30-23h jeu-sam). Les murs en brique d'Alvarado Street sont ponctués de vieilles affiches publicitaires de bières, mais c'est le seul détail rétro dans cette excellente microbrasserie. Côté boissons, les bières originales exploitent les nouvelles souches de houblon, et des bières *sour* ou vieillies en fût sont souvent proposées à la pression. Côté nourriture, la carte est plus recherchée que dans la plupart des bars et propose, entre autres, des moules au curry façon thaïlandaise ou un mac'n'cheese de langoustines à la truffe. En été, installez-vous dans le jardin à l'arrière.

A Taste of Monterey Bar à vins
(www.atasteofmonterey.com ; 700 Cannery Row ; dégustations 14-22 $; ⏲11h-18h dim-jeu, 11h-20h ven et sam). Dégustez des vins médaillés du comté de Monterey, qui ne viennent pas de plus loin que des Santa Lucia Highlands, en vous imprégnant de la vue sur la mer. Ensuite, lisez attentivement les panneaux explicatifs sur la fabrication des fûts et la production des bouchons. Les assiettes à partager, avec croquettes de crabe et saumon fumé, vous donneront une délicieuse raison de rester un peu plus longtemps.

Observation des baleines dans la Monterey Bay

Vous pouvez apercevoir des baleines toute l'année. Baleines bleues et à bosse (d'avril à début décembre) et baleines grises (mi-décembre à mars) offrent un spectacle en alternance au large de la baie de Monterey. On s'y rend en bateau depuis le **Fisherman's Wharf** (☎831-375-4658 ; www.montereybaywhalewatch.com ; 84 Fisherman's Wharf ; 3 heures tarif plein/4-12 ans à partir de 44/29 $; 👪) et aussi de **Moss Landing** (☎informations 831-917-1042, billetterie 888-394-7810 ; www.sanctuarycruises.com ; 7881 Sandholdt Rd ; circuits 45-55 $; 👪) 🍃. Réservez au plus tard la veille et prévoyez des vêtements chauds.

Baleine à bosse, baie de Monterey
CHASE DEKKER / SHUTTERSTOCK ©

RENSEIGNEMENTS

Monterey Visitor Center (☎888-221-1010 ; www.seemonterey.com ; 401 Camino El Estero ; ⏲10h-16h-oct-avr, 10h-18h mai-sept). Brochures touristiques gratuites ; demandez la carte *Monterey County Literary & Film Map*.

COMMENT S'Y RENDRE

Monterey se situe à 70 km au sud de Santa Cruz et à 285 km au nord de San Luis Obispo.

Découvrez le Hearst Castle

Ancienne demeure de William Randolph Hearst, magnat de la presse écrite aux XIXe et XXe siècles, le **Hearst Castle** (informations 805-927-2020, réservations 800-444-4445 ; www.hearstcastle.org ; 750 Hearst Castle Rd ; tarif plein/5-12 ans à partir de 25 $/12 $; à partir de 9h ; P) est un bâtiment extravagant meublé de statues de la Grèce antique et de l'Espagne musulmane, agrémenté de bassins et de fontaines, et entouré de jardins et de vestiges de ce qui fut le plus grand zoo privé au monde.

Des années 1920 à 1940, Hearst et Marion Davies, sa maîtresse de longue date (la femme de Hearst refusa de divorcer), reçurent des personnes influentes de l'époque. Les invitations étaient très convoitées, mais Hearst avait ses excentricités – il ne supportait pas l'ivresse et les invités ne devaient pas parler de la mort.

Pour le bâtiment principal, Casa Grande, la première femme architecte agréée en Californie, Julia Morgan, s'est inspirée d'une cathédrale espagnole. Au fil des décennies, elle a satisfait toutes les lubies de Hearst, ajoutant avec habileté les collections de ses légendaires achats frénétiques en Europe.

Pour voir ce monument, vous devrez suivre une visite guidée. Il est recommandé de réserver. Trois visites sont proposées selon le même schéma : une partie guidée (environ 1 heure), puis un temps libre dans les jardins et sur les terrasses, pour vous imprégner des lieux.

Carmel-by-the-Sea

Le dévouement de la pittoresque Carmel à l'égard de ses habitants canins frôle le fanatisme et lui donne des airs de *country club* propret. La cité balnéaire de Carmel a vu le jour dans les années 1880 – on peut se poser des questions lorsque l'on sait que sa plage est souvent nappée de brouillard – et s'est rapidement muée en un refuge bohème. Sinclair Lewis et Jack London, notamment, y posèrent leurs valises. La fibre artistique se perçoit toujours dans la centaine de galeries qui bordent les rues immaculées du centre-ville.

À VOIR

San Carlos Borroméo de Carmelo Mission Mission, Église

(831-624-1271 ; www.carmelmission.org ; 3080 Rio Rd ; adulte/7-17 ans 6,5/2 $; 9h30-19h ;). La mission de Monterey fut fondée par le moine franciscain Junípero Serra en 1770, mais la médiocre qualité du sol et la corruption des soldats espagnols le poussèrent à s'installer à Carmel deux ans plus tard. Aujourd'hui, cette mission, l'une des plus belles de Californie, est une oasis de solennité entourée d'un jardin fleuri. Sa chapelle en adobe fut remplacée par une basilique cintrée, bâtie avec des pierres extraites dans les Santa Lucia Mountains. Empreint d'une atmosphère paisible, le site abrite plusieurs musées.

Point Lobos State Natural Reserve Parc d'État

(831-624-4909 ; www.pointlobos.org ; Hwy 1 ; 10 $/voiture ; 8h-19h, 8h-17h nov à mi-mars ; P). Les lions de mer sont les vedettes de ce parc situé à la Punta de los Lobos Marinos (pointe des lions de mer), à 6,5 km au sud de Carmel. Là, le littoral rocheux, spectaculaire, est ponctué de bassins de marée. Le tour complet de la réserve fait près de 10 km, mais d'autres promenades plus courtes permettent de contempler des paysages sauvages : vous pouvez ainsi rejoindre **Bird Island**, des bosquets de cyprès ombragés, l'historique **Whalers**

Mission San Carlos Borromeo de Carmelo

Cabin et le **Devil's Cauldron**, un tourbillon qui vous éclabousse à marée haute.

ACTIVITÉS

17-Mile Drive Route panoramique
(www.pebblebeach.com ; par voiture/vélo 10 $/gratuit). La 17-Mile Drive est une spectaculaire route à péage (interdite aux motocyclistes) panoramique qui serpente autour de la péninsule de Monterey, reliant Pacific Grove à Pebble Beach et Carmel-by-the-Sea.

OÙ SE RESTAURER ET PRENDRE UN VERRE

Corkscrew Cafe Café $$
(☎831- 659-8888 ; www.corkscrewcafe.com ; 55 W Carmel Valley Rd ; plats 15-26 $; ⌚12h-21h mer-lun). Sûrement le restaurant le plus cosy de Carmel Valley, Corkscrew Cafe associe un menu rustique digne de ce pays viticole et aux influences méditerranéennes – saumon cuit au feu de bois, pizzas, pâtes à l'agneau et aux champignons... – à une belle carte de vins locaux. Détendez-vous et profitez d'une soirée dans la Carmel Valley sous les grands parasols dans le charmant jardin, et ne partez pas sans avoir jeté un coup d'œil au musée décalé qui expose des tire-bouchons.

Cultura Comida y Bebida Mexicain $$
(☎831-250-7005 ; www.culturacarmel.com ; Dolores St entre 5th Ave et 6th Ave ; plats 19-32 $; ⌚11h30-minuit jeu-dim, 17h-minuit lun-mar). Ce plaisant bar-bistrot donne sur une cour en brique, près des galeries d'art. Proposant notamment *tostadas* au calamar et truite rôtie à la coriandre, au citron et à l'ail, la carte fait voyager de Monterey à Oaxaca (Mexique). Côté boissons, on a le choix entre du mezcal et du vin français ou californien.

Valley Greens Gallery Bière artisanale
(☎831-620-2985 ; www.valleygreensgallery.com ; 16e E Carmel Valley Rd ; dégustation 4 bières 12 $; ⌚15h-21h lun-mar, 15h-22h mer-jeu, 13h-23h ven et sam, 13h-21h dim). Galerie d'art décontractée d'un côté, bar servant des bières artisanales de l'autre, Valley Greens est une adresse de choix au milieu de la

SEAOTTER12 / BUDGET TRAVEL ©

CITIZEN OF THE PLANET / ALAMY STOCK PHOTO ©

De gauche à droite : Méduses au Monterey Bay Aquarium (p. 162) ; Nepenthe ; Colonie de cormorans dans la Point Lobos State Natural Reserve (p. 164)

Carmel Valley. La sélection changeante de quatre bières pression révèle parfois de véritables pépites de microbrasseries californiennes encore plus petites. Les vieux albums de reggae et les tables de baby-foot créent une chouette ambiance, tout comme la soirée "open-mike" (scène ouverte) tous les mardis à 18h.

Barmel Bar à vins

(831-626-2095 ; www.facebook.com/BarmelByTheSea ; San Carlos St, entre Ocean Ave et 7th Ave ; 14h-2h lun-ven, 13h-2h sam-dim). Cassez l'image conservatrice de Carmel, ajoutez une touche de folie nocturne et vous voici côté cour dans ce petit bar à l'espagnole. Concerts de 19h à 21h (jeu-sam), cocktails chargés et ambiance énergique et jeune.

RENSEIGNEMENTS

Carmel Chamber of Commerce (831-624-2522 ; www.carmelcalifornia.org ; San Carlos St, entre 5th Ave et 6th Ave ; 10h-17h). Cartes et brochures gratuites, dont des guides recensant les galeries d'art de la ville.

DEPUIS/VERS CARMEL

Desservie par la Hwy 1, Carmel est à 8 km au sud de Monterey.

Le long de la Highway 1

À VOIR

Henry Miller Memorial Library Centre artistique

(831-667-2574 ; www.henrymiller.org ; 48603 Hwy 1 ; dons appérciés ; 11h-18h mer-lun et horaires plus étendus lors d'événements spécifiques). GRATUIT L'écrivain Henry Miller a habité à Big Sur de 1944 à 1962. À la fois mémorial beatnik, centre culturel, librairie, bibliothèque et lieu de rencontre local, cette maison ne fut en fait jamais la demeure de l'écrivain. Le peintre Emil White, grand ami de Miller, y vécut jusqu'à la mort de ce dernier en 1980. La bibliothèque est désormais gérée par un organisme à but non lucratif. Venez visiter l'endroit et faire une pause sur la terrasse. À environ 600 m au sud du restaurant Nepenthe.

PHOTO BY CHRIS AXE / GETTY IMAGES ©

ACTIVITÉS

Esalen Hot Springs Sources chaudes

(☎831-667-3047 ; www.esalen.org ; 55 000 Hwy 1 ; 30 $/pers ; ⊙sur réservation). À l'institut privé d'Esalen, les bains remplis d'eau de source chaude naturelle surplombent l'océan (port du maillot facultatif). L'expérience est unique, surtout les soirs de tempête en hiver. Il n'y a que deux petites piscines, situées à l'extérieur, juchées sur la corniche juste au-dessus des vagues, alors un conseil : allez-y tout de suite après la douche. Paiement par carte bancaire uniquement.

OÙ SE RESTAURER ET PRENDRE UN VERRE

Big Sur Deli & General Store Épicerie fine $

(☎831-667-2225 ; www.bigsurdeli.com ; 47520 Hwy 1 ; en-cas 2-12 $; ⊙7h-20h). Affichant les prix les plus raisonnables de Big Sur, cette épicerie fine prépare des sandwichs, ainsi que des tortillas à la viande, aux *carnitas* de porc, aux légumes ou aux haricots, et au fromage. Vous trouverez ici de la nourriture pour camping, des en-cas, des bières et du vin.

Nepenthe Californien $$$

(☎831-667-2345 ; www.nepenthebigsur.com ; 48510 Hwy 1 ; plats 18-50 $; ⊙11h30-16h30 et 17h-22h ;). L'"île sans chagrin", selon son nom d'origine grec, porte bien son nom. Il est vrai que le feu qui brûle sur cette terrasse accrochée à la falaise réchaufferait les cœurs les plus tristes. La cuisine, californienne, est vite oubliée (les burgers Ambrosia sont plutôt bons), mais la vue et l'histoire du lieu valent le détour. Orson Welles et Rita Hayworth y avaient un bungalow dans les années 1940. Réservation indispensable.

RENSEIGNEMENTS

Big Sur Chamber of Commerce (☎831-667-2100 ; www.bigsurcalifornia.org ; Hwy 1 ; ⊙9h-13h lun, mer et ven).

Big Sur Station (☎831-667-2315 ; www.bigsurcalifornia.org/contact.html ; 47555 Hwy 1 ; ⊙9h-16h). Poste de rangers regroupant divers services. Informations et plans pour visiter les parcs d'État et la Los Padres National Forest.

RON_THOMAS / GETTY IMAGES ©

Mission Santa Barbara (p. 172)

SANTA BARBARA

Dans ce chapitre

Santa Barbara

Ses habitants l'appellent la "Riviera américaine" et ce n'est franchement pas exagéré. Avec ses palmiers ondulants, ses plages de sable immaculées et ses bateaux qui mouillent dans le port, la pittoresque Santa Barbara a en effet tout d'une carte postale.

La "reine des missions" de Californie est de toute beauté, tout comme le centre-ville, dont les bâtiments blancs en adobe coiffés de toits rouges furent reconstruits dans l'harmonieux style néocolonial espagnol après le tremblement de terre dévastateur de 1925. Imprégnez-vous du mode de vie insouciant des gens riches et célèbres pendant un long week-end de farniente balnéaire et de plaisirs œnologiques.

Santa Barbara en 2 jours

Consacrez la première matinée à la découverte de la **mission** (p. 172) historique de Santa Barbara. Après le déjeuner – peut-être des tacos au **Corazon Cocina** (p. 182) –, direction la **County Courthouse** (p. 180) pour admirer les fresques à l'étage et la vue panoramique depuis la tour de l'horloge. Le jour suivant, profitez de deux ou trois **plages** (p. 174), puis assistez au coucher du soleil sur le **Stearns Wharf** (p. 180). Le soir, laissez-vous tenter par les cocktails du **Good Lion** (p. 187).

Santa Barbara en 4 jours

Le troisième jour, rejoignez le **Santa Barbara Wine Country** (p. 178) en faisant un détour, sur la Highway 154, par la **Chumash Painted Cave** (p. 176) et ses peintures rupestres centenaires. Passez la nuit à Chumash ou à Solvang, visitez encore quelques domaines viticoles, puis retournez en ville pour un dîner de fête au **Bouchon** (p. 186).

Comment s'y rendre

Santa Barbara Airport À 14,5 km à l'ouest du centre-ville par la Hwy 101 ; le trajet en taxi coûte environ 30-35 $, pourboire en sus.

Bus et train Des navettes Santa Barbara Airbus (www.sbairbus.com) circulent entre l'aéroport international de Los Angeles (LAX) et Santa Barbara (49 $, 2 heures 30). Greyhound assure quelques bus directs quotidiens à destination de LA (15 $, 3 heures) et San Francisco (40 $, 9 heures). Des trains Amtrak desservent LA (31 $, 2 heures 30) au sud et Oakland (43 $, 8 heures 45) au nord.

Où se loger

Attendez-vous au coup de bambou : en été, même les chambres basiques dépassent les 200 $! N'arrivez pas sans réservation et sachez que vous ne trouverez rien à prix raisonnable, surtout le week-end. Un bon choix de motels rénovés sont regroupés entre le port et la Hwy 101, à une courte distance à pied de tout.

SHIPPEE / SHUTTERSTOCK ©

Mission Santa Barbara

Quand le soleil couchant chauffe la façade de brique et que la brise du Pacifique transporte les effluves d'eucalyptus des collines alentour, la "reine des missions" de Californie a quelque chose de vraiment magique.

Pour ceux qui aiment...

Ne ratez pas

La chambre du missionnaire, avec sa mince couverture, son échiquier et son atmosphère propice à la méditation.

La "reine des missions" de Californie trône sur une colline au-dessus de la ville, à environ 1,5 km au nord-ouest du centre. Son imposante façade ionique, hommage à une ancienne chapelle romaine, est surmontée d'un double clocher inhabituel. L'église en pierre de 1820 renferme de remarquables exemples d'art chumash, dont un autel d'ormeaux datant des années 1790.

À noter aussi deux magnifiques et immenses peintures. L'*Assomption et couronnement de la Vierge* proviendrait de l'atelier de Miguel Mateo Maldonado y Cabrera à Mexico. On ignore en revanche les origines de la *Crucifixion*. Dans le cimetière, les mausolées des premiers colons de Californie se démarquent par leur architecture élaborée, tandis que les milliers de tombes des Amérindiens Chumash ont été laissées à un relatif abandon.

NAGEL PHOTOGRAPHY / SHUTTERSTOCK ©

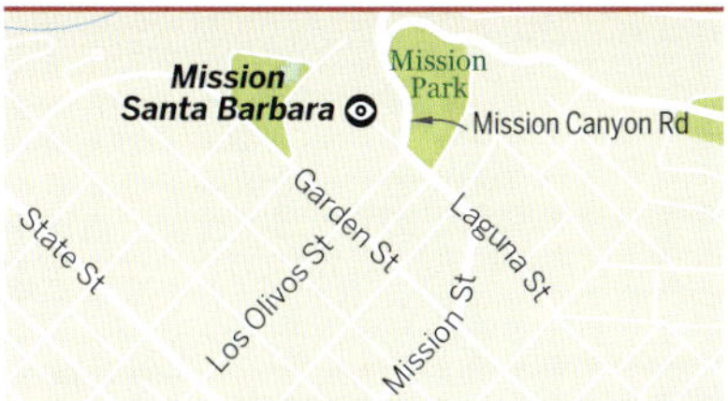

Infos pratiques

805-682-4713 ; www.santabarbaramission.org ; 2201 Laguna St ; tarif plein/senior/5-17 ans 9/7/4 $; 9h-17h, dernière entrée 16h15 ; P

Une petite soif ?

Retournez dans le centre-ville pour siroter un cocktail au Good Lion (p. 187).

★ Bon plan

Tirez le meilleur profit de votre visite en participant à des visites guidées à la fois divertissantes et instructives.

La dixième mission de Californie fut fondée le 4 décembre (jour de la sainte Barbara) 1786. Des 21 missions coloniales espagnoles de la région, c'est la seule qui échappa à la sécularisation par le pouvoir mexicain. Occupée depuis sa création par des prêtres catholiques, elle fonctionne toujours en tant qu'église paroissiale.

Visiter la mission

La visite débute dans le joli jardin et se poursuit dans le cimetière. Au milieu des sépultures, vous remarquerez une plaque commémorative marquée Juana María, nom de baptême de la jeune Amérindienne rendue célèbre par le roman pour la jeunesse *L'Île des dauphins bleus* (1960) de Scott O'Dell, très connu aux États-Unis. Restée sur San Nicolas Island au début du XIXe siècle après que les siens eurent été contraints par la force de quitter les Channel Islands, à quelques encablures de la côte, elle survécut quasi seule pendant 18 années dans une hutte conçue en os de baleines, avant d'être découverte en 1853 par un chasseur de phoques. Dernière de son peuple, elle fut emmenée à la mission de Santa Barbara et mourut sept semaines plus tard sans personne pour comprendre sa langue.

Vient ensuite l'église proprement dite, puis plusieurs salles converties en musée qui abritent des paniers chumash, une chambre de missionnaire et des photos en noir et blanc montrant les derniers résidents amérindiens de la mission et les dégâts causés aux bâtiments par le séisme de 1925.

D'excellentes **visites guidées** (tarif plein/senior/5-17 ans 13/11/8 $) ont habituellement lieu à 11h du mardi au vendredi et à 10h30 le samedi (pas de réservations).

Pour rallier la mission depuis le centre-ville, prenez le bus MTD n°6 ou 11, puis montez sur cinq pâtés de maisons.

East Beach

Les plages de Santa Barbara

Des kilomètres et des kilomètres de sable parfait, beaucoup de diversité et une atmosphère méditerranéenne : les plages justifient à elles seules le séjour à Santa Barbara.

Pour ceux qui aiment...

Ne ratez pas

Le bassin naturel qui se forme à marée basse sur Thousand Steps Beach, accessible depuis le Shoreline Park.

East Beach

La plus vaste et la plus prisée des plages de Santa Barbara, **East Beach** (www.santabarbaraca.gov/gov/depts/parksrec ; E Cabrillo Blvd ; 👪) forme une longue étendue de sable à l'est du Stearns Wharf. Elle comprend des filets de volley, une aire de jeux et un snack-bar. Le dimanche après-midi, des artistes installent leurs stands le long du trottoir, près de la piste cyclable.

West Beach

West Beach (W Cabrillo Blvd ; 👪) est une plage de sable bordée de palmiers, près du Stearns Wharf et du port (baignade déconseillée). La municipalité y organise de grands événements, comme la célébration du jour de l'Indépendance (4 juillet). Elle s'agrémente d'œuvres d'art public assorties de panneaux explicatifs. Chiens interdits.

Infos pratiques

Ne rêvez pas d'un coucher du soleil sur le Pacifique, la plupart des plages de Santa Barbara regardent le sud et non l'ouest.

Une petite soif ?

Arrêtez-vous au Boathouse (p. 185), en plein sur Arroyo Burro Beach, pour des cocktails face à la mer.

★ Bon à savoir

Pour aller de plage en plage en pédalant, on peut louer des vélos auprès de Wheel Fun Rentals (www.wheelfunrentalssb.com), qui possède deux adresses à proximité du Stearns Wharf (p. 180).

Leadbetter Beach

Également très populaire, **Leadbetter Beach** (805-564-5418 ; Shoreline Dr, à la hauteur de Loma Alta Dr ; 2 $/véhicule ; P) accueille toujours quantité de surfeurs, véliplanchistes, kitesurfeurs, joggers et adeptes de la bronzette. Parmi les équipements figurent des aires de pique-nique (à réserver) et des douches. **Paddle Sports Center** (805-617-3425 ; www.paddlesportsca.com ; 117b Harbor Way ; paddle/kayak à partir de 20/12 $; habituellement 8h-18h) loue des planches de paddle.

Shoreline Park

Pour une belle perspective embrassant la ville, les montagnes et l'océan (on peut y apercevoir des baleines en saison et des dauphins toute l'année), cap sur le **Shoreline Park** (Shoreline Dr ; 8h-crépuscule ; P) GRATUIT, au sud-ouest de Santa Barbara, qui comporte toilettes, tables de pique-nique et terrain de jeux pour enfants. Chiens bienvenus.

Arroyo Burro Beach

Venez nager (baignade surveillée), vous promener ou pique-niquer sur cette **bande de sable** (Hendry's ; 805-568-2460 ; www.countyofsb.org/parks ; Cliff Dr, à hauteur de Las Positas Rd ; 8h-crépuscule ; P) paradisiaque, à 8 km au sud-ouest de Santa Barbara. Large, plate et à l'écart des touristes, la plage convient bien aux enfants, qui peuvent patauger dans des bassins de marée. Elle est aussi fréquentée par les surfeurs locaux. Les chiens ont le droit de s'ébattre dans sa partie est : ils peuvent courir à leur aise, et ce ne sont pas les morceaux de bois flotté que vous pourrez leur lancer qui manquent. Il y a même un espace de toilettage sur le parking.

Sand Dollar Beach, Los Padres National Forest

Highway 154

Parcours splendide à travers les Santa Ynez Mountains et les vignobles réputés de Santa Barbara, la Highway 154 est la preuve que le chemin est souvent plus important que la destination.

Pour ceux qui aiment...

Ne ratez pas

Les statues de la Petite Sirène et de Hans Christian Andersen à Solvang.

En s'éloignant de la côte, la Hwy 154 quitte l'univers urbain raffiné de Santa Barbara pour les Santa Ynez Mountains escarpées et le Wine Country.

À seulement 20 km de la ville, la **Chumash Painted Cave** (www.parks.ca.gov ; Painted Cave Rd, près de la Hwy 154 ; aube-crépuscule) GRATUIT donne un aperçu de la Californie avant l'arrivée des Européens. Cette petite grotte de grès hors des sentiers battus renferme en effet des peintures rupestres réalisées par les Chumash il y a plus de 400 ans. Apportez une lampe torche pour bien voir, car une grille métallique a été installée à son entrée pour la protéger du vandalisme. L'embranchement se trouve sur la Hwy 154 après le col de San Marcos, à 10 km environ de la Hwy 101. Une mauvaise route étroite et abrupte

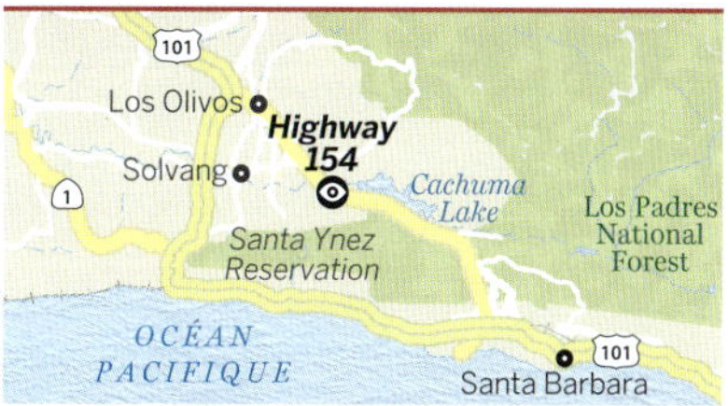

Infos pratiques

Roulez doucement car cette belle route compte quelques tronçons dangereux.

Une petite faim ?

First & Oak (805-688-1703 ; www.firstandoak.com ; 409 First St, Mirabelle Inn ; plats 12-23 $; 17h30-20h45), à Solvang, sert une cuisine innovante dans un cadre élégant et cosy.

Bon plan

Du camping sommaire aux yourtes avec vue sur le lac, le Cachuma Lake fait un excellent point de chute pour passer la nuit.

(impraticable en camping-car) serpente sur 3 km jusqu'au site. Repérez le petit panneau indicateur sur la gauche.

Continuez le long de Painted Cave Rd pour regagner la Hwy 154, puis tournez à gauche au bout de 9,5 km pour atteindre l'historique **Cold Spring Tavern** (805-967-0066 ; www.coldspringtavern.com ; 5995 Stagecoach Rd ; plats petit-déj et déj à partir de 11 $, dîner à partir de 22 $; 11h-fermeture lun-ven, à partir de 8h sam-dim). C'est l'endroit parfait pour une pause déjeuner, surtout quand le barbecue est en route. En attendant votre commande, vous pourrez admirer les souvenirs du Far West qui composent le décor.

Sur la Hwy 154, à quelques kilomètres au nord de la taverne, Paradise Road conduit à la **Los Padres National Forest** (805-967-3481 ; www.fs.usda.gov/lpnf ; 3505 Paradise Rd ; 5 $/voiture par jour ; 8h-16h30 lun-ven, 8h-16h30 sam fin mai-début sept ;), qui se déploie sur des centaines de kilomètres. Cette portion de la forêt recèle des coins de baignade et des itinéraires de randonnée. Le **camping** (877-444-6777 ; www.recreation.gov ; Paradise Rd, près de la Hwy 154 ; empl 30 $) constitue une option si vous voulez rester plus longtemps. Autrement, roulez encore un peu sur la Hwy 154 jusqu'au **Cachuma Lake** (805-568-2460 ; www.countyofsb.org/parks ; 10$/véhicule, croisière de 2 heures adulte/enfant 17/7 $; 6h-crépuscule ;) et ses activités nautiques. Bien qu'artificiel – il a été créé lors de la construction d'un barrage dans les années 1950 –, le lac offre un cadre charmant.

Au-delà commencent les vignobles du Santa Barbara Wine Country (p. 178). Après quelques dégustations, vous arriverez dans le ravissant village danois de Solvang, où vous pourrez vous régaler de friandises scandinaves et passer la nuit.

Santa Ynez Valley

Santa Barbara Wine Country

Quelques chênes accrochés aux coteaux, des routes qui serpentent à travers la campagne et des vignes à perte de vue – difficile de ne pas succomber au charme des régions viticoles de la Santa Ynez Valley, de la Santa Maria Valley et des Santa Rita Hills.

Pour ceux qui aiment...

Ne ratez pas

La Purisíma Mission, l'une des missions les plus représentatives du sud de la Californie.

Chacun peut aisément explorer la région par ses propres moyens. Le nombre de vignobles, une centaine, peut décourager, mais il suffit de se limiter à une zone et de prendre la route.

Santa Ynez Valley

Regroupant sur une superficie limitée des dizaines de vignobles et une poignée de bourgades, la très agréable Santa Ynez Valley se classe parmi les meilleures régions viticoles de Californie. Depuis que le film *Sideways* l'a fait connaître en 2004, son succès ne se dément pas, et les amateurs de bon vin se pressent dans ses hébergements et ses restaurants de qualité. Los Olivos est la ville la plus charmante, Buellton la plus rustique. Citons également Solvang, village d'émigrés danois, la petite Santa Ynez et Ballard. Les vignobles les plus populaires se concentrent entre Los Olivos et Solvang, le

Windmill house in Solvang

SARAH CAMILLE / SHUTTERSTOCK ©

Infos pratiques

Santa Barbara Wine Country (www.sbcountywines.com). Ce site complet fournit d'excellentes infos sur la région.

Une petite faim ?

La paisible **Rancho Sisquoc Winery** (805-934-4332 ; www.ranchosisquoc.com ; 6600 Foxen Canyon Rd ; dégustations 10 $; 10h-16h lun-jeu, 10h-17h ven-dim) justifie largement de faire quelques kilomètres supplémentaires.

Bon à savoir

Solvang possède plusieurs bonnes tables où se restaurer avant d'entamer les dégustations de vins.

long d'Alamo Pintado Rd et Refugio Rd, au sud de Roblar Avenue et à l'ouest de la Hwy 154.

Santa Maria Valley

Le pittoresque Foxen Canyon Wine Trail file vers le nord au départ de la Hwy 154 à l'ouest de Los Olivos, et s'enfonce dans la vallée de Santa Maria. Incontournable pour les œnophiles et les voyageurs désireux de sortir des sentiers battus, il suit essentiellement Foxen Canyon Rd, à l'exception de quelques sites majeurs près de la ville de Santa Maria.

Santa Rita Hills

En matière de paysages vallonnés, de pratiques agricoles écoresponsables et d'excellents pinots noirs, les Santa Rita Hills ont quelques arguments à faire valoir. Une douzaine de salles de dégustation jalonnent le parcours en boucle, facilement accessible en voiture à l'ouest de la Hwy 101 via Santa Rosa Rd et la Hwy 246. Vous devrez partager ces routes avec des cyclistes, voire des tracteurs. D'autres vignerons indépendants se cachent dans les entrepôts industriels de Buellton près de la Hwy 101 et, plus loin, à Lompoc, où l'on peut visiter la **La Purísima Mission** (805-733-3713 ; www.lapurisimamission.org ; 2295 Purísima Rd, Lompoc ; 6 $/voiture ; 9h-17h, visites 13h mer-dim et jours fériés sept-juin, tlj juil-août ; P), fondée en 1787.

Circuits dégustation

La plupart des **circuits** (formule journée de dégustation 120-160 $/pers) partent de Santa Barbara et certains requièrent un nombre minimum de participants. Nous recommandons Wine Edventures (www.welovewines.com), Sustainable Vine Wine Tours (www.sustainablevinewinetours.com) et Santa Barbara Wine Country Cycling Tours (www.winecountrycycling.com). Consultez aussi le site Web www.sbcountywines.com.

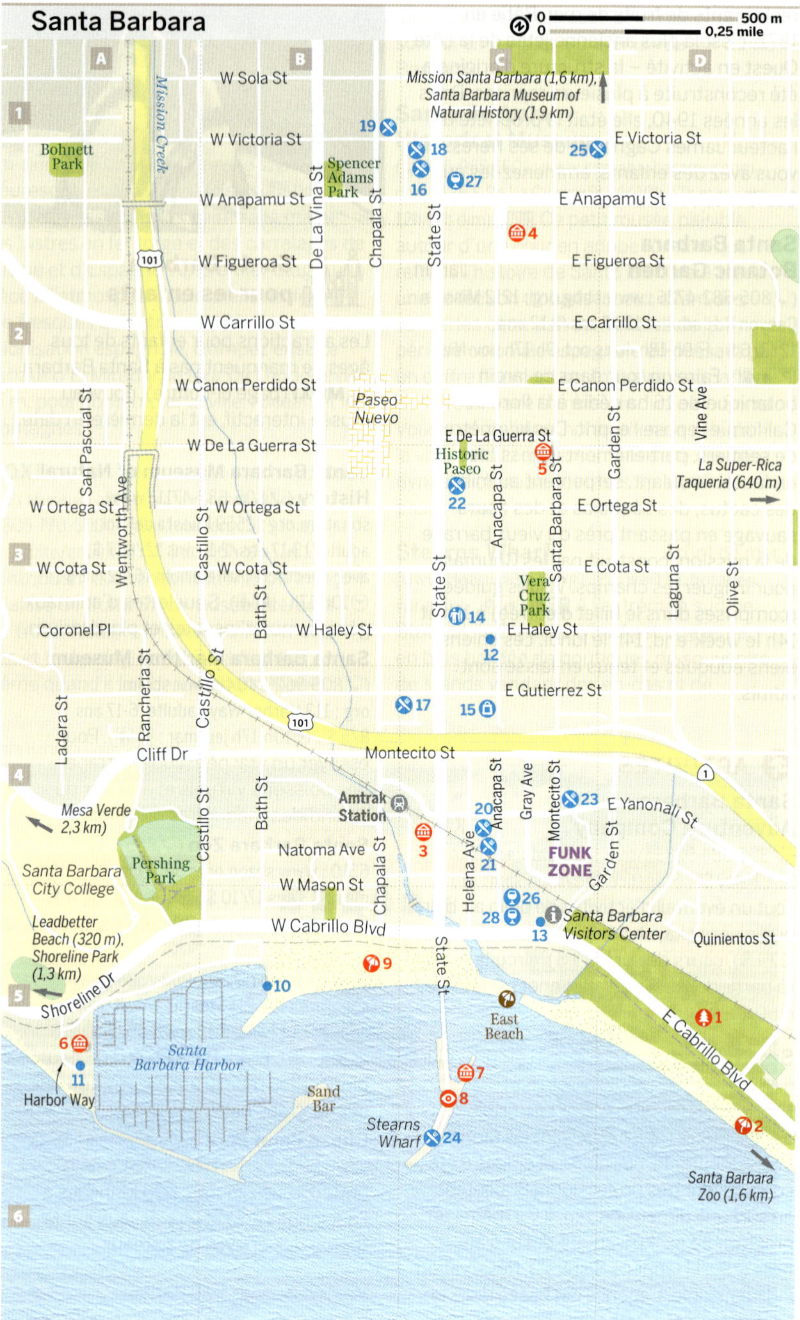
Santa Barbara
0 500 m
0 0,25 mile
A
B
C
D
1
2
3
4
5
6
Mission Santa Barbara (1,6 km), Santa Barbara Museum of Natural History (1,9 km)
W Sola St
W Victoria St
E Victoria St
Bohnett Park
Mission Creek
Spencer Adams Park
W Anapamu St
E Anapamu St
W Figueroa St
E Figueroa St
De La Vina St
Chapala St
State St
W Carrillo St
E Carrillo St
W Canon Perdido St
E Canon Perdido St
Paseo Nuevo
W De La Guerra St
E De La Guerra St
Historic Paseo
San Pascual St
Wentworth Ave
Anacapa St
Santa Barbara St
Garden St
Vine Ave
La Super-Rica Taqueria (640 m)
W Ortega St
E Ortega St
Castillo St
W Cota St
E Cota St
Bath St
Vera Cruz Park
Laguna St
Olive St
Coronel Pl
W Haley St
E Haley St
E Gutierrez St
Ladera St
Rancheria St
Cliff Dr
Montecito St
Mesa Verde 2,3 km)
Amtrak Station
Gray Ave
Montecito St
E Yanonali St
Pershing Park
Natoma Ave
Helena Ave
FUNK ZONE
Santa Barbara City College
W Mason St
Santa Barbara Visitors Center
Leadbetter Beach (320 m), Shoreline Park (1,3 km)
W Cabrillo Blvd
Quinientos St
Shoreline Dr
East Beach
Santa Barbara Harbor
E Cabrillo Blvd
Harbor Way
Sand Bar
Stearns Wharf
Santa Barbara Zoo (1,6 km)

Santa Barbara

À voir

1 Chase Palm Park D5
2 East Beach D6
3 MOXI C4
4 Santa Barbara County Courthouse C2
5 Santa Barbara Historical Museum C3
6 Santa Barbara Maritime Museum A5
7 Sea Center C5
8 Stearns Wharf C5
9 West Beach B5

Activités, cours et circuits organisés

10 Condor Express B5
11 Paddle Sports Center A5
12 Santa Barbara Adventure Company C3
13 Santa Barbara Trolley C5
14 Surf Happens C3

Achats

15 REI C4

Où se restaurer

16 Arigato Sushi C1
17 Backyard Bowls C4
18 Bouchon C1
19 Corazon Cocina B1
20 Lark C4
21 Lucky Penny C4
22 McConnell's Fine Ice Creams C3
23 Metropulos C4
24 Santa Barbara Shellfish Company C6
25 Yoichi's C1

Où prendre un verre et faire la fête

26 Brass Bear C5
Figueroa Mountain Brewing Co .... (voir 20)
27 Good Lion C1
28 Municipal Winemakers C5

CIRCUITS ORGANISÉS

Architectural Foundation of Santa Barbara — À pied

(805-965-6307 ; www.afsb.org ; tarif plein/-12 ans 10 $/gratuit ; 10h sam-dim quand le temps le permet). Le week-end, gardez un peu de votre temps pour cette passionnante promenade guidée de 1 heure 30 à travers l'histoire, l'art et l'architecture du centre-ville. Pas de réservations ; téléphonez ou consultez le site Web pour connaître les dates, heures et lieux de rendez-vous.

Santa Barbara Trolley — En trolleybus

(805-965-0353 ; www.sbtrolley.com ; tarif plein/3-12 ans 22/8 $; 10h-15h ;). Un circuit aller simple commenté à bord de trolleybus au biocarburant partant du *visitor center* (1 heure 30, ttes les heures 10h-15h) et marquant l'arrêt sur 14 sites touristiques majeurs de la ville, dont la mission et le zoo. Valable toute la journée (plus le jour suivant), le billet permet de monter et descendre à sa guise. Il s'achète directement auprès du conducteur ou en ligne à prix réduit.

Pour chaque adulte payant, un enfant de moins de 12 ans voyage gratuitement. Le billet donne également droit à des réductions sur des sites et dans des commerces de Santa Barbara.

Condor Express — Croisières

(805-882-0088 ; www.condorcruises.com ; 301 W Cabrillo Blvd ; tarif plein/enfant 5-12 ans croisière 2 heures 30 à partir de 50/30 $, croisière 4 heures 30 à partir de 99/50 $;). Observez les baleines à bord du catamaran à grande vitesse *Condor Express*. Si vous ne voyez pas de baleines à la première tentative, Condor Express vous offre une autre croisière gratuite.

ACHATS

Dans le centre, **State St** regorge de magasins en tout genre, y compris des enseignes de chaînes adaptées à l'architecture locale aux toits de tuiles rouges. Les galeries d'art locales et les boutiques indépendantes sont installées à l'est de State St, au sud de la Hwy 101, dans la **Funk Zone**.

REI — Sport et plein air

(805-560-1938 ; www.rei.com ; 321 AnacapaSt ; 10h-21h lun-ven, 10h-19h sam, 10h-18h dim). Si vous avez oublié votre tente ou vos mousquetons d'escalade à la maison, le magasin coopératif d'équipements de plein air le plus prisé de la côte Ouest vous dépannera. On y trouve aussi des vêtements, chaussures et autres articles de sport ainsi que des cartes topographiques.

Tournée des galeries d'art

Le **1er jeudi du mois** (www.santabarbaradowntown.com), de 17h à 20h, les galeries d'art de State St et des alentours organisent des vernissages, des rencontres avec des artistes, des dégustations de vin et des concerts en accès libre. Plus près de la plage, la **Funk Zone Art Walk** (www.funkzone.net) propose des manifestations et spectacles gratuits dans des galeries d'art, des bars et des restaurants, tous les deux mois de 17h à 20h.

Santa Barbara Museum of Art
CSFOTOIMAGES / GETTY IMAGES ©

OÙ SE RESTAURER

Corazon Cocina Mexicain $

(805-845-0282 ; www.facebook.com/sbcorazoncocina ; 38 W Victoria St ; 11h-21h mar-sam, 11h-20h dim-lun). Rien que des classiques de la cuisine mexicaine (tacos *al pastor, quesadillas*, *aguas frescas*...), mais préparés à la perfection. Rendez-vous au Santa Barbara Public Market pour faire un festin. Vous devrez sans doute attendre car l'endroit a du succès.

Arigato Sushi Japonais $

(805-965-6074 ; www.arigatosb.com ; 1225 State St ; sushis à partir de 7 $; 17h30-22h dim-jeu, 17h30-22h30 ven et sam ;). Ce restaurant nippon extrêmement populaire fourmille toujours de clients en quête d'une table (il ne prend pas les réservations). La patience est toutefois amplement récompensée. Difficile de se décider parmi les sushis traditionnels ou plus originaux, notamment végétariens, les salades et le large choix d'entrées chaudes et froides. Un verre de saké vous aidera peut-être à voir plus clair dans le menu.

Lucky Penny Pizza $

(805-284-0358 ; www.luckypennysb.com ; 127 Anacapa St ; pizzas 10-16 $; 11h-21h dim-jeu, 11h-22h ven et sam ;). La pizza de cette adresse toujours bondée de Funk Zone, juste à côté du Lark (p. 186), brille autant que ses murs extérieurs couverts de pennies en cuivre. Avec sa pâte croustillante garnie d'ingrédients frais, souvent végétariens, elle justifie largement l'attente. Idem pour le sandwich aux boulettes d'agneau et de porc cuits au feu de bois. Excellent café.

Backyard Bowls Nourriture diététique $

(805-845-5379 ; www.backyardbowls.com ; 331 Motor Way ; 5-11 $/pièce ; 7h-17h lun-ven, 8h-17h sam-dim ;). Une petite enseigne écoresponsable qui sert des smoothies aux fruits frais et des bols d'açaï agrémentés de produits sains, locaux et équitables, tels que baies, muesli, lait de coco, amandes, miel et gelée royale.

Metropulos Épicerie fine $

(805-899-2300 ; www.metrofinefoods.com ; 216 E Yanonali St ; plats 2-10 $; 8h30-17h lun-ven, 10h-17h sam). Avant une journée à la plage, passez chez ce traiteur gastronomique de Funk Zone pour acheter des sandwichs confectionnés sur commande et des salades. Pains artisanaux, fromages importés, charcuterie, olives et vins californiens viendront aussi remplir votre panier de pique-nique.

La Super-Rica Taqueria Mexicain $

(805-963-4940 ; fr-fr.facebook.com/lasuperricataqueria/ ; 622 N Milpas St ; 11h-21h jeu-lun). Grâce à sa cuisine authentique, ce restaurant mexicain fait vite oublier sa taille réduite, son décor basique et la queue à l'entrée. Les tacos de poisson, *tamales* et autres incontournables attirent les habitants et les touristes depuis des

STUART BLACK / ROBERTHARDING / GETTY IMAGES ©

Stearns Wharf (p. 180)

décennies. À noter que l'endroit avait la faveur de la chef star de la TV, feu Julia Child (incarnée par Meryl Streep, en 2009, dans *Julie et Julia*).

McConnell's Fine Ice Creams Glaces $

(805-324-4402 ; www.mcconnells.com ; 728 State St ; à partir de 10 $/demi-litre ; 11h-22h dim-jeu, 11h-23h ven et sam ;). Les becs sucrés ne manqueront pas cette véritable institution fondée en 1949, qui fabrique des glaces aux parfums classiques (chocolat, vanille...) ou plus audacieux (café turc, cardamome et biscuit au gingembre...) à base de lait et produits locaux.

Santa Barbara Shellfish Company Produits de la mer $$

(805-966-6676 ; shellfishco.com ; 230 Stearns Wharf ; plats 4-19 $; 11h-21h ;). "De la mer à l'assiette" décrit parfaitement cet établissement informel, installé au bout de la jetée depuis près de quarante ans. Chassez les mouettes et dégustez tranquillement palourdes à l'ail, croquettes de crabe ou crevettes grillées à la noix de coco sur des tables de pique-nique en bois, à l'extérieur, face à l'océan. La bisque de homard est délicieuse.

Mesa Verde Végétarien $$

(805-963-4474 ; mesaverderestaurant.com ; 1919 Cliff Dr ; plats 15-21 $; 11h-21h ;). Au restaurant, les végétariens sont généralement les plus rapides à lire la carte. Pas ici. Le choix est bien trop varié, trop délicieux, trop innovant. Pour quiconque hésiterait, il est possible de se constituer un assortiment de petites portions. À noter : les tacos au jaquier sont un must. Les amateurs de viande sont les bienvenus.

Boathouse Californien $$

(805-898-2628 ; www.boathousesb.com ; 2981 Cliff Dr ; plats à partir de 14 $; 7h30-fermeture ;). La vue sur les vagues et l'air marin d'Arroyo Burro Beach (p. 175) accompagnent agréablement les repas sains servis ici. La terrasse invite à déguster cocktails et salades composées. Dans la salle, des photos de surf et d'aviron célèbrent l'héritage sportif du coin.

CSFOTOIMAGES / GETTY IMAGES ©

CHUCK PLACE / ALAMY STOCK PHOTO ©

De gauche à droite : Santa Barbara Shellfish Company (p. 185) ; Chumash Painted Cave (p. 176) ; une plage de Santa Barbara

Lark Californien $$$

(☎805-284-0370 ; www.thelarksb.com ; 131 Anacapa St ; assiettes à partager 7-17 $, plats 19-48 $; ⏲17h-22h mar-dim, bar jusqu'à minuit). Baptisée du nom d'un vieux wagon Pullman, cette table de Funk Zone se classe parmi les meilleures du comté pour se délecter des produits cultivés et pêchés en abondance dans cette région côtière de la Californie du Sud. Le chef élabore la carte en fonction des saisons, créant des combinaisons de saveurs inédites à l'image des choux de Bruxelles croustillants aux dattes, ou du poulet au miel à la harissa. Réservation indispensable.

Yoichi's Japonais $$$

(☎805-962-6627 ; www.yoichis.com ; 230 E Victoria St ; menu 7 plats 100 $; ⏲17h-22h mar-dim). Le *kaiseki* (repas traditionnel japonais composé de plusieurs plats) a fait son entrée à Santa Barbara et éblouit les gastronomes du coin. Malgré des horaires limités, un prix élevé et la nécessité de réserver longtemps à l'avance, Yoichi n'a pas tardé à s'imposer dans le peloton de tête.

Bouchon Californien $$$

(☎805-730-1160 ; www.bouchonsantabarbara.com ; 9 W Victoria St ; plats 26-36 $; ⏲17h-21h dim-jeu, 17h-22h ven et sam). Pour couronner une journée dans le Wine Country, rien de tel que la cuisine californienne brillante et riche en saveurs de ce restaurant plein de charme. La carte de saison met en lumière les produits du terroir, notamment la viande provenant des ranchs. Les plats se marient admirablement avec une trentaine de vins de la région, disponibles au verre. Les tourtereaux réserveront de préférence une table sur la terrasse éclairée aux chandelles.

OÙ PRENDRE UN VERRE ET FAIRE LA FÊTE

Figueroa Mountain Brewing Co Bar à bières

(☎805-694-2252 ; www.figmtnbrew.com ; 137 Anacapa St ; ⏲11h-23h dim-jeu, 11h-minuit ven et sam). Des brasseurs – père et fils – ont apporté leurs IPA houblonnée, Danish Red Lager et double IPA, médaillées d'or du

NATALIA MACHEDA / SHUTTERSTOCK ©

Wine Country de Santa Barbara, à la Funk Zone. Le personnel compétent vous aidera à choisir avant de trinquer en terrasse sur fond de musique live. L'entrée se trouve dans Yanonali St.

Good Lion Bar à cocktails
(☎805-845-8754 ; www.goodlioncocktails.com ; 1212 State St ; ⌚16h-1h). Commandez au joli comptoir carrelé de bleu, prenez un livre sur une étagère et installez-vous dans ce petit bar dont le cadre – banquettes en cuir et bougies sur les tables – et les nombreux cocktails à base d'absinthe évoquent le Montmartre du début du XXe siècle.

Brass Bear Bière artisanale
(☎805-770-7651 ; www.brassbearbrewing.com ; 28 Anacapa St ; ⌚12h-21h mer, dim et lun, 12h-22h jeu, 12h-23h ven et sam ; 👪🐾). Cette adresse cosy dans une ruelle partant d'Anacapa St (suivez les peintures murales) mérite le détour pour ses grands verres de vin et de bière et son savoureux fromage grillé. Le personnel sympathique contribue à l'atmosphère conviviale. Des œuvres d'art à vendre tapissent les murs.

Municipal Winemakers Bar
(☎805-931-6864 ; www.municipalwinemakers.com ; 22 Anacapa St ; dégustations 12 $; ⌚11h-20h dim-mer, 11h-23h jeu-sam ; 🐾). Le patron, Dave, a étudié l'œnologie en Australie et en France avant d'appliquer ses connaissances dans son bar/salle de dégustation. Classique de la maison, le rosé Pale Pink connaît un franc succès – goûtez-le, accompagné d'une assiette de fromages, sur la grande terrasse. Le week-end, un *food truck* vend des burgers juste devant.

ℹ RENSEIGNEMENTS

Santa Barbara Visitors Center (☎805-568-1811, 805-965-3021 ; www.santabarbaraca.com ; 1 Garden St ; ⌚9h-17h lun-sam, 10h-17h dim, ferme 1h plus tôt nov-jan). Plans et brochures, personnel compétent mais très sollicité. On peut télécharger gratuitement sur le site Internet des cartes et des itinéraires à thème : lieux de tournage de films célèbres, route des vins, galeries d'art ou activités de plein air. Parking payant avec parcmètres à proximité.

Zabriskie Point

Death Valley National Park

Si son seul nom évoque des paysages arides et brûlants particulièrement inhospitaliers, la vallée de la Mort n'en offre pas moins un spectacle naturel à couper le souffle.

Pour ceux qui aiment...

Ne ratez pas

Le lever du soleil à Zabriskie Point, le site représenté sur la couverture de l'album *Joshua Tree* de U2.

Des dunes chantantes, des canyons sculptés par les eaux, des montagnes austères s'élevant à 3 350 m de hauteur, des cratères de volcans endormis, des oasis ombragées de palmiers et une multitude d'espèces endémiques. Cette terre de superlatifs détient le record de chaleur des États-Unis (57°C), celui du point le plus bas (Badwater, 86 m en dessous du niveau de la mer) et du plus grand parc national en dehors de l'Alaska (plus de 13 000 km^2).

Points de vue spectaculaires

Dante's View

La perspective sur le bassin sud de la vallée de la Mort depuis ce site des Black Mountains, à 1 670 m d'altitude, est éblouissante, surtout à l'aube ou au crépuscule. Par temps clair, vous

découvrirez simultanément le point le plus haut (Mt Whitney, 4 421 m) et le plus bas (Badwater) des États-Unis. Comptez environ 1 heure 30 pour parcourir les 42 km aller-retour depuis l'embranchement situé sur la Hwy 190 à l'est de Furnace Creek.

Zabriskie Point

Démarrez tôt le matin pour grimper jusqu'à Zabriskie Point et profiter d'une vue spectaculaire sur la vallée au-delà des *badlands* (terres stériles) érodées en vagues, ravines et plis dorés. Il a inspiré le titre d'un film de Michelangelo Antonioni dans les années 1970.

Badwater Basin

Point le plus bas d'Amérique du Nord (-86 m), ce paysage surnaturel de lacs couverts de croûtes de sel se trouve à 27 km au sud de Furnace Creek sur la Hwy 190.

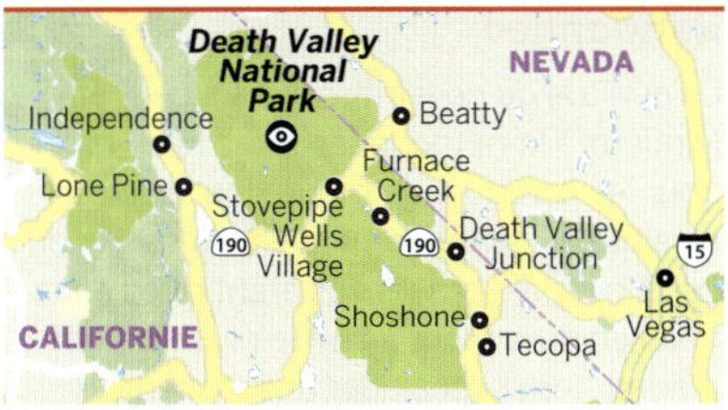

Infos pratiques

760-786-3200 ; www.nps.gov/deva ; pass 7 jours 25 $/voiture ; 24h/24 ; P

Une petite soif ?

Sirotez un cocktail sur la terrasse du Inn Dining Room (p. 191).

★ Bon à savoir

Passez au Furnace Creek Visitor Center (760-786-3200 ; www.nps.gov/deva ; 8h-17h ;) **pour glaner des infos touristiques et visionner le film de 20 minutes *Seeing Death Valley*.**

Dunes de Mesquite Flat

Les dunes les plus accessibles de la vallée de la Mort forment une mer de sable ondulante aux abords de la Hwy 190, près de Stovepipe Wells Village. Pouvant atteindre jusqu'à 30 m de haut, elles sont particulièrement photogéniques à l'aube et au crépuscule, baignées de lumière douce et soulignées par des ombres profondes.

Routes panoramiques

À quelque 15 km au sud de Furnace Creek, l'**Artists Drive** (15 km aller) réserve des instants d'émerveillement à chaque tournant. Mieux vaut l'emprunter en fin d'après-midi, quand les versants érodés se parent de couleurs chatoyantes.

Autre option, environ 3 km à l'extérieur du parc, l'impressionnante **Titus Canyon Rd** à une seule voie conduit jusqu'à la Hwy 190 le long d'une piste de 43 km. Elle serpente jusqu'à une crête des Grapevine Mountains, puis redescend lentement vers le désert en passant par une ville fantôme, des pétroglyphes et d'étroits canyons.

Randonnée

La période de novembre à mars se prête le mieux à la randonnée. Évitez l'été, sauf pour les parcours de montagne les plus en altitude, généralement enneigés l'hiver. Les itinéraires aménagés étant rares dans la vallée de la Mort, il faut le plus souvent crapahuter et escalader des rochers. Prévoyez impérativement une provision d'eau suffisante : 4 litres par personne et par jour l'été, moitié moins l'hiver.

Wildrose Peak

De niveau moyen à difficile, cette randonnée (13,5 km aller-retour) débute près des charbonnières, en retrait de Wildrose Canyon Rd, et grimpe jusqu'au Wildrose Peak (2 763 m). Le printemps et l'automne sont les saisons les plus propices pour l'entreprendre. Vous devrez affronter 670 m de dénivelé positif, mais il y a des vues somptueuses dès la mi-parcours.

Mosaic Canyon Trail

À l'ouest de Stovepipe Wells Village, une route de gravier de quelque 4 km mène au Mosaic Canyon, où vous pourrez vous faufiler le long des parois lisses et multicolores. C'est à midi que les couleurs sont les plus vives.

Telescope Peak

Le sommet le plus éprouvant du parc est le Telescope Peak (3 368 m), d'où la vue plonge de façon vertigineuse jusqu'au désert qui s'étend en contrebas. La randonnée (22,5 km aller-retour) part de Mahogany Flat, près de Wildrose Canyon Rd, et grimpe sur un dénivelé de

Sur la route dans le Death Valley National Park

915 m. Outre de l'expérience, l'ascension hivernale nécessite piolet et crampons.

Où se restaurer

Furnace Creek, Stovepipe Wells Village et Panamint Springs comptent des restaurants ainsi que des magasins où se procurer provisions et matériel de camping de base.

Inn Dining Room

Ce **restaurant** (☎760-786-2345 ; www.oasisatdeathvalley.com/dine/the-inn-dining-room/ ; Inn at Furnace Creek, près de la Hwy 190 ; petit-déj 10-17 $, plats déj 10-14 $, dîner 27-58 $; ⏰7h-10h30 et 12h-14h lun-sam, 7h-10h et 17h30-21h dim mi-oct à mi-mai ; P 📶) chic allie cuisine continentale et vue de premier ordre sur les Panamint Mountains. En journée, profitez de la terrasse pour avoir un peu de fraîcheur. Le soir, réservation et tenue correcte (pas de shorts ni de débardeurs) exigées.

★ Bon plan

Faites provision de dattes succulentes en plein désert au **China Ranch Date Farm** (☎760-852-4415 ; www.chinaranch.com ; China Ranch Rd ; ⏰9h-17h ; P 👪).

MARK READ / LONELY PLANET ©

Toll Road Restaurant

Une cuisine de cow-boy au-dessus de la moyenne vous attend dans cet **établissement** (☎760-786-2387 ; www.deathvalleyhotels.com ; 51880 Hwy 190, Stovepipe Wells Village ; plats 12,50-34 $; ⏰7h-10h et 17h30-21h ; P 📶) de style ranch. Les plats, essentiellement carnés, sont préparés avec des produits locaux tels que le miel de mesquite, les figues de Barbarie et des pignons de pin.

Hébergements

Les services du parc national gèrent neuf campings, dont quatre nichés dans les Panamint Mountains. En revanche, les hébergements en dur sont limités, onéreux et souvent pleins au printemps. Reste la possibilité de loger dans des villes de passage comme Beatty (à 64 km de Furnace Creek), Lone Pine (64 km), Death Valley Junction (48 km) et Tecopa (113 km).

Depuis/vers le Death Valley National Park

Les transports en commun ne desservent pas la vallée de la Mort. Elle est à 193 km de Las Vegas par la Hwy 160 ou à 225 km par l'I-95 et la Hwy 373. De la Hwy 395, Furnace Creek se situe à 160 km de Lone Pine par la Hwy 190 ou à 193 km de Ridgecrest par la Hwy 178 et la Hwy 190. De l'I-15, sortez à Baker et suivez la Hwy 127 vers le nord sur 185 km.

✕ Une petite soif ?

Non, ce n'est pas un mirage ! La minuscule **Death Valley Brewing** (☎760-852-4273 ; www.deathvalleybrewing.com ; 102 Old Spanish Trail ; ⏰12h-18h ven-dim nov-avr) a ce qu'il faut pour étancher votre soif.

PALM SPRINGS

Dans ce chapitre

Palm Springs

Le Rat Pack est de retour, ou du moins son repaire. Dans les années 1950 et 1960, Palm Springs, à quelque 160 km à l'est de LA, était l'escapade favorite de Frank Sinatra, d'Elvis Presley et d'autres stars d'Hollywood. À l'arrêt du Rat Pack, Palm Springs est tombée aux mains des retraités et du golf. Au milieu des années 1990, la jeune génération a redécouvert le rétro-chic de la ville et son élégante architecture moderniste. Aujourd'hui, retraités et résidents saisonniers côtoient paisiblement bobos et randonneurs de LA et du monde entier, ainsi qu'une importante communauté LGBT.

Palm Springs en 2 jours

Le premier jour, découvrez le moderne **Sunnylands** (p. 200), domaine du milieu du siècle dernier et sa demeure raffinée. Rendez-vous ensuite dans le centre-ville pour faire un peu de shopping, puis boire un cocktail au **Bootlegger Tiki** (p. 203). Le lendemain, prenez le vertigineux **téléphérique** (p. 202) qui monte du désert jusqu'au Mt San Jacinto, avant de vous prélasser à l'**Estrella Spa** (p. 203).

Palm Springs en 4 jours

Consacrez l'essentiel des deux jours suivants aux beautés naturelles du **Joshua Tree National Park** (p. 196) voisin, où vous escaladerez les rochers du **Wonderland of Rocks** et visiterez le **Noah Purifoy Desert Art Museum** (p. 199). Après quoi, direction Palm Springs pour un repas raffiné au **Workshop Kitchen + Bar** (p. 203), suivi d'un verre de vin au **Counter Reformation** (p. 203).

Comment s'y rendre

Palm Springs International Airport Demandez à votre hôtel s'il assure un transfert gratuit depuis l'aéroport. Sinon, un taxi pour le centre-ville coûte environ 12-15 $.

Voiture Palm Springs se situe à environ 160 km à l'est de Los Angeles par l'I-10 et 225 km au nord-est de San Diego par l'I-15 et l'I-10.

Train Le *Sunset Limited* d'Amtrak, qui relie la Nouvelle-Orléans à Los Angeles trois fois par semaine, marque l'arrêt à Palm Springs.

Où se loger

Une grande variété de boutiques-hôtels rétro, palaces bling-bling et autres motels attendent les visiteurs à Palm Springs et dans la Coachella Valley. Certains établissements n'acceptent pas les enfants. Pour les campeurs, direction le Joshua Tree National Park ou les San Jacinto Mountains (via la Hwy 74).

Joshua Tree National Park

Tout droit sortis d'une bande dessinée, les étranges arbres de Josué* (Yucca brevifolia) *donnent leur nom à un parc de 320 000 ha séparant le désert du Colorado de celui de Mojave, qui accueille les visiteurs, randonneurs et adeptes de l'escalade en tête.

Pour ceux qui aiment...

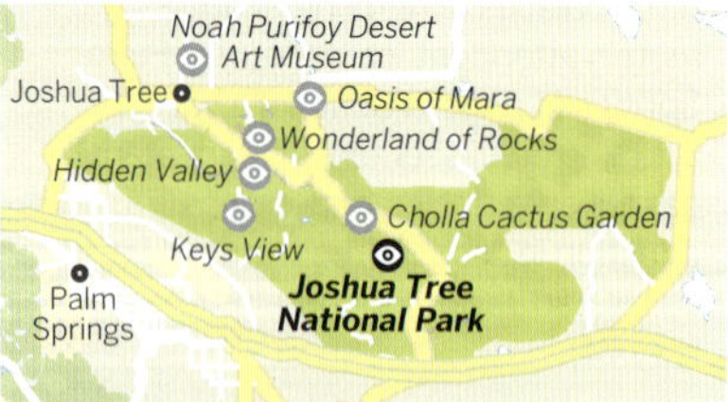

Infos pratiques

760-367-5500 ; www.nps.gov/jotr ; entrée 7 jours 25 $/voiture ; 24h/24 ; P

Ne ratez pas

Une randonnée au milieu des merveilles géologiques du Wonderland of Rocks.

NICKJKELLY / GETTY IMAGES ©

Ce furent les mormons qui donnèrent son nom à l'arbre de Josué (*Yucca brevifolia*), dont les branches tendues vers le ciel leur rappelaient le prophète biblique indiquant le chemin de la terre promise. Au printemps, cet arbre produit une seule fleur, énorme, de couleur crème.

"J-Tree" a la réputation d'être le meilleur lieu d'escalade de Californie. Il a également la faveur des randonneurs pour ses oasis de palmiers (*Washingtonia filifera*), alimentées par des sources et des petits ruisseaux, et des vététistes pour le panorama désertique.

Wonderland of Rocks

Ce saisissant **labyrinthe rocheux** (☎760-367-5500 ; www.nps.gov/jotr ; P) prisé des grimpeurs se trouve au nord du parc. Pour un aperçu rapide, essayez l'Indian Cove Trail (800 m) ou le Barker Dam Trail (1,6 km). Le Willow Hole Trail (11 km) et le Boy Scout Trail (13 km) présentent davantage de difficulté et ne doivent pas être empruntés en pleine chaleur.

Oasis of Mara

Derrière le bureau du parc et l'Oasis Visitor Center, cette **oasis** (☎760-367-5500 ; www.nps.gov/jotr ; Utah Trail, Twentynine Palms ; P) naturelle comprend les 29 palmiers à l'origine du nom Twentynine Palms. Ces derniers furent plantés par les Indiens Serrano, qui appelaient le site "lieu des petites sources et de l'herbe abondante".

Keys View

De Park Blvd, grimpez en voiture (20 minutes) jusqu'à **Keys View** (☎760-367-5500 ; www.nps.gov/jotr ; Keys View Rd ; P) (1 580 m), d'où la vue s'étend, somptueuse,

Escalade dans le Joshua Tree National Park

sur la Coachella Valley et jusqu'à Salton Sea, un lac salé. En face de vous se dressent le Mt San Jacinto (3 302 m) et le Mt San Gorgonio (3 506 m), deux des plus hauts sommets du sud de la Californie, et, en contrebas, vous pouvez apercevoir une section de la faille de San Andreas.

Pinto Basin Rd

Cette route panoramique de 48 km, qui descend en lacets de **Hidden Valley** jusqu'à l'oasis de **Cottonwood Spring**, permet d'observer la transition naturelle entre le désert de Mojave, en hauteur, et le désert du Colorado, en basse altitude. Arrêtez-vous au **Cholla Cactus Garden**, où un sentier facile de 400 m dessine une boucle dans les ocotillos (*Fouquieria splendens ou cactus grimpant*) et les cholla (*Cylindropuntia bigelovii* ou cactus Teddy-Bear).

Une petite faim ?

Arrêtez-vous à La Copine (www.lacopinekitchen.com ; 848 Old Woman Rd, Flamingo Heights ; plats 10-16 $; 9h-15h jeu-dim ; P ❄) **pour déjeuner d'une salade de saumon fumé, spécialité de la maison.**

Noah Purifoy Desert Art Museum

Les sculptures et installations "Junk Dada" de l'artiste afro-américain Noah Purifoy (1917-2004) figurent dans les collections des plus grands musées, mais on peut en admirer certaines dans son ancien **atelier du désert** (www.noahpurifoy.com ; 63030 Blair Lane, Joshua Tree ; aube-crépuscule ; P) GRATUIT au nord du Joshua Tree National Park. Toilettes, pneus, moniteurs, bicyclettes, lits et autres objets de récupération hétéroclites ont été transformés en manifestes politiques, en critiques sociales ou en œuvres absurdes. Brochure explicative à disposition.

Integratron

Ce **dôme blanc** (760-364-3126 ; www.integratron.com ; 2477 Belfield Blvd, Landers ; bains sonores semaine/week-end 30/35 $; mer-lun ; P) en bois est en un générateur électrostatique destiné au voyage dans le temps... Du moins, c'est ce que croyait l'ancien ingénieur aérospatial George Van Tassel, quand il le construisit dans les années 1950 à la suite de rencontres avec des extraterrestres ! Aujourd'hui, les visiteurs peuvent prendre un "bain sonore" de 1 heure à l'intérieur de l'édifice.

Depuis/vers le Joshua Tree National Park

Le parc possède trois entrées, accessibles depuis la ville de Joshua Tree (ouest), Twentynine Palms (nord) et l'I-10 (sud). De Palm Springs, comptez environ 1 heure de route jusqu'à l'entrée ouest.

★ Bon à savoir

La moitié nord du parc abrite la majorité des attractions, dont les arbres de Josué.

Sunnylands

Construit au milieu du siècle dernier, Sunnylands est la résidence d'hiver de Walter et Leonore Annenberg, l'une des "premières familles" du pays. Elle a accueilli présidents des États-Unis, chefs d'État, têtes couronnées et célébrités hollywoodiennes.

Pour ceux qui aiment...

Ne ratez pas

L'*Ève* sensuelle d'Auguste Rodin dans le hall.

La maison

Chef-d'œuvre de l'architecte de Los Angeles A. Quincy Jones et du décorateur William Haines, cette propriété est un superbe exemple de design visionnaire des années 1960. En parfaite harmonie avec le paysage environnant, la maison comporte de grandes toitures en auvent pour protéger l'intérieur de la lumière directe du soleil et d'immenses baies vitrées permettant à la luminosité du désert de rayonner dans les pièces. En franchissant le seuil, on est frappé par le vestibule et l'*Ève* d'Auguste Rodin qui trône au centre.

Les jardins

D'un raffinement exquis, les jardins soignés s'inspirent de l'incroyable collection de peintures impressionnistes et postimpressionnistes des Annenberg. Ils

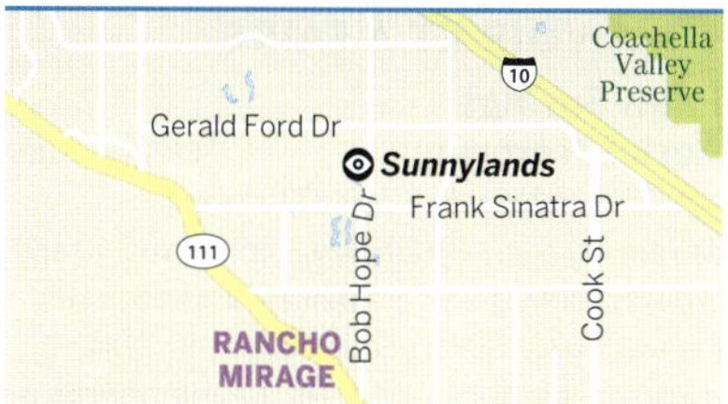

recèlent 70 variétés de plantes d'Amérique du Nord et du Sud, de Méditerranée et d'Afrique sur quelque 3,5 ha. Des centaines d'espèces d'oiseaux fréquentent les lieux et des papillons monarques viennent s'y nourrir d'asclépiades lors de leur migration annuelle.

Visite

La maison se découvre uniquement dans le cadre d'une visite guidée de 1 heure 30 (48 $), à réserver longtemps à l'avance sur le site Web. En revanche, pas besoin de réservation pour voir les expositions du nouveau *visitor center*. Les billets sont émis à 9h le 15 du mois précédent et s'écoulent généralement le jour même.

Il existe aussi deux autres formules de novembre à avril : l'Open-Air Experience (20 $, 45 min, sans réservation), un tour du domaine et du terrain de golf, et un circuit ornithologique (35 $; 9h15 jeu, sur réservation).

Infos pratiques

760-202-2222 ; www.sunnylands.org ; 37977 Bob Hope Dr, Rancho Mirage ; visites 20-48 $, entrée libre pour le centre et les jardins ; 9h-16h jeu-dim, ferme plus tôt juin à mi-sept ; P

Une petite faim ?

Avant la visite du domaine, faites-vous plaisir avec un petit-déjeuner au Cheeky's (p. 203).

★ Bon à savoir

L'architecture de Sunnylands présente de nombreuses caractéristiques du modernisme.

À voir dans les environs

Living Desert Zoo & Gardens — Zoo

(760-346-5694 ; www.livingdesert.org ; 47900 Portola Ave, Palm Desert ; tarif plein/réduit/3-12 ans 20/18/10 $; 9h-17h oct-mai, 8h-13h30 juin-sept ; P). Remarquable zoo présentant une variété de plantes et d'animaux du désert, en plus d'expositions sur la géologie du désert et la culture amérindienne. La clinique vétérinaire, que l'on peut visiter, et le village africain, avec son marché équitable et des contes racontés à l'ombre d'un bosquet, ont aussi du succès. La promenade à dos de dromadaire, le nourrissage des girafes, le carrousel des espèces menacées et la navette "hop-on, hop-off" sont en supplément. Bref, une expérience instructive et divertissante qui justifie de faire un détour de 24 km.

À VOIR ET À FAIRE

Palm Springs Aerial Tramway Téléphérique

(☎760-325-1391, 888-515-8726 ; www.pstramway.com ; 1 Tram Way ; tarif plein/3-10 ans 26/17 $, parking 5 $; ⏲première ascension 10h lun-ven, 8h sam-dim, dernière descente 21h45 tlj , variable selon la saison ; P 🚸). Le téléphérique parcourt 4 km en 10 minutes, et donne à admirer cinq types de végétation différents, du désert de Sonora aux forêts de pins du Mt San Jacinto, sur 1 800 m de dénivelé. De la station de montagne (2 609 m), plus fraîche de 22°C que l'étendue désertique en contrebas, vous pourrez contempler des vues somptueuses, dîner dans deux restaurants au choix (renseignez-vous au sujet des pass *ride'n' dine*), explorer 80 km de sentiers ou visiter le Muséum d'histoire naturelle.

Palm Springs Art Museum Musée

(☎760-322-4800 ; www.psmuseum.org ; 101 Museum Dr, Palm Springs ; tarif plein/étudiant 12,50 $/gratuit, 16h-20h jeu gratuit ; ⏲10h-17h dim-mar, ven et sam, 12h-20h jeu ; P). Ce musée d'art moderne et contemporain présente des expos tirées de sa collection permanente de peintures, sculptures, photographies et objets de verrerie. Cette dernière comprend des œuvres de Henry Moore, Ed Ruscha, Mark di Suvero, Frederic Remington et d'autres grands artistes de renom. À ne pas manquer : les réalisations en verre de Dale Chihuly et William Morris, ainsi qu'un ensemble de figurines précolombiennes.

ACTIVITÉS

Indian Canyons Randonnée

(☎760-323-6018 ; www.indian-canyons.com ; 38520 S Palm Canyon Dr, Palm Springs ; adulte/enfant 9/5 $, randonnée guidée 1 heure 30 3/2 $; ⏲8h-17h oct-juin, ven-dim juil-sept). Les torrents qui dévalent les pentes de San Jacinto ont permis la formation d'oasis à la flore variée autour de Palm Springs. Territoires des Amérindiens durant des siècles, ces canyons font maintenant les délices des randonneurs. Le Palm Canyon mène à la plus grande oasis de palmiers éventails au monde. Chutes

Palm Springs Aerial Tramway

LUIS SINCO / GETTY IMAGES ©

d'eau et rochers géants sont au programme du Murray Canyon et de l'Andreas Canyon.

Estrella Spa at Avalon Palm Springs Spa

(☎760-318-3000 ; www.avalon-hotel.com/palm-springs/estrella-spa ; 415 S Belardo Rd, Palm Springs ; massage 145 $/1 heure ; ⏰9h-18h dim-jeu, 9h-22h ven-sam). Une atmosphère sereine imprègne ce spa chic dont l'offre inclut des soins holistiques tels que le massage Desert Rhythms ou la manucure/pédicure Milk Y Way débutant par un bain de lait chaud.

CIRCUITS ORGANISÉS

Desert Tasty Tours À pied

(☎760-870-1133 ; www.deserttastytours.com ; 69 $; ⏰11h lun-sam). Ayez un aperçu de la scène culinaire rajeunie de Palm Springs lors d'une promenade à pied de 3 heures dans Palm Canyon Dr. Un en-cas vous sera servi à chacune des sept haltes. Même type de circuit le long d'El Paseo à Palm Desert.

OÙ SE RESTAURER

Cheeky's Californien $

(☎760-327-7595 ; www.cheekysps.com ; 622 N Palm Canyon Dr, Palm Springs ; plats 9-14 $; ⏰8h-14h jeu-lun, dernier service 13h30 ; ❄). L'attente peut être longue et le service quelconque, mais les plats "de la ferme à l'assiette" brillent par leur inventivité. Le menu est élaboré chaque semaine, sans totalement évincer les immuables œufs brouillés (crémeux), burgers (bêtes élevées en pâturage) et frites au pesto.

Workshop Kitchen + Bar Américain $$$

(☎760-459-3451 ; www.workshoppalmsprings.com ; 800 N Palm Canyon Dr, Palm Springs ; plats 26-45 $; ⏰17h-22h lun-jeu et dim, 17h-23h ven et sam, 10h-14h dim ; ❄). Au fond du coquet El Paseo Building (1920) et de son patio planté d'oliviers, ce restaurant déroule une belle allée, chaulée et bordée de box lumineux. Le chef remet au goût du jour les grands classiques de la cuisine américaine. Le bar est un des plus branchés de la ville.

Palm Springs in Your Palm

L'application gratuite Palm Springs Modern pour iPhone et Android couvre plus de 80 bâtiments publics et habitations privées emblématiques de l'architecture du milieu du siècle dernier. Les trois circuits proposés sont illustrés de photos, vidéos et enregistrements audio.

Architecture moderne des années 1950 à Palm Springs
SOLIDAGO / GETTY IMAGES ©

OÙ PRENDRE UN VERRE ET FAIRE LA FÊTE

Bootlegger Tiki Bar à cocktails

(☎760-318-4154 ; www.bootleggertiki.com ; 1101 N Palm Canyon Dr, Palm Springs ; ⏰16h-2h). La lumière cramoisie et les cocktails puissants de ce petit troquet aux allures de paillotte redonneraient bonne mine au citadin le plus blafard. Entrez par l'Ernest Coffee.

Counter Reformation Bar à vins

(☎760-770-5000 ; www.theparkerpalmsprings.com/dine/counter-reformation.php ; 4200 E Palm Canyon Dr, Palm Springs ; ⏰15h-22h lun, jeu et ven, 12h-22h sam-dim). À l'intérieur du Parker Palm Springs Resort. Belle sélection de 17 rouges, blancs et champagnes provenant de petits vignobles du monde entier.

RENSEIGNEMENTS

Palm Springs Official Visitors Center (☎760-778-8418, 800-347-7746 ; www.visitpalmsprings.com ; 2901 N Palm Canyon Dr, Palm Springs ; ⏰9h-17h). À 5 km du centre-ville, installé dans une ancienne station-service de 1965 conçue par Albert Frey. Nombreuses brochures et personnel compétent.

Venice Beach (p. 231)

LOS ANGELES

Dans ce chapitre

Los Angeles

D'une beauté sauvage, profondément créative et de surcroît ensoleillée, LA a tout pour plaire. Elle possède en outre une énergie folle et certains des meilleurs bars et restaurants du pays. Contrairement aux idées reçues, il s'agit d'une des grandes villes culturelles du monde, véritable melting-pot, dotée de collections d'art remarquables et de trésors d'architecture. Mais c'est surtout son splendide décor naturel qui la rend si attrayante : ici, le quotidien, c'est grandes plages et couchers de soleil enchanteurs sur fond de montagnes.

Los Angeles en 2 jours

Commencez par arpenter le **Hollywood Walk of Fame** (p. 211) à la recherche de vos stars favorites. Passez ensuite l'après-midi au **Griffith Observatory** (p. 212), puis allez dîner au **Catch LA** (p. 228) où vous croiserez peut-être d'autres vedettes. Le lendemain, consacrez le temps qu'il faut aux œuvres d'art contemporain du **Broad** (p. 216) ou du **MOCA Grand** (p. 216). Enfin, optez pour une soirée bières artisanales et jazz au **Blue Whale** (p. 232).

Los Angeles en 4 jours

Un séjour plus long permet d'avoir un aperçu des plages – après avoir parcouru le **Santa Monica Pier** (p. 208), louez un vélo et pédalez jusqu'à Venice. Un petit creux ? Faites une pause déjeuner au **Gjusta** (p. 229), à quelques pâtés de maisons du front de mer. Le quatrième jour, intéressez-vous aux œuvres d'art inestimables du **Getty Center** (p. 220) ou rejoignez les habitants qui vont randonner au **Runyon Canyon** (p. 224). Pour continuer sur le mode sain, dînez au restaurant végan **Crossroads** (p. 227).

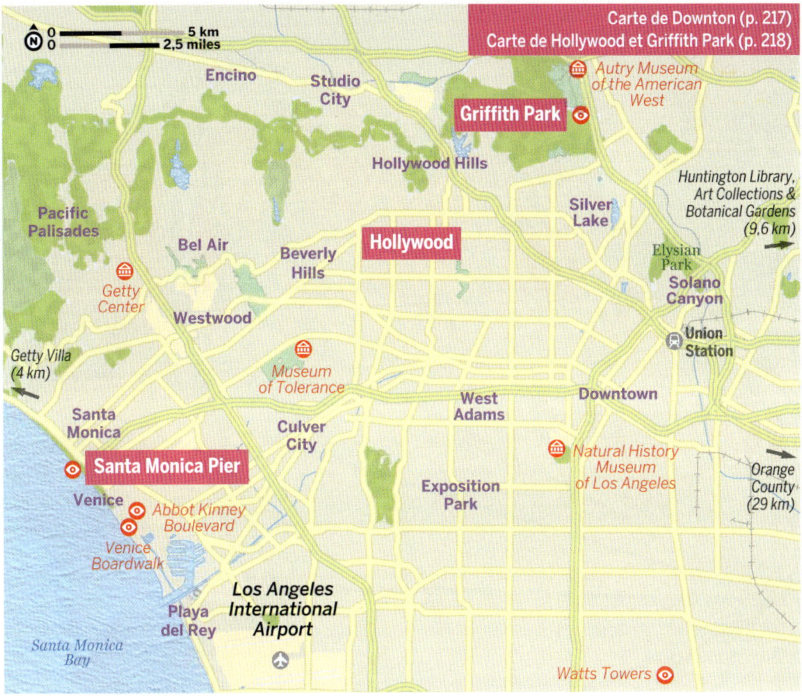

Comment s'y rendre

Los Angeles International Airport

Les bus LAX FlyAway (www.lawa.org/FlyAway ; aller simple 9,75 $) desservent Union Station (Downtown), Hollywood, Van Nuys, Westwood Village, près d'UCLA, et Long Beach. La course de taxi jusqu'à Downtown (30 min environ) coûte 47 $ (tarif fixe).

Où se loger

Des adresses rock 'n' roll de Downtown aux légendaires villas hollywoodiennes, LA décline un choix étourdissant d'hébergements. L'important est de réserver bien à l'avance après avoir déterminé quel quartier correspond le mieux à votre style et vos centres d'intérêt. Pour profiter de la mer, choisissez Santa Monica , Venice ou Long Beach. Les branchés et les fêtards préféreront Hollywood ou WeHo, et les passionnés de culture devraient s'installer à Downtown LA.

Grande roue, Santa Monica Pier

KENKISTLER / SHUTTERSTOCK ©

Santa Monica Pier

Cette jetée de 1909, qui marquait autrefois la fin de la mythique Route 66, est l'un des sites les plus fascinants de la ville. S'avançant dans le Pacifique sur près de 400 m, sa perspective sur les vagues bleu-vert qui ondulent à perte de vue est le clou du spectacle.

Pour ceux qui aiment...

Ne ratez pas

Les beaux chevaux de bois peints à la main du carrousel de 1922, à l'entrée de la jetée.

Carrousel

Près de l'entrée de la jetée, les parents nostalgiques et leur progéniture pourront faire un tour sur les chevaux de bois et autres animaux peints d'un **carrousel** (310-394-8042 ; Santa Monica Pier ; horaires variables ;) de 1922. Le manège a figuré dans le film *L'Arnaque* (1973).

Aquarium

Sous la jetée juste en contrebas du carrousel, le **Santa Monica Pier Aquarium** (310-393-6149 ; www.healthebay.org ; 1600 Ocean Front Walk ; tarif plein/-12 ans 5 $/gratuit ; 14h-18h mar-ven, 12h30-18h sam-dim ; ; M Expo Line jusqu'à Downtown Santa Monica) de l'association environnementale Heal the Bay présente dans des bassins tactiles des étoiles de mer, crabes, oursins et autres créatures capturées dans la baie voisine.

Vue aérienne du Santa Monica Pier

FRANCKREPORTER / GETTY IMAGES ©

Infos pratiques

310-458-8901 ; www.santamonicapier.org ;

Une petite faim ?

Arrivez tôt pour savourer un excellent petit-déjeuner de café et de burritos au **Dogtown Coffee** (www.dogtowncoffee.com ; 2003 Main St ; 5h30-17h lun-ven, 6h30-17h sam-dim).

★ Bon plan

Les jeudis d'été, des concerts gratuits ont lieu sur la jetée dans le cadre des Twilight Concert Series.

Trapeze School New York

Si vous avez toujours rêvé de faire du trapèze volant, la **Trapeze School** (310-394-5800 ; www.trapezeschool.com ; 370 Santa Monica Pier ; cours de 2 heures 35-65 $; horaires variables) dispense des cours devant public dans un espace tendu de filets.

Pacific Park

Petits et grands s'amusent sur la jetée au **Pacific Park** (310-260-8744 ; www.pacpark.com ; 380 Santa Monica Pier ; manège 5-10 $, pass journée tarif plein/-8 ans 33/18 $; tlj, horaires variables selon la saison ; ; M Expo Line jusqu'à Downtown Santa Monica), petit parc d'attractions américain typique, avec sa grande roue alimentée à l'énergie solaire, ses manèges, ses jeux d'arcade et ses stands de restauration. Vous trouverez des bons de réduction sur le site Internet.

À voir dans les environs

Au sud de la jetée se trouve l'**Original Muscle Beach** (www.musclebeach.net ; 1800 Ocean Front Walk ; aube-crépuscule) où les Californiens du Sud viennent faire de l'exercice depuis le milieu du XXe siècle. À proximité, tout le monde peut venir disputer une partie d'échecs à l'**International Chess Park** (310-458-8450 ; www.smgov.net ; Ocean Front Walk à hauteur de Seaside Tce ; aube-crépuscule). En suivant le **South Bay Bicycle Trail** (aube-crépuscule ;), une voie asphaltée pour cyclistes et marcheurs, on rejoint directement Venice Beach, à 2,5 km. Location de vélos et de rollers sur la jetée et dans des kiosques en bord de plage.

Hollywood Boulevard

JOECHO-16/GETTY IMAGES ©

Hollywood

Une aura mythique sans équivalent à LA entoure Hollywood, où le Walk of Fame, le Capitol Records et le Grauman's Chinese Theatre ont immortalisé dans le béton les divinités du septième art.

Pour ceux qui aiment...

Ne ratez pas

Les empreintes de vos stars de cinéma préférées au Grauman's Chinese Theatre.

Grauman's Chinese Theatre

Envie de marcher dans les pas de George Clooney ? Il suffit de repérer ses empreintes sur le parvis de ce célèbre **cinéma** (TCL Chinese Theatres ; 323-461-3331 ; www.tclchinesetheatres.com ; 6925 Hollywood Blvd ; visite guidée tarif plein/senior/enfant 16/13,50/8 $; ; M Red Line jusqu'à Hollywood/Highland) aux airs de pagode, avec cloches de temple et lions chinois en pierre, qui projette des films depuis 1927 !

Dolby Theatre

Les Oscars sont décernés au **Dolby Theatre** (323-308-6300 ; www.dolbytheatre.com ; 6801 Hollywood Blvd ; visite tarif plein/enfant, senior et étudiant 23/18 $; 10h30-16h ; P ; M Red Line jusqu'à Hollywood/Highland). La visite permet de découvrir l'auditorium, une salle VIP, ainsi qu'un exemplaire de trophée.

JOECHO-16 / GETTY IMAGES ©

Infos pratiques

Nombre des attractions touristiques se concentrent au croisement de Hollywood Blvd et Highland Ave.

Une petite faim ?

Direction le Musso & Frank Grill (p. 227), doyen des restaurants d'Hollywood.

★ Bon à savoir

Trois stations de la Red Line jalonnent Hollywood Blvd. Les arrêts Hollywood/ Vine et Hollywood/Highland sont particulièrement pratiques pour visiter les sites touristiques.

Hollywood Museum

Pour un aperçu de l'âge d'or d'Hollywood, ne manquez pas ce poussiéreux **musée** (323-464-7776 ; www.thehollywoodmuseum.com ; 1660 N Highland Ave ; adulte/enfant 15/5 $; 10h-17h mer-dim ; Red Line jusqu'à Hollywood/Highland), aux 4 étages chargés de costumes et d'accessoires de télévision et de cinéma. Le musée occupe le Max Factor Building, bel édifice Art déco de 1914.

Hollywood Walk of Fame

Marilyn Monroe, Quentin Tarantino et Maurice Chevalier font partie des quelque 2 600 artistes honorés d'une étoile en granito rose sur l'**Hollywood Walk of Fame** (www.walkoffame.com ; Hollywood Blvd ; Red Line jusqu'à Hollywood/Highland) depuis 1960. Consultez le site Web pour connaître les inaugurations à venir.

Hollywood Forever Cemetery

Dans ce **cimetière** (323-469-1181 ; www.hollywoodforever.com ; 6000 Santa Monica Blvd ; généralement 8h30-17h, fleuriste 9h-17h lun-ven, 9h-16h sam-dim ; P), beau jardin, sépultures démesurées et mausolées spectaculaires forment une dernière demeure parfaite pour les icônes défuntes d'Hollywood. Un plan (5 $), disponible chez le fleuriste, recense les grands noms.

Paramount Pictures

Star Trek, *Indiana Jones* et *Shrek* comptent parmi les superproductions de la **Paramount** (323-956-1777 ; www.paramountstudiotour.com ; 5555 Melrose Ave ; visites à partir de 55 $; visites 9h30-17h, dernière visite 15h), le deuxième plus ancien studio de cinéma toujours en activité et le seul encore situé à Hollywood. Des visites de 2 heures incluant les décors extérieurs permanents et les plateaux de tournage ont lieu toute l'année.

Panneau Hollywood

Griffith Park

Offert à la ville par l'industriel Griffith J. Griffith en 1896, ce parc mesurant cinq fois la superficie de Central Park, à New York, se classe parmi les plus grands espaces verts urbains des États-Unis. Il renferme un important théâtre en plein air, un zoo, un observatoire, 85 km de sentiers pédestres et le fameux panneau "Hollywood".

Pour ceux qui aiment...

Ne ratez pas

La vue panoramique des Hollywood Hills depuis le toit de l'observatoire.

Griffith Observatory

L'emblématique **observatoire** (213-473-0890 ; www.griffithobservatory.org ; 2800 E Observatory Rd ; entrée libre, spectacles au planétarium adulte/enfant 7/3 $; 12h-22h mar-ven, 10h-22h sam-dim ; P ; DASH Observatory) GRATUIT de 1935 permet d'admirer l'univers depuis le versant sud du mont Hollywood. Dans le planétarium, des panneaux digitaux explorent des thèmes aussi fascinants que la technologie des télescopes, la cartographie du ciel au rayon X ou l'origine de l'Univers. Le planétaire (appareil de projection) est présenté comme le plus sophistiqué au monde. Et il y a bien sûr la vue, qui embrasse par temps clair tout le bassin de Los Angeles, les montagnes environnantes et l'océan Pacifique.

Le public peut jeter un coup d'œil à travers le Zeiss Telescope, du côté est du toit, pour

Griffith Observatory

ENZO FIGUERES / GETTY IMAGES ©

Infos pratiques

323-644-2050 ; www.laparks.org ; 4730 Crystal Springs Dr ; 5h-22h, sentiers aube-crépuscule ; P GRATUIT

Une petite soif ?

Avant de randonner dans le Griffith Park, prenez des forces au café **Trails** (323-871-2102 ; 2333 Fern Dell Dr, Los Feliz ; pâtisseries 3-4 $, repas 5-9 $; 8h-17h ;).

★ Bon plan

On accède plus facilement au parc en empruntant la sortie Griffith Park Dr ou Zoo Dr sur l'I-5. Les places de stationnement gratuit abondent.

contempler la perspective sur les Hollywood Hills et la ville étincelante à leurs pieds, des plus spectaculaires au soleil couchant. Une fois la nuit tombée, des télescopes supplémentaires sont installés sur la pelouse devant afin d'observer les étoiles.

Au rez-de-chaussée, le Leonard Nimoy Event Horizon Theater diffuse un documentaire captivant de 24 minutes sur l'histoire de l'observatoire.

Autry Museum of the American West

Créé par le cow-boy chantant Gene Autry, ce vaste **musée** (323-667-2000 ; www.autrynationalcenter.org ; 4700 Western Heritage Way, Griffith Park ; tarif plein/senior et étudiant/enfant 14/10/6 $, gratuit 2e mardi du mois ; 10h-16h mar-ven, 10h-17h sam-dim ; P) offre un éclairage actuel sur l'histoire, les populations et la culture de l'Ouest américain. Les expositions permanentes portent notamment sur les traditions amérindiennes, le rassemblement du bétail ou la vie quotidienne au XIXe siècle.

Panneau "Hollywood"

L'élément le plus photographié de LA, installé sur les collines alentour en 1923, était à l'origine une publicité pour un projet immobilier appelé "Hollywoodland". Composé de lettres en tôle de 15 mètres de haut et jadis éclairé par 4 000 ampoules, il possédait même son propre gardien qui vécut derrière les "L" jusqu'en 1939.

Le panneau, qui commençait à se désagréger, fut amputé des quatre dernières lettres dans les années 1940. À la fin des années 1970, Alice Cooper et Hugh Hefner unirent leurs forces pour le sauver. Le second défendit à nouveau le symbole en 2010 contre un projet de lotissement dans les collines derrière lui.

L'architecture de Downtown

Riche de bâtiments étonnants, de restaurants et de musées, Downtown LA invite à une passionnante promenade.

Départ Verve
Distance 4 km
Durée 3 heures

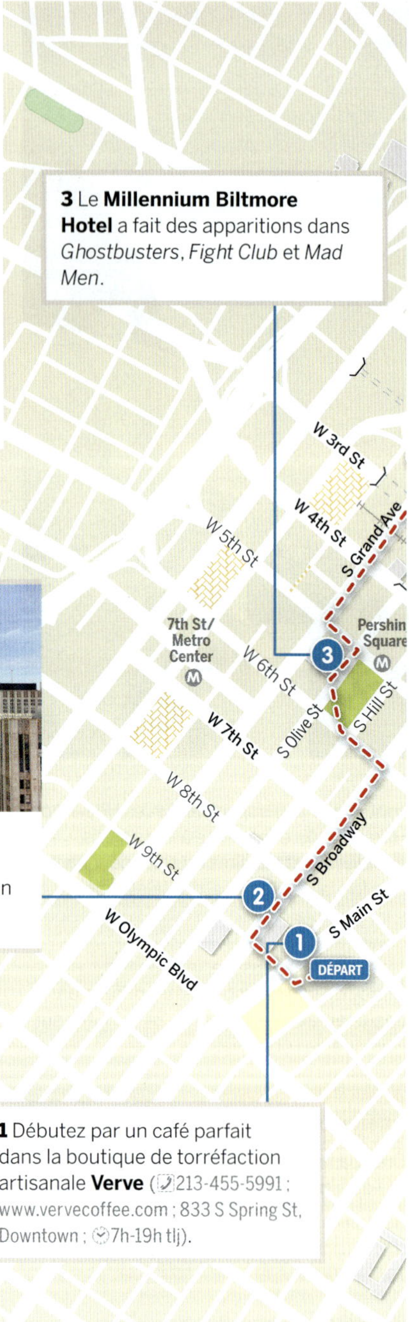

3 Le **Millennium Biltmore Hotel** a fait des apparitions dans *Ghostbusters*, *Fight Club* et *Mad Men*.

2 L'exceptionnel **Eastern Columbia Building** (1930) de l'architecte Claud Beelman est un chef-d'œuvre de l'Art déco.

1 Débutez par un café parfait dans la boutique de torréfaction artisanale **Verve** (☎213-455-5991 ; www.vervecoffee.com ; 833 S Spring St, Downtown ; ⏰7h-19h tlj).

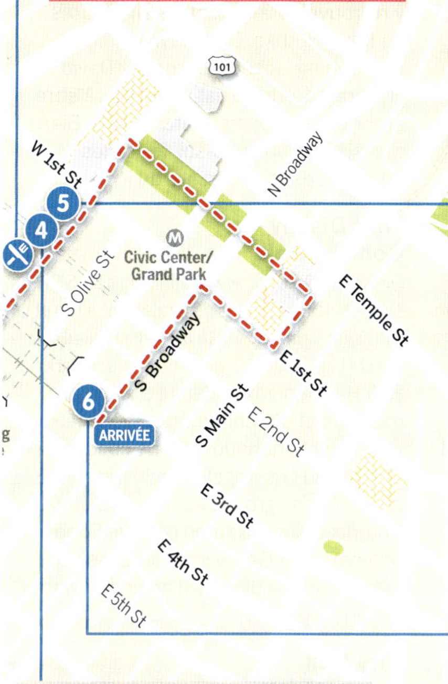

Une petite soif ? Sirotez un super cocktail devant une peinture murale de Damien Hirst à l'**Otium** (p. 226).

La photo à prendre Un selfie devant la façade étincelante du Walt Disney Concert Hall.

5 Le sensationnel **Walt Disney Concert Hall** (p. 216) de Frank Gehry accueille l'Orchestre philharmonique de LA.

6 Le **Grand Central Market** (p. 216) de style Beaux-Arts satisfait les gourmands depuis 1917.

4 The Broad (p. 216), l'édifice le plus extraordinaire de Downtown, vous laissera bouche bée.

Hollywood et Griffith Park

Hollywood et Griffith Park

À voir

1 Academy Museum B4
2 Dolby Theatre C2
Grauman's Chinese Theatre ..... (voir 2)
3 Griffith Observatory E1
4 Griffith Park E1
5 Hollywood Forever Cemetery D3
6 Hollywood Museum C2
7 Hollywood Walk of Fame C2
8 La Brea Tar Pits & Museum C4
9 Los Angeles County Museum of Art B4
10 Original Farmers Market B4
11 Petersen Automotive Museum B4

Activités, cours et circuits organisés

12 Paramount Pictures D3
13 Runyon Canyon C2
TMZ Celebrity Tour ..... (voir 2)

Achats

14 Fred Segal B3
Hollywood & Highland ..... (voir 2)

Où se restaurer

15 Canter's B3
16 Catch LA B3
17 Crossroads B3
18 Musso & Frank Grill C2
19 Petit Trois C3
20 Salt's Cure C3
21 Trails D2

Où prendre un verre et faire la fête

22 Abbey A3
23 Bar Marmont B2
24 Dirty Laundry D2

Où sortir

25 Echo F4
26 Hollywood Bowl C2
27 Wiltern Theatre D4

ampleur et sa richesse. Des grands noms de l'art – Rembrandt, Cézanne, Magritte, Mary Cassatt, Ansel Adams… – y côtoient des sculptures chinoises, japonaises, précolombiennes, gréco-romaines et égyptiennes millénaires. Parmi les récentes acquisitions, citons les grandes installations extérieures comme *Urban Light* (un arrière-plan surréaliste pour un selfie, composé de centaines de vieux lampadaires de Los Angeles) de Chris Burden, et *Levitated Mass* de Michael Heizer, un rocher de 340 tonnes en équilibre au-dessus d'un passage.

Le reste du complexe s'apprête à être rénové, selon un projet de l'architecte suisse Peter Zumthor. Ce réaménagement devrait s'achever en 2023. Plusieurs ailes resteront ouvertes (tel le pavillon japonais) et une partie de la collection sera exposée dans d'autres lieux de la ville. Consultez le site buildinglacma.org pour être informé sur les galeries ouvertes pendant la rénovation.

Original Farmers Market — Marché

(323-933-9211 ; www.farmersmarketla.com ; 6333 W 3rd St, Fairfax District ; 9h-21h lun-ven, 9h-20h sam, 10h-19h dim ; P). Le précurseur des marchés de producteurs qui inondent désormais LA date de 1934. On y trouve de tout, des primeurs et fromages aux blinis et donuts en passant par les fruits secs. Familial et décontracté, c'est un endroit amusant pour regarder sans acheter, manger sur le pouce ou observer les gens.

Petersen Automotive Museum — Musée

(323-930-2277 ; www.petersen.org ; 6060 Wilshire Blvd, Mid-City ; tarif plein/senior et étudiant/enfant 15/12/7 $; 10h-18h ; P ; bus Métro 20, 217, 720, 780 jusqu'à Wilshire et Fairfax). Avec ses 4 niveaux à la gloire de l'automobile, le Petersen Automotive Museum captivera même les profanes. Relooké fin 2015 par Kohn Pedersen Fox, le bâtiment désormais rouge vif est orné de bandes d'acier brillantes qui ondulent. L'intérieur, autrefois désuet, est organisé autour de trois thèmes (histoire, industrie et design) et expose une centaine de modèles emblématiques.

La Brea Tar Pits & Museum — Musée

(www.tarpits.org ; 5801 Wilshire Blvd, Mid-City ; tarif plein/étudiant et senior/enfant 12/9/5 $, gratuit le 1er mar du mois sept-juin ; 9h30-17h ; P). Des mammouths, des tigres à dents de sabre et des loups arpentaient la savane de LA durant la préhistoire. En attestent les crânes et ossements mis au

Huntington Library, Art Collections & Botanical Gardens

Le mélange art-littérature-histoire et près de 50 ha de jardins thématiques (tous valent le détour) font du **Huntington** (626-405-2100 ; www.huntington.org ; 1151 Oxford Rd, San Marino ; adulte semaine/week-end et jours fériés 23/25 $, enfant 10 $, 1er jeu du mois gratuit ; 10h-17h mer-lun ; P) un des endroits les plus agréables et les plus inspirants de LA, ainsi qu'une des attractions majeures de Californie. Devant la quantité de choses à voir, on ne sait par où commencer ; prévoyez trois ou quatre heures, même pour une visite succinte.

Commencez par la bibliothèque. Seule une fraction des six millions de livres et pièces en rapport est exposée au public, mais la collection reste impressionnante : Bible de Gutenberg, manuscrit des *Contes de Canterbury* de Geoffrey Chaucer et ouvrages signés Marco Polo et Christophe Colomb.

Dans les galeries voisines consacrées à l'art européen et américain, *L'Enfant bleu* (1779) de Thomas Gainsborough et *Pinkie* (1794) de Thomas Lawrence côtoient des œuvres de Mary Cassatt, Andy Warhol et Frank Stella.

Enfin, une douzaine de jardins à thème méticuleusement entretenus se déploient sur 48 ha. Le jardin chinois, agrémenté de rocailles et d'un étang, le jardin japonais, avec des pins taillés à la perfection, et le jardin du désert, curieusement plein de vie, ont notre préférence.

Huntington Library
RICK GERHARTER / GETTY IMAGES ©

jour ici, l'un des gisements de fossiles les plus riches et les plus connus de la planète. Dans le musée, des spécialistes partagent leurs connaissances en paléontologie et effectuent des démonstrations *in situ*.

Beverly Hills et ses environs

Getty Center — Musée

(310-440-7300 ; www.getty.edu ; 1200 Getty Center Dr, près de I-405 Fwy ; 10h-17h30 mar-ven et dim, 10h-21h sam ; P ; 734, 234). GRATUIT Haut perché dans les nuages au-dessus de la pollution de la ville, le Getty Center offre trois merveilles : une collection d'art exceptionnelle (des triptyques médiévaux aux peintures impressionnistes en passant par les sculptures baroques), l'architecture avant-gardiste de Richard Meier, et la splendeur des jardins changeant au gré des saisons de Robert Irwin. La foule est moins dense en fin d'après-midi. Parking à 15 $ (10 $ après 15h).

Museum of Tolerance — Musée

(réservations 310-772-2505 ; www.museumoftolerance.com ; 9786 W Pico Blvd ; tarif plein/senior/étudiant 15,50/12,50/11,50 $, exposition Anne Frank adulte/senior/étudiant 15,50/13,50/12,50 $; 10h-17h dim-mer et ven, 10h-21h30 jeu, 10h-15h30 ven nov-mars ; P). Géré par le centre Simon Wiesenthal, ce musée de la Tolérance propose des activités interactives visant à provoquer la réflexion et la discussion sur le racisme et l'intolérance. L'accent est mis sur l'Holocauste à travers une grande exposition traitant du contexte économique, politique et social qui a abouti à cette catastrophe, ainsi que du sort des millions de juifs persécutés. Au 1er étage, une autre exposition poignante place le visiteur au cœur du quotidien d'Anne Frank.

Frederick R. Weisman Art Foundation — Musée

(310-277-5321 ; www.weismanfoundation.org ; 265 N Carolwood Dr ; visites guidées 1 heure 30 10h30 et 14h lun-ven, uniquement sur rdv). GRATUIT L'entrepreneur et philanthrope Frederick R. Weisman avait une passion insatiable pour l'art, comme le prouve sa maison d'Holmby Hills. Du sol au plafond, la

GRZEGORZ CZAPSKI / SHUTTERSTOCK ©

Grand Central Market (p. 204)

demeure (et son impeccable jardin) déborde d'extraordinaires œuvres de visionnaires comme Kandinsky, Miró, Magritte, Picasso, Rothko, Warhol, Rauschenberg et Ruscha. On y découvre même une moto peinte par Keith Haring. Appelez quelques jours avant pour réserver une visite.

Malibu et Pacific Palisades

Getty Villa — Musée d'art

(☎310-430-7300 ; www.getty.edu ; 17985 Pacific Coast Hwy, Pacific Palisades ; ⏰10h-17h mer-lun ; P 👪 ; 🚌ligne 534 jusqu'à Coastline Dr). GRATUIT Perché à flanc de colline avec vue sur l'océan, cette réplique d'une villa romaine du Ier siècle forme un ravissant écrin de 26 ha pour la collection d'antiquités grecques, étrusques et romaines amassée par le magnat du pétrole J. Paul Getty. Les galeries, les péristyles, l'atrium et les jardins richement dotés sont le cadre rêvé pour découvrir les frises, bustes et mosaïques. Les verreries multicolores et les agencements géométriques du Hall of Colored Marbles sont à couper le souffle. Sans parler de la fontaine de Pompéi et du temple d'Héraclès.

Venice

Abbot Kinney Boulevard — Quartier

(🚌Big Blue Bus ligne 18). Abbot Kinney, fondateur de Venice au début du XXe siècle, serait probablement ravi de savoir que l'une des rues les plus appréciées du quartier porte son nom. Sorte de Melrose à la mer avec une touche vénitienne, la portion du boulevard entre Venice Blvd et Main St déborde de boutiques de luxe, de galeries, de lofts et de superbes restaurants. Le magazine GQ l'a qualifié "d'artère la plus cool des États-Unis" il y a quelques années.

Venice Boardwalk — Front de mer

(Ocean Front Walk ; Venice Pier jusqu'à Rose Ave). À Venice, la vie s'écoule à un autre rythme, surtout le long de sa célèbre promenade, baptisée officiellement Ocean Front Walk (promenade du Front de mer), qui tient à la fois du carnaval déjanté et de la cour des miracles à l'américaine : pros du hula hoop, jazz bands rétros, rockeurs solitaires et autres artistes plus ou moins bons. Bref, une expérience incontournable, typique de LA.

Canaux de Venice Quartier

À quelques rues seulement du front de mer se trouve ce quartier imaginé par Abbot Kinney, imitation des canaux de Venise, et dont il ne reste aujourd'hui que 5 km. Le **Venice Canal Walk** passe devant des maisons de styles divers, franchit des ponts et longe des voies d'eau sur lesquelles glissent des canards et des barques. Accès par Venice Blvd ou Washington Blvd.

Exposition Park et South LA

Watts Towers Monument

(213-847-4646 ; www.wattstowers.us ; 1761-1765 E 107th St, Watts ; tarif plein/enfant 13-17 ans et senior/-13 ans 7/3 $/gratuit ; visites 11h-15h jeu-ven, 10h30-15h sam, 12h-15h dim ; P ; M Blue Line jusqu'à 103rd St). Leurs trois flèches placent les Watts Towers, de Simon Rodia, au nombre des plus fascinants exemples d'art non-académique. En 1921, cet immigré italien décida de "faire quelque chose de grand". Il passa donc les 33 années suivantes à assembler des morceaux de béton, d'acier et toutes sortes d'objets trouvés (bouteilles, coquillages, tuiles, cailloux, fragments de poterie, etc.)

Natural History Museum of Los Angeles Musée

(213-763-3466 ; www.nhm.org ; 900 Exposition Blvd, Exposition Park ; tarif plein/réduit/enfant 12/9/5 $; 9h30-17h ; P ; M Expo Line Expo/Vermont). Des dinosaures aux diamants, des ours aux scarabées, des cafards aux éléphants d'Afrique, ce musée scientifique vous fait faire le tour du monde et revenir des millions d'années en arrière. Il occupe un superbe bâtiment au style d'inspiration plateresque datant de 1913. Prévoir plusieurs heures de visite.

Universal City

Universal Studios Hollywood Parc à thème

(800-864-8377 ; www.universalstudioshollywood.com ; 100 Universal City Plaza, Universal City ; adulte/enfant à partir de 109/103 $, gratuit -3 ans ; tlj, horaires selon la saison ; P ; M Red Line Universal City). Le succès d'Universal, temple ludique

City Hall (p. 216)

du cinéma, ne se dément pas. Comptant parmi les plus anciens studios en activité et les plus vieux parcs à thème au monde, ce complexe rassemble plateaux de tournage et manèges à sensations, et propose des spectacles et des divertissements interactifs. Un petit train (Studio Tour) vous emmène à la découverte de décors de classiques d'Universal – *Psychose*, *Retour vers le futur*...

Le Wizarding World of Harry Potter est l'attraction la plus populaire des studios : préparez-vous à faire la queue pour monter à bord des montagnes russes Flight of the Hippogriff et visiter l'univers d'Harry Potter and the Forbidden Journey.

Parmi les autres attractions, citons la balade en bateau Jurassic Park, qui vous emmène à travers une jungle préhistorique ; les montagnes russes de Revenge of the Mummy, aussi brèves qu'impressionnantes (avec des pointes à plus de 70 km/h et des passages en marche arrière), et The Simpsons Ride, un simulateur de montagnes russes.

Long Beach

Aquarium of the Pacific — Aquarium

(billets 562-590-3100 ; www.aquariumofpacific.org ; 100 Aquarium Way, Long Beach ; tarif plein/réduit/enfant 30/27/19 $; 9h-18h ; P). Attraction la plus captivante de Long Beach, l'Aquarium du Pacifique est un vaste océan high-tech couvert dans lequel évoluent requins, méduses et otaries. Plus de 11 000 créatures vivent dans quatre habitats reconstitués : les baies et lagons de Baja California, les eaux glacées du Pacifique nord, les récifs coraliens tropicaux et les forêts d'algues locales.

Queen Mary — Bateau

(877-342-0738 ; www.queenmary.com ; 1126 Queens Hwy, Long Beach ; circuits tarif plein/-12 ans à partir de 27,95/20,95 $; visites 10h-18h ou plus tard ; P ; Passport, AquaBus, AquaLink). Le *Queen Mary*, supposé hanté, est ancré ici, à Long Beach. Membres de la royauté, immigrants et soldats naviguaient sur ce vaste paquebot britanique, plus long et plus beau que le *Titanic*, au cours de ses mille et une traversées de l'Atlantique entre 1936 et 1964.

Rose Bowl Flea Market

Qu'il pleuve ou qu'il vente, le terrain de football de Rose Bowl accueille chaque mois l'"America's Marketplace of Unusual Items" ("le marché des objets insolites") depuis les années 1960. Plus de 2 500 marchands et quelque 20 000 chineurs en quête de trésors investissent ce **marché aux puces** (www.rgcshows.com ; 1001 Rose Bowl Dr, Pasadena ; entrée à partir de 9 $; 9h-16h30 2e dim du mois, dernière entrée à 15h, accès dès 5h), où l'on passe toujours un bon moment. Une restauration de foire (burgers, hot dogs, frites, saucisses, sushis, limonade, cocktails, etc.) comblent les petits creux et étanchent la soif.

L'enseigne au néon à l'entrée du Rose Bowl
ANGEL DIBILIO / SHUTTERSTOCK ©

ACTIVITÉS

Passant beaucoup de temps dans les embouteillages autoroutiers, les habitants de Los Angeles n'en aiment que plus l'exercice physique. Avec des parcours de randonnée en montagne spectaculaires, l'une des plus vastes réserves naturelles urbaines du pays et une plage battue par les vagues, la ville se prête idéalement aux activités de plein air. Ajoutez à cela 300 jours de soleil par an et vous comprendrez pourquoi la population locale a l'air si en forme.

Runyon Canyon Randonnée

(www.runyoncanyonhike.com ; 2000 N Fuller Ave ; ⏲aube-crépuscule). Dans les Hollywood Hills, ce parc public de 53 ha couvert de maquis est aussi connu pour les adeptes de la course à pied et les célébrités sportives qui le fréquentent que pour la vue panoramique depuis ses hauteurs. Suivez la large piste pare-feu en partie asphaltée, puis empruntez le sentier qui descend jusqu'au canyon.

Des séances de yoga gratuites ont lieu ici chaque matin (apportez votre tapis) ; détails sur le site Web.

Mishe Mokwa Trail & Sandstone Peak Randonnée

(www.nps.gov/samo ; 12896 Yerba Buena Rd, Malibu). Par un chaud matin de printemps, quand le parfum des céanothes (*Ceanothus*, appelé aussi lilas de Californie) bleu pâle embaume l'air, rien de tel qu'une randonnée le long de ce sentier en boucle de 10 km. Le parcours serpente à travers un canyon de roche rouge pris d'assaut par des grimpeurs jusqu'à un bosquet de chênes à **Split Rock**, avant de gravir le Mt Allen (alias Sandstone Peak), point culminant des Santa Monica Mountains.

Santa Monica Mountains Randonnée

(www.nps.gov/samo/index.htm). Paradis des randonneurs et des vététistes, l'extrême nord-ouest des Santa Monica Mountains présente les paysages les plus grandioses et les plus sauvages : canyons de roche rouge à couper le souffle et affleurements granitiques offrant des vues sublimes sur l'océan. Les plus beaux sentiers se situent à Pacific Palisades, Topanga et Malibu.

ACHATS

Los Angeles a le chic pour pousser à la dépense même les acheteurs les plus raisonnables. Il y a toujours une bonne raison de s'offrir une robe vintage ou un sac en édition limitée, dans cette ville où créativité et fantaisie sont les maîtres mots.

Last Bookstore in Los Angeles Livres

(☎213-488-0599 ; www.lastbookstorela.com ; 453 S Spring St ; ⏲10h-22h lun-jeu, 10h-23h ven

De gauche à droite : Original Farmers Market (p. 219) ; Getty Center (p. 220) ; détail du toit du Walt Disney Concert Hall (p. 216) ; Last Bookstore in Los Angeles (ci-dessus)

ALEX MILLAUER / SHUTTERSTOCK ©

ANTON_IVANOV / SHUTTERSTOCK ©

et sam, 10h-21h dim). Ce qui débuta comme un simple petit stand sur Main St est devenu la plus grande librairie de neuf et d'occasion de Californie, occupant les deux niveaux d'une ancienne banque. Jetez un coup d'œil aux rayons de livres rares du rez-de-chaussée avant de monter à l'étage, où vous attendent un coin horreur et polar, un "tunnel de livres", quelques œuvres d'art et une excellente sélection de vinyles.

Raggedy Threads — Vintage

(213-620-1188 ; www.raggedythreads.com ; 330 E 2nd St ; 12h-20h lun-sam, 12h-18h dim ; M Gold Line jusqu'à Little Tokyo/Arts District). Cette friperie typiquement américaine, à deux pas de l'artère principale de Little Tokyo, déborde de trouvailles potentielles : vieux jeans rapiécés, dont une collection de tenues de travail pré-années 1950 des États-Unis, du Japon et de France, robes victoriennes, T-shirts tout doux et de superbes turquoises à petit prix.

Fred Segal — Mode et accessoires

(323-651-4129 ; www.fredsegal.com ; 8100 Melrose Ave, Mid-City ; 10h-19h lun-sam, 12h-18h dim). Célébrités et clients ultra-stylés viennent chercher les dernières pièces de Babakul, Aviator Nation et Robbi & Nikki dans ce dédale de boutiques de luxe réunies en un lieu extrêmement chic et légèrement snob. Les deux semaines de soldes en septembre sont l'unique période où l'on peut y faire des affaires (en quelque sorte).

Sika — Art

(323-295-2502 ; 4330 Degnan Blvd, Leimert Park ; 12h-18h). Une institution de Leimert Park pour les antiquités, masques, vêtements et bijoux d'Afrique de l'Ouest, ainsi que pour les piercings de nez. À l'occasion du Labor Day, le magasin co-organise dans le parc voisin un festival de trois jours consacré à la musique, l'art et la cuisine.

Mystery Pier Books — Livres

(www.mysterypierbooks.com ; 8826 W Sunset Blvd, West Hollywood ; 11h-19h lun-sam, 12h-17h dim). Dans une cour dissimulée, cette librairie vend notamment des scénarios dédicacés de grands films et des éditions originales de Shakespeare (2 500-4 000 $), Salinger (21 000 $) et J.K. Rowling (30 000 $ minimum).

STEFANO POLITI MARKOVINA / GETTY IMAGES ©

A SAMSON / SHUTTERSTOCK ©

Le top 5 des délices de LA

Petit Trois (ci-contre). Succulent double cheese-burger Bic Mec.

Mariscos 4 Vientos (ci-dessous). Parfaits tacos frits aux crevettes.

Cassia (p. 229). "Pot-au-feu" vietnamien aux plat de côtes, légumes et moelle.

Crossroads (page ci-contre) "Huîtres" véganes à base d'artichaut.

Salt & Straw (p. 229). Nougatine aux amandes et glace à la ganache salée.

Double cheese-burger
LISA ROMEREIN / GETTY IMAGES ©

OÙ SE RESTAURER

Il y a ici à voir et à manger, et la ville est riche, à ce titre également, d'influences multiples, et un déjeuner y prend facilement des airs de florilège. Mais, au-delà du *xiao long bao* cantonais, de la *farinata* génoise et autres plats typiques, le plus savoureux reste l'alliance de traditions : tacos mexico-coréens ou donut allégé au fromage frais végan, fourré à la confiture et au basilic... même à table, l'ennui n'a pas droit de cité à LA.

Downtown LA

Mariscos 4 Vientos Mexicain $

(☎323-266-4045 ; www.facebook.com/Mariscos4Vientos ; 3000 E Olympic Blvd ; plats 2,25-14 $; ⏲9h-17h30 lun-jeu, 9h-18h ven-dim). Des tacos de crevettes sans pareil, composés de tortillas de maïs frites et recouvertes de *pico de gallo*. Commandez au *food truck* si vous êtes pressé ou attablez-vous dans la salle animée.

Manuela Américain moderne $$

(☎323-849-0480 ; www.manuela-la.com ; 907 E 3rd St ; ⏲17h30-22h dim-jeu, 17h30-23h ven-sam, aussi 11h30-15h30 mer-ven et 10h-16h sam-dim ; 📶). Le jeune chef texan Wes Whitsell dirige le restaurant plein de mérite de la galerie d'art Hauser & Wirth. L'atmosphère chaleureuse de ce loft au sol et plafond en bois va de pair avec une carte souvent modifiée mêlant magnifiquement produits locaux et accents du sud. Aiguisez votre appétit avec des pickles maison, puis régalez-vous de plats faussement simples comme la parfaite polenta nappée d'un *ragù* au porc.

Otium Américain moderne $$$

(☎213-935-8500; otiumla.com ; 222 S Hope St, Downtown ; plats 15-45 $; ⏲11h30-14h30 et 17h30-22h mar-jeu, 11h30-14h30 et 17h30-23h ven, 11h-14h30 et 17h30-23h sam, 11h-14h30 et 17h30-22h dim ; 📶). Voisin du Broad (p. 216), ce restaurant à la mode est tenu par le chef Timothy Hollingsworth. Ce dernier propose des associations inattendues, croustillant de riz sauvage et amarante avec sa salade d'avocat, bettes et pamplemousse, ou *bucatini* complètes *al dente* au crabe de Dungeness sous sa rosée de saké au citron vert.

Hollywood

Petit Trois Français $$

(☎323-468-8916 ; petittrois.com ; 718 N Highland Ave ; plats 14-36 $; ⏲12h-22h dim-jeu, 12h-23h ven-sam ; P). Comme le prouve ce minuscule restaurant tenu par le chef Ludovic Lefebvre, ce n'est pas la taille qui compte, mais bien ce qu'il y a dans l'assiette. Les gourmands se pressent aux 2 longs comptoirs (l'endroit étant trop petit pour des tables) pour une bonne cuisine d'inspiration française, de la légère omelette au boursin au superbe double cheeseburger servi avec une remarquable sauce bordelaise au foie gras. CB uniquement, pas de réservations.

Salt's Cure Américain moderne $$

(☎323-465-7258 ; saltscure.com; 1155 N Highland Ave ; plats 17-34 $; ⏲11h-22h dim-jeu, 11h-23h ven et sam). Fier bastion locavore, ce restaurant met la Californie à l'honneur, des légumes de saison aux viandes et charcuterie maison. On y déguste des classiques revisités, tels le capicollo à la pâte de piment ou le magret de canard accompagnés de pancakes aériens à l'avoine et d'une compote de mûres.

Musso & Frank Grill Steak $$

(☎323-467-7788 ; www.mussoandfrank.com ; 6667 Hollywood Blvd ; plats 15-52 $; ⏲11h-23h mar-sam, 16h-21h dim ; P; M Red Line jusqu'à Hollywood/Highland). L'histoire d'Hollywood est palpable dans son plus vieux restaurant, ouvert en 1919. Charlie Chaplin buvait des vodkas gimlets au bar et Raymond Chandler rédigeait ses scénarios sur les banquettes à haut dossier. Des contrats cinématographiques furent conclus en utilisant le téléphone au fond de la salle (la banquette la plus proche de celui-ci a la faveur de Jack Nicholson et de Johnny Depp).

West Hollywood et Mid-City

Crossroads Végan $$

(☎323-782-9245 ; www.crossroadskitchen.com ; 8284 Melrose Ave, Mid-City ; plats brunch 7-14 $, plats dîner 12-22 $; ⏲10h-14h30 tlj, 17h-22h dim-jeu, 17h-minuit ven-sam ; ✎). Célèbre pour sa cuisine végétalienne originale, Tal Ronnen concocte dans cet établissement chic des créations changeant au gré des saisons : "beignets de crabe" faits de cœurs de palmier, "huîtres" d'artichauts, aubergine en croûte de cèpes, pâtes et pizzas dont le "fromage" est fait à partir de noix. Bons cocktails.

Canter's Épicerie fine $$

(☎323-651-2030 ; www.cantersdeli.com ; 419 N Fairfax Ave, Mid-City ; ⏲24h/24 ; P). Imbattable dans le genre *deli* à l'ancienne, ce pilier du quartier juif de Fairfax existe depuis 1931. À l'intérieur d'une salle en longueur, on savoure un large éventail de plats présentés dans des comptoirs vitrés, dont les incontournables pastrami, corned-beef et soupe de boulettes de *matza*.

Getty Villa (p. 221)

Circuits organisés

Quelles que soient vos envies – lumière ou obscurité, tragique ou profane, sucré ou salé – il existe à Los Angeles des circuits guidés susceptibles de vous plaire.

Los Angeles Conservancy (213-623-2489 ; www.laconservancy.org ; adulte/enfant 15/10 $). Itinéraires à pied pour découvrir les perles architecturales de Downtown LA par une association à but non lucratif.

Esotouric (213-915-8687 ; www.esotouric.com ; circuit 58 $). Ces circuits en bus explorent les dessous choquants et fascinants de LA : lieux de crimes célèbres, figures littéraires (de Chandler à Bukowski), etc.

TMZ Celebrity Tour (844-869-8687 ; www.tmz.com/tour ; 6822 Hollywood Blvd ; adulte/enfant 54/44 $; départs du Hard Rock Cafe Hollywood à 12h15, 15h et 17h30 jeu-mar, 12h15 et 15h mer ; M Red Line jusqu'à Hollywood/Highland). Des parcours en bus irrévérencieux sur le thème de la culture people à Hollywood, WeHo et Beverly Hills.

Dearly Departed (855-600-3323 ; www.dearlydepartedtours.com ; 50-85 $). Circuits en bus axés sur la face sombre et tragique d'Hollywood.

Out & About Tours (www.thelavendereffect.org/tours ; à partir de 30 $). Visites à pied de la scène LGBT+ à Hollywood, WeHo et Downtown. Hétéros bienvenus.

Bus TMZ Celebrity Tour
RAYMOND BOYD / GETTY IMAGES ©

Juste à côté, la petite scène du Kibitz Room a notamment accueilli Frank Zappa, Joni Mitchell et les Guns N' Roses. Des concerts y sont programmés presque chaque soir : accompagnez-les d'un cocktail.

Catch LA — Fusion $$$

(323-347-6060; catchrestaurants.com/catchla ; 8715 Melrose Ave, West Hollywood ; plats à partager 11-31 $, plats dîner 28-41 $; 11h-15h sam-dim , 17h-2h tlj ; P). LA dans toute sa splendeur. Des paparazzis guettent les vedettes depuis le trottoir, un videur vérifie les réservations... mais tout cela semble bien loin une fois rejoint le restaurant-bar en terrasse qui surplombe, depuis le 3e niveau, West Hollywood. Le menu, très côte Ouest, aligne des cocktails originaux et des plats à partager (sashimi aux truffes, rouleau de laitue au *black cod*, etc.).

Santa Monica

Santa Monica Farmers Markets — Marchés $

(www.smgov.net/portals/farmersmarket ; Arizona Ave, entre 2nd St et 3rd St ; Arizona Ave 8h30-13h30 mer, 8h-13h sam, Main St 8h30-13h30 dim ;). Santa Monica reste un mystère tant qu'on ne s'est pas plongé dans un de ses marchés hebdomadaires qui regorgent de fruits et légumes bio, de fleurs, de pâtisseries et d'huîtres tout juste extraites de leurs coquilles. À choisir, le marché du mercredi, au coin de la 3e et d'Arizona, est le plus grand ; les chefs locaux y font souvent leurs emplettes, ce qui en dit long sur la qualité des produits.

Milo & Olive — Italien $$

(310-453-6776 ; www.miloandolive.com ; 2723 Wilshire Blvd ; plats 7-20 $; 7h-23h). Nous adorons cet endroit pour ses vins de petits producteurs, ses pizzas, ses superbes petits-déjeuners (polenta crémeuse et œufs pochés, par exemple), son pain et ses pâtisseries... À savourer au bar en marbre ou à l'une des deux tables communes. Cet agréable restaurant de quartier ne prend pas de réservations.

Venice

Cassia Sud-Est asiatique $$$
(☎310-393-6699 ; www.cassiala.com/ ; 1314 7th St ; entrées 12-24 $, plats 18-77 $; 🕐17h-22h dim-jeu, 17h-23h ven et sam ; P). Depuis son ouverture en 2015, le spacieux Cassia figure dans toutes les listes locales et nationales des meilleurs restaurants de Los Angeles grâce à son chef, Bryant Ng, qui a su intégrer son héritage sino-singapourien dans ses plats. À la carte, *kaya toast* (avec confiture de coco, beurre et œuf cuit à basse température), "*sunbathing*" *prawns* (crevettes) ou encore un pot-au-feu vietnamien qui rassemble plat de côtes, légumes, os à mœlle et accompagnement dans un délicieux bouillon.

Venice

Salt & Straw Glaces $
(☎310-310-8429 ; www.saltandstraw.com ; 1357 Abbot Kinney Blvd, Venice ; glace à partir de 4 $; 🕐11h-23h). Il semble y avoir toujours la queue devant cette succursale du glacier branché de Portland. Peut-être est-ce parce qu'il y a toujours une nouveauté à goûter : les audacieux parfums saisonniers changent tous les mois (légumes frais du marché, récolte de fin d'été). Consultez le site pour connaître les parfums actuels.

Gjusta Californien $$
(☎310-314-0320 ; www.gjusta.com ; 320 Sunset Ave, Venise ; plats 7,50-20 $; 🕐7h-22h ; 🚌 Big Blue Bus 1 et 18). Les patrons du Gjelina ont ouvert ce café-boulangerie-deli typique de Venice, à la fois gastronomique et décontracté, qui se cache derrière une devanture banale dans une petite rue. La carte change régulièrement, mais comprend des plats du type soupe de poulet au chou, charcuterie maison, gravlax (spécialité à base de saumon fumé), poitrine de bœuf wagyu fumée et gigot d'agneau.

OÙ PRENDRE UN VERRE ET FAIRE LA FÊTE

Abbey Gay et lesbien
(☎310-289-8410 ; www.theabbeyweho.com ; 692 N Robertson Blvd, West Hollywood ; 🕐11h-2h lun-jeu, 10h-2h ven, 9h-2h sam-dim). On a dit de cet établissement qu'il était le meilleur bar gay au monde. De fait, cet ancien café

Vue depuis l'arrière du panneau "Hollywood"(p. 213)

sans prétention est devenu un bar-club-restaurant parmi les plus réputés de West Hollywood. L'inventivité des barmen semble sans limites (avec notamment quantité de recettes de mojitos), et les cuisiniers ne sont pas en reste (plats 14-21 $).

Edison Bar à cocktails

(☎213-613-0000 ; www.edisondowntown.com ; 108 W 2nd St ; ⏲17h-2h mer-ven, 19h-2h sam ; Ⓜ Red/Purple Lines jusqu'à Civic Center/Grand Park). Niché dans la petite ruelle de Harlem Pl, ce fantastique bar-*lounge* occupe le sous-sol d'une centrale électrique centenaire. Un paradis *steampunk* à l'éclairage tamisé, ponctué de générateurs, d'élégants salons tout en cuir et de recoins. Jetez un coup d'œil aux autographes de célébrités dans la chaufferie à charbon d'origine. Concerts variés (jazz, folk…) et spectacles burlesques ou acrobatiques.

Clifton's Republic Bar à cocktails

(☎213-627-1673 ; www.cliftonsla.com ; 648 S Broadway ; ⏲11h-minuit mar-jeu, 11h-2h ven, 10h-2h30 sam, 10h-minuit dim ; 📶 ; Ⓜ Red/Purple Lines jusqu'à Pershing Sq). Décrire ce bar à plusieurs niveaux, ouvert en 1935 et récemment rénové pour 10 millions de $, relève du défi. On y sert des plats de cafétéria (autour de 15 $) à côté d'une cascade, on sirote des cocktails accoudé à un autel gothique pendant que des spectacles de cabaret se déroulent à l'ombre d'un faux séquoia de 12 m. Des DJ installés dans un hors-bord réaménagé animent pendant ce temps l'espace polynésien.

Dirty Laundry Bar

(☎323-462-6531 ; dirtylaundrybarla.com ; 1725 N Hudson Ave ; ⏲22h-2h mar-sam ; Ⓜ Red Line jusqu'à Hollywood/Vine). Sous les plafonds bas, parcourus de tuyaux, de cet immeuble rose bonbon par ailleurs sans intérêt, se déroulent des soirées mémorables. Le whisky est bon, la musique entraînante, et l'endroit se prête aux rencontres. Notons que l'accès est filtré : mieux vaut avoir réservé une table pour être sûr d'entrer.

Bar Marmont Bar

(☎323-650-0575 ; www.chateaumarmont.com ; 8171 Sunset Blvd, Hollywood ; ⏲18h-2h). Élégant sans être snob ; ancien mais toujours apprécié. Avec ses hauts plafonds, ses moulures et ses martinis remarquables, l'endroit attire les célébrités. En choisissant le bon moment, vous tomberez peut-être sur certaines, mais l'établissement ne précise pas lesquelles. Venez plutôt en semaine pour être dans le coup.

High Rooftop

(☎424-214-1062 ; www.highvenice.com ; 1697 Pacific Ave, Hotel Erwin, Venice ; ⌚15h-22h lun-jeu, 15h-minuit ven, 12h-minuit sam, 12h-22h dim). Le seul bar sur les toits de Venice dévoile une vue panoramique allant du rivage aux Santa Monica Mountains – si toutefois vous parvenez à quitter des yeux le beau monde qui fréquente les lieux. Dans les verres, les cocktails, originaux, changent en fonction de la saison : *julep* orange sanguine, *hot toddy* pomme citron, chocolat chaud mexicain avec tequila... Quelques plats pour accompagner le tout : miniburgers, mezze et sauce au crabe... Réservation conseillée.

La Descarga Bar lounge

(☎323-466-1324 ; www.ladescargala.com ; 1159 N Western Ave ; ⌚20h-2h mar-sam). Cette cave à rhum et à cigares élégamment défraîchie est une belle surprise. Derrière le bar en marbre s'alignent une centaine de rhums : haïtien, guyanais, guatémaltèque et vénézuélien. Ne cédez pas à la carte des cocktails maison et commandez plutôt un rhum vieux, à savourer avec pour seuls accompagnements le rythme du mambo et du son, et le spectacle assuré par la danseuse burlesque. Réservation obligatoire.

Sayers Club Club

(☎323-871-8233 ; www.facebook.com/TheSayersClub ; 1645 Wilcox Ave ; tarif variable ; ⌚21h-2h mar et jeu-sam ; Ⓜ Red Line jusqu'à Hollywood/Vine). Quand les grandes vedettes du rock comme les Black Keys ou les stars de cinéma comme Joseph Gordon-Levitt décident de se produire dans un lieu intimiste, ils choisissent ce club d'Hollywood. Canapés en cuir, éclairage tamisé et musique toujours bonne.

Les 10 meilleures plages de LA

Leo Carrillo Appréciée des familles pour son atmosphère de colonie de vacances, ses bassins de marée, ses falaises percées de grottes, ses sentiers et ses excellentes conditions de baignade.

El Matador La plage la plus splendide de Malibu, intime et retirée, où des pics de grès émergent d'une mer d'azur.

Zuma Trois kilomètres de sable nacré et des vagues douces parfaites pour pratiquer le bodysurf.

Westward Beach Les habitants de Malibu privilégient cette plage de sable blond pour ses eaux cristallines, ses bancs de dauphins et ses colonies d'otaries.

Santa Monica Une vaste étendue de sable où les familles fuyant la chaleur des terres affluent le week-end.

Venice Beach Souvent ignorées, les belles et larges plages au sud du Venice Pier se prêtent idéalement au bodysurf.

Manhattan Beach Une plage tapageuse de SoCal avec pas mal de drague et des mordus de surf près de la jetée.

Hermosa Beach Un lieu de fête permanente avec son lot de corps musclés et de phéromones.

Malaga Cove Ce croissant bordé de falaises est la seule plage de sable de Palos Verdes aisément accessible au commun des mortels.

Abalone Cove Partez à la recherche d'étoiles de mer, anémones et autres créatures dans les bassins de marée de cette réserve naturelle semée de rochers.

Santa Monica Beach

OÙ SORTIR

Geffen Playhouse Théâtre

(☎310-208-5454 ; www.geffenplayhouse.com ; 10886 Le Conte Ave, Westwood). Le producteur David Geffen a dépensé plus de 17 millions de dollars pour remettre en état ce théâtre de style méditerranéen. La programmation mêle classiques du répertoire américain et pièces récentes. Il n'est pas rare que des acteurs de cinéma ou de télévision connus fassent partie de la distribution.

Hollywood Bowl Salle de concerts

(☎323-850-2000 ; www.hollywoodbowl.com ; 2301 Highland Ave ; répétitions gratuites, concerts tarifs variables ; ⏲juin-sept). Les étés angelenos ne seraient pas les mêmes sans les concerts au Bowl, un immense amphithéâtre de plein air à Hollywood Hills. De juin à septembre s'y succèdent orchestres symphoniques, groupes de jazz et grands noms de la musique tels que Blondie, Bryan Ferry ou Angélique Kidjo. Emportez un sweat ou une couverture car il y fait frais le soir, ainsi que votre pique-nique – une tradition !

The Echo Musique live

(www.attheecho.com ; 1822 W Sunset Blvd, Echo Park ; tarif variable). Pour une alchimie sonore éclectique dans l'Eastside, direction cette adresse branchée – en fait un simple bar pourvu d'une scène et d'une superbe terrasse à l'arrière. Côté musique, il y en a pour tous les goûts : rock indé, electro, dub, dream pop, power pop... Des soirées clubbing, comme la fameuse "Funky Sole" du samedi, ont lieu régulièrement, tandis que le lundi est consacré aux groupes locaux montants.

Wiltern Theatre Théâtre

(☎213-388-1400 ; www.wiltern.com ; 3790 Wilshire Blvd ; Ⓜ Purple Line jusqu'à Wilshire/Western). Fièrement dressé au croisement de Wilshire Blvd et Western Blvd (d'où son nom), l'ancien cinéma Art déco turquoise où se déroula la première de *West Side Story* présente aujourd'hui des concerts, des spectacles comiques et, à l'occasion, des films culte.

Blue Whale Jazz

(☎213-620-0908 ; www.bluewhalemusic.com ; 123 Astronaut E S Onizuka St. Suite 301 ; entrée 5-20 $; ⏲20h-2h, fermé 1er dim du mois ; Ⓜ Gold Line jusqu'à Little Tokyo/Arts District). Au dernier étage du Weller Court, dans Little Tokyo, cet espace intime au sol de béton accueille des concerts de jazz (d'avant-garde ou classique) tous les soirs à 21h, d'une qualité n'ayant d'égale que l'excellente acoustique de la salle. Le public est varié, les bières sont artisanales et les en-cas du bar corrects. Entrée à régler en espèces.

Saturdays Off the 405 Musique live

(www.getty.edu ; Getty Center ; ⏲18h-21h sam mai-sept). De mai à septembre, la cour du Getty Center se remplit pour un plaisant mélange d'art, de concerts géniaux et de DJ sets.

Los Angeles Philharmonic Musique classique

(☎323-850-2000 ; www.laphil.org ; 111 S Grand Ave). Sous la baguette du maestro vénézuélien Gustavo Dudamel, l'excellent orchestre philarmonique de LA joue des œuvres classiques et avant-gardistes au Walt Disney Concert Hall (p. 216).

Upright Citizens Brigade Theatre Café-théâtre

(☎323-908-8702 ; franklin.ucbtheatre.com ; 5919 Franklin Ave ; billets 5-12 $). Fondé à New York par des anciens de l'émission de divertissement *Saturday Night Live*, ce comedy club a essaimé à Hollywood en 2005. Désormais meilleure adresse du genre, il propose de nombreux spectacles le soir : one-man-shows, improvisations et sketchs. Service de voiturier : 7 $.

RENSEIGNEMENTS

Los Angeles Visitor Information Center

(☎323-467-6412 ; www.discoverlosangeles.com ; Hollywood & Highland, 6801 Hollywood Blvd ; ⏲9h-22h lun-sam, 10h-19h dim ; Ⓜ Red Line jusqu'à Hollywood/Highland). Le principal office du tourisme de Los Angeles, situé à Hollywood, fournit plans, brochures, informations relatives à

TIERNEYMJ / SHUTTERSTOCK ©

Pont autoroutier, Los Angeles

l'hébergement ainsi que billets de parcs à thème et autres attractions.

DEPUIS/VERS LOS ANGELES

Les 9 terminaux du Los Angeles International Airport (p. 324) sont reliés par la navette gratuite LAX Shuttle A, qui part du niveau inférieur (arrivées) de chacun d'eux. Les taxis ainsi que les navettes des hôtels et des agences de location de voitures les desservent également. Un minibus gratuit réservé aux voyageurs à mobilité réduite peut être commandé en appelant le ☎310-646-6402. Billetterie et enregistrement au niveau supérieur (départs).

COMMENT CIRCULER

VOITURE ET MOTO

Sauf à manquer de temps et/ou du budget nécessaire, vous aurez sans doute envie de prendre le volant à un moment ou à un autre. Cela implique toutefois d'affronter l'une des pires circulations du pays ; évitez les heures de pointe (7h-9h et 15h30-18h).

Les parkings des motels et des hôtels bon marché sont généralement gratuits, tandis que les établissements plus chics facturent entre 8 et 45 $. Les restaurants et hôtels haut de gamme possèdent généralement des voituriers, moyennant 3,50 $ à 10 $.

TRANSPORTS PUBLICS

La plupart des transports publics – bus, métro et le train léger – sont gérés par la société **Metro** (☎323-466-3876 ; www.metro.net). Plans, horaires et itinéraires disponibles en ligne.

Pour emprunter les trains et bus Metro, procurez-vous une carte TAP réutilisable aux guichets automatiques des stations. Vendue 1 $, elle peut être créditée d'une somme établie ou d'un forfait journalier.

FOCQUS / SHUTTERSTOCK ©

Surfeur à Laguna Beach (p. 246)

ORANGE COUNTY

Dans ce chapitre

Orange County

Los Angeles et l'Orange County ont beau être les plus proches voisins, un monde les sépare. Si la première rime avec stars, le second est le paradis des surfeurs. Tandis que LA devient toujours plus urbaine, l'OC reste une zone suburbaine – et fière de l'être ! – où règnent la voiture, les autoroutes et les centres commerciaux. Alors que la Ville des Anges se pose comme le siège de la pensée progressiste de SoCal, le comté est le fief des méga-églises et des ultraconservateurs. D'un côté les paillettes d'Hollywood, de l'autre les **Real Housewives*****.***

Dans l'Orange County, le tourisme est dominé par Disneyland à Anaheim, au nord, et des stations balnéaires promettant un été sans fin – et des modes de vie très différents – en direction du sud.

Orange County en 2 jours

Passez une journée au **Disneyland Park** (p. 238) pour rencontrer Mickey et monter à bord de l'ébouriffant Hyperspace Mountain. Le lendemain, cap au sud pour une expérience balnéaire typiquement californienne. Rendez-vous à **Huntington Beach** (p. 252), où vous pourrez terminer la soirée autour d'un feu de joie après avoir surfé sur de bonnes vagues.

Orange County en 4 jours

Avec du temps supplémentaire, il est possible d'ajouter **Disney California Adventure** (p. 240) ou de profiter d'une ou plusieurs plages à **Laguna Beach** (p. 246). Le quatrième jour, laissez-vous éblouir par les vestiges de l'histoire coloniale espagnole à la **Mission San Juan Capistrano** (p. 244), perle des missions.

Comment s'y rendre

Orange County possède son propre aéroport, le John Wayne Airport. Toutefois, si vous atterrissez au Los Angeles International Airport (LAX), cela vaut rarement la peine de prendre un autre vol pour la correspondance. Des minibus à destination du comté et des bus directs pour Disneyland couvrent en effet le trajet en 1 heure environ, selon la distance et la circulation.

Où se loger

L'hébergement le long des plages d'Orange County va du moyen de gamme au très onéreux. Plus on s'avance dans l'intérieur des terres, à Costa Mesa ou Anaheim par exemple, plus les tarifs baissent. Anaheim est un point de chute pratique pour visiter Disneyland Resort et la région. Les hôtels de Disneyland peuvent participer de l'expérience, mais augmentent considérablement le coût du séjour alors que des options moins chères se trouvent juste à l'extérieur du parc.

Disneyland Resort

Bienvenue dans "l'endroit le plus joyeux sur terre" ! Dans ce monde parallèle parfait, les rues sont toujours propres, les employés du parc toujours souriants, et on défile dans la bonne humeur tous les jours de l'année.

Pour ceux qui aiment...

Ne ratez pas

Autopia, l'une des attractions de 1955 qui subsistent à Tomorrowland.

Depuis l'inauguration de Disneyland en 1955, Mickey a accueilli chez lui des millions de visiteurs. En 2001, le Disney's California Adventure (DCA) a été conçu pour célébrer les sites naturels et l'histoire culturelle de l'État. Downtown Disney, un centre commercial en plein air jalonné de boutiques, restaurants, bars, hôtels et lieux de spectacles, complète le trio du Disneyland Resort.

Disneyland Park

Disneyland Park reste aménagé selon les plans de Walt. Il abrite de nombreux manèges et des attractions directement associées à la marque Disney : Main Street, U.S.A., le château de la *Belle au bois dormant*, Tomorrowland.

Porte d'accès au parc, Main Street, U.S.A. est une jolie rue bordée de magasins et

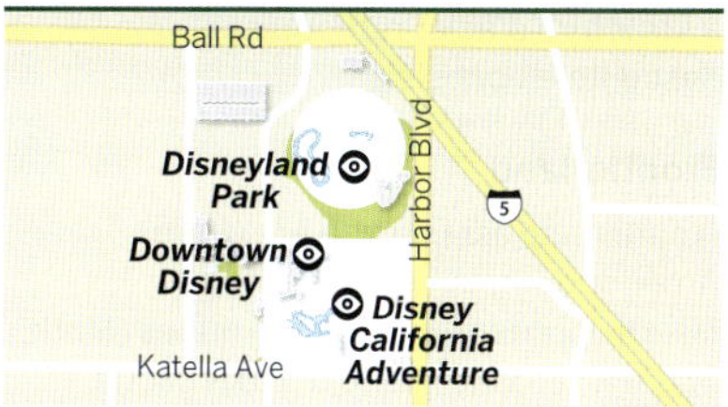

Infos pratiques

714-781-4636 ; www.disneyland.com ; 1313 Harbor Blvd ; tarif plein/3-9 ans pass journée à partir de 97/91 $, 2 jours pass park-hopper 244/232 $; ouvert tlj, horaires variables selon la saison.

Une petite faim ?

Retenez une table pour un dîner raffiné au **Napa Rose** (714-300-7170 ; disneyland.disney.go.com/dining ; Grand Californian Hotel & Spa ; plats 38-48 $, menu dîner 4 plats à partir de 100 $; 17h30-22h ;).

★ Bon plan

L'application mobile Disneyland permet d'acheter des billets, d'effectuer des réservations, de visualiser les temps d'attente et de localiser les personnages.

de restaurants évoquant une petite ville américaine du début du XXe siècle. Si les enfants préfèreront sans doute rejoindre directement les manèges, les adultes auront peut-être envie de s'attarder pour s'imprégner de la dimension historique des lieux dans ce décor suranné. Tout au bout se dresse le château de la *Belle au bois dormant*, cliché incontournable et point de repère central (ses tourelles bleues sont visibles de loin depuis presque partout) d'où rayonnent les différentes sections de Disneyland.

Tomorrowland

Dans les années 1950, on imaginait un avenir tourné vers la galaxie, avec monorails, fusées et architecture futuriste. En 1998, ce "land" a été rénové pour honorer 3 futuristes intemporels – Jules Verne, H.G. Wells et Léonard de Vinci. Aujourd'hui, c'est l'univers de *Star Wars* qui semble dominer Tomorrowland. Son attraction phare, Hyperspace Mountain, l'une des meilleures montagnes russes du pays, vous propulse dans le noir à des vitesses vertigineuses. Star Wars Launch Bay est rempli d'accessoires et costumes de la saga.

Juste à l'extérieur de la station du monorail, Autopia permet à petits et grands de conduire des voitures miniatures.

Fantasyland

Fantasyland, peuplé de personnages de contes, se découvre notamment à travers l'inénarrable croisière "It's a Small World", dont la chanson interprétée par des centaines d'animatrons d'enfants du monde entier vous restera en tête pendant des jours.

Autre classique, les Matterhorn Bobsleds sont des montagnes russes à structure d'acier reproduisant une descente en bobsleigh.

Frontierland

Frontierland est une ode à la vieille Amérique : croisière évoquant le Mississippi dans un bateau à aubes (Mark Twain Riverboat), visite d'une réplique d'un voilier du XVIIIe siècle (Sailing Ship Columbia), balade dans une ville du Far West avec stand de tir et le Big Thunder Mountain Railroad, montagnes russes dans une mine d'or.

Adventureland

Dans un décor de jungle entre Asie du Sud-Est et Afrique, Adventureland propose de multiples attractions. Indiana Jones™ Adventure, et son thème du safari, a le plus de succès. À côté, les plus petits adorent grimper les escaliers menant à la Tarzan's Treehouse ("Cabane de Tarzan").

Pirates of the Caribbean, la plus longue attraction de Disneyland (17 minutes), a inspiré les films *Pirates des Caraïbes*.

Disney California Adventure

De l'autre côté de l'esplanade d'entrée du Disneyland Park, Disney California Adventure célèbre la géographie, l'histoire et la culture californiennes dans une version aseptisée et grand public. Couvrant une superficie plus importante que Disneyland, il paraît moins bondé. Il comporte en outre des manèges et attractions plus modernes, inspirés des parcs à thème côtiers, des montagnes et forêts de séquoias de l'arrière-pays, de la magie d'Hollywood et de la course automobile à travers le film *Cars*.

Cars Land

Le design incroyablement détaillé de cette partie du parc, inspirée des films Disney-Pixar à succès *Cars*, mérite d'être loué, notamment le Radiator Springs Racers, une course de voitures qui vous embarque dans un décor reproduisant minutieusement le Grand Ouest américain.

Grizzly Peak

Grizzly Peak est une ode à la beauté naturelle et aux succès technologiques de la Californie. Son attraction vedette est Soarin' Around the World, balade en deltaplane virtuel au-dessus des plus beaux sites de l'État rendue possible par la technologie Omnimax. Laissez-vous caresser par la brise chargée de senteurs et admirez les paysages.

Au Grizzly River Run, descendez la Sierra Nevada en rafting – à réserver aux journées chaudes.

ⓘ Infos pratiques

Disneyland Resort est ouvert 365 jours par an. Les horaires varient selon la saison, voire d'un jour à l'autre, mais le parc accueille habituellement le public au moins de 10h à 20h. Renseignez-vous à l'avance sur www.disneyland.com.

© DISNEY. PHOTO: PAUL HIFFMEYER

Paradise Pier

Si vous aimez les attractions foraines, vous adorerez Paradise Pier, un condensé de ce qui se fait de mieux en la matière. Grand huit de dernière génération, le California Screamin' imite à merveille les vieilles montagnes russes construites en bois. Tout aussi populaire, Toy Story Midway Mania! fait évoluer le visiteur dans un décor en 4D. On marque des points en visant des cibles pendant que la voiture avance et pivote parmi des jeux d'arcade à l'ancienne.

Downtown Disney

Sorte de temple du marketing, Downtown Disney est un centre commercial à ciel ouvert, coincé entre les deux parcs à thème et les hôtels, d'où vous aurez du mal à vous échapper, et où les tentations sont nombreuses, entre magasins (pas uniquement Disney), restaurants et autres divertissements. La plupart ouvrent et ferment en même temps que les parcs.

Billets

Il existe une multitude de billets différents pour le Disneyland Resort. Le prix d'entrée fluctue selon les jours, mais comptez à partir de 97/91 $ par adulte/enfant (3-9 ans) pour Disneyland ou DCA en période de faible affluence. Sinon, optez pour des pass valables plusieurs jours ou des forfaits "park-hopper".

★ Bon à savoir

Pour toute aide ou information à l'intérieur du parc, adressez-vous à un employé, au **City Hall** (☎714-781-4565 ; Main Street, U.S.A.) de Disneyland ou au *guest relations lobby* de Disney California Adventure.

FASTPASS

Le système FASTPASS de Disneyland et DCA peut réduire considérablement le temps d'attente.

- Insérez votre billet pour le parc ou votre abonnement annuel dans un distributeur automatique FASTPASS (situés à l'entrée des attractions) pour obtenir un ticket où figure votre heure de passage (au moins 40 minutes plus tard).
- Présentez-vous dans la file d'attente FASTPASS pendant le créneau horaire précisé sur le ticket. L'attente n'excède généralement pas les 15 minutes. Conservez votre ticket FASTPASS jusqu'à ce que vous soyez dans le manège.
- Si vous avez laissé passer le créneau, vous pouvez toujours essayer de vous placer dans la file d'attente dédiée. À l'inverse, n'espérez pas passer avant le début de votre créneau horaire.
- Après chaque ticket FASTPASS, vous devrez attendre deux heures avant d'en demander un autre (l'heure à laquelle vous pourrez le faire est indiquée en bas du ticket).

Avant de demander un ticket FASTPASS, vérifiez l'horaire du créneau proposé sur l'écran au-dessus du distributeur. Si l'heure proposée est trop tardive, ou s'il n'y a que 15 ou 30 minutes d'attente pour l'attraction en question, un FASTPASS ne vaut pas forcément le coup.

MaxPass fonctionne sur le même principe que FASTPASS, mais il faut passer par l'application Disneyland (10 $/jour), qui comprend des téléchargements illimités sur Disney PhotoPass et permet de faire des réservations depuis votre smartphone.

Restaurants Disney

Ici, chacun vit à son rythme. Certains préféreront manger sur le pouce un bretzel en forme de Mickey (4 $) ou une cuisse de dinde géante (10 $), tandis que d'autres prendront le temps d'un buffet illimité. On déplore les prix souvent exagérés et la cuisine formatée. Réservations jusqu'à 60 jours à l'avance avec **Disney Dining** (☎714-781-3463 ; disneyland.disney.go.com/dining) Les horaires des établissements varient en fonction de la saison, parfois même d'un jour à l'autre. Consultez l'appli Disneyland ou le site Web.

À l'extérieur des parcs proprement dits, Downtown Disney abrite un certain nombre de restaurants, cafés et bars.

Hôtels Disney

S'il existe des hébergements moins onéreux à Anaheim, juste à la périphérie du parc, trois hôtels se trouvent dans l'enceinte du Disneyland Resort : le **Disney's Grand Californian Hotel & Spa** (☎infos 714-635-2300, réservations 714-956-6425 ; disneyland.disney.go.com/grand-californian-hotel ; 1600 S Disneyland Dr ; d à partir de 360 $; P ❄ @ ≈), hommage au mouvement architectural Arts & Crafts, le **Disneyland Hotel** (☎714-778-

6600 ; www.disneyland.com ; 1150 Magic Way, Anaheim ; ch 210-395 $; P @), construit en 1955 mais rajeuni d'un coup de baguette magique, et le **Disney's Paradise Pier Hotel** (☎infos 714-999-0990, réservations 714-956-6425 ; disneyland.disney.go.com/paradise-pier-hotel ; 1717 S Disneyland Dr, Anaheim ; d à partir de 240 $; P @), avec son décor balnéaire et ses jeux d'arcade.

Chacun d'eux possède une piscine dotée d'un toboggan aquatique, de programmes d'activités pour les enfants, d'une salle de sport, d'un centre d'affaires, d'un service de voiturier et de places de parking gratuites pour les clients enregistrés.

Depuis/vers Disneyland et Anaheim

On peut rejoindre Disneyland et Anaheim en voiture (par l'I-5 Fwy) ou par les trains Amtrak et Metrolink qui desservent la gare ARTIC d'Anaheim (p. 259). De là, un court trajet en taxi, covoiturage ou navette **Anaheim Resort Transportation** (ART ; ☎888-364-2787 ; www.rideart.org ; adulte/enfant 3/1 $, pass journalier 5,50/2 $, pass pour plusieurs jours disponibles) vous mènera à Disneyland.

★ Bon plan

Afin d'éviter la foule, arrivez à l'ouverture des parkings et des billetteries, une heure avant celle du parc proprement dit.

★ Parole d'expert

La joie qui règne à Disneyland ne doit rien à l'alcool, qui n'a pas droit de cité dans l'enceinte du parc. En revanche, Disney California Adventure, Downtown Disney et les trois hôtels du *resort* en vendent.

© DISNEY PHOTO: PAUL HIFFMEYER

Mission San Juan Capistrano

Missions de Californie

Fondées par des missionnaires il y a près de deux siècles, les belles missions espagnoles de Californie sont les témoins silencieux du passé complexe et tumultueux de l'État.

Pour ceux qui aiment...

Ne ratez pas

La blanche Serra Chapel, considérée comme le plus vieil édifice de Californie encore debout.

De la première mission à San Diego de Alcalá (1769) jusqu'à la dernière, celle de San Francisco Solano (1823), les 21 missions de Californie furent la première tentative de colonisation européenne de la côte pacifique. Ces forteresses religieuses et militaires permirent à l'Espagne de s'implanter dans le Nouveau Monde, marquant le déclin de la population amérindienne. La légende veut que des fantômes hantent les cloîtres de nombre d'entre elles, bâties par des indigènes dont beaucoup ne survécurent pas au chantier.

Mission San Juan Capistrano

Célèbre pour ses hirondelles qui reviennent chaque année le 19 mars (parfois plus tôt), San Juan Capistrano abrite également le "joyau des missions

Serra Chapel, Mission San Juan Capistrano

SUPANNEE_HICKMAN / SHUTTERSTOCK ©

Infos pratiques

Les missions constituent un élément-clé du système des parcs nationaux de Californie. Leurs horaires et tarifs varient.

Une petite faim ?

Avant d'explorer la Mission San Juan Capistrano, petit-déjeunez au **Ramos House Café** (949-443-1342 ; www.ramoshouse.com ; 31752 Los Rios St ; plats semaine 17-21 $, brunch week-end 44 $; 8h30-15h).

★ Bon à savoir

San Juan Cap et Mission San Juan Capistrano se visitent habituellement dans le cadre d'une journée d'excursion au départ de villes de bord de mer comme Laguna.

de Californie". Fondée en 1775 par le père Lasuén, abandonnée au bout de quelques semaines, la **mission** (949-234-1300 ; www.missionsjc.com ; 26801 Ortega Hwy ; tarif plein/senior/enfant 10/9/6 $; 9h-17h ;) fut restaurée en 1776 par le père Junípero Serra. Elle comprend des arcades en pierre du XVIIIe siècle, des fontaines et des jardins fleuris. Les archéologues, ingénieurs et restaurateurs ont accompli un travail exceptionnel pour la préserver. On peut aisément passer une heure ou deux à arpenter sur son vaste domaine les logements des prêtres, la caserne, le cimetière, etc.

L'émouvante **Great Stone Church** fut presque entièrement détruite par un puissant tremblement de terre le 8 décembre 1812. La **Serra Chapel** (1782) – à la façade blanchie à la chaux et à l'intérieur orné de fresques restaurées – serait le plus vieil édifice de Californie. Il s'agit en tout cas du seul encore debout dans lequel Junípero Serra célébra la messe.

Le droit d'entrée inclut un audioguide gratuit avec des histoires intéressantes racontées par des locaux. Un autre audioguide, "Saved by the Mission Bell", s'adresse aux élèves de primaire.

California Mission Trail

Les 21 missions de Californie (dont la Mission San Carlos Borroméo de Carmelo, p. 164, la Mission Santa Barbara, p. 172 et la Purisima Mission p. 179) jalonnent l'itinéraire bien balisé de l'Historic Mission Trail. Toutes se tiennent le long de la Hwy 101 ou à proximité, plus ou moins sur le tracé du Camino Real, baptisé ainsi en l'honneur de la monarchie espagnole qui finança leur construction. De San Diego au sud à Solano au nord, leurs bâtiments superbement rénovés justifient le détour.

Main Beach (p. 249) vue depuis Heisler Park (p. 248)

Laguna Beach

Laguna a tout pour plaire : criques retirées, falaises romantiques, vagues d'un bleu d'azur et parcs sur le front de mer composent un décor digne de la Riviera. Mais son attrait va au-delà du cadre naturel. Sculptures urbaines, festivals d'art, navettes gratuites l'été : la ville promeut intelligemment le tourisme tout en conservant sa qualité de vie huppée.

Pour ceux qui aiment...

Infos pratiques

L'application Visit Laguna Beach (www.visitlagunabeach.com/app) fournit quantité d'informations concernant les sites, les restaurants, les transports, etc.

★ **Bon plan**

Le visitor center (☎949-497-9229 ; www.lagunabeachinfo.com ; 381 Forest Ave ; ⏰10h-17h ; 📶) **distribue des brochures détaillant les itinéraires touristiques à pied et en bus public.**

JON BILOUS / SHUTTERSTOCK ©

L'une des toutes premières villes de Californie, Laguna possède une forte tradition artistique, à commencer par celle des impressionnistes qui vécurent et travaillèrent ici au début du XXe siècle. Elle accueille aujourd'hui des festivals d'art réputés, des galeries, un célèbre musée et des maisons de campagne et bungalows de style Arts & Craft qui tranchent avec l'architecture de banlieue uniforme. Il s'agit aussi de la principale enclave gay de l'Orange County (même si la vie nocturne n'est plus que l'ombre d'elle-même aujourd'hui).

Séparée des plaines de l'arrière-pays par un long canyon abrupt, Laguna s'étire sur environ 11 km le long de la Pacific Coast Hwy. Les magasins, restaurants et bars se concentrent dans trois artères parallèles du "village", praticables à pied : Broadway, Ocean Ave et Forest Ave.

Laguna Art Museum

Ce **musée** (☎949-494-8971 ; www.lagunaartmuseum.org ; 307 Cliff Dr ; tarif plein/étudiant et senior/-13 ans 7/5 $/gratuit, 17h-21h 1er jeu du mois gratuit ; ⏲11h-17h ven-mar, 11h-21h jeu) abrite des expositions temporaires d'art contemporain de la région et une collection permanente composée de représentations de nombreux paysages californiens, de photographies d'époque et d'œuvres d'artistes de Laguna.

Plages

Avec 30 plages publiques sur 11 km de littoral, vous avez de quoi faire à Laguna Beach. Depuis le vert **Heisler Park** (375 Cliff Dr), au sommet d'un promontoire, le panorama de la côte embrasse des criques escarpées et une mer d'un bleu intense.

Shaw's Cove

Près du "village" du centre-ville, **Main Beach** abrite des terrains de volley et de basket, une aire de jeux et des toilettes. C'est la première plage en descendant Laguna Canyon Blvd depuis la 405 Fwy et la plus propice à la baignade. Juste au nord, **Picnic Beach** est trop rocheuse pour le surf, mais possède d'excellents bassins de marée.

Au sud du centre-ville, **Aliso Beach County Park** (949-923-2280 ; ocparks.com/beaches/aliso ; 31131 S Pacific Coast Hwy ; parking 1 $/heure ; 6h-22h ; P) a la faveur des habitants, surtout des amateurs de surf, de Bodyboard et de skimboard. Ses tables de pique-nique, ses foyers pour faire du feu et son aire de jeux attirent aussi les familles.

Plus loin dans la même direction, **West Street Beach** (West St) est depuis longtemps le repaire de la communauté LGBT (surtout gay) de Laguna et du comté.

À moins de 1,5 km, cachée au bord de la Hwy 1 juste au sud du Mission Hospital, **Thousand Steps Beach** (près de 9th Ave) reste un secret jalousement gardé par les habitants. À l'extrémité sud de 9th St, plus de 200 marches (et non 1 000) descendent jusqu'au sable. Bien que rocheuse, la plage offre des conditions idéales pour le bain de soleil, le surf et le bodysurf.

Ne ratez pas

Pendant deux mois, le Festival of Arts (www.foapom.com ; 650 Laguna Canyon Rd ; 7-10 $; habituellement 10h-23h30 juil-août ;) **met à l'honneur la création originale dans tous les domaines artistiques.**

TRACEROUDA / GETTY IMAGES ©

Plongée et snorkeling

Émaillée de criques, de récifs et d'affleurements rocheux, Laguna fait partie des meilleures destinations de plongée et de snorkeling de SoCal. Parmi les spots les plus connus figure **Divers Cove**, en contrebas du Heisler Park. Il s'inscrit dans la **Glenn E. Vedder Ecological Reserve**, un parc sous-marin qui s'étend jusqu'à la limite nord de Main Beach. **Shaw's Cove** est également populaire. Consultez les conditions météo et l'état de la mer auprès de la **Sécurité maritime** (949-494-6573) de la ville car des noyades ont déjà eu lieu. L'office du tourisme affiche un tableau des marées.

Kayak

La Vida Laguna (949-275-7544 ; www.lavidalaguna.com ; 1257 S Coast Hwy ; circuit de 2 heures à partir de 85 $) propose des excursions en kayak avec guide dans les criques escarpées de la côte. Avec un peu de chance, vous verrez une colonie de lions de mer. Réservation requise.

Une petite faim ?

Arrêtez-vous au **Driftwood Kitchen** (949-715-7700 ; www.driftwoodkitchen.com ; 619 Sleepy Hollow Lane ; plats déj 15-36 $, dîner 24-39 $; 9h-10h30 et 11h-14h30 lun-ven, 17h-21h30 dim-jeu, 17h-22h30 ven-sam, 9h-14h30 sam-dim) pour un festin de fruits de mer.

Panneau de rue à Old Towne Orange

Old Towne Orange

À 11 km au sud-est de Disneyland, la ville d'Orange conserve un charmant centre historique appelé "Old Towne Orange". L'endroit mérite largement le détour pour ses magasins d'antiquités et de vêtements vintage, ses restaurants chics et son atmosphère sud-californienne d'antan.

Pour ceux qui aiment...

Ne ratez pas

Le rond-point joliment paysager de Plaza Square Park, carrefour d'Old Towne Orange.

Orange fut planifiée par les avocats de Los Angeles Alfred Chapman et Andrew Glassell, qui, en 1869, reçurent plusieurs centaines d' hectares de terre en guise de paiement pour des services juridiques. Elle devint alors la seule ville de Californie organisée autour d'une plaza centrale, le rond-point où se croisent les actuelles Glassell St et Chapman Ave, et se parcourt toujours agréablement à pied.

Tables d'antan

Promenez-vous autour du rond-point d'Old Towne Orange, puis dans Glassell St pour choisir parmi plus d'une douzaine de pittoresques cafés, restaurants, bars à vin et brasseries, dont des adresses gastronomiques sans ostentation. Parmi les tables du carrefour, beaucoup ont un bar où l'animation bat son plein jusque tard le soir.

Infos pratiques

Les trains de banlieue Amtrak et Metrolink marquent l'arrêt à la gare d'Orange, quelques pâtés de maisons à l'ouest de la plaza. Ils rallient Anaheim et l'Union Station de LA.

Une petite faim ?

Burgers de qualité au **Burger Parlor** (☎714-602-8222 ; burgerparlor.com ; 149 N Glassell St ; plats 9-13 $; ⏱11h-21h dim-mer, jeu 11h-22h, 11h-23h ven-sam). Pour une version allégée, vous pourrez même remplacer le bun par des feuilles de laitue !

★ Bon à savoir

Assez proche d'Anaheim et d'autres villes du comté, Orange peut faire l'objet d'une simple excursion à la journée.

Ne manquez pas le **Watson Soda Fountain Café** (☎714-202-2899 ; www.watsonscafe.com ; 116 E Chapman Ave ; plats 8-18 $; ⏱7h-21h dim-mer, 7h-22h jeu, 7h-minuit ven-sam), un ancien drugstore de 1899 refait dans le style d'époque – notez le coffre-fort, les meubles d'apothicaire et le standard téléphonique. On y sert des boissons maltées, milk-shakes et sundaes comme dans les buvettes américaines d'autrefois, ainsi que des burgers, frites, cornichons frits et petits-déjeuners toute la journée. Bonus : jetez un coup d'œil à la carte des bières et des vins.

Magasins vintage

Old Towne Orange invite au shopping et au lèche-vitrines. Des commerces indépendants s'alignent principalement au nord et au sud de la plaza. Celle-ci regroupe la plus forte concentration d'antiquaires et de dépôts-ventes du comté.

Très tendance, **Elsewhere Vintage** (☎714-771-2116 ; www.elsewherevintage.com ; 105 W Chapman Ave ; ⏱11h-19h) présente de superbes robes bain-de-soleil, chapeaux, sacs à main en cuir et bijoux fantaisie, surtout des années 1920 à 1960. Son autre enseigne, **Joy Ride** (☎714-771-7118 ; www.joyridevintage.com ; 109 W Chapman Ave ; ⏱11h-19h) est spécialisée dans les vêtements et articles vintage pour homme, des chemises de bowling des années 1950 aux blazers en laine impeccables, en passant par les appareils photo et les rasoirs droits. Il y a même un atelier de réparation de chapeaux.

Antiquités

Parmi les nombreuses galeries d'antiquaires et brocantes, l'**Orange Circle Antique Mall** (☎714-538-8160 ; 118 S Glassell St ; ⏱10h-16h45 lun, 10h-17h45 mar-sam, 11h-17h45 dim), sur deux niveaux, compte 125 marchands vendant aussi bien des bijoux anciens et de la porcelaine fine que des vêtements d'occasion, des images de pin-up, des pochettes de disque et des piles de magazines *Life*.

Huntington Beach

"No worries" (pas de soucis), telle est la phrase que vous entendrez répéter sans cesse dans la ville qui porte le surnom déposé de "Surf City USA". En 1910, le magnat des chemins de fer Henry E. Huntington engagea George Freeth, le père du surf moderne, pour une démonstration destinée à promouvoir l'endroit. Quand le surfeur de légende Duke Kahanamoku s'y installa en 1925, la vocation d'Huntington Beach fut scellée.

"HB" demeure la destination par excellence pour célébrer le mode de vie relax de SoCal : bonnes vagues constantes, boutiques de surf, musée du surf, feux de camp sur le sable, plage acceptant les chiens, hôtels et restaurants à la vue fabuleuse.

À VOIR

Bolsa Chica Ecological Reserve Réserve naturelle

(714-846-1114 ; bolsachica.org ; 18000 Pacific Coast Hwy ; aube-crépuscule ; P). À première vue, cette vaste zone marégeuse sur fond de puits de pétrole ne semble pas receler de merveilles naturelles. Elle accueille pourtant plus de 200 espèces d'oiseaux, qui y résident toute l'année ou au cours de leur migration. En résumé, la restauration de l'écosystème est une véritable réussite environnementale.

Bolsa Chica State Beach Plage

(www.parks.ca.gov ; Pacific Coast Hwy, entre Seapoint Ave et Warner Ave ; parking 15 $; 6h-22h ; P). Bande de sable de près de 5 km privilégiée par les surfeurs, les joueurs de volley et les pêcheurs, Bolsa Chica State Beach ("petite poche" en espagnol) longe la Pacific Coast Hwy entre **Huntington Dog Beach** (www.dogbeach.org ; 100 Goldenwest Street ; 5h-22h ; P) au sud et Sunset Beach au nord. Malgré les affreuses plateformes pétrolières qui se profilent au large, la plage est prise d'assaut les week-ends d'été. Vous trouverez des tables de pique-nique, des coins feu, des douches, plus une piste cyclable conduisant vers le nord jusqu'à Anderson Ave à Sunset Beach, vers le sud jusqu'à Huntington State Beach.

Huntington Beach Pier

Huntington City Beach Plage
(www.huntingtonbeachca.gov ; 5h-22h ; P). L'une des plus belles plages de SoCal, autour de la jetée au pied de Main St, où surfeurs, baigneurs et familles se pressent le week-end à la belle saison. Des toilettes et des douches se trouvent au nord du môle, à l'arrière du snack-bar. Le soir, les parties de volley cèdent la place aux feux de camp.

Huntington Beach Pier Site historique
(angle Main St et Pacific Coast Hwy ; 5h-minuit). Cette jetée de 565 m, l'une des plus longues de la côte Ouest, existe sous une forme ou une autre depuis 1904 – le puissant océan Pacifique l'a endommagée ou entièrement détruite à maintes reprises. L'ouvrage actuel en béton date de 1983 et a été conçu pour résister à des vagues de près de 10 m ou à un séisme de magnitude 7. Dessus, **Let's Go Fishing** (714-960-1392 ; 21 Main Street, Huntington Beach Pier ; matériel de pêche 6/15 $ heure/jour ; horaires variables) loue et vend tout le nécessaire pour pêcher.

ACTIVITÉS

Dwight's Beach Concession Surf
(714-536-8083 ; www.dwightsbeachconcession.com ; 201 Pacific Coast Hwy ; location planches de surf 10/40 $ heure/jour, vélos à partir de 10/30 $; 9h-17h lun-ven, 9h-18h sam-dim). Planches de surf, Bodyboards, équipements de plage divers et vélos à des prix compétitifs dans la plus vieille boutique de HB, en activité depuis 1932.

Zack's Surf
(714-536-0215 ; www.zackssurfcity.com ; 405 Pacific Coast Hwy ; cours collectifs 85 $, planches heure/jour 12/35 $, combinaison 5/15 $). Un opérateur bien établi, près de la jetée, qui dispense des cours de surf (équipement inclus) et loue toutes sortes d'équipements de plage.

Vans Off the Wall Skatepark Skateboard
(714-379-6666 ; 7471 Center Dr ; location de casque et de protections 5 $; 9h-20h tlj).

Artistes de rue au Huntington Beach Pier
DOUGLAS SACHA / GETTY IMAGES ©

Manifestations hebdomadaires à Huntington Beach

Chaque mardi ont lieu les **Surf City Nights** (www.surfcitynights.com ; trois premiers blocks de Main St ; 17h-21h mar), une fête de rue avec un petit zoo et une maison gonflable pour les enfants, quelque 90 marchands sur les trottoirs, des produits fermiers et de la musique live.

Les mordus d'automobile se lèvent tôt le samedi matin pour le **Donut Derelicts Car Show** (www.donutderelicts.com ; angle Magnolia St et Adams Ave ; sam matin), le rendez-vous des vieilles voitures customisées.

GRATUIT Ce parc construit par un fabricant de chaussures de sport et de vêtements de skateboard du comté comprend de nombreuses rampes, *bowls*, *box*, barres de slides, etc. Il faut venir avec sa planche. Obligatoires pour les moins de 18 ans, casques, genouillères et coudières peuvent être loués sur place (2 $ par article, 5 $ pour l'ensemble).

ACHATS

Katin Surf Shop Sports et plein air
(562-592-2052 ; www.katinsurf.com ; 16250 Pacific Coast Hwy ; 9h-18h). Initialement connue pour ses shorts de surf en toile faits main, cette institution locale fondée en 1954 vend désormais vêtements de surf, maillots de bain et équipements de plage en tout genre.

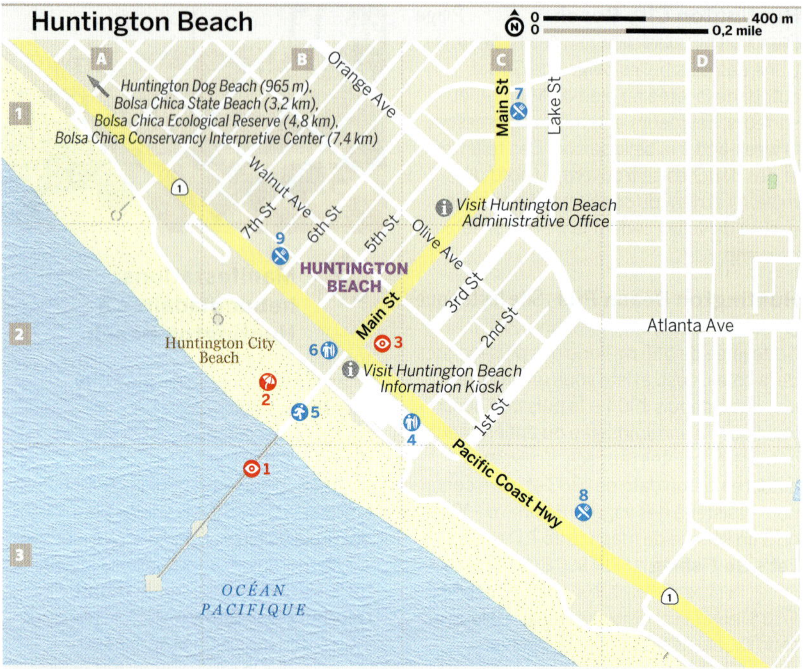

Huntington Beach

À voir

1 Huntington Beach Pier B3
2 Huntington City Beach B2
3 Surfers' Hall of Fame B2

Activités, cours et circuits organisés

4 Dwight's Beach Concession C2
5 Let's Go Fishing B2
6 Zack's B2

Achats

Huntington Surf & Sport .... (voir 3)

Où se restaurer

7 Cucina Alessá C1
8 Lot 579 .... C3
9 Sancho's Tacos B2

Où prendre un verre et faire la fête

Bungalow .... (voir 8)
Saint Marc .... (voir 8)

Huntington Surf & Sport — Sports et plein air

(www.hsssurf.com ; 300 Pacific Coast Hwy ; 8h-21h dim-jeu, 8h-22h ven-sam). Le magasin qui se dresse derrière la statue du surfeur légendaire Duke Kahanamoku, à l'angle de Pacific Coast Hwy et Main St, contribue à l'atmosphère de Surf City avec des photos de surf vintage, le **Surfers' Hall of Fame** (www.hsssurf.com/shof) et de nombreux éléments décoratifs tiki. Rayons entiers de planches, accessoires de surf et tenues de plage.

OÙ SE RESTAURER

Lot 579 — Aire de restauration

(www.gopacificcity.com/lot-579 ; Pacific City, 21010 Pacific Coast Hwy ; horaires variables ; P). Le *food court* du nouveau centre commercial donnant sur l'océan rassemble des restaurants où déguster, entre autres, sandwichs pressés (Burnt Crumbs), tourtes à la viande australiennes (Pie-Not), café (Portola) et glaces (Hans'). Pour profiter de la plus belle vue, emportez votre commande sur la terrasse ou bien attablez-vous à l'American Dream (brasserie) ou à la Bear Flag Fish Company.

Sancho's Tacos Mexicain $

(☎714-536-8226 ; www.sanchostacos.com ; 602 Pacific Coast Hwy ; plats 3-10 $; ⏲8h-21h lun-sam, 8h-20h dim ; P). Ce stand de tacos, situé face à la plage, est le préféré des habitants.Poissons, crevettes et faux-filets sont grillés sur commande. Avec ses deux salles et sa terrasse, l'adresse mêle univers mexicain et celui du skate.

Cucina Alessá Italien $$

(☎714-969-2148 ; cucinaalessarestaurants.com ; 520 Main St ; plats déj 9-13 $, dîner 12-25 $; ⏲11h-22h). Alessá a conquis les cœurs et les estomacs grâce à des classiques du style lasagnes napolitaines, raviolis à la courge butternut et poulet masala. S'y ajoutent des paninis, pâtes et pizzas au déjeuner, ainsi que des plats tels que *frittata* (omelette à l'italienne) et pain perdu au petit-déjeuner. Installez-vous en terrasse sur le trottoir ou derrière les grandes baies vitrées de la salle.

OÙ PRENDRE UN VERRE ET FAIRE LA FÊTE

Bungalow Club

(☎714-374-0399 ; www.thebungalow.com/hb ; Pacific City, 21058 Pacific Coast Hwy, Suite 240 ; ⏲17h-2h lun-ven, 12h-2h sam, 12h-22h dim). Le club phare de Santa Monica a ouvert à Pacific City cette seconde adresse à la déco rustico-vintage qui donne désormais le ton dans le comté. Espaces *lounge* cosy, terrasses en plein air, cocktails spéciaux et DJ, sans oublier la vue sur l'océan. La nourriture n'est pas mal non plus.

Don the Beachcomber Bar

(☎562-592-1321 ; www.donthebeachcomber.com ; 16278 Pacific Coast Hwy ; ⏲15h-21h lun-mar, 15h-22h mer-jeu, 11h-minuit ven-sam, 11h-21h dim). Ce bar tiki bien kitsch composé de nombreuses salles où dîner, boire et danser semble exister depuis toujours. Gare aux cocktails "Vicious Virgin" et "Missionary's Downfall", qui peuvent vous assommer. Idem pour le "Zombie", limité à deux par client. Travers de porc laqués, tacos au *poke* de thon ahi et autres *pupu* polynésiens à grignoter.

Saint Marc Bar

(☎714-374-1101 ; www.saintmarcusa.com ; Pacific City, 21058 Pacific Coast Hwy ; ⏲11h-minuit lun-mer, 11h-2h jeu-ven, 10h-2h sam, 10h-22h dim). Il s'agit en théorie d'un restaurant, mais cet endroit semi-ouvert est beaucoup plus fun pour boire un verre : table de *beer pong* géante, bouteilles de bière de 65 cl, vin à la tirette, vodkas infusées, cocktails et *jello shots* (mini-verres de gelée alcoolisée). Des planches de fromages, des plats inspirés de La Nouvelle-Orléans et un "bar à bacon" comblent les fringales.

RENSEIGNEMENTS

Visit Huntington Beach possède un **bureau** (☎800-729-6232, 714-969-3492 ; www.surfcityusa.com ; 301 Main St, Suite 212 ; ⏲9h-17h lun-ven) difficile à repérer. Plus pratique, le **kiosque de Pier Plaza** (☎714-969-3492, 800-729-6232 ; www.surfcityusa.com ; Pier Plaza, 325 Pacific Coast Hwy ; ⏲10h30-19h lun-ven, 10h-19h sam-dim, horaires restreints en hiver) ouvre même le week-end.

DEPUIS/VERS HUNTINGTON BEACH

La Pacific Coast Hwy (PCH) longe la plage et croise Main St au niveau de la jetée. En s'éloignant du front de mer, Main St débouche sur la Hwy 39 (Beach Blvd), qui rejoint au nord l'I-405.

Les parkings souvent pleins qui jouxtent la jetée et la plage facturent 1,50 $ de l'heure (15 $/jour max). Sinon, il existe des places de stationnement avec horodateur dans la rue (1 $/40 min).

Le bus n°1 de la compagnie OCTA (www.octa.net) relie HB aux autres villes balnéaires du comté toutes les heures (aller simple/pass journalier 2/5 $) ; le paiement se fait à bord (prévoyez le montant exact). Lors de notre passage, la navette gratuite Surf City USA Shuttle (www.surfcityusashuttle.com) circulait pendant l'été de 10h à 22h les vendredi et samedi, jusqu'à 20h le dimanche, sur un parcours en boucle englobant les plages et l'intérieur des terres.

San Clemente

Juste avant d'atteindre le San Diego County, la PCH ralentit et passe par San Clemente. Siège de légendes du surf, de fabricants de planches haut de gamme, d'un musée du surf et du regretté magazine *Surfing* (1964-2017), cette ville décontractée sans prétention est peut-être l'une des dernières enclaves de l'Orange County où la culture du surf conserve son authenticité.

À VOIR

San Clemente Pier Jetée

(611 Avenida Victoria ; 4h-minuit ; P). La jetée en bois de 395 m le long de la San Clemente City Beach remonte à 1928 mais a été reconstruite en 1985. Du temps de la Prohibition, les contrebandiers d'alcool y accostaient pour décharger leurs marchandises. Les surfeurs investissent le côté nord, les nageurs et les adeptes du bodysurf le côté sud.

Surfing Heritage & Culture Center Musée

(949-388-0313 ; www.surfingheritage.org ; 110 Calle Iglesia ; don suggéré 5 $; 11h-16h lun-sam ; P). GRATUIT Cette fondation retrace l'histoire chronologique du surf à travers une collection de planches ayant appartenu à des stars de la discipline comme Duke Kahanamoku ou Kelly Slater et une petite sélection de clichés tirée d'un fonds de 100 000 photos. Les expositions changent environ tous les trois mois.

ACHATS

Rocket Fizz Friandises et boissons

(949-492-0099 ; www.rocketfizz.com ; 107 Avenida del Mar ; 11h-20h30 lun-mer, 10h30-21h jeu et dim, 10h30-21h30 ven-sam). Cette boutique de bonbons et de boissons gazeuses s'intègre parfaitement dans le cadre pittoresque de San Clemente. On y vend des friandises américaines à l'ancienne, comme les caramels salés, ainsi que des marques

Vans Off the Wall Skatepark (p. 253), Huntington Beach

DANA GARDNER / SHUTTERSTOCK ©

venues d'ailleurs. Les sodas ont des parfums originaux allant du délicieux (gâteau à la fraise) à l'étrange (beurre de cacahuète et jelly).

OÙ SE RESTAURER

Riders Club Cafe Burgers $

(☎949-338-3858 ; www.ridersclubcafe.com ; 1701 N El Camino Real ; burgers à partir de 10 $, formules hot dog à partir de 7 $; ⏲11h30-21h mar-dim). Les gens du coin adorent les juteux burgers de qualité (emballés à la main et servis avec des chips croustillantes et des pickles de betterave), les généreuses salades du chef et les sandwichs de *carnitas* de ce petit relais routier tout simple. Les bières artisanales à la pression dominent la carte des boissons. Tables à l'intérieur et dehors.

Pierside Kitchen & Bar Américain $$

(☎949-218-0980 ; www.piersidesc.com ; 610 Avenida Victoria ; plats 14-28 $; ⏲11h-23h lun-jeu, 11h-1h ven, 9h-1h sam, 9h-23h dim). Un restaurant raffiné près de la jetée, face à l'océan. Demandez une table près de la fenêtre pour contempler la belle vue tout en savourant une cuisine californienne moderne (salade César au chou kale, dattes enrobées de bacon, travers de porc braisés, pétoncles à la sauce soja au gingembre...) ou une bonne chaudrée. Brunch le week-end sur fond de musique live.

Fisherman's Restaurant & Bar Fruits de mer $$$

(☎949-498-6390 ; www.thefishermansrestaurant.com ; 611 Avenida Victoria ; plats déj 11-21 $, dîner 14-54 $; ⏲8h-21h30 dim-jeu, 8h-22h ven-sam). En plein sur la jetée, l'adresse est certes touristique, mais qu'importe. Chaudrée de palourdes, *fish and chips* et pêche du jour grillée au bois de mesquite accompagnent la vue imprenable sur la mer. Les généreux menus "Fisherman's Feasts" (29-62 $/pers, à partir de deux convives) comprennent palourdes, chaudrée, salade et poisson au choix.

Packing House Food Hall

L'ancienne **usine de conditionnement d'oranges Sunkist** (☎714-533-7225 ; www.anaheimpackingdistrict.com ; 440 S Anaheim St ; ⏲ouverture à 9h, heure de fermeture variable) de 1919, renaît d'une belle façon. L'intérieur moderne, clair et spacieux rassemble une vingtaine d'échoppes et de restaurants proposant des plats et des boissons à emporter ou à consommer sur place. L'offre va du poisson aux nouilles japonaises, des cocktails à la glace pilée, des Esquimaux audacieux aux repas complets à base de gaufres.

Glace pilée à la pastèque
JANUVA / SHUTTERSTOCK ©

DEPUIS/VERS SAN CLEMENTE

Le bus n°1 de la compagnie OCTA (www.octa.net) circule de Dana Point vers le sud toutes les 30 à 60 minutes. De la gare Metrolink de San Clemente, prenez le bus OCTA n°191, qui dessert le San Clemente Pier toutes les heures. À moins d'avoir un pass, vous devrez payer deux fois le tarif aller simple (2 $; prévoyez le montant exact).

San Clemente se trouve à environ 10 km au sud-est de Dana Point par la PCH. Le stationnement près de la jetée est payant (1 $/heure), mais dénicher une place en période de pointe relève de l'exploit.

Anaheim

Si son nom est immanquablement associé à Disneyland, Anaheim n'en a pas moins d'autres choses à offrir. Elle est en effet devenue la plus grande ville de l'Orange County et des lieux tendance sans rapport

Seal Beach

Première ville balnéaire d'OC en roulant du LA County vers le sud, Seal Beach fait partie des dernières grandes stations californiennes et change agréablement des destinations bondées plus bas sur la côte. L'attrait du front de mer et du centre font vite oublier le vaste lotissement pour retraités Leisure World et les bunkers recouverts d'herbes de l'énorme base navale militaire qui dominent la partie est. La belle plage préservée s'étire sur 2,5 km et Main St forme une petite enclave sans feux rouges, bordée de restaurants familiaux et de charmantes boutiques indépendantes.

Seal Beach au soleil couchant
JON BILOUS / SHUTTERSTOCK ©

avec Mickey y ont vu le jour, surtout ces dix dernières années.

À VOIR

Anaheim Packing District Quartier
(www.anaheimpackingdistrict.com ; S Anaheim Bl). Cet ensemble de boutiques et de restaurants branchés a été lancé en 2013 autour d'une concession automobile Packard de 1925 et d'une usine de conditionnement d'oranges de 1919 (p. 257) à quelques kilomètres de Disneyland, près du véritable centre-ville d'Anaheim.

Center Street Anaheim Quartier
(www.centerstreetanaheim.com ; W Center St). Dans ce quartier réaménagé gentiment tape-à-l'œil, une **patinoire** (☎714-535-7465 ; www.anaheimice.com ; 300 W Lincoln Ave ; adulte/enfant 11/9 $, location 4 $; ⏰11h30-13h30 et 15h30-17h30 lun-ven, 11h-15h sam-dim, nocturnes certains soirs ; 👪) futuriste côtoie des boutiques pour bobos (habillement, accessoires, BD...) sur plusieurs pâtés de maisons. Offrez-vous une bière Brewski au **Barbeer** (☎714-533-3737 ; www.facebook.com/barbeeranaheim ; 165 Center St Promenade ; ⏰10h-19h lun-ven, 10h-18h sam, 10h-16h dim) ou suivez un atelier d'écriture tout en sirotant un café au **Ink & Bean** (☎714-635-2326 ; www.inkandbeancoffee.com ; 115 W Center St Promenade ; ⏰7h30-17h lun, 7h30-19h30 mar-ven, 8h-21h sam, 8h-17h dim), un café littéraire.

OÙ SE RESTAURER ET PRENDRE UN VERRE

Pour Vida Mexicain $
(☎657-208-3889 ; www.pourvidalatinflavor.com ; 185 W Center St Promenade ; tacos 2-8 $; ⏰10h-19h lun, 10h-21h mar-jeu, 10h-22h ven, 9h-22h sam, 9h-19h dim). Le chef Jimmy a travaillé dans certains des plus grands restaurants de LA avant de revenir à ses racines mexicaines pour préparer de remarquables tacos gastronomiques : hampe de bœuf à l'ananas, tempura d'huître, chou-fleur à l'ancienne... Même les tortillas – faites avec de l'encre de seiche, des épinards et une recette secrète – sortent de l'ordinaire. Décor volontairement informel, tout en brique et béton avec des ardoises aux murs.

Olive Tree Moyen-Oriental $$
(☎714-535-2878 ; 512 S Brookhurst St ; plats 8-16 $; ⏰10h-21h lun-sam, 10h-20h dim). Dans une rue commerçante banale de Little Arabia arborant des drapeaux de pays arabes, cet établissement sans chichis a reçu les louanges de la presse locale et du magazine *Saveur*. Rien n'empêche de commander des classiques tels que falafels et kebabs, mais ce sont les plats du jour qui font toute la différence. Mention spéciale pour le *kabseh* servi le samedi, un jarret d'agneau fondant sur du riz épicé aux oignons et raisins secs.

Blind Rabbit Bar à cocktails
(www.theblindrabbit.com ; Anaheim Packing House, 440 S Anaheim Blvd ; ⏰réservations

RICHARD CUMMINS / GETTY IMAGES ©

San Clemente Pier (p. 256)

17h-22h30 lun-ven, à partir de 12h sam-dim). Le Blind Rabbit a un air de bar *speakeasy* (clandestin), avec son ambiance feutrée et son éclairage tamisé. Il taille sa glace lui-même, prépare ses propres jus de fruits, concocte des cocktails originaux qui changent régulièrement et programme de la musique live quatre soirs par semaine. Réservez en ligne (jusqu'à 14h le jour même) et l'on vous dira où vous présenter. Code vestimentaire : pas de shorts, tongs ou casquettes.

Unsung Brewing Company Microbrasserie
(☎714-706-3098 ; www.unsungbrewing.com ; 500 S Anaheim Bl ; ⏲16h-22h lun-jeu, 13h-23h ven, 11h-23h sam, 12h-19h dim). Envie d'une mousse dans un cadre à l'esthétique de *comics* ? La Buzzman est qualifiée de "blonde mutante", l'Anthia a des arrière-goûts de mangue, d'ananas et de banane, tandis que le brassage de la Propeller-Head se fait avec du café. À propos de café, la maison infuse le sien à froid. Achetez un *growler* et emportez aussi chez vous un album de bande dessinée.

RENSEIGNEMENTS

Visit Anaheim (☎855-405-5020 ; visitanaheim.org ; 800 W Katella Ave, Anaheim Convention Center). Informations par téléphone ou en ligne.

DEPUIS/VERS ANAHEIM

L'**ARTIC** (Anaheim Regional Transportation Intermodal Center ; 2150 E Katella Ave, Anaheim) flambant neuf connecte les trains et les bus intercity au réseau de transport local. Il se situe à environ 5 km à l'est du Disney Resort.

Plusieurs bus Greyhound (www.greyhound.com) relient quotidiennement l'ARTIC à Downtown LA (à partir de 10 $, 40 min) et San Diego (à partir de 14 $, 2 heures 15).

Amtrak (www.amtrak.com) assure chaque jour près d'une douzaine de trains depuis/vers l'Union Station de LA (15 $, 40 min) et San Diego (28 $, 2 heures 15). Moins fréquents, les trains de banlieue Metrolink (www.metrolinktrains.com) desservent l'Union Station de LA (8,75 $, 50 min), Orange (2,50 $, 6 min), San Juan Capistrano (8,50 $, 40 min) et San Clemente (10 $, 50 min).

SAN DIEGO

Dans ce chapitre

San Diego

Outre un centre-ville effervescent, San Diego possède des attractions familiales célèbres dans le monde entier, dont un zoo, Legoland et les musées de Balboa Park. Sans oublier de beaux itinéraires de randonnée et une soixantaine de plages, le tout sous le meilleur climat des États-Unis. Autoproclamée "America's Finest City" ("cité la plus plaisante d'Amérique"), elle affiche une assurance joyeuse qu'on retrouve au quotidien chez ses habitants. Huitième plus grande agglomération du pays, San Diego se compose pourtant d'une mosaïque de villages à l'identité distincte et brille par sa décontraction.

San Diego en 2 jours

Prenez un petit-déjeuner très roboratif au **Hash House a Go Go** (p. 274), avant de vous diriger vers Balboa Park et le **San Diego Zoo** (p. 265), puis visitez le passionnant **San Diego Museum of Man** (p. 266). Le lendemain, passez la journée dans l'**Old Town San Diego State Historic Park** (p. 268) et la soirée sur fond de jazz au **Prohibition Lounge** (p. 276).

San Diego en 4 jours

Consacrez le troisième jour aux plaisirs de la plage – direction **Mission Beach et Pacific Beach** (p. 268) pour observer les gens et lézarder sur le sable jusqu'au coucher du soleil. De retour en ville, régalez-vous de délicieux plats et cocktails au **Bang Bang** (p. 275). Si vous voyagez avec des enfants, les briques de **Legoland** (p. 269) les occuperont le dernier jour. Sinon, achetez des provisions au **Liberty Public Market** (p. 274) et partez randonner sur le **Los Penasquitos Canyon Trail** (p. 271) comme les habitants.

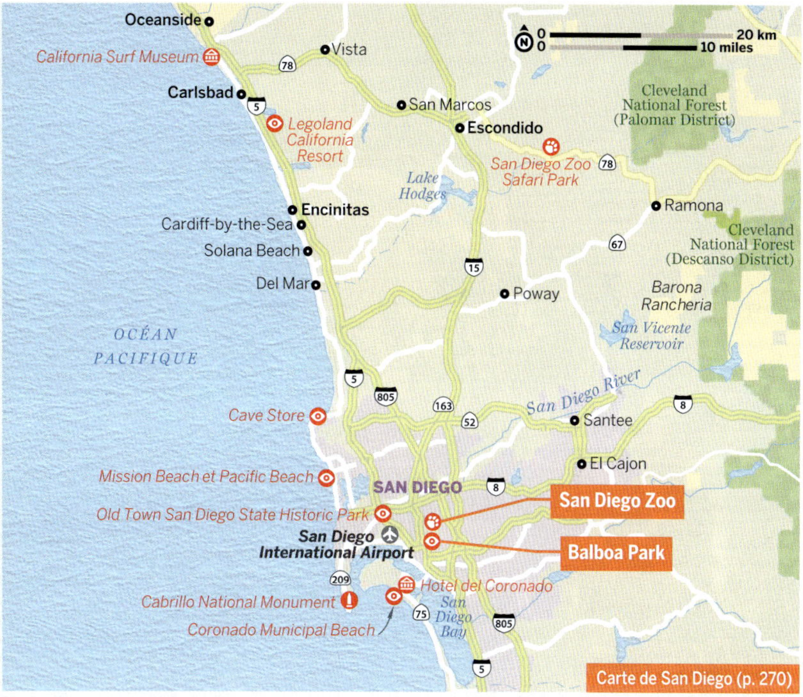

Comment s'y rendre

San Diego International Airport Le bus n°992 ("The flyer", 2,25 $, 20 min environ, toutes les 10-15 min) circule entre l'aéroport et le centre-ville, avec des arrêts dans Broadway. Le trajet en taxi de 10 minutes jusqu'à Downtown coûte d'ordinaire entre 12 et 18 $. Il existe aussi des services de navette depuis l'aéroport (à partir de 10 $/pers pour Downtown, plus pour d'autres destinations), dont Super Shuttle (www.supershuttle.com).

Où se loger

Doté d'une profusion d'hôtels et de restaurants ainsi que d'une bonne desserte, Dowtown est l'endroit le plus pratique en matière d'hébergement. En logeant à Old Town, vous n'aurez peut-être pas besoin d'une voiture ; beaucoup d'établissements assurent en effet un service de navette gratuit depuis l'aéroport et bénéficient de liaisons commodes par les transports en commun de l'autre côté du State Historic Park. Enfin, Coronado Village permet d'être à proximité de la plage, de boutiques et de restaurants.

Balboa Park

Balboa Park et San Diego Zoo

Parmi les grandes attractions de Californie, l'incontournable San Diego Zoo s'inscrit au cœur du Balboa Park de 485 ha regroupant 17 musées et institutions culturelles ainsi que de vastes jardins.

Pour ceux qui aiment...

Ne ratez pas

Les adorables bébés animaux de la nursery, plus nombreux au printemps.

Histoire de Balboa Park

Les premiers projets d'urbanisme de San Diego incluaient un parc municipal de plus de 566 ha dans la partie nord-est de la ville, futur Downtown, où s'étendaient des collines pelées et de profonds cours d'eau saisonniers. En 1892, Kate O. Sessions, une botaniste diplômée de Berkeley, créa une pépinière sur le site pour aménager des jardins paysagers à la mode destinés à l'élite locale. La municipalité lui accorda 12 ha de terre en échange de la plantation de 100 arbres par an et du don de 300 autres devant agrémenter divers lieux de la ville. Au début du XXe siècle, Balboa Park était déjà cher au cœur des habitants de San Diego.

Balboa Park Gardens

Le Balboa Park comprend plusieurs jardins aux styles et environnements horticoles

Flamants des Caraïbes au San Diego Zoo

différents : l'Alcazar Garden, un jardin classique de style espagnol ; le Palm Canyon et sa cinquantaine d'espèces de palmiers ; le Japanese Friendship Garden ; l'Australian Garden ; le Rose Garden ; et le Desert Garden. Le Florida Canyon donne un aperçu de San Diego avant l'arrivée des colons espagnols.

San Diego Zoo

Dans la partie nord de Balboa Park, ce **zoo** (619-231-1515 ; zoo.sandiegozoo.org ; 2920 Zoo Dr ; entrée 1 jour adulte/enfant à partir de 54/44 $, forfait 2 visites zoo et safari park adulte/enfant 86,40/76,40 $; 9h-21h mi-juin à début sept, 9h-17h ou 18h début sept à mi-juin ; P), célèbre à juste titre, compte parmi les attractions phares de SoCal. Il héberge près de 3 000 animaux de plus de 650 espèces dans un parc superbement paysager. Il est

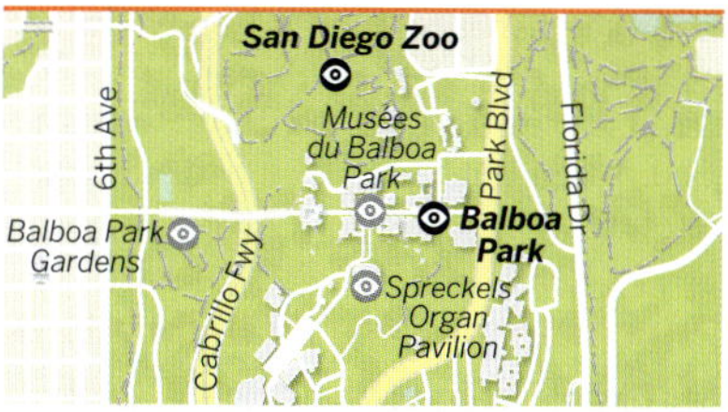

Infos pratiques

Balboa Park Visitors Center (619-239-0512 ; www.balboapark.org ; House of Hospitality, 1549 El Prado ; 9h30-16h30).

Une petite faim ?

Déjeuner à table, cocktail l'après-midi ou apéritif au bar le soir, le **Prado** (619-557-9441 ; www.pradobalboa.com ; 1549 El Prado ; déj 8-19 $, dîner 8-37 $; 11h30-15h lun, 11h-22h mar-jeu, 11h30-21h30 sam, 11h-21h dim ;) vous accueille en toutes occasions.

★ Bon à savoir

De Downtown, on rejoint Balboa Park par le bus n°7 qui longe Park Blvd.

jumelé avec le San Diego Zoo Safari Park (p. 275), au nord du San Diego County.

Divers environnements bioclimatiques ont été reconstitués : l'exposition Conrad Prebys Australian Outback, qui abrite la plus grande colonie de koalas en dehors de l'Australie, l'Elephant Odyssey sur 3 ha, le Tiger Trail et le Sun Bear Trail, dont les ours noirs d'Asie se montrent notoirement espiègles. Vous pourrez également voir des ours polaires nager dans l'espace Northern Frontier et des hippopotames se repaître dans l'eau derrière les vitres épaisses de l'Hippo Trail.

Via une passerelle surélevée, le Monkey Trail conduit dans la canopée, où se balancent capucins, colobes et blancs-nez. Quant à la Scripps Aviary, des mangeoires bien placées facilitent l'observation rapprochée des oiseaux. Enfin, ne manquez pas l'Africa Rocks, 3,2 ha consacrés à la faune et la flore africaines.

Le circuit guidé en bus à impériale, assorti de commentaires instructifs, offre une bonne vue d'ensemble du zoo ; préférez les sièges du bas pour être plus près des animaux. Le téléphérique Skyfari qui traverse le parc évite de perdre du temps à pied, mais il faut parfois faire la queue pour l'emprunter.

Principaux musées du Balboa Park

San Diego Museum of Man (☎619-239-2001 ; www.museumofman.org ; Plaza de California, 1350 El Prado ; tarif plein/réduit/-5 ans 13/10 $/gratuit ; ⏲10h-17h lun-jeu, ven-dim 10h-21h ; 👪). Les collections de ce musée de l'Homme – unique musée anthropologique de la région – vont de l'Égypte ancienne aux cultures amérindiennes (des Mayas au peuple local kumeyaay). L'évolution de l'homme et le cycle de la vie humaine sont aussi traités. Collections de vannerie et poterie raffinées.

San Diego Museum of Art (SDMA ; ☎619-232-7931 ; www.sdmart.org ; 1450 El Prado ; adulte/enfant 15 $/gratuit ; ⏲10h-17h lun-mar et jeu-sam, ven 10h-20h, 12h-17h dim). Le SDMA est le plus grand musée d'art de la ville. Outre des œuvres de maîtres européens de la Renaissance au modernisme (mais pas de pièces célèbres), sa riche collection permanente comprend de l'art africain, américain ("impressionnisme californien" notamment) et asiatique – galeries dédiées remarquables.

Timken Museum of Art (☎619-239-5548 ; www.timkenmuseum.org ; 1500 El Prado ; ⏲10h-16h30 mar-sam, 12h-16h30 dim). GRATUIT Un petit trésor de musée consacré à la collection des sœurs Putnam. Entre autres œuvres admirables, citons des toiles de Rembrandt, Rubens, El Greco, Cézanne et Pissarro, ainsi qu'une sélection d'icônes russes.

San Diego Natural History Museum (☎877-946-7797 ; www.sdnhm.org ; 1788 El Prado ;

Balboa Park

adulte/3-17 ans/-2 ans 19/12 $/gratuit ; ⏰10h-17h ; 👪). Le "Nat" réunit, dans de beaux espaces, quelque 7,5 millions de spécimens : pierres, fossiles et animaux naturalisés, ainsi qu'un impressionnant squelette de dinosaure et une présentation de la ligne de faille californienne.

Reuben H Fleet Science Center (☎619-238-1233 ; www.rhfleet.org ; 1875 El Prado ; adulte/3-12 ans avec IMAX 20/17 $; ⏰10h-17h lun-jeu, 10h-18h ven-dim ; 👪). Site parmi les plus fréquentés du Balboa Park, ce musée des sciences est riche en expositions interactives et comprend une salle destinée aux plus petits. Le Giant Dome Theater, qui projette chaque jour plusieurs films, constitue l'attraction majeure.

★ Bon plan

Des circuits gratuits dans Balboa Park partent chaque semaine du *visitor center*. Ils couvrent différents thèmes, de la botanique à l'architecture. Détails sur www.balboapark.org/explore/tours.

FLIPHOTO / GETTY IMAGES ©

San Diego History Center (☎619-232-6203 ; www.sandiegohistory.org ; 1649 El Prado, Suite 3 ; don apprécié ; ⏰10h-17h mar-dim). GRATUIT Ce centre géré par la San Diego Historical Society présente des expositions permanentes et temporaires illustrant l'histoire de la ville.

Mingei International Museum (☎619-239-0003 ; www.mingei.org ; 1439 El Prado ; tarif plein/réduit/-5 ans 10/7 $/gratuit ; ⏰10h-17h mar-dim ; 👪). Ce musée possède une collection éclectique d'art populaire, de costumes, jouets, bijoux, ustensiles et autres objets artisanaux de cultures traditionnelles du monde entier. Les expositions temporaires vont des perles aux planches de surf. Programme sur le site Internet.

San Diego Air & Space Museum (☎619-234-8291 ; www.sandiegoairandspace.org ; 2001 Pan American Plaza ; tarif plein/réduit/-2 ans 19,75/10,75 $/gratuit ; ⏰10h-16h30 ; 👪). Revivez l'histoire de l'aviation au musée de l'Air et de l'Espace, situé dans un bâtiment rond à l'extrémité sud de la plaza. Engins volants en tout genre – originaux, répliques, maquettes –, ainsi que des objets ayant appartenu à des légendes comme Charles Lindbergh et l'astronaute John Glenn.

Spreckels Organ Pavilion

En allant de la Plaza de Panama vers le sud, impossible de rater ce **pavillon** (☎619-702-8138 ; spreckelsorgan.org ; Balboa Park) GRATUIT, avec ses sièges en cercle et sa colonnade incurvée, devant le conque d'orchestre qui abrite, dit-on, le plus grand orgue en plein air du monde. La famille Spreckels, des industriels du sucre, fit don de l'instrument à la ville sous la condition que San Diego ait toujours un organiste officiel. Des concerts gratuits ont lieu le dimanche à 14h toute l'année et le lundi de 19h30 à 21h30 en été.

ℹ Infos pratiques

Le Multi-Day Explorer Pass (adulte/enfant 57/30 $), valable sept jours, donne accès à 16 musées de Balboa Park et permet de passer une journée au zoo.

À VOIR

Le centre-ville de San Diego – Dowtown – est le principal quartier des affaires, de la finance et des congrès de la région. S'il manque généralement d'animation, les boutiques, les restaurants et la vie nocturne de l'historique Gaslamp Quarter y pourvoient, tandis qu'East Village et North Park font figure d'enclaves branchées. Le front de mer, Embarcadero, invite à la promenade, et la vibrante Little Italy, au nord-ouest, compte quantité de bonnes tables. Enfin, Old Town reste le témoin de l'histoire locale.

La ville de Coronado – qui abrite l'emblématique **Hotel del Coronado** (☎619-435-6611 ; www.hoteldel.com ; 1500 Orange Ave, Coronado ; P 👪) construit en 1888 et une **plage** (www.coronado.ca.us ; P 👪) de premier ordre – se tient de l'autre côté de la baie de San Diego. À l'entrée de celle-ci, Point Loma offre une ample vue sur la mer et la ville depuis le Cabrillo National Monument (p. 272). Sur la côte au nord-ouest, des plages comme Ocean Beach, Mission Beach et Pacific Beach incarnent parfaitement la scène balnéaire de SoCal.

Mission Beach et Pacific Beach — Plages

GRATUIT Les plus belles plages du centre occupent une mince bande de terre entre l'océan et Mission Bay. Ocean Front Walk, la promenade en planches qui relie les deux plages, se prête à l'observation d'une incroyable population. Toute l'année, une foule de joggeurs, de cyclistes et d'adeptes du roller se pressent sur le tronçon allant de South Mission Jetty à Pacific Beach Point. Les chauds week-ends d'été, des corps huilés se serrent comme des sardines sur le sable pour prendre le soleil.

Old Town San Diego State Historic Park — Site historique

(☎619-220-5422 ; www.parks.ca.gov ; 4002 Wallace St ; ⏲visitor center et musées 10h-17h tlj ; P 👪). GRATUIT Ce parc possède un excellent musée d'histoire dans la Robinson-Rose House, à l'extrémité sud de la place. Le *visitor center*, où un diorama décrit le *pueblo* d'origine, propose l'*Old Town San Diego State Historic Park Tour Guide & Brief History* (3 $) et organise des présentations gratuites tous les jours à 11h

L'horizon urbain de San Diego

et 14h. Il y a aussi des circuits individuels (10 $, départ à 11h30 et 13h).

En face du centre d'information, la Casa de Estudillo restaurée arbore du véritable mobilier d'époque. D'autres édifices bordent la place, dont le premier palais de justice/prison de San Diego et, au nord-ouest, les magasins et restaurants colorés aux accents mexicains de la Fiesta de Reyes. Le long de San Diego Ave, du côté sud de la place, de petits bâtiments d'aspect ancien (un seul est authentique) renferment d'autres boutiques de cadeaux et de souvenirs.

California Surf Museum — Musée

(760-721-6876 ; www.surfmuseum.org ; 312 Pier View Way ; tarif plein/étudiant/enfant 5/3 €/gratuit, 1er mar du mois gratuit ; 10h-16h ven-mer, 10h-20h jeu ;). On peut facilement passer une heure entière dans ce musée amoureusement consacré au surf et à son histoire. Il présente notamment des œuvres d'art sur ce thème et une collection de planches, dont celle mordue par le requin qui arracha le bras de la surfeuse Bethany Hamilton. Les expositions changent fréquemment et abordent des thèmes tels que "les femmes et le surf" ou "les surfeurs de la guerre du Vietnam".

Maritime Museum — Musée

(619-234-9153 ; www.sdmaritime.org ; 1492 N Harbor Dr ; adulte/enfant 16/8 $; 9h-21h fin mai-déb sept, 9h-20h début sept-fin mai ;). Un musée facile à trouver grâce aux mâts de 30 m de haut gréés en carré du *Star of India*. Construit sur l'île de Man et mis à l'eau en 1863, il prit la route des Indes, transporta des immigrés en Nouvelle-Zélande, fit du commerce depuis Hawaï et finit par transporter des marchandises en Alaska. Il s'agit d'un beau navire, mais rien de romantique ni de glamour à bord.

New Children's Museum — Musée

(619-233-8792 ; www.thinkplaycreate.org ; 200 W Island Ave ; 13 $; 10h-16h lun, mer, jeu et sam, 9h30-16h ven, 12h-16h dim ;). Musée au concept innovant, qui propose de l'art interactif pour les enfants. Les installations, conçues par des artistes, permettent aux plus jeunes d'apprendre les principes du mouvement et de la physique tout en étant confrontés à l'art. L'endroit réserve toujours des nouveautés à découvrir. Expositions renouvelées tous les 18 mois environ.

Legoland California Resort

Bienvenue dans ce **parc d'attractions** (760-918-5346 ; www.legoland.com/california ; 1 Legoland Dr ; tarif plein/3-12 ans à partir de 95/89 $; horaires variables, au moins 10h-17h tte l'année ; P) magique presque entièrement construit avec les fameuses briques en plastique de la compagnie danoise Lego. De nombreux manèges et attractions s'adressent aux jeunes enfants : "auto-école", croisière dans une jungle peuplée d'animaux et aventures sur les thèmes des contes de fées, des princesses, des pirates, des aventuriers et des dinosaures. Toute la famille s'enthousiasmera sans doute devant Miniland USA, qui recrée les paysages de New York, San Francisco, Las Vegas et Washington, de même que de célèbres monuments du monde.

Depuis l'I-5 Fwy, prenez la sortie Legoland/Cannon Rd et suivez les panneaux. Parking 17 $.

Croisière à Legoland
IMAGE COURTESY OF LEGOLAND® CALIFORNIA RESORT

USS Midway Museum — Musée

(619-544-9600 ; www.midway.org ; 910 N Harbor Dr ; adulte/enfant 20/10 $; 10h-17h, dernière entrée 16h ; P). L'immense porte-avions USS *Midway*, l'un des vaisseaux amiraux de la marine américaine de 1945 à 1991, a

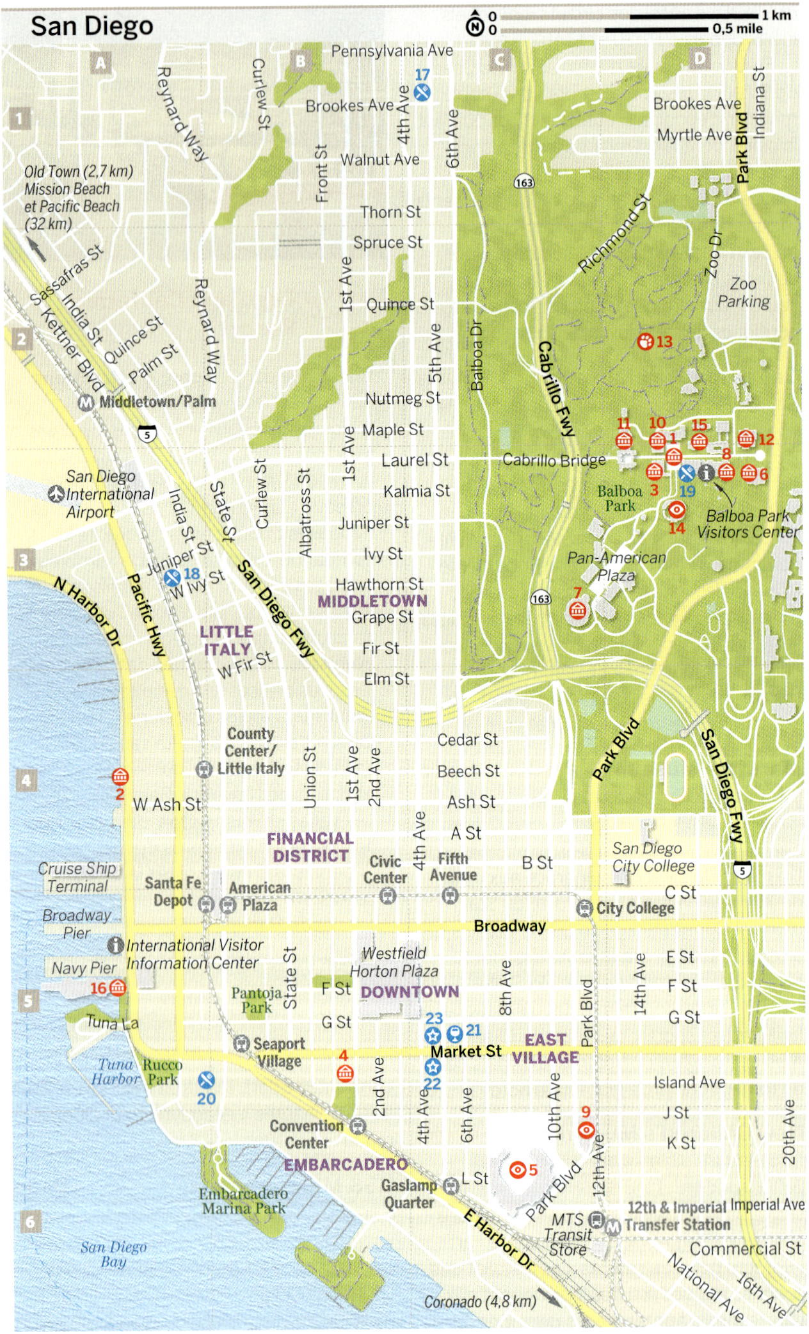

San Diego
1 km
0,5 mile
Pennsylvania Ave
Brookes Ave
Walnut Ave
Thorn St
Spruce St
Quince St
Nutmeg St
Maple St
Laurel St
Kalmia St
Juniper St
Ivy St
Hawthorn St
Grape St
Fir St
Elm St
Cedar St
Beech St
Ash St
A St
B St
C St
Broadway
E St
F St
G St
Market St
Island Ave
J St
K St
L St
Imperial Ave
Commercial St
Old Town (2,7 km) Mission Beach et Pacific Beach (32 km)
Reynard Way
Curlew St
Front St
4th Ave
5th Ave
6th Ave
1st Ave
2nd Ave
8th Ave
10th Ave
12th Ave
14th Ave
16th Ave
20th Ave
Albatross St
Union St
State St
India St
Kettner Blvd
Sassafras St
Quince St
Palm St
Juniper St
W Ivy St
W Fir St
W Ash St
Middletown/Palm
San Diego International Airport
N Harbor Dr
Pacific Hwy
San Diego Fwy
LITTLE ITALY
MIDDLETOWN
FINANCIAL DISTRICT
DOWNTOWN
EAST VILLAGE
EMBARCADERO
County Center/ Little Italy
Santa Fe Depot
American Plaza
Civic Center
Fifth Avenue
City College
Cruise Ship Terminal
Broadway Pier
International Visitor Information Center
Navy Pier
Westfield Horton Plaza
Pantoja Park
Tuna La
Tuna Harbor
Rucco Park
Seaport Village
Convention Center
Embarcadero Marina Park
Gaslamp Quarter
E Harbor Dr
MTS Transit Store
12th & Imperial Transfer Station
San Diego Bay
Coronado (4,8 km)
National Ave
Park Blvd
Indiana St
Myrtle Ave
Richmond St
Zoo Dr
Zoo Parking
Cabrillo Fwy
Balboa Dr
Cabrillo Bridge
Balboa Park
Balboa Park Visitors Center
Pan-American Plaza
San Diego City College
A
B
C
D
1
2
3
4
5
6

participé à la première guerre du Golfe. Le pont d'envol comprend quelque 29 avions restaurés, dont les avions de chasse F-14 Tomcat et F-4 Phantom. L'entrée inclut une visite audioguidée du pont supérieur, de la salle des opérations et de la tour de contrôle, notamment. Le parking coûte 10-20 $.

San Diego Main Library Bibliothèque
(☎619-236-5800 ; www.sandiego.gov/public-library ; 330 Park Blvd ; ⏲9h30-19h lun-jeu, 9h30-18h ven-sam, 12h-18h dim). GRATUIT Quelques rues à l'est du **Petco Park** (☎619-795-5011 ; www.padres.com ; 100 Park Blvd ; visite tarif plein/senior/enfant 15/10/10 $; ⏲10h30 et 12h30 dim-ven, 15h sam ; 👪), le nouveau monument phare de la ville est de toute beauté. Coiffée d'un dôme en maille d'acier, cette librairie futuriste de neuf étages a été conçue par l'architecte Rob Wellington Quigley, qui a également signé le New Children's Museum (p.269). Elle comporte des espaces publics décorés d'œuvres d'art et tout ce qu'il faut pour s'instruire, ainsi que la deuxième plus grande collection d'objets relatifs au base-ball des États-Unis. On peut la visiter et même se connecter gratuitement au Wi-Fi.

ACTIVITÉS

Si San Diego se prête à la randonnée, les sports nautiques – surf, paddle, kayak et canotage – dominent les activités de plein air.

Los Penasquitos Canyon Trail Randonnée
(☎county ranger 858-538-8066 ; www.sandiego.gov/park-and-recreation/parks/osp/lospenasquitos ; entrée par Park Village Rd et Celome Way ; ⏲aube-crépuscule). GRATUIT À 20 minutes de voiture dans l'intérieur des terres, une série de jolis sentiers essentiellement en terrain plat, à l'ombre ou ensoleillés, serpentent dans une vallée luxuriante en passant par une cascade entourée de roche volcanique. Le principal chemin (11 km) est modérément emprunté par les coureurs, marcheurs et vététistes. Ouvrez l'œil pour surprendre les papillons, les cerfs hémiones et les lynx roux qui peuplent les lieux, également appréciés par les serpents à sonnette.

Torrey Pines State Natural Reserve Randonnée
(☎858-755-2063 ; torreypine.org/reserveinfo/trails/ ; 12600 North Torrey Pines Rd ; ⏲7h15-crépuscule, visitor center 9h-18h). GRATUIT Cette réserve naturelle côtière de 810 ha protège les derniers bosquets de pins de Torrey (*Pinus torreyana*) du continent. Elle est sillonnée par 13 km de **sentiers** de difficultés variables pour la promenade et la randonnée. Citons notamment le Guy Fleming Trail (1 km), avec vue panoramique sur la mer, fleurs sauvages, fougères et cactus, et le Razor Point Trail (2 km), d'où l'on peut observer des baleines en hiver.

San Diego

À voir
1 Musées du Balboa Park D3
2 Maritime Museum A4
3 Mingei International Museum D3
4 New Children's Museum B5
5 Petco Park C6
6 Reuben H Fleet Science Center D3
7 San Diego Air & Space Museum C3
8 San Diego History Center D3
9 San Diego Main Library C6
10 San Diego Museum of Art D2
11 San Diego Museum of Man D2
12 San Diego Natural History Museum D2
13 San Diego Zoo D2
14 Spreckels Organ Pavilion D3
15 Timken Museum of Art D2
16 USS Midway Museum A5

Où se restaurer
17 Hash House a Go Go C1
18 Juniper & Ivy A3
19 Prado D3
20 Puesto at the Headquarters A5

Où prendre un verre et faire la fête
21 Bang Bang C5

Où sortir
22 Prohibition Lounge C5
23 Shout House C5

Observer les baleines à San Diego

Des baleines grises passent au large de San Diego de mi-décembre à fin février lorsqu'elles migrent vers la Basse-Californie, puis de nouveau mi-mars en repartant pour l'Alaska. Ce périple de 19 000 km aller-retour est la plus longue migration effectuée par un mammifère sur toute la surface du globe. Meilleur poste d'observation terrestre, le **Cabrillo National Monument** (☎619-557-5450 ; www.nps.gov/cabr ; 1800 Cabrillo Memorial Dr ; 10 $/voiture ; 9h-17h ; P) présente des expositions, des activités conduites par des rangers et un abri d'où voir les cétacés sauter hors de l'eau (apportez des jumelles).

La plupart des tour-opérateurs de pêche, dont **Seaforth Sportfishing** (☎619-224-3383; www.seaforthlanding.com ; 1717 Quivira Rd, Mission Bay ; 24-300 $), proposent aussi des excursions en bateau d'une demi-journée à la rencontre de ces géants des mers. Comptez généralement 24 $ par adulte, parfois avec la garantie de voir des baleines ou un remboursement dans le cas contraire.

Cabrillo National Monument

San Diego-La Jolla Underwater Park Snorkeling, plongée

Certains des spots de plongée les meilleurs et les plus accessibles de Californie se trouvent dans ce parc sous-marin de 2 428 ha au large de La Jolla Cove. D'une profondeur moyenne de 6 m, il offre aussi d'excellentes conditions de snorkeling. La demoiselle Garibaldi orange vif, poisson officiel de la Californie et espèce protégée (les contrevenants encourent une lourde amende), fréquente ses eaux. Contentez-vous de regarder, mais ne touchez à rien.

ACHATS

San Diego compte quantité de magasins de souvenirs, objets mexicains, équipements de plein air, tenues de plage et antiquités. Repérez dans les quartiers les commerces indépendants qui vendent des articles locaux. Les marchés de producteurs rencontrent aussi un franc succès.

Pangaea Outpost Mode et accessoires

(☎858-224-3195 ; pangaeaoutpost.com ; 909 Garnet Ave, Pacific Beach ; 10h-19h dim-jeu, 10h-20h ven-sam). Tel un mini-monde, cet endroit regroupe plus de 70 commerçants proposant un choix éclectique de vêtements, bijoux, châles, sacs à main et pierres semi-précieuses du monde entier.

Adams Avenue Antiquités

(www.adamsaveonline.com ; Adams Ave). Traversant des quartiers peu visités, la principale "rue des antiquaires" de San Diego regroupe des dizaines de boutiques spécialisées dans le mobilier, l'art et les objets anciens du monde entier. Après le shopping, accordez-vous une pause pizza et bière artisanale au Blind Lady Ale House (p. 276).

OÙ SE RESTAURER

San Diego possède une scène culinaire florissante qui met l'accent sur les cuisines mexicaine, californienne et à base de produits de la mer. Les habitants ayant l'habitude de dîner tôt, généralement vers 18h ou 19h, la plupart des établissements sont prêts à fermer dès 22h. Le petit-déjeuner est ici une affaire sérieuse, et la tendance locavore et gastronomique prend de l'ampleur, surtout à North Park.

SHERRY V SMITH / SHUTTERSTOCK ©

Le *Star of India* au Maritime Museum (p. 269)

Dirty Birds Américain $

(www.dirtybirdsbarandgrill.com ; 4656 Mission Blvd ; 5/20 pièces 7,50/26 $; 11h-minuit dim-mer, 11h-2h jeu-sam). On vient dans ce bar sportif et repaire de surfeurs pour ses *chicken wings* extra, accommodées de 37 façons différentes, du classique "buffalo" aux goûts plus inhabituels (sel et vinaigre, bourbon à la pomme et *chipotle*, enchilada...). Une sélection tournante de dix bières à la pression arrose le tout.

Fig Tree Cafe Café $

(858-274-2233 ; figtreeeatery.com ; 5119 Cass Street, Pacific Beach ; plats à partir de 9 $; 8h-16h lun-ven, 8h-15h sam-dim). Le week-end, il faut faire la queue pour un petit-déjeuner, brunch ou déjeuner dans le jardin verdoyant ou sur la terrasse de ce café décontracté, situé dans un ancien cottage. Nous avons un faible pour la pile de pancakes à la fraise, banane ou orange et les œufs Bénédicte fondant, accompagné de dinde fumée et d'avocat, de bacon canadien ou de tomates séchées, épinards et basilic.

Carnitas' Snack Shack Californien, mexicain $

(619-294-7665 ; carnitassnackshack.com ; 2632 University Ave ; plats 8-13 $; 11h-minuit ;). Une cuisine "Slow Food" à prix honnête qui met le porc à l'honneur. Goûtez le sandwich "triple menace" (escalope panée, bacon, piment, pickles et mayonnaise à l'ail dans un petit pain rond) et les bières artisanales du cru. Happy hour de 15h à 18h en semaine : tacos/pressions/vins à 5/5/6 $. Ravissant patio.

Nomad Donuts Pâtisserie $

(619-431-5000 ; nomaddonuts.com ; 3102 University Ave ; donuts à partir de 4 $; 6h-14h lun-ven, 7h-15h sam-dim). Si vous croyez connaître les donuts, l'adresse de la chef pâtissière Kristianna Zabala va bousculer vos certitudes. Les beignets sont confectionnés à la main avec des œufs bio et autres ingrédients provenant des marchés fermiers. La carte change quotidiennement, et, quand il n'y en a plus... il n'y en a plus. Mention spéciale pour ceux aromatisés au bacon, avec du fromage frais et des myrtilles ou à l'*ube taro* (tubercule) et noix de coco.

Liberty Public Market Marché $

(☎619-487-9346 ; 2820 Historic Decatur Rd ; ⏲7h-22h). Ce marché nouvellement aménagé dans un ancien bâtiment de la marine est à San Diego ce que le Ferry Building Marketplace est à San Francisco. Il rassemble une trentaine de commerces de bouche artisanaux à la mode tels que Baker & Olive, Wicked Maine Lobster, Paraná Empanadas, Mastiff Sausage Company, Mama Made Thai, Le Parfait Paris, Cecilia's Taqueria et FishBone Kitchen.

Urban Solace Californien $$

(☎619-295-6464 ; www.urbansolace.net ; 3823 30th St, North Park ; plats déj 12-22 $, dîner 14-27 $; ⏲11h30-21h lun-mar, 11h30-21h30 mer-jeu, 11h30-22h30 ven, 10h30-22h30 sam, 9h30-14h30 et 16h-21h dim). Les jeunes gourmets branchés de North Park raffolent de la cuisine de l'Urban Solace : burger quinoa-veg, pain de viande d'agneau haché avec figues, pignons et feta, "duckaroni" (macaronis au fromage et confit de canard), poulet et raviolis chinois. L'ambiance est détendue, sans doute grâce aux cocktails.

Hash House a Go Go Américain $$

(☎619-298-4646 ; www.hashhouseagogo.com ; 3628 5th Ave, Hillcrest ; petit-déj 10-22 $, plats dîner 15-29 $; ⏲7h30-14h30 lun, 7h30-14h et 17h30-21h mar-jeu, 7h30-14h30 et 17h30-21h30 ven-dim ; 👪). Ce bungalow propose des *biscuits and gravy*, de copieux œufs Bénédicte, de grands pancakes et sept sortes de hachis. Le petit-déjeuner vous calera pour la journée. N'hésitez pas à revenir pour les burgers, le poulet frit à la sauge ou le sandwich au pain de viande. L'appellation de "cuisine paysanne améliorée" n'est pas usurpée.

Puesto at the Headquarters Mexicain $$

(☎610-233-8880 ; www.eatpuesto.com ; 789 W Harbor Dr, The Headquarters ; plats 11-19 $; ⏲11h-22h). Ce restaurant sert une très bonne cuisine de rue mexicaine : interprétation créative de tacos traditionnels, comme celui au poulet (avec hibiscus, piment chipotle, ananas et avocat) et garnitures inhabituelles (courgettes et cactus). Autres délices : guacamole au crabe, ceviche de crevettes marinées au citron vert et bar rayé de Basse-Californie grillé.

Phoques au San Diego-La Jolla Underwater Park (p. 272)

Juniper & Ivy Californien $$$

(☎619-269-9036 ; www.juniperandivy.com ; 2228 Kettner Blvd ; petites assiettes 10-23 $, plats 19-45 $; ⌚17h-22h dim-jeu, 17h-23h ven-sam). Ouverte en 2014, la table très estimée du chef Richard Blais donne dans la gastronomie moléculaire : *congee* au homard, vivaneau tropical à la mangue Valencia Pride, thon ahi aux trompettes de la mort, *tortelloni* aux pieds de porc... Dans un ancien entrepôt où règne une ambiance animée.

OÙ PRENDRE UN VERRE ET FAIRE LA FÊTE

Bang Bang Bar

(☎619-677-2264 ; www.bangbangsd.com ; 526 Market St ; cocktails 14-26 $; ⌚17h-22h30 mer-jeu, 17h-2h ven-sam). Sous les lanternes, le nouveau bar tendance du Gaslamp accueille des DJ locaux et internationaux. Sushis et petites assiettes asiatiques, dont des raviolis et des crevettes enrobées de panko, accompagnent les cocktails imaginatifs (certains servis dans des verres géants à partager). Les toilettes sont des temples dédiés à Ryan Gosling et Hello Kitty.

Coin-Op Game Room Bar, salle de jeux

(☎619-255-8523 ; www.coinopsd.com ; 3926 30th St, North Park ; ⌚16h-2h lun-ven, 12h-2h sam-dim). Des dizaines de jeux d'arcade – du flipper à Mortal Kombat, Pac-Man et Big Buck Safari en passant par Master Beer Bong – s'alignent le long des murs de ce bar branché de North Park. Bières artisanales, cocktails comme The Dorothy Mantooth (gin, Giffard Violette, citron vert, concombre, champagne) et petites choses à grignoter (croquettes de parmesan à la truffe, sandwichs au poulet grillé, Oreo frits...).

Polite Provisions Bar à cocktails

(☎619-677-3784 ; www.politeprovisions.com ; 4696 30th St, North Park ; ⌚15h-2h lun-jeu, 11h30-2h ven-dim). Avec sa verrière, ses lambris, son sol carrelé et sa caisse enregistreuse rétro, l'endroit a des allures de bistrot français au charme d'antan. Devant le comptoir en marbre, une clientèle branchée sirote

San Diego Zoo Safari Park

Vous serez au plus près des animaux en liberté, sur 730 ha, dans ce **zoo** (☎760-747-8702 ; www.sdzsafaripark.org ; 15500 San Pasqual Valley Rd, Escondido ; pass 1-jour adulte/enfant 54/44 $, pass-2 visites zoo et/ou safari park adulte/enfant 86,40/76,40 $; ⌚9h-17h, 9h-19h fin juin à mi-août ; P 👪) situé à 50 km au nord-est du centre-ville. Remarquez le panneau dans la Gorilla Forest : "Dans la société des gorilles, un contact visuel prolongé est non seulement impoli mais considéré comme une menace. Merci de respecter le code social de nos gorilles et ne les fixez pas dans les yeux." Vous êtes si près, voyez-vous, qu'on doit vous rappeler comment vous conduire. Ce panneau exprime à lui seul l'objectif essentiel de ce parc animalier : protéger et préserver les espèces sauvages et leur habitat, tout en éduquant le public en douceur.

Pour un minisafari, montez à bord de l'*Africa Tram*, petit train au biodiesel qui parcourt le deuxième plus grand continent. Asseyez-vous côté gauche pour admirer au mieux les rhinocéros, les girafes, les autruches et autres herbivores (la loi impose une séparation entre les prédateurs et leurs proies). Le parc est situé à Escondido. Prenez l'I-15 Fwy vers le nord jusqu'à la sortie Via Rancho Parkway, tournez à droite et continuez sur San Pasqual Rd. Là, tournez à nouveau à droite et suivez les panneaux jusqu'au parc. Parking 15 $.

Girafe au San Diego Safari Zoo Park

JIANWEI ZHU ©

Passage de la frontière vers Tijuana (Mexique)

Un passeport est obligatoire pour pénétrer en territoire mexicain et retourner ensuite aux États-Unis. Du centre de San Diego, le San Diego Trolley rallie le **poste-frontière de San Ysidro** (☎619-690-8900 ; www.cbp.gov ; 720 E San Ysidro Blvd ; ⏲24h/24). En voiture, prenez l'I-5 vers le sud et guettez les panneaux indiquant le Mexique ou la dernière sortie côté américain, où vous pourrez vous garer sur l'un des nombreux parkings de la zone (à partir de 10/20 $ pour 5/24 heures). Pour franchir la frontière à pied, suivez les panneaux "Mexico", passez le tourniquet et dirigez-vous vers le centre-ville marqué "Centro Downtown".

Le poste-frontière de San Ysidro côté mexicain
JOHNGK / SHUTTERSTOCK ©

des cocktails dont beaucoup d'ingrédients – sirops, sodas, infusions... – sont concoctés maison et contenus dans des sortes de flacons de pharmacie.

The Grass Skirt Bar à cocktails
(☎858-412-5237 ; thegrassskirt.com ; 910 Grand Ave ; ⏲17h-2h). Dans le café **Good Time Poke**, une fausse porte de chambre froide dissimule un monde hawaïen perdu de totems en bois, paillotes et lampes en forme de vahinés. Savourez un daïquiri ou une piña colada sur fond de son et lumière recréant les éléments climatiques.

Blind Lady Ale House Pub
(☎619-225-2491 ; blindladyalehouse.com ; 3416 Adams Ave ; ⏲17h-minuit lun-jeu, 11h30-minuit ven-dim). Un super pub de quartier dont le décor créatif inclut des empilements de canettes du sol au plafond et des planches de skates accrochées aux murs. Outre des bières artisanales à la pompe, on y sert des pizzas fraîches (à partir de 7 $), avec des garnitures originales exclusivement végétariennes le lundi .

OÙ SORTIR

Consultez le magazine *City Beat* et le quotidien *San Diego Union-Tribune* pour connaître le programme des salles de cinéma, théâtres, galeries d'art et lieux de concerts en ville.

Prohibition Lounge Musique live
(prohibitionsd.com ; 548 5th Avenue ; ⏲20h-1h30 mer-sam). Entrez par une modeste porte marquée "Law Office Eddie O'Hare's, Esq." et appuyez sur l'interrupteur pour prévenir le videur, qui vous guidera jusqu'à un sous-sol faiblement éclairé où écouter du jazz (à partir de 21h) en buvant des cocktails maison. Arrivez tôt car l'endroit se remplit vite ; le week-end, vous devrez sans doute inscrire votre nom sur une liste d'attente.

Shout! House Musique live
(☎619-231-6700 ; www.theshouthouse.com ; 655 4th Ave ; entrée libre-10 $). Une franche rigolade vous attend dans ce vaste bar du Gaslamp Quarter accueillant un numéro de pianistes. Le talentueux duo possède un répertoire étonnant de morceaux classiques, rock, etc. Nous y avons même entendu la version grivoise d'une chanson tirée de la *Petite Sirène* de Disney. La clientèle va des étudiants aux congressistes.

RENSEIGNEMENTS

CARTES DE RÉDUCTION

La carte Go San Diego accorde 55% de réduction sur les sites et attractions phares. Le pass de trois jours (adulte/enfant 199/179 $) inclut le San Diego Zoo, beaucoup des musées du Balboa Park, SeaWorld, Legoland, l'USS Midway Museum et le San Diego Zoo Safari Park.

Torrey Pines State Natural Reserve (p. 271)

OFFICE DU TOURISME

San Diego Visitor Information Center (☎619-737-2999 ; www.sandiego.org ; 996-B N. Harbor Drive, Downtown ; ⏰9h-17h l'été, 9h-16h l'hiver). Le personnel serviable distribue des plans de quartier détaillés et vend des billets à prix réduit pour les sites touristiques.

DEPUIS/VERS SAN DIEGO

Les vols vers le **San Diego International Airport** (SAN ; ☎619-400-2404 ; www.san.org ; 3325 N Harbor Dr ; 📶), 5 km à l'ouest de Downtown, sont essentiellement des vols intérieurs.

Prévoyez au moins 2 heures pour rejoindre San Diego depuis LA, davantage aux heures de pointe. Si votre voiture transporte au moins deux passagers, vous pourrez emprunter les voies réservées aux véhicules à occupation multiple et gagner ainsi pas mal de temps.

La ligne Pacific Surfliner d'Amtrak dessert plusieurs fois par jour Anaheim (2 heures), Los Angeles (2 heures 45) et Santa Barbara (6 heures 30) au départ d'Union Station. Billets à partir de 30 $ environ. Agréable vue sur la côte le long du trajet.

Greyhound relie San Diego à des villes d'Amérique du Nord depuis son adresse de Dowtown.

COMMENT CIRCULER

Si la plupart des gens se déplacent en voiture, il est possible de séjourner à San Diego en circulant à pied et avec les bus/trolleys municipaux du **Metropolitan Transit System** (☎619-233-3004 ; www.sdmts.com). La plupart des trajets coûtent 2,25/2,50 $. La **MTS Transit Store** (☎619-234-1060 ; www.sdmts.com ; 1255 Imperial Ave ; ⏰8h-17h lun-ven) fournit plans des lignes, tickets et pass (1/2/3/4 jours 5/9/12/15 $). On peut également acheter des pass valables le jour même auprès des chauffeurs de bus. Aux stations de trolleys, utilisez les billetteries automatiques.

Centre-ville de Los Angeles

SEAN PAVONE / SHUTTERSTOCK ©

En savoir plus

Golden Gate Bridge (p. 40), San Francisco

La Californie aujourd'hui

La Californie, sixième puissance économique mondiale, a pris le leadership sur des questions comme la protection de l'environnement, l'égalité des sexes et les droits des immigrants. Mais ce développement rapide a entraîné plusieurs problèmes : pénurie de logements, embouteillages et hausse du coût de la vie. Heureusement, les blockbusters *d'Hollywood permettent toujours de s'évader.*

Écologie

Si la Californie est connue pour sa culture consumériste, elle se distingue aussi depuis longtemps par sa recherche d'un mode de vie plus durable. En plein boom de l'exploitation du bois et du pétrole, les Californiens ont initié le mouvement mondial pour la conservation de l'environnement à travers des lois novatrices visant à réduire le dumping industriel, créer des espaces verts urbains et protéger la nature.

La Californie est également devenue le terrain fertile de projets écologiques nouveaux. Les défenseurs de l'environnement californiens ont ainsi déclaré des espaces "zones dénucléarisées", organisé des *tree sitting* pour défendre les forêts anciennes et établi le plus grand marché de véhicules hybrides des États-Unis. Les citoyens lambda ont eux aussi pris des initiatives vertes dans leur vie quotidienne en étant parmi les premiers à opter pour l'agriculture bio, la construction écologique, l'interdiction des sacs en plastique et le compostage obligatoire.

Religions
(% de la population)

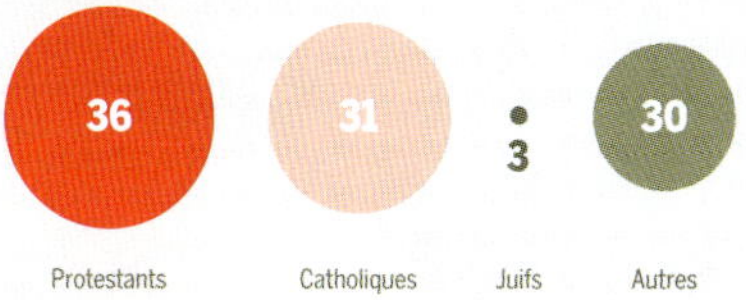

Sur 100 personnes en Californie

Population au km²

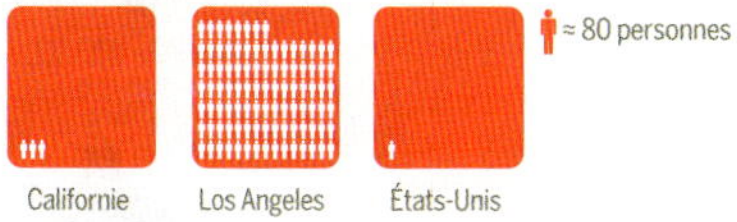

Entreprises de pointe et agriculture raisonnée

Les innovations technologiques californiennes sont bien présentes dans notre quotidien. PC, IPod, Google ou Facebook, mais aussi la Silicon Valley dans son ensemble et le secteur des biotechnologies sont en plein essor. La Californie du Nord concurrence celle du Sud et son énorme industrie du cinéma, de la télé et des loisirs pour le titre de moteur économique de l'État.

Bien que moins de 10% des Californiens vivent en zone rurale, l'agriculture constitue l'un des secteurs clés de l'économie. Quelque 80 000 exploitations produisent 42 milliards de $ de chiffre d'affaires. Le changement climatique et la sécheresse figurent en tête des préoccupations, surtout chez les paysans et les gastronomes.

Les cartes des restaurants reflètent des valeurs chères à la population : produits bio et sans OGM, lutte contre la cruauté envers les animaux et soutiens aux petites exploitations locales. Le terme "locavore" (mangeur de produits locaux) est d'ailleurs né ici.

Entre rêve californien et réalité

Même bien représentée sur petit et grand écran, la Californie reste un choc pour qui s'y rend pour la première fois. Les skateurs de Venice Beach, les hippies de Santa Cruz, les riches clientes des boutiques de Rodeo Drive et les milliardaires de la Silicon Valley vivent au sein d'une même région qui a pour ciment social la tolérance, qu'on soit conservateur, progressiste ou un peu fou. La marijuana, légalisée depuis le 1er janvier 2018, n'explique qu'en partie ses longs antécédents en matière de théories du complot et de mouvements extrémistes.

Le soutien de la Californie à la communauté LGBT a joué un rôle déterminant dans la légalisation du mariage homosexuel en 2013. Les immigrés formant plus de la moitié de la population de l'État, les Californiens se sont exprimés en 2017 contre le décret de Donald Trump interdisant l'entrée aux États-Unis des ressortissants de sept pays musulmans. Malgré la menace de suppression du financement fédéral, ils continuent de manifester, d'intenter des procès et de militer pour l'adoption d'une loi sur le droit d'asile à l'échelle locale.

Religions du New World

Bien que comptant proportionnellement un nombre limité d'adeptes, les religions alternatives, communautés utopiques californiennes et autres sectes, dominent l'imaginaire populaire. La région a souvent défrayé la chronique : gourous indiens dans les années 1960, Temple du Peuple de Jom Jones et Erhard Seminars Training (EST) dans les années 1970, secte ufologique Heaven's Gate à San Diego dans les années 1990. Citons aussi la sulfureuse Église de scientologie, qui poursuit sa quête de reconnaissance, portée par de célèbres adeptes comme les acteurs Tom Cruise et John Travolta, ou le chanteur Beck.

Mission San Diego de Alcalá (p. 284)

MEUNIERD / SHUTTERSTOCK ©

Histoire

Les Amérindiens peuplaient cette région depuis des millénaires quand les Européens débarquèrent et lui donnèrent un nouveau nom : la Californie. Venus chercher de l'or et prêcher la bonne parole, conquistadors et prêtres espagnols cédèrent vite leurs missions infestées de puces au Mexique. Ce territoire indiscipliné fut ensuite cédé aux États-Unis, quelques mois à peine avant qu'on y découvre de l'or en 1848. Des générations de rêveurs continuent de venir ici chercher l'or, la gloire et la liberté.

13 000-6000 av. J.-C.
Des Amérindiens s'installent sur le territoire : les Yurok dans le Nord, les Kumeyaay dans le Sud.

1542-1543
Le navigateur portugais Juan Rodríguez Cabrillo et son équipage espagnol sont parmi les premiers Européens à longer la côte californienne.

1769
Le franciscain Junípero Serra et le capitaine Gaspar de Portolà conduisent une expédition pour fonder des missions.

Squelette de mammouth retrouvé à La Brea Tar Pits (p. 219), Los Angeles

ZUMA PRESS, INC / ALAMY STOCK PHOTO ©

Les Amérindiens de Californie

Des hommes peuplaient déjà la Californie il y a 19 000 ans ; des amas de coquillages vides le long des plages et des vestiges de feux de camp dans les Channel Islands témoignent de leurs pratiques culinaires.

Ces Amérindiens parlaient au moins une centaine de langues différentes et c'est par des chants qu'ils se transmettaient, de génération en génération, les savoirs concernant les zones de chasse et les limites de leur territoire. Les pêcheurs du littoral nord comme les Ohlone, les Miwok et les Pomo construisaient des maisons rondes souterraines et des huttes de sudation où ils se rassemblaient pour les cérémonies. Les chasseurs du Nord comme les Hupa, les Karok et les Wiyot, édifiaient de grandes maisons et fabriquaient des pirogues en séquoia, tandis que les Modoc vivaient dans des tipis l'été et dans des abris souterrains l'hiver – ces peuples se rencontraient durant la saison de la pêche au saumon. Des villages Kumeyaay et Chumash jalonnaient la côte centrale, où ils pêchaient et voguaient jusqu'aux Channel Islands à bord de pirogues. Au Sud, les Mojave, les Yuma

1781

Le gouverneur espagnol Felipe de Neve et un petit groupe de colons plantent les bases de la future Los Angeles.

1821

L'indépendance mexicaine met fin à la colonisation espagnole en Californie. Le Mexique hérite de 21 missions.

1835

Un émissaire du président Andrew Jackson offre d'acheter l'Alta California, le Mexique refuse et essaie de la vendre à la Grande-Bretagne.

★ **Les meilleurs sites historiques**

Autry Museum of the American West (p. 213), LA

Mission Santa Barbara (p. 172), Santa Barbara

Maritime National Historical Park (p. 54), San Francisco

La Brea Tar Pits & Museum (p. 219), LA

Maritime National Historical Park (p. 54), San Francisco

et les Cahuilla produisaient des céramiques raffinées et maîtrisaient des systèmes d'irrigation complexes leur permettant de cultiver le désert.

Lorsque sir Francis Drake vint mouiller en territoire Miwok au nord de San Francisco en 1579, ils prirent les Anglais pour des morts revenus de l'au-delà et les chamans virent dans leur arrivée l'annonce d'une apocalypse. Un siècle après l'arrivée des colons espagnols en 1769, la population indigène de Californie avait chuté de 80 à 90% pour se résumer à 20 000 individus, en raison des maladies importées, du travail forcé, des violences, de la marginalisation et de la faim auxquels ils étaient soumis sur leurs propres terres, pourtant fertiles.

L'époque des missions espagnoles

Au XVIIIe siècle, alors que les trappeurs russes et anglais commençaient à faire commerce de peaux de valeur issues de l'"Alta California", l'Espagne ourdissait un plan de colonisation. Pour la gloire de Dieu et pour enrichir la couronne espagnole, on allait construire des missions en Californie. Au bout de dix ans, les missions devaient être des affaires rentables dirigées par des convertis indigènes. Le projet avait l'aval de José de Gálvez, un fonctionnaire espagnol en poste au Mexique, toujours partant pour des aventures donquichottesques, comme le projet de prendre le contrôle de la "Baja California" à l'aide d'une armée de singes dressés.

À peine validé, en 1769, ce plan commença à péricliter. Lorsque le franciscain Junípero Serra et le capitaine Gaspar de Portolà traversèrent le continent pour fonder la mission San Diego de Alcalá, seule la moitié des matelots survécut. Puis, Portolà, qui avait entendu parler d'une baie légendaire au nord mais ne reconnut pas Monterey Bay à cause du brouillard, fit demi-tour.

Il annonça à Gálvez que si les Russes ou les Anglais voulaient la Californie, ils étaient les bienvenus, mais Serra, ne voulant pas renoncer, s'assura des soutiens pour édifier des *presidios* (forts) en plus des missions. En échange du travail forcé, les Amérindiens recevaient un repas par jour et la promesse d'une place au royaume de Dieu – qu'ils rejoignaient plus vite que prévu en raison de maladies importées (variole, syphilis) par les Espagnols.

Les tribus indigènes se révoltaient souvent contre les colons espagnols et les missions peinaient à atteindre l'auto-suffisance. Les Espagnols finirent par jeter l'éponge, d'autres

1848
De l'or est découvert près de Placerville ; un tabloïd de San Francisco répand la nouvelle et c'est le début de la ruée vers l'or.

1850
Escomptant des rentrées d'argent mirobolantes, les États-Unis font de la Californie le 31e État de l'Union.

1869
Le 10 mai, le *golden spike* est planté à Promontory (Utah), marquant la fin de la première ligne de chemin de fer transcontinental.

étrangers arrivèrent et les Amérindiens furent finalement moins nombreux à être convertis qu'à trouver la mort.

L'époque mexicaine

L'Espagne céda sans regret la Californie au Mexique à l'issue de la guerre d'indépendance que lui opposa ce pays de 1810 à 1821. Les colons californiens, appelés *rancheros* (propriétaires de ranchs) virent là une opportunité. Espagnols, Mexicains ou Américains qui avaient épousé des Amérindiennes formaient une importante masse d'électeurs appelés Californios. Les meilleurs pâturages restant réservés aux missions, ils convainquirent le gouvernement mexicain de séculariser les missions en 1834.

Les Californios obtinrent des actes notariés leur octroyant la propriété de ces terres privatisées et tirèrent parti de l'essor du marché du cuir et du suif (graisse de bœuf, indispensable à la fabrication du savon). Dans toute la région, avec seulement quelques Californios lettrés, les querelles à propos des limites territoriales se réglaient par la force, non devant le notaire. Si la loi stipulait que la moitié des terres devait revenir aux Amérindiens ayant travaillé dans les missions, rares furent ceux qui en reçurent.

En 1846, grâce aux mariages et autres fusions, la majeure partie des terres et de la richesse californiennes était entre les mains de 46 familles de *rancheros*. Le ranch moyen avait une superficie de 6 500 ha ; les bicoques exiguës avaient fait place à d'élégantes *haciendas* où les femmes étaient confinées dans leurs quartiers la nuit. Mais les *rancheras* (femmes propriétaires de ranchs) ne s'en laissaient pas imposer : quelques-unes possédaient des ranchs, montaient à cheval et provoquaient des scandales amoureux dignes des *telenovelas* modernes.

En 1835, lorsque le président américain Andrew Jackson proposa au gouvernement mexicain désargenté 500 000 $ en échange de ce territoire, l'offre fut rejetée. La guerre américano-mexicaine qui débuta en 1846, dura deux ans. Peu de combats se déroulèrent en Californie et les hostilités s'achevèrent avec la signature du traité de Guadalupe Hidalgo, par lequel le Mexique cédait aux États-Unis une grande partie du nord de son territoire (dont l'Alta California). À peine quelques semaines plus tard, on découvrait de l'or en Californie.

De la reine Calafia à la Californie

Vous connaissez l'histoire de cette île au soleil peuplée d'Amazones munies d'arcs en or, qui chevauchaient des griffons qu'elles nourrissaient de la chair de leurs propres fils ? Ce n'est pas un remake de *Wonder Woman* mais l'intrigue de *Las Sergas de Esplandián*, un roman du XVIe siècle signé Garci Rodríguez de Montalvo. Inspiré par cette légende, l'explorateur Hernán Cortés déclara dans une lettre en 1524 qu'il espérait découvrir cette île au nord-ouest du Mexique.

Montalvo et Cortés n'avaient pas entièrement tort. Au large du Mexique continental se trouvait une péninsule que les colons espagnols baptisèrent Baja California (Californie inférieure), dérivé du nom de Calafia, reine légendaire des Amazones selon Montalvo. Plus haut se trouvait l'Alta California (Californie supérieure), où l'on découvrit de l'or 50 ans après que les Espagnols eurent abandonné les recherches.

1882
Le Chinese Exclusion Act suspend l'immigration des Chinois et refuse la citoyenneté aux Chinois déjà présents aux États-Unis.

1906
En 42 secondes, un tremblement de terre rase plusieurs quartiers de San Francisco, déclenchant des incendies qui durent 3 jours.

1927
Première du film *The Jazz Singer* (*Le chanteur de jazz*), premier long-métrage parlant, qui lance l'âge d'or d'Hollywood.

La ruée vers l'or

La ruée vers l'or commença par un coup de bluff. En 1848, alors qu'il cherchait à se débarrasser de terres marécageuses en Californie, Sam Brannan, spéculateur immobilier, mormon déchu et éditeur d'un journal à sensation, apprit qu'on avait trouvé des paillettes d'or près de Sutter's Mill, dans les contreforts de la Sierra Nevada. Pensant que la nouvelle pourrait faire vendre du papier et grimper le prix des terres, il publia la rumeur comme s'il s'agissait d'un fait avéré.

Au début, la nouvelle ne fit guère sensation : on trouvait des paillettes dans le sud de la Californie depuis 1775. Il répandit alors une autre histoire, qu'il tenait de mormons employés à Sutter's Mill, lesquels lui avaient confié de l'or pour le remettre à l'Église des mormons en exigeant de lui le secret. Brannan tint parole jusqu'à San Francisco, où, selon la légende, il aurait traversé Portsmouth Square en brandissant l'or et en criant : "de l'or dans l'American River !"

D'autres journaux dans le monde, aussi peu soucieux de vérifier les faits, publièrent aussitôt des histoires d'or trouvé près de San Francisco. En 1850 – l'année où la Californie devenait le 31e État des États-Unis, le nombre d'habitants non amérindiens était passé de 15 000 à 93 000.

Avec chaque nouvelle vague d'arrivants, les bénéfices diminuaient et l'or devenait plus difficile à trouver. Alors qu'en 1848 chaque prospecteur gagnait en moyenne l'équivalent de 300 000 $ actuels, ce montant avait diminué de moitié en 1849 et n'était plus que de 35 000 $ en 1865. Lorsque l'or de surface devint rare, on attaqua les montagnes à la pioche, à la pelle et à la dynamite. C'était un travail exténuant et dangereux et les blessures étaient souvent mortelles, les médecins étant rares. La vie dans les camps de mineurs était très chère et, à raison d'une seule femme pour 400 hommes dans certains de ces camps, beaucoup cherchaient la consolation auprès de prostituées, ou dans l'alcool et l'opium.

Groupes d'autodéfense, barons pillards et chemin de fer

Les chercheurs d'or qui réussirent le mieux furent ceux qui arrivèrent tôt et repartirent vite. Ceux qui restèrent trop longtemps perdirent des fortunes à chercher la pépite de plus ou devinrent l'objet de ressentiment. Les ouvriers amérindiens qui les aidaient à s'enrichir n'avaient pas le droit de revendiquer l'or. Des Péruviens et des Chiliens ayant trouvé de l'or se virent refuser le renouvellement de leur concession. La plupart avait quitté la Californie en 1855. Le quartier "Chilecito" (petit Chili) qu'ils avaient fondé à San Francisco se nomme aujourd'hui Jackson Square. On y trouve toujours la boisson qu'ils apportèrent vers 1848 : le Pisco punch.

Avec l'industrialisation de l'extraction, le besoin en main-d'œuvre diminuait et certains prospecteurs au chômage trouvèrent une cible pour détourner leur colère : les ouvriers chinois. N'ayant pas le droit de posséder une concession, beaucoup de pionniers chinois ouvrirent des commerces basés sur le service qui survécurent au naufrage de la prospection. En 1860, ils formaient le deuxième groupe ethnique en Californie derrière les Mexicains. Des lois discriminantes empêchant quiconque était né en Chine de posséder une maison, de trouver un emploi ou d'obtenir la citoyenneté furent votées en Californie, puis développées dans le Chinese Exclusion Act adopté par les États-Unis en 1882, qui demeura en vigueur jusqu'en 1943.

1942
En vertu de l'Executive Order 9066, près de 120 000 Américains d'origine japonaise sont internés dans des camps.

1955
Ouverture de Disneyland le 17 juillet. Tandis que la foule envahit le parc, la plomberie cède et une fuite de gaz se déclare à Fantasyland.

1965
Répression des émeutes raciales de Watts à Los Angeles. Bilan : des morts, des destructions et 40 millions de $ de dégâts.

Les rivalités entre ethnies masquaient la vraie menace, qui ne venait pas des ouvriers mais de ceux qui contrôlaient les outils de production : les "barons pillards" de Californie. Ces spéculateurs californiens concentraient le capital et l'équipement lourd nécessaire à l'exploitation souterraine. Les lois limitant les emplois accessibles aux arrivants chinois servaient les intérêts de ces industriels, qui cherchaient une main-d'œuvre bon marché pour construire des voies ferrées reliant leurs concessions aux marchés de la côte Est.

Pour ouvrir des tunnels dans la Sierra Nevada, les ouvriers étaient descendus le long des parois montagneuses à bord de nacelles en osier ; après avoir planté des bâtons de dynamite dans les crevasses, ils tiraient sur la corde pour qu'on les hisse hors de danger avant l'explosion. Ne pouvant guère exercer légalement d'autres emplois, on estime que 12 000 ouvriers chinois sautèrent dans la Sierra Nevada. Le chemin de fer transcontinental atteignit la côte ouest en 1869.

La république de Californie

En juin 1846, des colons américains déclarèrent l'indépendance de la ville de Sonoma, dans le nord de la Californie. Sans qu'un seul coup de feu soit tiré, ils capturèrent le premier fonctionnaire mexicain qui passait et hissèrent un drapeau confectionné à la hâte. À leur réveil, les habitants découvrirent qu'ils vivaient désormais dans la république indépendante de l'Ours, dont le drapeau s'ornait d'un grizzly aux allures de chien ivre. Cette république ne dura qu'un mois, le temps que l'ordre de se retirer envoyé par les États-Unis parvienne aux colons.

Pétrole et eau

Pendant la guerre de Sécession (1861-1865), ne pouvant plus compter sur le ravitaillement en provenance de la côte Est, la Californie se lança dans l'agriculture. Une propagande effrénée fut menée afin de recruter des fermiers du Midwest pour cultiver la Central Valley. Ce fut un succès : plus de 120 000 fermiers rejoignirent la Californie dans les années 1870 et 1880.

Ces agriculteurs ne tardèrent pas à découvrir dans quel piteux état la ruée vers l'or avait laissé la région. Montagnes décapées, végétation arrachée, cours d'eau ensablés, réserves d'eau polluées par le rinçage du mercure. Beaucoup perdirent la vie en raison du choléra, qui se répandait par les égouts à ciel ouvert et dans les camps à l'assainissement indigent. À cause d'autres minerais découverts dans les montagnes du sud de la Californie, on détourna des cours d'eau, laissant les vertes vallées situées en aval se transformer en déserts. Comprenant que leur ressource la plus précieuse était bien l'eau et non l'or, les Californiens adoptèrent en 1884 une loi avant-gardiste empêchant tout rejet dans les rivières.

Soutenue par l'agro-industrie naissante et les intérêts immobiliers, la Californie du Sud adopta le financement par obligations d'aqueducs et de barrages qui facilitèrent l'agriculture intensive et le développement immobilier. Au début du XXe siècle, le tiers méridional de l'État revendiquait les deux-tiers de l'eau californienne ; aussi des voix s'élevèrent-elles en Californie du Nord pour faire sécession.

1966
Ronald Reagan est élu gouverneur de Californie, créant un précédent dans la reconversion des gens du spectacle en perte de vitesse.

1967
C'est le Summer of Love au Golden Gate Park ; des ordres d'incorporation servent à rouler des joints.

1968
Robert Kennedy, candidat à la présidentielle et défenseur des droits civiques, est tué par balle à Los Angeles.

★ Les meilleurs livres sur l'histoire de la Californie

L'Amérique 1965-1990 – Chroniques, de Joan Didion (1968 ; Grasset 2009)

City of Quartz : Los Angeles, capitale du futur, de Mike Davis (1997 ; La Découverte 1998)

Librairie City Lights (p. 59), San Francisco

STEVE WOOD / SHUTTERSTOCK ©

Tandis que la Californie du Sud s'urbanisait, les Californiens du Nord qui avaient assisté à la dévastation causée par l'exploitation minière et forestière étaient les premiers à constituer un mouvement de sauvegarde de l'environnement. Venu gagner sa vie à San Francisco, John Muir, un immigré écossais, se découvrit une vocation de naturaliste lors d'une excursion dans la Yosemite Valley. Il fonda le Sierra Club en 1892 et consacra sa vie à la défense du Yosemite et de territoires sauvages de Californie contre l'intrusion de barrages et de pipelines.

Réformer le Far West

En 1906, un violent tremblement de terre secoua San Francisco, révélant une terrible vérité : il n'y avait pas d'eau pour éteindre les incendies déclenchés par le séisme. Cette ville entourée d'eau sur trois côtés ne possédait que deux points d'eau en état de marche : une fontaine à l'intersection entre Market Street et Kearny Street, cadeau de la diva Lotta Crabtree, et la bouche d'incendie d'une mission au sommet de Dolores Park (toujours peinte couleur or depuis, en reconnaissance des services rendus). Trois jours durant, le feu ravagea la ville. Quand la fumée se dissipa, une certitude émergea du désastre : il était temps que le Far West évolue.

Tandis que San Francisco était reconstruite au rythme de 15 bâtiments par jour, les réformateurs entreprirent une refonte des politiques de la ville, de l'État et du pays. En 1914, les Californiens préoccupés par la santé publique et le trafic des femmes pesèrent dans l'adoption du Red Light Abatement Act, qui supprimait les maisons closes dans tout l'État.

Le mouvement pour les droits civiques en Californie

Avant la marche de 1963 sur Washington DC, le mouvement des droits civiques était déjà bien engagé en Californie. Lorsque le président Roosevelt ordonna à près de 120 000 Américains d'origine japonaise vivant sur la côte Ouest de rejoindre des camps d'internement en 1942, la Japanese American Citizens League intenta des procès qui allèrent jusqu'à la Cour suprême, créant des jurisprudences sans précédent en matière de droits civiques. En 1992, les internés obtinrent réparation et reçurent une lettre d'excuses officielle du président George H. W. Bush.

1969
Des activistes amérindiens s'emparent symboliquement d'Alcatraz avant d'être expulsés par le FBI en 1971.

1977
Harvey Milk, conseiller municipal de San Francisco, est le premier homme ouvertement homosexuel élu en Californie.

1989
Le séisme de Loma Prieta provoque l'effondrement de l'étage supérieur de l'Interstate 880, faisant 63 morts et 4 000 blessés.

En 1962, reprenant les méthodes de résistance non violente de Gandhi et de Martin Luther King Jr, les leaders syndicalistes César Chávez et Dolores Huerta formèrent le United Farm Workers pour protéger les droits des ouvriers immigrés. En 1966, Chávez et des vendangeurs californiens marchaient sur Sacramento, attirant l'attention sur le problème des salaires équitables et les conséquences des pesticides sur la santé. Dépêché sur place pour enquêter, Bobby Kennedy se rangea du côté de Chávez, faisant entrer les Latinos dans la politique américaine.

La Californie se trouva à nouveau en première ligne dans la lutte pour le mariage pour tous. En 2004, défiant ouvertement le Defense of Marriage Act (DOMA) voté en 1996, selon lequel le mariage unit deux personnes de sexe opposé, Gavin Newsom, maire de San Francisco, se mit à délivrer des certificats de mariage à des couples homosexuels. Le sujet arriva devant les tribunaux, qui découvrirent que le DOMA était incompatible avec la Constitution californienne. Les opposants au mariage homosexuel soutinrent la Proposition 8, un référendum proposant de modifier la Constitution californienne pour invalider les mariages entre personnes de même sexe. La Proposition 8 fut adoptée à une courte majorité mais déclarée anticonstitutionnelle en 2008. Ses défenseurs firent appel en 2013 mais la Cour suprême déclara le DOMA anticonstitutionnel et l'égalité devant le mariage fut étendue à tout le pays en 2015.

Aujourd'hui, les droits civiques restent la principale préoccupation en Californie, où les immigrés représentent plus de la moitié de la population, dont 26,9% d'immigrés nés à l'étranger et 30,7% de personnes naturalisées ou nées aux États-Unis de parents immigrés. Une douzaine de villes californiennes ont pris le statut de ville-sanctuaire, dont Berkeley, qui fut la première à l'adopter en 1971, et San Francisco qui a revendiqué ce statut en 1989. Ces dispositions légales empêchent la police, les écoles et les hôpitaux de livrer aux autorités fédérales – en vue de leur expulsion – des sans-papiers n'ayant commis aucune infraction à la loi. Menacées de se voir priver de subventions fédérales par le gouvernement Trump en 2017, San Francisco et Berkeley ont réaffirmé leur politique de ville-sanctuaire et les législateurs californiens réfléchissent au moyen d'étendre ce statut à toute la Californie.

Hollywood et la contre-culture californienne

Dans les années 1920, la Californie exportait l'image radieuse et saine que projetait d'elle l'industrie du film et de la télévision. Avec son ensoleillement constant et ses paysages variés, le sud de la Californie s'avérait idéal pour les tournages en extérieur. La région fut très tôt utilisée pour représenter des contrées exotiques et servit à des films d'époque comme *La Ruée vers l'or* de Charlie Chaplin (1925). Mais ses couchers de soleil sur la mer et ses avenues bordées de palmiers tinrent bientôt la vedette dans des films en Technicolor et des séries télévisées emblématiques. Délaissant la réputation sulfureuse du Far West, la Californie se mua en star de cinéma, crevant l'écran derrière les *beach boys* proprets et les blondes en bikini.

Les Californiens du Nord, au contraire, ne se voyaient pas en figurants dans *Beach Blanket Bingo* (1965). Renvoyés de la Navy pour insubordination et homosexualité durant la Seconde Guerre mondiale, des marins furent débarqués à San Francisco, comme s'il

1992
Quatre policiers blancs accusés d'avoir agressé Rodney King sont acquittés, ce qui déclenche de violents affrontements avec la police.

1994
Le 17 janvier, le séisme de Northridge, de magnitude 6,7, frappe Los Angeles, tuant 72 personnes et causant 20 milliards de $ de dégâts.

2003
Le républicain Arnold Schwarzenegger est élu gouverneur de Californie.

s'agissait d'une punition. Ils se trouvèrent au contraire parfaitement à l'aise parmi les clubs de jazz de North Beach, les cafés bohèmes et les librairies.

Ce fut la CIA qui fit sauter les dernières conventions. Pour tester des substances psychoactives ayant pour but de créer le soldat parfait, la CIA donna du LSD à l'écrivain Ken Kesey, qui en mesura tout le potentiel festif et en glissa dans le punch servi lors du Trips Festival organisé par Stewart Brand en 1966. La période psychédélique atteignit son apogée le 14 janvier 1967 avec le rassemblement Human Be-In au Golden Gate Park, où Timothy Leary inventa son slogan "Viens, mets-toi dans le coup, décroche" ("*Turn on, tune in, drop out*").

En 1947, quand le sénateur Joseph McCarthy voulut déloger des artistes du cinéma soupçonnés d'être communistes, dix écrivains et réalisateurs refusèrent de reconnaître qu'ils avaient des alliances communistes ou de dénoncer quiconque. Ces "Hollywood Ten" furent accusés d'outrage au Congrès et interdits de contrat à Hollywood, mais leur défense de la Constitution américaine fut entendue dans tout le pays. Les grands d'Hollywood ne cachèrent pas leur désapprobation et firent travailler des artistes inscrits sur la liste noire, jusqu'à ce que des procès aient raison du maccarthysme à la fin des années 1950.

Numériquement vôtre

Le premier ordinateur personnel est né en 1968 dans la Silicon Valley. Il coûtait à l'époque 4 900 $ (environ 33 000 $ d'aujourd'hui) et pesait 20 kg ! En 1969, Stewart Brand, créateur du Whole Earth Catalog (qui répertoriait les produits de la contre-culture) expliqua que la technologie informatique utilisée uniquement par les gouvernements pourrait donner plus de pouvoir au citoyen.

Au milieu des années 1990, les start-up de l'industrie du Net prenaient leur essor dans la Silicon Valley et, soudain, on pouvait tout trouver en ligne : courrier, infos, et même… sexe. Mais les profits n'étant pas au rendez-vous, les fonds des capital-risqueurs s'évanouirent. Des fortunes de stock options disparurent dans l'effondrement du Nasdaq le 10 mars 2000 et la bulle Internet éclata. Du jour au lendemain, des vice-présidents de 26 ans se retrouvèrent au chômage, tout comme des employés du secteur des services dans la baie de San Francisco.

Entre-temps, l'industrie biotechnologique avait déjà pris son essor. Fondée en 1976 près de San Francisco, une start-up du nom de Genentech parvint rapidement à cloner l'insuline humaine et à produire un vaccin contre l'hépatite B. En 2004, les électeurs approuvèrent l'émission de 3 milliards de dollars d'obligations pour la recherche sur les cellules souches et, en 2008, la Californie était devenue le plus gros bailleur de fonds dans ce secteur et la vedette du nouveau Biotechnology Index du Nasdaq. Avec le stockage de données sur le cloud et l'access data, l'apprentissage automatique permet maintenant de réaliser de rapides progrès en matière d'imagerie et de diagnostics médicaux.

Les machines nous sauveront-elles ou nous dépasseront-elles ? Voilà qui ferait une super idée de scénario pour Hollywood – ou du moins un bon sujet de conversation dans un dispensaire de marijuana (légalisée en Californie depuis le 1er janvier 2018). Quoi qu'il arrive, c'est depuis la Californie qu'on le voit toujours venir.

2005
Antonio Villaraigosa est élu maire de Los Angeles : c'est le premier Latino-Américain à occuper ce poste depuis 1872.

2007
Des incendies balaient le sud de la Californie en pleine sécheresse : 1 million de personnes doivent évacuer leur logis.

2017
Menacées de ne plus recevoir de subventions fédérales, de nombreuses communes de Californie renforcent leur statut de ville-sanctuaire.

Surfeur, Venice Beach (p. 231), Los Angeles

BRITTANYNY / SHUTTERSTOCK ©

La société californienne

À en croire les idées reçues, les Californiens seraient décontractés, égocentriques, tolérants, soucieux de leur santé et de la nature et vivent en majorité en bord de mer. Les plages du sud de l'État sont les plus ensoleillées et propices à la baignade, d'où les innombrables clichés liés au surf, au farniente... et aux séries TV telles qu'*Alerte à Malibu* et *Newport Beach*.

Identité régionale

Il y a une part de vérité dans cette vision enchantée. Quelque 80% des Californiens vivent près de la côte et non à l'intérieur des terres, même si les plages californiennes ne sont pas toujours ensoleillées ni adaptées à la baignade. Habilement marketés depuis les années 1970, le développement personnel, la culture physique et la chirurgie esthétique représentent d'importants secteurs économiques dans tout l'État. Enfin, l'exercice physique et une alimentation saine contribuent à maintenir les Californiens parmi les citoyens les plus en forme du pays.

Sur le plan politique, les républicains ne sont pas vraiment en terrain conquis. En 2016, seuls 27,3% des électeurs leur étaient favorables, contre 44,8% de démocrates et 23,3% considérés comme indépendants. En matière d'écologie, les habitants du Golden State sont en avance sur le reste de la nation, et la Californie détient le record national de ventes de voitures hybrides.

Les Californiens du Nord et du Sud ont au moins un point commun : ils ne comprennent pas comment les New-Yorkais peuvent se prendre pour le nombril du monde. Quant à eux, ils se contentent de vivre sur le plus beau des littoraux, de créer de nouvelles technologies, de cultiver des denrées alimentaires et de fournir le monde en divertissements. Pas de quoi pavoiser...

Société

Rares sont les Californiens qui peuvent passer des journées entières à bronzer et à s'occuper de leurs réseaux sociaux : non seulement les UVA sont facteur de vieillissement mais les loyers sont trop élevés. Huit des dix secteurs immobiliers les plus chers du pays sont en Californie. Dans les deux périmètres les plus chers, Newport Beach et Palo Alto, le prix moyen d'une maison dépasse les 2,5 millions de dollars. Ici, seuls les multi-millionnaires peuvent s'offrir une maison de rêve en bord de plage. Avec un salaire médian de 64 500 $ annuels, la plupart des Californiens sont plutôt locataires que propriétaires de leur logement.

Un Californien entre 18 et 24 ans à 50% de chance de vivre chez ses parents. Un Californien adulte sur quatre vit seul, un sur deux n'est pas marié. Si les célibataires avec lesquels vous pourriez sortir ne vous emballent pas, ne vous découragez pas : un tiers des individus actuellement mariés ne le seront plus dans 10 ans. Les Californiens vivent de plus en plus en concubinage : le nombre de couples non mariés vivant sous un même toit a augmenté de 40% depuis 1990.

Si vous ressemblez à la majorité des Californiens, vous passez votre vie dans votre voiture. Les Californiens mettent en moyenne 29 minutes pour aller au travail et consacrent au moins 20% de leurs revenus à des dépenses liées à la voiture. Il ne faut donc pas s'étonner que 6 des villes des États-Unis à l'atmosphère la plus polluée se trouvent en Californie. Toutefois, les Californiens voient plus loin que la courbe nationale de consommation d'énergie de leurs voitures soumises au contrôle anti-pollution, achetant plus de véhicules hybrides ou à faible consommation que les habitants des autres États. Grâce aux efforts fournis dans tout l'État pour protéger l'air, 2 des 25 villes américaines ayant l'air le plus propre sont en Californie (Redding et Salinas).

Près de la moitié des Californiens habite dans une grande ville, mais la majeure partie des autres vit en banlieue, où le coût de la vie est presque aussi élevé – les avantages culturels en moins. D'après les statistiques, le secteur de San Jose dans la Silicon Valley est celui où les prix sont les plus exagérés de tout le pays, mais d'autres métropoles californiennes (surtout San Francisco et San Diego) sont régulièrement en tête des classements pour la qualité de la vie, en raison de leur vision positive de l'existence surnommée "Golden State of Mind". Selon une étude récente de l'université de Cambridge, créativité, imagination, intellectualisme et sérénité sont des caractéristiques qui définissent les Californiens par rapport aux autres habitants du pays.

Si vivre dans la rue ne correspond pas au rêve californien, c'est néanmoins une réalité pour au moins 115 000 Californiens, soit plus de 20% des sans-logis aux États-Unis. Certains sont des ados qui ont fugué ou ont été mis à la porte par leurs familles, mais le plus gros contingent de SDF est constitué de vétérans de l'armée américaine – 25% des vétérans SDF se trouvent en Californie. En outre, depuis que les dispositifs de prise en charge de la santé mentale ont été supprimés dans les années 1970 et que les programmes de désintoxication financés par la Californie ont été abandonnés dans les années 1980, beaucoup de Californiens souffrant de maladies mentales et d'addiction aux stupéfiants n'ont plus d'endroit où aller.

Les travailleurs pauvres aussi font la queue devant les foyers pour SDF : leur salaire minimum ne leur permet pas de louer un appartement. Les hausses récentes du salaire minimum en Californie ne suffisent toujours pas à assumer le coût de la vie – il faut gagner au moins 33 $ de l'heure pour payer un loyer moyen à LA. Plutôt que de s'attaquer aux causes sous-jacentes du phénomène des sans-abri, certaines métropoles californiennes ont criminalisé le racolage, la mendicité et même le fait d'être assis sur le trottoir. Plus de 3 Californiens sur 1 000 se trouvent déjà dans les prisons surpeuplées de l'État, la plupart pour des petits délits liés à la drogue.

Langues de Californie

Plus de 200 langues sont parlées en Californie. L'espagnol, le chinois, le tagalog, le russe, l'hindi et l'arabe font partie des 10 principales. Environ 44% des personnes habitant en Californie parlent une autre langue que l'anglais à la maison.

Population et religion

Riche de plus de 39 millions d'habitants (1 Américain sur 8), la Californie est l'État le plus peuplé du pays. C'est aussi l'un de ceux qui se développent le plus vite : il regroupe 3 des 10 plus grandes villes américaines (Los Angeles, San Diego et San Jose) et accueille chaque année plus de 300 000 nouveaux venus. Bien que les hauteurs des sierras et les déserts méridionaux soient peu peuplés, la densité moyenne de population est de 251 habitants au mile carré (un peu moins de 100 hab/km^2), soit près du triple de la moyenne nationale.

Statistiquement parlant, le Californien moyen est latino, âgé d'environ 36 ans et vit dans un comté densément peuplé comme ceux de Los Angeles, d'Orange ou de San Diego. Il parle plusieurs langues et, dans un cas sur quatre, n'est pas né aux États-Unis. S'il y est né, il y a une chance sur deux pour qu'il soit arrivé récemment en Californie.

La diversité religieuse en Californie est une des plus importantes du pays, mais c'est aussi l'un des États les moins religieux. Moins de la moitié des Californiens jugent la religion très importante et un quart de la population se déclare sans religion. Parmi ceux qui pratiquent une religion, un tiers se dit protestant et un quart catholique. La Californie regroupe l'essentiel des hindous pratiquants, la plus importante communauté juive en dehors de New York, une communauté musulmane non négligeable et le plus grand nombre de bouddhistes hors d'Asie. Les Californiens ont aussi fondé des pratiques spirituelles qui leur sont propres, comme l'Église de Satan, l'organisme de développement personnel EST et le culte des Ovnis.

Plateau de cinéma hollywoodien, Universal Studios (p. 222), Los Angeles

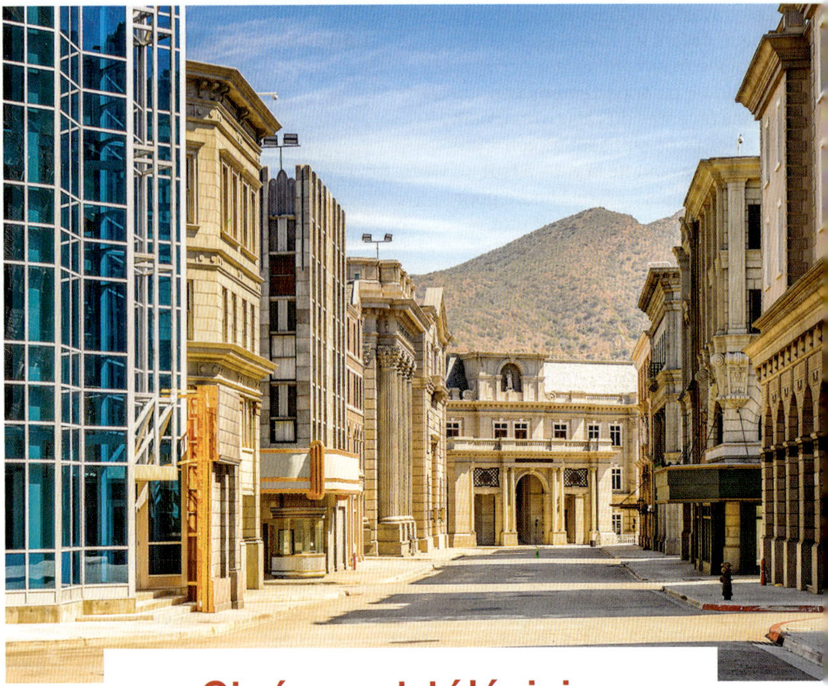

ANTON_IVANOV / SHUTTERSTOCK ©

Cinéma et télévision

Orson Welles murmurant "Rosebud" (Citizen Kane), *Judy Garland faisant claquer ses talons rouges ou Terminator menaçant de revenir, bien des scènes culte du septième art ont vu le jour en Californie. Si pour Shakespeare "le monde est un théâtre", le Golden State est bien plus qu'un plateau de cinéma. Avec une quarantaine d'émissions de télévision et quantité de films tournés chaque année, le moindre palmier semble avoir un jour été figurant.*

Les pionniers

"The Industry", tel est le nom donné par les Californiens du Sud au secteur du cinéma et de la télévision. Tout commença au début du XXe siècle dans les modestes vergers d'Hollywoodland, une banlieue résidentielle de Los Angeles, où des entrepreneurs, souvent émigrés d'Europe, montèrent des studios cinématographiques. En 1915, le Polonais Samuel Goldwyn fonda Paramount Studios avec Cecil B. DeMille, tandis que l'Allemand Carl Laemmle créait Universal Studios. Un peu plus tard, Jack Warner et ses frères, d'origine polonaise, arrivèrent du Canada et établirent leur propre affaire.

Avec une météo clémente et plus de 315 jours de soleil par an, SoCal se révéla un cadre idéal pour l'essor de cette industrie et les scènes en extérieur. À cette époque pionnière, les détenteurs de brevet d'invention comme Thomas Edison envoyaient des agents collecter leur dû ou récupérer leur matériel, obligeant parfois les cinéastes à franchir la frontière mexicaine. À environ 160 km de LA, Palm Springs devint la destination de week-end préférée des vedettes d'Hollywood, notamment du fait de contrats restrictifs leur interdisant de voyager au-delà de cette distance.

Rapidement, les studios hollywoodiens firent du cinéma un univers magique. Le public ne tarda pas à se bousculer aux premières organisées à Los Angeles pour apercevoir Charlie Chaplin, Harold Lloyd et autres célèbres acteurs du cinéma muet sur le tapis rouge. En 1920 fut célébré le premier grand mariage d'Hollywood entre l'acteur de cape et d'épée Douglas Fairbanks et la "petite fiancée de l'Amérique" Mary Pickford. Si leur divorce en 1936 fit scandale, la société de production United Artists qu'ils fondèrent avec Chaplin et D. W. Griffith existe encore aujourd'hui. En 1927, le film musical *Le Chanteur de jazz* sonna l'avènement du cinéma parlant.

Cinéma d'animation

Arrivé à Los Angeles en 1923, le jeune auteur de dessins animés Walt Disney connut le succès cinq ans plus tard avec le court métrage *Steamboat Willie* et surtout la création du personnage de Mickey Mouse, à l'origine du futur empire Disney. Des dizaines d'autres studios d'animation lui ont emboîté le pas : Warner Bros (les *Looney Tunes* Bugs Bunny, Daffy Duck, Speedy Gonzales, Titi et Grosminet...), Hanna-Barbera (*Les Pierrafeu, Les Jetson, Yogi l'ours, Scooby-Doo*...), DreamWorks (*Shrek, Madagascar, Kung-Fu Panda*...), Pixar Animation Studios (*Toy Story, Le Monde de Nemo, Vice-versa*), Film Roman (*Les Simpsons*), etc. Même si la majeure partie du travail pratique s'effectue désormais à l'étranger, en Corée du Sud notamment, la conception et la supervision ont toujours lieu à LA et dans la région de la baie de San Francisco.

Hauts lieux du cinéma californien

Hollywood devint l'épicentre de l'industrie du cinéma dès les années 1920, mais tout ne se déroulait pas ici. Parmi les principaux studios, seul Paramount Pictures s'y trouve réellement, entouré d'un tas d'entreprise liées à la production et à la post-production. Depuis longtemps, la plupart des films sont tournés ailleurs aux environs de Los Angeles, notamment à Culver City (MGM, actuel Sony Pictures), Studio City (Universal Studios) et Burbank (Warner Bros, puis Disney).

La région de LA n'a pas non plus le monopole. Créée en 1910, l'American Film Manufacturing Company (alias Flying 'A' Studios) a été à l'origine de succès du box-office à San Diego et Santa Barbara. Balboa Studios, à Long Beach, fut un autre artisan majeur de l'usine à rêve au temps du muet. Actuellement, des maisons de production opèrent dans la région de la baie de San Francisco, à l'image d'American Zoetrope de Francis Ford Coppola, des studios d'animation Pixar et d'Industrial Light & Magic de George Lucas. San Francisco et LA demeurent le principal berceau des cinéastes et documentaristes indépendants.

Pour autant, tous les Californiens ne travaillent pas dans "The Industry", même à "Tinseltown" (Hollywood est parfois nommée ainsi, en référence au bling-bling et à l'artifice). En raison de leur coût élevé, les tournages se sont en effet déplacés bien au-delà de la San Fernando Valley (siège de la plupart des studios de cinéma et de télévision californiens), à Vancouver, Toronto et Montréal ("Hollywood North"), qui accueille les équipes américaines à bras ouverts (et avec des contrats avantageux). Pour tenter d'endiguer le phénomène, la Californie a récemment voté un crédit d'impôt de 330 $ afin d'attirer de nouveau les réalisateurs. Cela paraît fonctionner car, en 2016, plus de pilotes de séries TV ont été tournés ici que partout ailleurs.

★ Les meilleurs festivals de cinéma en Californie

AFI Fest (www.afi.com/afifest)

LA Film Fest (www.filmindependent.org/la-film-festival/)

Palm Springs Film Fest (www.psfilmfest.org)

San Francisco Film Fest (www.sffs.org)

Frameline LGBT (www.frameline.org)

Paramount Pictures (p. 211), Los Angeles

Quoi qu'il en soit, Los Angeles reste *le* lieu de pèlerinage des cinéphiles et de ceux qu'Hollywood fascine. On peut y visiter les grands studios, assister à des émissions télévisées en direct, voir le défilé des stars lors de remises de prix, regarder des films en avant-première à l'occasion de festivals et parcourir l'Hollywood Walk of Fame.

La Californie dans les films

La Californie crève l'écran dans nombre de productions hollywoodiennes, quittant l'arrière-plan pour devenir un sujet et un personnage à part entière. Des comédies légères aux films noirs, des grands classiques comme *Le Faucon maltais* (1941), *Blade Runner* (1982) et *The Big Lebowski* (1998) prouvent la variété de son talent.

Le petit écran

En 1927, Philo Farnsworth, un inventeur de San Francisco, parvint à diffuser la première image de télévision... en l'occurrence une simple ligne droite. Il faudra toutefois attendre plusieurs années pour que les téléspectateurs aient quelque chose de plus intéressant à regarder. La première chaîne TV commença à émettre à Los Angeles en 1931, répandant dans les salons de l'Amérique et du monde une vision emblématique de la Californie avec des séries telles que *Badge 714* (*Dragnet* – années 1950), *The Beverly Hillbillies* (années 1960), *The Brady Bunch* et *Drôles de dames* (années 1970), *La Loi de Los Angeles* (années 1980), *Alerte à Malibu*, *Buffy contre les vampires*, *Le Prince de Bel-Air* (années 1990). *Beverly Hills 90210* (années 1990) a transformé ce code postal de LA en symbole de réussite sociale, *Newport Beach* (années 2000) a présenté l'Orange County sous un jour séduisant et *Silicon Valley* (depuis 2014) fait aujourd'hui la satire des start-up de NorCal. Les fans de télé-réalité reconnaîtront dans *Top Chef*, la série des *Real Housewives* et *L'Incroyable famille Kardashian* divers lieux de Californie du Sud.

En 2005, une start-up de la banlieue de San Francisco a changé la donne en lançant la plateforme de vidéos en ligne YouTube. Grâce aux services de streaming à la demande qui rivalisent désormais avec les chaînes câblées pour la diffusion de séries inédites, la télévision californienne connaît un nouvel âge d'or. Netflix (à Silicon Valley et LA), Amazon (Santa Monica) et Hulu (Santa Monica) donnent à voir des dystopies futuristes comme *Stranger Things*, *Le Maître du Haut Château* et *La Servante écarlate*. Le temps dira si ce phénomène produira aussi des comédies californiennes innovantes dans la veine de *Weeds* (Showtime), l'histoire d'une mère au foyer devenue dealer dans une banlieue bourgeoise, *Californication* (Showtime), les aventures d'un romancier new-yorkais tombant dans la luxure à Hollywood, ou *Larry et son nombril* (HBO), caricature de l'industrie cinématographique par le coréalisateur et producteur de *Seinfeld* Larry David, avec des célébrités jouant leur propre rôle.

The Broad (p. 216), Los Angeles

BONDROCKETIMAGES / SHUTTERSTOCK ©

Musique et arts

On peut se moquer, mais, lorsque les Californiens remercient leur bonne étoile de ne pas vivre à New York, ce n'est pas seulement en pensant au temps qu'il fera à la plage. Dans cet État où la diversité ethnique est la plus importante du pays, en musique comme dans les arts vivants, la scène californienne a affirmé son indépendance et son éclectisme, quitte à être parfois décalée.

Musique

Reprises des Beach Boys, rap de la côte Ouest, bluegrass, punk pur jus, soul classique, hard bop, riffs de heavy metal ou opéra ; les Californiens aiment tous ces genres. Il suffit de se balader dans les rues des grandes villes californiennes pour écouter la playlist la plus éclectique au monde.

La plupart des studios d'enregistrement se trouvent à Los Angeles, et l'industrie télévisuelle et cinématographique s'est révélée un bon découvreur de princesses de la pop et de boys bands au brushing parfait. Mais, chaque jour dans le nord de la Californie, où la culture de la débrouille est reine, des artistes émergent sur YouTube, tandis que d'autres musiciens s'attèlent à produire des sonorités étranges dans leur garage, à l'aide de synthés Moog et Keytar. Rien de tout cela n'aurait été possible sans des décennies d'innovation, d'excentricités musicales et de soirées dansantes effrénées en Californie.

Swing, jazz, blues et soul

C'est avec l'augmentation de la population afro-américaine durant la "grande migration" de la Seconde Guerre mondiale qu'est né le blues de la côte Ouest. T-Bone Walker, bluesman né au Texas, travailla dans les clubs de Central Avenue à Los Angeles avant de connaître le succès chez Capitol Records grâce à son style unique à la guitare électrique. Durant les années 1940 et 1950, des guitaristes comme Pee Wee Crayton et Lowell Fulson, originaire de l'Oklahoma, cultivaient le blues de la côte Ouest à San Francisco et à Oakland.

Tandis que les poètes de la Beat Generation brodaient sur des parties de basse improvisées, le jazz cool de la côte Ouest proposé par Chet Baker et Dave Brubeck (originaire de la baie de San Francisco) naissait dans le quartier de North Beach à San Francisco dans les années 1950. Dans le même temps, à Los Angeles, dans le fief de la culture afro-américaine le long de Central Avenue, le hard bop de Charlie Parker et de Charles Mingus secouait la scène jazz de la Californie du Sud.

Dans les années 1950 et 1960, le doo-wop, le rhythm and blues et la soul se relayaient dans les clubs de South Central (LA), considéré comme le Harlem de l'Ouest. Le chanteur Sam Cooke dirigeait sa propre maison de disques, attirant à LA les talents de la soul et du gospel.

Rock

Si l'on remonte aux années 1950, le premier talent régional du genre aura été Ritchie Valens, natif de la vallée de San Fernando, dont *La Bamba* est la version rock d'un air traditionnel mexicain. Dans l'Orange County à la même époque, Dick Dale se fit connaître comme le "roi de la Surf Guitar. Il fut en tête des classements avec son groupe les Del-Tones au début des années 1960, influençant de nombreux artistes, des Beach Boys à Jimi Hendrix – sa fameuse version de la *Misirlou* a été utilisée dans les films *Pulp Fiction* (1994) *et Taxi* (1998).

Pendant l'aventure qu'il eut avec Joan Baez dans le nord de la Californie au début des années 1960, Bob Dylan prit sa guitare électro-acoustique pour défendre le rock folk. Janis Joplin et Big Brother & the Holding Company créèrent leur style musical à San Francisco, inventant le folk rock psychédélique. Issu de la scène mythique du Fillmore à San Francisco, Jefferson Airplane tirait d'*Alice au pays des merveilles* son succès psychédélique *White Rabbit*. Pour beaucoup d'artistes de cette décennie, le spectacle s'est terminé prématurément, par overdose, mais pour les Grateful Dead, qui firent les belles heures des jams sessions, l'aventure a continué jusqu'à la mort du guitariste Jerry Garcia, alors en cure de désintoxication, en 1995.

Sur le célèbre Sunset Strip de Los Angeles, la légendaire boîte Whisky a Go-Go a accueilli des groupes locaux, dont les Byrds et les Doors. Mais le son californien a aussi donné dans le funky avec des groupes emblématiques comme War, de Long Beach, Tower of Power, d'Oakland, et Sly and the Family Stone, de San Francisco.

Post-punk et pop

Les années 1980 ont vu l'ascension de groupes déterminants de Los Angeles comme Bad Religion (punk) et Suicidal Tendencies (hardcore/thrash), tandis que des groupes 100% féminins et plus conventionnels comme les Bangles et les Go-Gos, les Oingo Boingo (new wave) et les rockeurs de Jane's Addiction et des Red Hot Chili Peppers déferlaient sans crier gare. Originaire de Hollywood, Guns N' Roses devenait la référence des années 1980 en matière d'arena rock et Metallica, originaire de San Francisco, celle du métal. Le rockeur avant-gardiste Frank Zappa devint culte et fit un succès avec le single *Valley Girl* (1982).

Dans les années 1990, des groupes de rock alternatif californien accédèrent à la notoriété nationale et internationale, notamment l'auteur-compositeur-musicien Beck, les rockeurs politisés Rage Against the Machine et, venus de l'Orange County, les ska-rockeurs de No Doubt et leur chanteuse Gwen Stefani. Originaire d'East LA, le groupe Los Lobos fut le roi des groupes *chicanos* (mexicain), honneur qui revint ensuite à Ozomatli.

Relançant le punk dans les années 1990, le club 924 Gilman Street à Berkeley a propulsé la carrière de Green Day, récompensé par plusieurs Grammy Awards. Dans leur lignée sont apparus le groupe ska-punk Rancid, également originaire de Berkeley, Sublime et son surf-punk de Long Beach, Blink 182, (pop-punk) basé à San Diego, et les "grandes gueules" de l'Orange County, les Offspring.

Rap et hip-hop

Depuis les années 1980, le rap et le hip-hop de la côte Ouest mènent la danse. La sortie en 1989 de l'album *Straight Outta Compton* de N.W.A. lançait les carrières d'Eazy E, Ice Cube et Dr Dre en même temps que le gangsta rap. Dre devint cofondateur de Death Row Records, qui contribua à lancer des talents comme les "*bad boys*" de Long Beach : Snoop Dogg, Warren G et feu Tupac Shakur. Fils d'une leader des Black Panther, Tupac mêlait chansons festives et dures réalités apprises dans les rues d'Oakland jusqu'à ce qu'il reçoive une balle en 1996, peut-être à cause de la rivalité côte Est/côte Ouest. Les querelles ont aussi émaillé la carrière de The Game, de LA, dont le *R.E.D. Album* sorti en 2009 réunit exclusivement des têtes d'affiches : Diddy, Dr Dre, Snoop Dogg, etc.

Tout au long des années 1980 et 1990, la Californie a gardé une scène hip-hop à Oakland et Los Angeles. En réaction à l'exploitation de plus en plus commerciale du hip-hop à la fin des années 1990, la scène de East Bay (San Francisco) a produit des artistes underground "hyphy" (abréviation d'*hyperactifs*) comme E-40. Les commentaires politiques et des accroches funk sont devenues les signes distinctifs des groupes d'East Bay Blackalicious, the Coup et Michael Franti & Spearhead.

Punk's Not Dead en Californie

Dans les années 1970, les ondes américaines étaient envahies de rock commercial ; les maisons de disque payaient les animateurs pour faire mousser leurs chansons. Lassés, des ados californiens se mirent à inventer leurs propres airs en trois accords sur des guitares d'occasion et de vieux amplis.

La musique punk de LA accompagne alors l'univers des skateurs des grincements hardcore de Black Flag, d'Hermosa Beach, et des Germs. De 1977 à 1987, le groupe X de Los Angeles maria punk et new wave avec John Doe et son rockabilly à la guitare, les gémissements angoissés de la chanteuse Exene Cervenka, et des histoires d'amours déçues inspirées de Charles Bukowski et Raymond Chandler.

Bohème et absurde, la scène punk de San Francisco trouva une de ses meilleures expressions avec Jello Biafra, chanteur des Dead Kennedys (et futur candidat à la mairie de San Francisco !), raillant la trop grande assurance du Golden State dans *California Über Alles*.

Architecture

La Californie ne se borne pas aux maisons de plage et aux promenades en planches. Les habitants de l'Ouest ont adapté des styles d'importation au climat et aux matériaux disponibles, avec pour résultat des maisons en adobe (pisé) à San Diego ou d'autres en bardeaux de séquoia résistant à l'humidité à Mendocino. Après un siècle et demi d'emprunts et de détails excentriques greffés ça et là, l'inattendu est omniprésent : façades Art déco recouvertes de faïences d'inspiration maya à Oakland, portiques d'inspiration shinto à Los Angeles, cottages typiques "So British" à Carmel et lampadaires chinois dans les rues de San Francisco. L'architecture californienne était postmoderne avant même que cet adjectif n'existe.

Missions espagnoles et beautés victoriennes

Les premières missions espagnoles étaient construites autour d'une cour, à l'aide de matériaux trouvés sur place : adobe, calcaire, torchis. Bien des missions tombèrent en ruine quand

★ Icônes architecturales

Golden Gate Bridge (p. 40), San Francisco

Getty Center (p. 220), Los Angeles

Sunnylands (p. 200), Palm Springs

California Academy of Sciences (p. 61), San Francisco

Bixby Bridge (p. 160), Big Sur

Intérieur, Sunnylands (p. 200), Palm Springs

TODD EBERLE / GETTY IMAGES ©

l'influence de l'Église s'affaiblit, mais leur style, emprunté aux villages des Indiens Pueblos, restait adapté au climat. Les premiers colons californiens s'en inspirèrent pour construire les ranchs en adobe. Jetez un coup d'œil à El Pueblo de Los Angeles et à la vieille ville de San Diego.

Au XIXe siècle, les nouveaux riches de la ruée vers l'or importèrent des matériaux, afin d'imiter l'architecture européenne, en particulier le style Quenn Ann, tout en balcons et bois ouvragé. On trouve des exemples d'architecture victorienne, dont les "Painted Ladies" et "gingerbread" dans des villes du nord de la Californie, comme San Francisco, Ferndale et Eureka.

Mais l'architecture californienne à toujours été pleine de contrastes. Bien des architectes de la Belle Époque rejetaient les surcharges des styles victoriens au profit des lignes classiques et plus simples du style espagnol. Le style Spanish Colonial Revival (renouveau espagnol colonial) ou style Mission Revival (renouveau du style "missionnaire") rappelle les premières missions par ses détails sobres et fonctionnels : portes et fenêtres cintrées, longs porches couverts, cours avec fontaine, murs massifs et toits de tuiles rouges. Le centre de Santa Barbara renferme des exemples de ce style, dont témoignent aussi les imposants bâtiments du Balboa Park à San Diego, du Scotty's Castle dans la Death Valley et dans certaines gares du sud de la Californie comme celles de Downtown LA, de San Diego et de Santa Barbara.

De l'Arts & Crafts à l'Art déco

En réaction à la standardisation et aux mutations rapides de la révolution industrielle apparues au tournant du XXe siècle, le mouvement Arts & Crafts, né en Angleterre au milieu du XIXe siècle et influencé par le minimalisme japonais, prône un retour au "fait main" et aux matériaux naturels. Simplicité et harmonie furent alors les traits distinctifs du style Arts & Crafts en Californie. Bernard Maybeck et Julia Morgan, dans le nord de la Californie, et les architectes Charles et Henry Greene, dans le Sud, popularisèrent le style bungalow, de facture artisanale, en bois, verre et tuiles de céramique de la région. Dotées d'un avant-toit, de vastes terrasses et de chambres vérandas, ces maisons créent l'harmonie entre un intérieur chaleureux et confortable, et l'environnement naturel qui les entoure.

Cosmopolite, la Californie s'est pas limitée à des influences venues d'un seul pays. Dans les années 1920, le style Art déco, répandu dans de nombreux pays, s'empara d'éléments antiques – glyphes mayas, colonnes égyptiennes, ziggourats babyloniennes – pour agrémenter les façades et gratte-ciel, comme on peut le voir à LA ou San Francisco. Les lignes épurées copient les formes aérodynamiques des avions et les ornements sont réduits à leur minimum.

Évolutions postmodernes

La Californie ne pouvait s'empêcher de vouloir enjoliver un peu les choses et de s'écarter du strict modernisme pour ajouter d'improbables formes postmodernes au paysage local.

En 1997, Richard Meier apposait sa marque sur West LA avec le Getty Center, une construction ondulante et blanche comme une vague au sommet d'une colline ensoleillée.

L'architecture tout en courbes et lignes brisées du Walt Disney Concert Hall, du canadien Frank Gehry (installé à Santa Monica), détonne au milieu des gratte-ciel rectilignes de LA. Toujours à Downtown LA, la cathédrale Notre-Dame-des-Anges, conçue par l'architecte espagnol Rafael Moneo, offre une vision déconstructiviste et controversée des églises monumentales du Mexique et d'Europe dont elle s'inspire. Quant au toit en dents de scie du Broad Contemporary Art Museum, extension du Los Angeles County Museum of Art, il est signé Renzo Piano.

Le San Francisco Museum of Modern Art (SFMOMA) est l'édifice postmoderne emblématique de la région de la Baie. L'architecte suisse Mario Botta l'a surmonté d'un atrium zébré recouvert de marbre en 1995 et, depuis 2016, son extension, réalisée par les architectes de l'agence Snøhetta, enveloppe l'ancien édifice en briques de ses voiles blanches prêtes à se déployer. Dernièrement, SF a pris fait et cause pour un postmodernisme pratiqué par des récipiendaires du prix Pritzker, qui magnifie les cadres naturels par son mimétisme, en particulier dans le Golden Gate Park. Le Young Memorial Museum, conçu par les Suisses Herzog et de Meuron, au toit de cuivre virant au vert, s'intègre au paysage du parc. En face, le toit de verdure de la California Academy of Science (certifié bâtiment durable LEED Platinum), conçu par Renzo Piano, lui fait pendant.

Arts visuels

Artistes à part entière, les cartographes qui accompagnaient les explorateurs européens décrivirent la Californie comme une île, ce qui dénotait plus du fantasme que de la rigueur scientifique. Cette tendance mythologique perdura pendant toute l'époque de la ruée vers l'or, les artistes occidentaux alternant entre caricature d'un Far West de débauche et propagande pour pousser les pionniers à coloniser l'Ouest, conformément à l'idéologie du destin manifeste. Avec l'achèvement du chemin de fer transcontinental en 1869, de nombreux peintres romantiques affluèrent. Les premières images magnifiques de l'Ouest furent les grandioses évocations des paysages sauvages de Californie, peints par Albert Bierstadt (1830-1902) dès 1859. Avec le début du XXe siècle, une multitude d'impressionnistes locaux adeptes de la peinture en plein air, apparut à Laguna Beach et à Carmel, comme Guy Rose (1867-1925), qui passa un an à Giverny auprès de Claude Monet, avant de s'installer en Californie en 1914.

La photographie a permis de capter la réalité improbable des paysages et des habitants de Californie. Pirkle Jones saisit le potentiel expressif de la photographie de paysage californienne après la Seconde Guerre mondiale, tandis que les sublimes photos d'Ansel Adams, originaire de San Francisco, ont révélé la majesté du Yosemite. Adams fonda le Group f/64 avec Edward Weston et Imogen Cunningham à San Francisco. Dorothea Lange, de Berkeley, a, quant à elle, capturé inlassablement les ouvriers migrants de la crise des années 1930, puis les Japonais envoyés en camp d'internement pendant la Seconde Guerre mondiale.

L'Ouest d'après-guerre s'est vu zébré d'autoroutes et a connu divers projets d'aménagement, ce qui inspira les peintres californiens, désireux de capturer les formes abstraites des paysages refaçonnés par l'homme. À San Francisco, Richard Diebenkorn et David Park se font les têtes de proue du mouvement Bay Area Figurative Art, et le sculpteur Richard Serra s'ingénie à produire des monolithes massifs et oxydables, rappelant l'architecture urbaine. Les artistes pop dénoncèrent le consumérisme évident, avec les distributeurs de chewing-gums de Wayne Thiebaud, les piscines de LA de l'Anglais David Hockney et, surtout, les études d'Ed Ruscha sur la culture populaire de la SoCal.

Aujourd'hui, la scène contemporaine californienne allie toutes ces influences en y ajoutant le muralisme à caractère social, un dévouement obsessif à l'artisanat et les nouveaux médias qui englobent les dernières technologies. Le Museum of Contemporary Art de Los Angeles organise des expositions d'avant-garde provocatrices, tout comme le Broad Contemporary Art Museum du LACMA, le San Francisco's Museum of Modern Art et le Museum of Contemporary Art San Diego, spécialisé dans le pop art et les œuvres conceptuelles postérieures aux années 1950.

City Lights Books (p. 59), San Francisco

Littérature

Les Californiens représentent le plus gros marché du livre aux États-Unis, et lisent plus que la moyenne nationale. San Francisco compte davantage d'écrivains et de dramaturges et totalise plus d'achats de livres par habitant que n'importe quelle autre ville. La côte Ouest attire romanciers, poètes et conteurs, et la communauté littéraire multiculturelle de Californie est plus solide que jamais.

Les pionniers du réalisme social

L'auteur californien le plus marquant fut sans doute John Steinbeck, né en 1902 à Salinas, dans la Central Valley. Dans *Les Raisins de la colère* (1939), son roman le plus célèbre, couronné par le prix Pulitzer, il suit les fermiers de l'Oklahoma qui fuient la sécheresse pour gagner la Californie. *Tortilla Flat* (1935), évoque la réadaptation à la vie civile de vétérans de la Première Guerre mondiale d'origine mexicaine et *Rue de la Sardine* (1945) brosse un tableau des ouvriers des conserveries de Monterey. Acclamé pour son réalisme social, Eugene O'Neill utilisa l'argent du prix Nobel qu'il reçut en 1936 pour déménager près de San Francisco, où il écrivit la pièce autobiographique *Le Long Voyage vers la nuit* (achevée en 1942, publiée en 1956).

Parmi les premiers romanciers du XXe siècle à porter un regard assez critique sur la prospérité nouvelle du Golden State et le mythe de ses "self-made" millionnaires, citons Upton Sinclair (1878-1968), dont *Pétrole !* (1927) a donné lieu au film *There Will Be Blood* (2007).

La Californie devint aussi synonyme d'aventure grâce au talent de ses premiers chroniqueurs, comme Mark Twain (1835-1910) et Bret Harte (1836-1902). Jack London (1876-1916) était un enfant turbulent des docks d'Oakland qui parcourut le monde muni seulement de son esprit. Il devint l'aventurier et l'écrivain de voyage le plus reconnu, navigua sur les sept mers du globe, fut entraîné dans la ruée vers l'or au Klondike avant de devenir un pionnier de la permaculture dans son ranch de Sonoma, où il ne dictait le récit de ses aventures qu'à un vieux magnétophone.

Roman noir et science-fiction

Nimbée de brouillard mystérieux et d'enseignes lumineuses, San Francisco et Los Angeles sont devenues les capitales du roman policier, souvent porté à l'écran. Dashiell Hammett (auteur du *Faucon maltais*, 1930) fit d'un privé cynique de San Francisco un anti-héros moderne, tandis que Raymond Chandler, autre maître du roman noir, nous entraîne dans une ténébreuse ville de la Baie, portrait à peine déguisé de Santa Monica, dans *Le Grand Sommeil* (1939). Les auteurs à l'origine du renouveau du roman noir dans les années 1990 en Californie sont James Ellroy *(L.A. Confidential*, 1990), feu Elmore Leonard *(Zigzag movie*, 1990) et Walter Mosley *(Le Diable en robe bleue*, 1990), dont le détective Easy Rawlins enquête à Los Angeles dans le quartier de South Central.

La technologie californienne inspire depuis longtemps la science-fiction. Élevé à Berkeley, Philip K. Dick a imaginé des futurs dystopiques ; le Los Angeles dirigé par l'intelligence artificielle qu'il dépeint dans *Les Androïdes rêvent-ils de moutons électriques ?* (1968) se retrouve en 1982 adapté au cinéma dans *Blade Runner*, un classique du film de science-fiction. Native de Berkeley, Ursula K. Le Guin *(La Main gauche de la nuit* (1969), *Cycle de Terremer* (1964-2001) introduit le féminisme dans la *fantasy*, imaginant des réalités parallèles dans lesquelles ses héroïnes affrontent les forces obscures.

Critique et peinture sociales

Après avoir survécu à la Seconde Guerre mondiale, la Beat Generation (*beat* signifiant : vagabonds ou personnes perdues, au bout du rouleau) refusait de se mouler dans le conformisme des années 1950 et défiait le maccarthysme à coup de poèmes dans un nouveau style d'écriture : court, acéré et vivant. Regroupés à San Francisco, les grands noms du genre furent notamment Jack Kerouac (*Sur la route*, écrit en 1951, mais publié en 1957), Allen Ginsberg (*Howl et autres poèmes*) et l'éditeur Lawrence Ferlinghetti, bienfaiteur de la Beat Generation et cofondateur de la librairie City Lights à San Francisco. Le procès de Ferlinghetti pour avoir publié *Howl* "de manière délibérée et obscène" a abouti à un triomphe emblématique pour la liberté d'expression.

Aucun auteur n'a toutefois su rendre la culture californienne avec une clarté caustique plus aveuglante que Joan Didion. Tel un soleil perçant le brouillard estival de San Francisco, ses essais (réunis dans son ouvrage *Slouching Towards Bethlehem*, 1968) rayonnent à travers la brume hippie pour nous révéler des adolescents au regard vitreux dérivant au gré du *Summer of Love*. Onze d'entre eux sont traduits en français sous le titre *L'Amérique 1965-1990 - Chroniques* (Grasset, 2009). Didion fut la championne du nouveau journalisme immersif, à la première personne, avec les chroniqueurs californiens des années 1960 Hunter S. Thompson *(Hells Angels)* et Tom Wolfe *(Acid Test)*.

Dans les années 1970, *Le Postier* (1971), roman semi-autobiographique de Charles Bukowski, dépeint le Downtown LA des pauvres, tandis que *Chicano* (1970, non traduit en français), de Richard Vasquez brosse un portrait saisissant du quartier latino de LA. Bret Easton Ellis suivit les existences brèves et fulgurantes de la jeunesse dorée cocaïnomane de Beverly Hills dans *Moins que zéro* (1985), chronique des excès des années 1980.

Plongée avec les méduses

DOUGLAS KLUG / GETTY IMAGES ©

Environnement

Inutile de quitter la Californie pour changer de décor : avec ses sommets enneigés et ses déserts brûlants, c'est l'État le plus diversifié du pays. Des espèces rares ailleurs prospèrent dans son climat doux assorti d'étés secs et d'hivers humides. La population puise dangereusement dans les ressources naturelles, mais, depuis plus de 150 ans, des Californiens écolos travaillent dur pour la protection de l'environnement.

Le territoire

Troisième État américain en taille après l'Alaska et le Texas, la Californie couvre plus de 420 000 km^2, une superficie supérieure à celle des 85 plus petites nations du monde. Elle est bordée par l'Oregon au nord, le Mexique au sud, le Nevada et l'Arizona à l'est, et par 1 350 km de côte pacifique à l'ouest.

Géologie et tremblements de terre

La Californie possède un paysage géologique complexe, constitué de fragments de roche et de croûte terrestre qui ont fusionné lorsque le continent nord-américain a dérivé vers l'est pendant des centaines de millions d'années. Les reliefs escarpés du littoral, la Central Valley et la Sierra Nevada qui continue à s'élever témoignent des forces titanesques qui se sont exercées lors de la collision entre les plaques continentale et océanique.

Tout a changé il y a environ 25 millions d'années, lorsque les plaques tectoniques ont cessé d'entrer en collision et se sont mises à glisser l'une sous l'autre, donnant naissance à l'énorme faille de San Andreas. Étant donné que le contact dans cette zone ne se fait pas de façon lisse, mais avec des heurts et des enfoncements sporadiques, la Californie est soumise à une succession permanente de secousses et de séismes.

Le séisme le plus connu, qui eut lieu en 1906, atteignit 7,8 sur l'échelle de Richter. La ville de San Francisco fut détruite et plus de 3 000 personnes trouvèrent la mort. La baie de San Francisco a refait la une des journaux en 1989, lorsque le tremblement de terre de Loma Prieta (6,9 sur l'échelle de Richter) a provoqué l'effondrement d'une partie du pont. À Los Angeles, le dernier séisme important, celui de Northridge (6,7), en 1994, a entraîné l'effondrement de tronçons entiers de l'autoroute de Santa Monica, ce qui en a fait la plus coûteuse de l'histoire américaine.

La Californie, presque une île ?

La Californie forme une sorte d'île séparée du reste du continent par les pics de la Sierra Nevada, et, comme dans les autres îles, cet isolement se traduit par l'apparition d'animaux et de plantes uniques, allant des pins Bristlecone, dans le Nord, aux arbres de Josué dans le Sud. La Californie est ainsi l'État américain qui comporte le plus grand nombre d'espèces endémiques (plantes, amphibiens, reptiles, poissons d'eau douce et mammifères). On y trouve même 30% des espèces végétales, 50% des espèces d'oiseaux et 50% de toutes les espèces de mammifères présentes aux États-Unis.

Du littoral à la Central Valley

En essuyant le plus fort des tempêtes hivernales qui balaient le littoral californien, les montagnes protègent l'intérieur des terres. San Francisco se trouve au milieu des Coast Ranges : le Nord, brumeux, reste peu peuplé, tandis que la côte centrale et le Sud au climat doux et aux plages de sable possèdent une population plus dense.

Les confins septentrionaux de la chaîne côtière reçoivent généralement 3 000 mm de pluie par an, augmentés dans certains endroits de 300 mm dus au brouillard estival persistant. Dans les plaines côtières du nord de la Californie, on peut faire des dégustations de vin. Les sols riches en nutriments et l'humidité abondante alimentent d'imposants séquoias qui poussent sur le littoral aussi loin qu'à Big Sur et, dans le Nord, jusqu'en Oregon.

Sur leur flanc oriental, ces chaînes se transforment en collines qui laissent ensuite place à la vaste Central Valley. Ancienne île, ce bassin plat est devenu une usine agricole produisant environ la moitié des fruits, légumes et noix de tout le pays. Longue d'environ 720 km et large de 80 km, cette vallée ne reçoit guère plus de précipitations que le désert, mais bénéficie des eaux de ruissellement de la Sierra Nevada.

Avant l'arrivée des Européens, la Central Valley était composée de vastes marécages peuplés d'oies et de pâturages couverts de fleurs que respiraient des millions d'antilopes, d'élans et de grizzlis. Ce paysage a presque entièrement disparu sous le labour pour faire place à des plantes allogènes (dont les plantes cultivées et la vigne) et à l'élevage.

Les massifs montagneux

Le côté est de la Central Valley est dominé par le plus haut relief de Californie : la Sierra Nevada, surnommée "la chaîne de lumière" par le naturaliste John Muir. Avec ses 644 km de long et ses 80 km de large, c'est aussi l'une des plus grandes chaînes montagneuses du monde. Ce vaste espace inhabité possède 13 sommets s'élevant à plus de 4 200 m.

Les grandes étendues sauvages de la High Sierra (dont la majeure partie dépasse 2 750 m d'altitude) offrent un paysage exceptionnel de glaciers, pics de granit et canyons. Ce secteur difficile d'accès fut un des plus grands défis que durent relever les colons du XIXe siècle pour atteindre la Californie.

En raison de son altitude, la Sierra Nevada arrête les formations orageuses et les vide de leur eau. Au-delà de 900 m, la plupart des précipitations se transformant en neige, ce qui en fait une destination privilégiée pour les sports d'hiver. L'eau de fonte rejoint une demi-douzaine d'importants cours d'eau sur les flancs occidental et oriental du massif, qui fournissent la majeure partie de l'eau nécessaire à l'agriculture de la Central Valley, et à San Francisco et LA.

À son extrémité nord, la Sierra Nevada se fond dans les Cascade Mountains, un massif volcanique qui se prolonge au nord dans l'Oregon et l'État de Washington. À son extrémité sud, la chaîne prend un curieux virage à l'ouest pour rejoindre, via les Transverse Ranges (un des rares massifs du pays orientés est-ouest), le sud des Coast Ranges.

Les déserts et au-delà

C'est le versant ouest de la Sierra qui capte la plus grande partie de l'eau, conférant à l'est des paysages désertiques : ils reçoivent moins de 250 mm de précipitations par an. Étonnamment cependant, dans quelques vallées de l'Est situées au pied de la Sierra, de petits cours d'eau ont permis à l'agriculture et à l'élevage de se développer.

À l'extrémité ouest du Grand Bassin, le plateau de Modoc, au nord-est, est un désert froid couvert de buissons de sauge et de bosquets de genièvre. Les températures s'élèvent lorsqu'on va vers le sud, et la transition est très marquée lorsque, en venant de Mono Lake, on arrive dans l'Owens Valley, à l'est de la Sierra Nevada. Ce désert aride (le désert de Mojave) comprend la vallée de la Mort, l'un des points les plus chauds de la planète. Plus au sud, ce désert devient le désert du Colorado (qui fait partie du désert de Sonora, situé au Mexique) près de la Salton Sea.

Flore et faune de Californie

Si les immenses quantités d'animaux qu'ont découverts les premiers colons en arrivant en Californie ont disparu depuis longtemps, on peut encore observer facilement une faune sauvage prospère. Certaines espèces ne sont plus représentées que par une maigre population, d'autres sont menacées – raison de plus pour faire halte dans les zones protégées afin d'apprécier leur présence et de soutenir les actions pour leur protection.

Mammifères marins

Même en ne passant qu'un seul jour sur le littoral californien, vous risquez d'apercevoir des groupes de grands dauphins et de marsouins nageant et batifolant dans l'océan. Joueurs, les loutres de mer et les phoques communs restent généralement à proximité du rivage, surtout près des jetées publiques et des baies abritées. Depuis le séisme de 1989, les lions de mer ont pris l'habitude de prendre le soleil sur le Pier 39 à San Francisco, où les touristes ravis les regardent faire la sieste, paresser et digérer. Pour voir davantage de pinnipèdes, rendez-vous à la Point Lobos State Natural Reserve, près de Monterey, ou au Channel Islands National Park dans le sud de la Californie.

Jadis menacées, les baleines grises migrent aujourd'hui en nombre grandissant le long du littoral californien, de décembre à avril. Elles peuvent vivre jusqu'à 60 ans et un adulte peut être plus long qu'un bus et peser jusqu'à 40 tonnes – de quoi faire de belles éclaboussures en surgissant de l'eau. Chaque année, elles quittent leurs zones d'alimentation d'été de la mer de Béring pour rejoindre les zones de reproduction de Baja California, avant de refaire le trajet inverse, soit une boucle de 9 660 km.

Chassés pour leur grasse huileuse jusqu'à frôler l'extinction à la fin du XIXe siècle, les éléphants de mer du Nord ont fait un retour remarquable sur le littoral californien. Au nord de Santa Cruz, l'Año Nuevo State Reserve est une importante zone de reproduction pour cette espèce. La colonie d'éléphants de mer la plus fournie de Californie se trouve à Piedras Blancas, au sud de Big Sur. Une colonie plus modeste est installée au Point Reyes National Seashore, dans le Marin County.

Mammifères terrestres

Marchant d'un pas lourd sur le drapeau californien, voici la mascotte de l'État : le grizzly. Ces ours parcouraient jadis les plages et les prairies californiennes, se nourrissant de tout, des glands aux carcasses de baleines. Ils étaient particulièrement nombreux dans la Central Valley, mais se retirèrent sur les hauteurs de la Sierra Nevada, poussés par la chasse qui les mena au bord de l'extinction dans les années 1920.

Les forêts de montagne californiennes abriteraient aujourd'hui 25 000 à 30 000 ours noirs. Ces cousins des grizzlis sont plus petits ; malgré leur nom, la couleur de leur pelage peut aller du noir au blond, en passant par le brun foncé et l'auburn. Cet omnivore se nourrit de baies, de noix, de racines, d'herbes, d'insectes, d'œufs, de petits mammifères et de poisson. Il peut être une nuisance dans les campings et les chalets de montagne où la nourriture n'est pas stockée correctement.

Avec l'arrivé des colons en Californie au XIXe siècle, beaucoup d'autres grands mammifères connurent le même triste sort que les grizzlis. Les immenses troupeaux de wapitis de Tule et d'antilopes de la Central Valley furent particulièrement touchés. Un petit nombre d'antilopes se réfugia dans l'angle nord-est de l'État et la chasse mena les wapitis de Tule (ou nains) au bord de l'extinction. Un petit troupeau de rescapés fut conduit à Point Reyes dans les années 1970, où il s'est agrandi depuis.

Le puma (ou cougar) chasse dans les montagnes et les forêts de Californie, surtout là où les cerfs sont nombreux. Les pumas solitaires, qui peuvent mesurer 2,40 m et peser 80 kg, sont de redoutables prédateurs. Les attaques d'humains sont rares, et se sont produites lorsque l'empiètement de banlieues sur leur habitat avait poussé des pumas affamés à leurs limites.

Créatures du désert

Les déserts de Californie sont loin d'être inhabités, mais la plupart des animaux qui le peuplent ne sont pas assez bêtes pour traîner dehors dans la chaleur du jour et ne sortent qu'à la fraîcheur du soir, comme les chauves-souris. Le jour, on aperçoit souvent le grand géocoucou (coucou coureur tacheté noir et blanc) le long des routes – vous le reconnaîtrez à sa longue queue et à sa crête. Le renard nain, le renard gris d'Amérique (ou renard des arbres), le lièvre, le rat-kangourou, les tortues du désert (espèce menacée) et de nombreuses espèces de serpents, lézards et araignées habitent aussi le désert. Le mouflon du désert et les oiseaux migrateurs se rassemblent autour des points d'eau, des sources saisonnières et des oasis naturelles – vous en verrez dans le Joshua Tree National Park et dans l'Anza-Borrego Desert State Park.

Oiseaux et papillons

La Californie est le royaume des oiseaux. Elle constitue en effet une étape essentielle sur la Pacific Flyway, leur route migratoire entre l'Alaska et le Mexique. Près de la moitié des espèces volatiles d'Amérique du Nord fait halte dans les refuges et les réserves naturelles de Californie pour se reposer. La migration atteint son apogée pendant la période humide de la saison hivernale qui débute en octobre-novembre : deux millions d'oiseaux (oies, canards et cygnes) se rassemblent alors dans les Klamath Basin National Wildlife Refuges.

Toute l'année, les meilleurs endroits pour observer les oiseaux sont les plages, les estuaires et les baies, où se regroupent les hérons, les cormorans, les oiseaux du littoral

★ Les plus beaux parcs de Californie

Yosemite National Park (p. 131)
Death Valley National Park (p. 188)
Redwood National & State Parks (p. 92)
Joshua Tree National Park (p. 196)

Joshua Tree National Park (p. 196)

MATTEO COLOMBO / GETTY IMAGES ©

et les goélands. Le Point Reyes National Seashore et les Channel Islands font d'excellents lieux d'observation toute l'année.

En roulant sur le littoral de Big Sur, levez les yeux pour peut-être apercevoir le condor de Californie, espèce menacée. On voit aussi parfois des condors à l'intérieur des terres, dans les cieux du Pinnacles National Park et de la Los Padres National Forest.

Les monarques, papillons orangés, couvrent d'incroyables distances pour trouver des fleurs d'asclépiade, leur unique source de nourriture. Ils hivernent en Californie par milliers, regroupés sur la Central Coast à Santa Cruz, Pacific Grove, Pismo Beach et dans le Santa Barbara County.

Fleurs et arbres

Parmi les 6 000 variétés de plantes californiennes, certaines sont si obscures ou ressemblantes que seuls des botanistes peuvent les reconnaître mais, au printemps, elles forment de chatoyants tapis de fleurs. La fleur emblématique est le pavot de Californie, une fleur indigène qui se referme craintivement le soir pour exhiber le jour ses pétales d'un orange doré éclatant.

En ce qui concerne les séquoias, la Californie est la région des records : on y trouve les plus grands (les séquoias de la côte, avoisinant 115 m de hauteur), les plus gros (les séquoias géants de la Sierra Nevada, dépassant 10 m de large à la base) et les plus vieux (les pins Bristlecone des White Mountains, pouvant atteindre près de 5 000 ans). Le séquoia géant, endémique, vit en massif isolé sur les versants occidentaux de la Sierra Nevada, notamment dans le Yosemite National Park, le Sequoia National Park et le Kings Canyon National Park.

Vingt espèces de chênes indigènes poussent en Californie, dont le chêne vert, doté de feuilles rappelant celles du houx et de glands à la cupule écailleuse. Le laurier de Californie, plante aromatique dont les longues feuilles étroites virent au violet, fait partie des essences courantes. Parmi les arbres indigènes rares, en danger, citons le pin de Monterey et le pin de Torrey, espèces noueuses qui se sont adaptées aux difficiles conditions du littoral. On ne trouve le pin de Torrey que dans la Torrey Pines State Reserve, près de San Diego, et dans les Channel Islands, haut lieu d'observation des espèces végétales endémiques.

La Sierra Nevada comprend trois écozones distinctes : des contreforts secs couverts de chênes et de chaparral (maquis), des forêts de conifères à partir de 600 m d'altitude et une zone alpine au-delà de 2 500 m. Plus d'une vingtaine d'essences de conifères pousse dans la Sierra Nevada, où les forêts de moyenne altitude renferment des pins Douglas, des pins jaunes et le plus grand de tous, le séquoia géant. Parmi les arbres à feuilles caduques, citons le peuplier faux-tremble, un arbre à écorce blanche dont le feuillage chatoyant devient jaune pâle à l'automne, conférant à l'Eastern Sierra une couleur dorée conforme au nom du Golden State.

Cactées et autres plantes du désert

Dans les déserts du sud de la Californie, cactées et autres végétaux se sont adaptés au climat aride en se dotant d'aiguilles ou d'épines résistant à la perte d'eau (et découragent les animaux de les manger). Leur floraison et leur fructification s'accélèrent durant les brèves pluies hivernales. La floraison des plantes désertiques peut être spectaculaire au printemps, tapissant les vallées.

Le cholla (*Cylindropuntia bigelovii*) est une des espèces les plus courantes. Il est si duveteux qu'on le surnomme "cactus nounours", mais ne vous laissez pas abuser : des épines accrocheuses et acérées se planteraient dans votre peau au moindre contact. Méfiez-vous aussi de l'*Acacia greggii* surnommé "acacia à griffes de chat", dont les petites épines recourbées s'accrochent aux vêtements ou à la peau lorsqu'on les frôle.

Vous reconnaîtrez peut-être le figuier de Barbarie, une cactée à feuilles épaisses dont le jus est utilisé dans la médecine traditionnelle amérindienne, et vous pourrez difficilement rater l'ocotillo (*Fouquieria splendens* surnommé "cactus grimpant"), qui peut atteindre 6 m de haut et dont les cannes s'ornent de fleurs rouge sang au printemps. Quand à l'arbre à créosote (*Larrea tridentata*), c'est un arbuste à feuilles persistantes, doté d'une odeur caractéristique.

Avec ses longs bras et ses touffes de feuilles vertes, l'arbre de Josué (*Yucca brevifolia*) ressemble à un personnage de loin ; mais il s'agit d'une variété de yucca qui donne des fleurs d'un blanc verdâtre au printemps. D'après la légende, son nom lui vient des mormons, aux yeux desquels les branches de cet arbre ressemblaient aux bras tendus d'un prophète biblique.

Le Sierra Club de John Muir

Cofondé par le naturaliste John Muir en 1892, le Sierra Club (www.sierraclub.org) fut le premier groupe de protection de l'environnement aux États-Unis. Resté le plus actif, il propose des programmes éducatifs, des randonnées en groupe, des excursions organisées et des séjours en éco-volontariat.

Parcs nationaux et parcs d'État de la Californie

La plupart des Californiens considèrent les loisirs de plein air comme essentiels à leur qualité de vie. La superficie des zones protégées n'a cessé d'augmenter en vertu de lois votées depuis les années 1960. Le California Coastal Act (1976) a épargné au littoral toute urbanisation supplémentaire, tandis que le California Desert Protection Act (1994), controversé, est passé outre les objections des propriétaires de ranchs et des mineurs.

Aujourd'hui, près d'un tiers du littoral californien, avec ses forêts de séquoias, ses lacs de montagne, ses canyons, ses chutes d'eau, ses sites historiques et sa faune, est protégé par le California State Parks (www.parks.ca.gov). Ces dernières années, les réductions budgétaires de la Californie et le sous-financement chronique des parcs ont contribué aux fermetures, à la réduction des prestations proposées et à la hausse du prix d'accès aux parcs et des activités de plein air. Toutefois, les revenus du tourisme devançant régulièrement ceux de l'extraction des ressources naturelles, la Californie a tout intérêt à protéger ses territoires sauvages.

Si vous avez la déception de trouver un parc fermé ou complet, rappelez-vous qu'il est nécessaire de limiter l'accès du public pour éviter aux parcs naturels d'être victimes d'un trop grand engouement. L'excès de visiteurs peut stresser l'environnement naturel. Pour éviter la foule et découvrir la nature sauvage sans entrave, visitez les parcs prisés comme le Yosemite hors saison. N'oubliez pas que les espaces naturels moins connus, gérés par le National Park Service (www.nps.gov/state/CA) reçoivent souvent moins de visiteurs : il n'est pas nécessaire d'y réserver des mois à l'avance permis, emplacements de camping ou hébergements.

L'US Forest Service (USFS ; www.fs.usda.gov/r5) gère 18 forêts en Californie, dont certaines proches des monts Whitney et Shasta, des lacs Tahoe et Big Bear et de Big Sur. Adorés des ornithologues, les National Wildlife Refuges (NWR), qui comprennent la Salton Sea et le Klamath Basin, sont gérés par le US Fish & Wildlife Service (USFWS ; www.fws.gov/refuges). D'autres territoires sauvages de Californie, dont la Lost Coast et la plaine de Carrizo, sont aux soins du Bureau of Land Management (BLM ; www.blm.gov/ca/st/en.html).

Vallée de la Mort (p. 188)

Carnet pratique

Infos utiles

Alimentation

- Le déjeuner est généralement servi entre 11h30 et 14h30, et le dîner entre 17h et 21h tous les jours, mais certains restaurants ferment plus tard, surtout les vendredis et samedis soir.
- Habituellement, le petit-déjeuner est servi entre 7h30 et 10h30. Certains *diners* et cafés le servent jusque dans l'après-midi, voire toute la journée. Décontracté, le brunch du week-end est généralement servi de 11h à 15h les samedis et dimanches.
- Comme partout en Californie, l'ambiance des restaurants est souvent décontractée. Si seuls quelques-uns exigent plus qu'une tenue habillée (chemise, pantalon et chaussures correctes), la plupart en demandent beaucoup moins.
- Un pourboire de 18 à 20% est attendu pour tout service à table.
- Il est interdit de fumer à l'intérieur. Certains restaurants possèdent des patios ou des tables sur le trottoir où la cigarette est tolérée (demandez avant, ou repérez les cendriers), mais vos voisins seront certainement mécontents de recevoir votre fumée.
- La plupart des restaurants acceptent que vous apportiez votre vin contre un droit de bouchon de 15 à 30 $. Le déjeuner comprend rarement de l'alcool, mais un verre de vin ou de bière, bien que peu répandu, est tout à fait acceptable.
- Si vous demandez à partager un plat à deux (ou plus), vous paierez peut-être un supplément.
- Végétariens, végétaliens et voyageurs ayant des allergies ou restrictions alimentaires sont en veine : de nombreux restaurants s'adaptent aux régimes alimentaires particuliers.

Alimentation

Les tarifs indiqués ci-dessous sont basés, sauf mention contraire, sur le prix d'un plat au dîner, hors taxes et pourboires, lesquels peuvent représenter 25% à 30% de supplément. Les mêmes plats sont généralement moins chers, voire moitié prix, au déjeuner.

$ moins de 15 $

$$ 15-25 $

$$$ plus de 25 $

Ambassades et consulats

Ambassades et consulats des États-Unis à l'étranger

France Ambassade (☎01 43 12 22 22 ; fr.usembassy.gov/fr/ ; 2 av. Gabriel, 75382 Paris Cedex 08)

Belgique Ambassade (☎(+32-2) 811-4000 ; be.usembassy.gov/fr/ ; 27 bd du Régent, B-1000, Bruxelles)

Canada Consulat Montréal (☎514-398-9695 ; ca.usembassy.gov/fr/embassy-consulates-fr/montreal/ ; 1155 rue Saint-Alexandre, Montréal, Québec H3B 3Z1) ; Consulat Toronto (☎613 688-5335 ; ca.usembassy.gov/embassy-consulates/toronto/ ; 360 University Ave, Toronto, Ontario M5G 1S4, entrée au 225 Simcoe Street) ; Consulat Québec (☎418-692-2095 ; ca.usembassy.gov/fr/embassy-consulates-fr/quebec/ ; 2 rue de la Terrasse Dufferin, Québec, Québec G1R 4T9)

Suisse Ambassade (☎031-357-70-11 ; ch.usembassy.gov/fr/sitemap-fr/ ; Sulgeneckstrasse 19, CH-3007 Berne) ; Consulat Zurich (Dufourstrasse 101, 3e ét., Zurich) ; Consulat Genève (rue Versonnex 7, CH-1207 Genève)

Ambassades et consulats étrangers aux États-Unis

Le site **Embassy.org** (www.embassy.org) recense toutes les représentations diplomatiques à

Conseils aux voyageurs

La plupart des gouvernements possèdent des sites Internet qui recensent les dangers possibles et les régions à éviter. Consultez notamment les sites suivants :

Ministère des Affaires étrangères français (www.diplomatie.gouv.fr)

Ministère des Affaires étrangères de Belgique (diplomatie.belgium.be)

Département fédéral des Affaires étrangères suisse (www.eda.admin.ch/eda/fr)

Ministère des Affaires étrangères du Canada (www.voyage.gc.ca)

Washington, DC. Consulats présents en Californie :

France Los Angeles (☎310-235-32-00 ; www.consulfrance-losangeles.org ; 10390 Santa Monica Blvd, Suite 410, Los Angeles CA 90025) ; San Francisco (☎415-397-43-30 ; www.consulfrance-sanfrancisco.org ; 88 Kearny St, Suite 600, San Francisco, CA 94108)

Belgique Los Angeles (☎323-857-1244 ; unitedstates.diplomatie.belgium.be/fr ; 6300 Wilshire Blvd, Suite 720, Los Angeles, CA 90048)

Canada Los Angeles (☎213-346-2700 ; international.gc.ca/world-monde/united_states-etats_unis/ ; 550 South Hope St, 9th Fl, Los Angeles, CA 90071-2327) ; San Francisco (☎415-834-3180 ; international.gc.ca/world-monde/united_states-etats_unis/ ; 580 California St, 14e ét., San Francisco, CA 94104)

Suisse Los Angeles (☎310-575-1145 ; www.eda.admin.ch/la ; 11859 Wilshire Blvd, Suite 501, Los Angeles, CA 90025) ; San Francisco (☎415-788-2272 ; www.eda.admin.ch/sf ; Pier 17, Suite 600, San Francisco, CA 94111)

Argent

Cartes bancaires

- Les principales cartes bancaires sont acceptées presque partout et sont requises pour louer une voiture, réserver une chambre ou acheter des billets par téléphone. Elles sont aussi indispensables en cas d'urgence.
- Les cartes Visa, MasterCard et American Express sont les plus communément acceptées.

Change

- Vous pouvez changer de l'argent dans les principaux aéroports, les banques et auprès des agents de change comme American Express (www.americanexpress.com) ou Travelex (www.travelex.com). Faites-vous toujours préciser le taux et les commissions. En dehors des villes principales, il n'est pas toujours facile de changer de l'argent. Assurez-vous d'avoir une carte bancaire et suffisamment d'espèces avec vous.

Distributeurs automatiques de billets (DAB)

- La plupart des banques, centres commerciaux, aéroports, épiceries et supérettes ont des DAB accessibles 24h/24 et 7j/7.
- Comptez une commission minimale d'environ 3 $ par transaction en sus des frais prélevés par votre banque.
- La plupart des DAB sont reliés aux réseaux internationaux et offrent des taux de change corrects.
- Le retrait d'espèces par carte bancaire dans les DAB engendre généralement d'importantes commissions et des frais ; renseignez-vous auprès de votre banque.

Espèces

Les gens ont généralement peu de monnaie sur eux et préfèrent utiliser leur carte bancaire. Certains commerces refusent les billets de plus de 20 $.

Taxes

- L'État californien prélève une TVA de 7,5% sur le prix de vente de la plupart des biens et services (sauf l'essence et l'alimentation). Des taxes locales et municipales, allant jusqu'à 2,5%, peuvent s'y ajouter.

- Les taxes de séjour varient à l'intérieur de l'État, mais sont de l'ordre de 10,5% à 15,5% dans les grandes villes.
- Les visiteurs ne peuvent pas bénéficier de détaxe sur les achats ou le séjour.

Assurance

Il est conseillé de souscrire une assurance qui vous couvrira en cas d'annulation de votre voyage, de vol, de perte de vos affaires, de maladie ou encore d'accident.

Vérifiez notamment que les "sports à risques", comme la plongée, la moto ou même la randonnée ne sont pas exclus de votre contrat, ou encore que le rapatriement médical d'urgence, en ambulance ou en avion, est couvert. De même, le fait d'acquérir un véhicule dans un autre pays ne signifie pas nécessairement que vous serez protégé par votre propre assurance.

Vous pouvez contracter une assurance qui réglera directement les hôpitaux et les médecins, vous évitant ainsi d'avancer des sommes qui ne vous seront remboursées qu'à votre retour. Dans ce cas, conservez avec vous tous les documents nécessaires (les consultations médicales se règlent généralement en espèces : demandez un reçu pour le remboursement).

Attention ! Avant de souscrire une police d'assurance, vérifiez bien que vous ne bénéficiez pas déjà d'une assistance par votre carte bancaire, votre mutuelle ou votre assurance automobile.

N'oubliez pas de prendre avec vous les documents relatifs à l'assurance ainsi que les numéros à appeler en cas d'urgence.

Quelques conseils

Assurez-vous que vous êtes en bonne santé avant de partir. Si vous suivez un traitement de façon régulière, n'oubliez pas votre ordonnance (avec le nom du principe actif).

Douane

Les citoyens étrangers et les résidents permanents peuvent actuellement entrer aux États-Unis avec :

- 1 l d'alcool (pour les plus de 21 ans)
- 200 cigarettes (une cartouche) ou 100 cigares (pour les plus de 18 ans)
- Des cadeaux (valeur 100 $)

Les espèces, chèques de voyage, mandats-poste ou autres d'un montant supérieur à 10 000 $ doivent être déclarés. N'envisagez surtout pas d'apporter des substances illicites.

Pour connaître la réglementation douanière des États-Unis et être averti des changements (fréquents) en la matière,

Pourboire

Le pourboire n'est pas facultatif, sauf pour un service exécrable.

Porteur dans les aéroports et les hôtels 2-3 $/sac, au moins 5 $/chariot

Barman 15-20% par tournée, au moins 1 $ par boisson

Concierges Rien pour un renseignement, jusqu'à 20 $ pour une réservation de dernière minute dans un restaurant ou des billets pour un spectacle, etc.

Femme de chambre 2 à 4 $/jour, sous la carte prévue à cet effet ; plus si vous êtes très désordonné

Voiturier Au moins 2 $ sur remise des clés

Serveur et room-service 18 à 20%, sauf s'il est déjà facturé (fréquent pour les groupes de 6 personnes ou plus)

Taxi 10 à 15% du prix au compteur, arrondi au dollar supérieur

consultez le site officiel de l'administration des douanes, la **US Customs and Border Protection** (www.cbp.gov).

Électricité

Type B

Formalités et visas

Les conditions d'entrée sur le territoire américain sont susceptibles de changer rapidement. Tous les voyageurs sont invités à vérifier la législation relative aux visas et passeports *avant* de partir pour les États-Unis. Vous pouvez consulter le site du **Département d'État américain** (US Department of State ; www.travel.state.gov) pour obtenir des renseignements, notamment la liste des consulats américains à l'étranger et les délais d'attente pour l'obtention d'un visa, pays par pays, et télécharger des formulaires.

Nous vous conseillons de scanner ou de photocopier tous vos documents importants (pages d'introduction de votre passeport, cartes bancaires, police d'assurance, billets de train/d'avion/de bus, permis de conduire, etc.). Conservez ces copies à part des originaux. Vous remplacerez ainsi plus aisément ces documents en cas de perte ou de vol.

Programme d'exemption de visa et ESTA

Le programme d'exemption de visa (Visa Waiver Program, ou VWP) des États-Unis permet à l'heure actuelle aux ressortissants de 38 pays (dont la France, la Belgique, le Luxembourg et la Suisse) de se rendre aux États-Unis sans visa pour des séjours touristiques ou d'affaires d'une durée maximale de 90 jours (aucune prorogation n'est autorisée).

- Une nouvelle loi entrée en vigueur le 21 janvier 2016 a néanmoins réformé le programme : les voyageurs qui se sont rendus en Iran, en Irak, en Libye, en Syrie, au Soudan, au Yémen ou en Somalie depuis le 1er mars 2011 devront dorénavant faire une demande de visa, de même que les personnes ayant la nationalité iranienne, soudanaise, irakienne ou syrienne.
- Autres conditions : posséder un passeport individuel (pour les enfants aussi) répondant aux normes américaines actuelles et obtenir l'approbation de l'**Electronic System for Travel Authorization** (ESTA ; www.cbp.gov/esta) au préalable. Inscrivez-vous en ligne auprès du Department of Homeland Security sur la page www.cbp.gov/esta au moins 72 heures avant votre arrivée. Une fois l'autorisation de voyage validée, votre inscription est valable pendant 2 ans, mais vous

Un fil d'Ariane en voyage

Vous êtes ressortissant français ? Pensez à vous enregistrer sur le **portail Ariane** (pastel.diplomatie.gouv.fr/fildariane) du ministère des Affaires étrangères. Ce service gratuit vous permet de recevoir des alertes si la situation le justifie. Crise politique, catastrophe naturelle, attentat... recevez en temps réel des consignes de sécurité lors de votre voyage.

Il existe une application pour les Smartphones et les tablettes, intitulée *Conseils aux voyageurs*.

devrez effectuer une nouvelle demande en cas de renouvellement de passeport ou de changement de situation. Les frais, à régler en ligne, sont de 14 $. Les Canadiens sont à l'heure actuelle exemptés de cette formalité.

Canadiens

Actuellement, les ressortissants canadiens peuvent entrer aux États-Unis munis seulement d'un passeport ou d'une autre pièce d'identité officielle.

Visa requis

Vous devez faire la demande de visa auprès d'une ambassade ou d'un consulat américain dans votre pays d'origine si :

- Vous n'êtes pas ressortissant d'un pays relevant du VWP.
- Vous êtes ressortissant d'un pays relevant du VWP mais ne possédez pas de passeport répondant aux normes américaines actuelles.
- Vous êtes ressortissant d'un pays relevant du VWP, mais avez voyagé en Iran, en Irak, en Syrie ou au Soudan depuis le 1er mars 2011, ou avez la nationalité de l'un de ces quatre pays.
- Vous souhaitez séjourner plus de 90 jours.
- Vous souhaitez travailler ou étudier aux États-Unis.

Entrer aux États-Unis

Vous devrez remplir un formulaire de déclaration douanière, souvent remis dans l'avion. Remplissez-le avant d'arriver au guichet de l'immigration. À la question "US Street Address" indiquez l'adresse où vous passerez la première nuit (une adresse d'hôtel suffit).

Indépendamment de ce que votre visa stipule, l'officier de l'immigration est habilité à vous refuser le droit d'entrer aux États-Unis et à mettre des conditions à votre séjour. Il vous demandera quels sont vos projets et si vous avez assez d'argent. Produire un itinéraire, un billet de retour ou vers une autre destination et au moins une carte bancaire est utile. N'insistez pas trop sur le fait que vous avez des amis, de la famille ou des contacts professionnels aux États-Unis, l'agent de l'immigration pourrait en conclure que vous serez tenté de prolonger votre séjour. Être correctement habillé et courtois ne fait pas de mal.

Handicapés

Les endroits les plus peuplés du littoral californien sont assez bien équipés pour accueillir les voyageurs handicapés, mais les infrastructures risquent d'être plus limitées dans des villes plus modestes.

Téléchargez le guide Lonely Planet gratuit *Accessible Travel* (en anglais) sur www.lptravel.to/AccessibleTravel.

Accessibilité

- À la plupart des feux, le trottoir est abaissé et des signaux auditifs sont parfois installés.
- En vertu de l'Americans with Disabilities Act (ADA, loi sur l'accessibilité), tous les édifices publics construits après 1993, toilettes comprises, doivent être accessibles aux fauteuils roulants.
- De même, les motels et hôtels construits depuis 1993 doivent compter au moins une chambre accessible ; indiquez vos besoins en réservant.
- Pour les édifices privés d'avant 1993, notamment les hôtels, restaurants, musées et théâtres, rien ne garantit l'accessibilité : renseignez-vous préalablement.
- La plupart des parcs nationaux ou d'État et quelques sites de loisirs en plein air sont équipés de sentiers bitumés ou en planches accessibles aux fauteuils roulants.
- De nombreux parcs à thème font tout pour être accessibles aux fauteuils roulants et aux visiteurs à mobilité réduite ou souffrant de divers handicaps.
- Les citoyens américains et résidents permanents

souffrant d'un handicap ont droit à l''America the Beautiful' Access Pass (store.usgs.gov/pass/access.html) gratuit à vie, qui donne libre accès aux parcs nationaux et territoires de loisirs fédéraux et confère 50% de réduction sur les activités de loisir (comme le camping).

- Le *California State Parks' disabled discount pass* (3,50 $) confère aux handicapés 50% de réduction sur les parkings et les campings ; consultez le site www.parks.ca.gov.

Communications

- Les compagnies de téléphone proposent des opérateurs-relais (☎711) pour les malentendants.
- De nombreuses banques proposent des DAB en braille.

Adresses utiles

A Wheelchair Rider's Guide to the California Coast (www.wheelingcalscoast.org). Informations gratuites sur l'accessibilité des plages, parcs et sentiers, et guides PDF téléchargeables sur la baie de San Francisco et le littoral de Los Angeles et de l'Orange County.

Access Northern California (www.accessnca.org). Portail complet sur les destinations, circuits et transports accessibles, les loisirs de plein air, base de données des hébergements et calendrier des événements.

Access San Francisco Guide (www.sftravel.com). Guide PDF téléchargeable gratuit – pas à jour, mais utile.

California State Parks (www.access.parks.ca.gov). Carte en ligne avec outil de recherche et base de données sur les parties accessibles des parcs régionaux.

Disabled Sports Eastern Sierra (www.disabledsportseasternsierra.org). Programmes d'activités de plein air hivernales et estivales dans le secteur de Mammoth Lakes.

Achieve Tahoe (www.achievetahoe.org). Organise des activités sportives estivales et hivernales, des expéditions en 4×4 et des locations de skis adaptés dans le secteur du lac Tahoe et dans la Sierra Nevada (adhésion annuelle : 50 $).

Flying Wheels Travel (☎507-451-5005 ; www.flyingwheelstravel.com). Agence de voyages proposant un service complet aux voyageurs handicapés, à mobilité réduite ou souffrant de maladies chroniques.

Los Angeles for Disabled Visitors (www.discoverlosangeles.com/search/site/disabled). Visites, loisirs, musées et transports accessibles.

Yosemite National Park Accessibility (www.nps.gov/yose/planyourvisit/accessibility.htm). Informations détaillées téléchargeables sur le Yosemite National Park, avec interprétation en langue des signes américaine (ASL).

Wheelchair Traveling (www.wheelchairtraveling.com). Conseils de voyage, hébergements et renseignements pratiques sur la Californie.

L'**APF** (Association des paralysés de France ; ☎01 40 78 69 00 ; www.apf.asso.fr ; 17 bd Auguste-Blanqui, 75013 Paris) peut fournir des informations utiles sur les voyages accessibles. L'agence de voyages **Yoola** (www.yoola.fr) organise des voyages adaptés aux personnes à mobilité réduite. **Yanous** (www.yanous.com) et **handicap.fr** (www.handicap.fr) constituent également de bonnes sources d'information.

Transports publics

- Toutes les grandes compagnies aériennes, les bus Greyhound et les trains Amtrak accueillent les handicapés. Il faut généralement les avertir 48 heures à l'avance.
- Les principales agences louent sans supplément des véhicules à conduite manuelle et des vans avec élévateur (réserver bien à l'avance).
- Pour louer un van accessible en fauteuil, contactez **Wheelchair Getaways** (☎800-642-2042 ; www.wheelchairgetaways.com) à LA et San Francisco ou **Mobility Works** (☎877-275-4915 ; www.mobilityworks.com) à LA, San Diego, San Francisco, Oakland et San Jose.

- Les bus, trains et métros locaux ont souvent des élévateurs pour fauteuils roulants.
- Les chiens d'aveugles sont autorisés à bord des transports en commun.
- Les compagnies de taxis possèdent au moins un véhicule accessible en fauteuil, mais il faut l'appeler et attendre qu'il soit disponible.

Hébergements

La Californie offre un vaste choix d'hébergement : campings dans des cadres superbes, auberges de jeunesse aménagées dans des phares, hôtels chics de Hollywood et complexes de luxe dans la Wine County. Réservez le plus tôt possible, surtout pour un séjour entre juin et août.

Campings Non seulement c'est un hébergement bon marché, mais c'est aussi la meilleure façon de profiter du paysage californien, en bord de plage, sous les séquoias, ou au cœur des dunes du désert.

Auberges de jeunesse Ces dortoirs à prix doux se trouvent dans des sites clés, notamment les parcs du littoral et les centres-villes.

B&B Ces auberges de type familial vont du cottage romantique dans les vignobles aux demeures victoriennes historiques.

Motels Commodes si vous faites la route et moins chers que les hôtels ; certains disposent d'une piscine.

Hôtels et complexes hôteliers Ceux de catégorie haut de gamme ont un cadre de choix, une belle vue et des équipements de luxe.

Réservation en ligne

Trouvez un vol, un séjour ou un hôtel en quelques clics dans la rubrique "Réserver" de www.lonelyplanet.fr.

Réservations en ligne

Sur www.hotels.lonelyplanet.com/california, vous trouverez plus d'hébergements évalués par les auteurs Lonely Planet, des commentaires de voyageurs indépendants et les adresses les plus recommandées. Et, surtout, vous pourrez réserver en ligne.

Prestations hôtelières

- Les auberges de jeunesse proposent généralement des dortoirs mixtes, des chambres semi-individuelles avec salle de bains commune, des cuisines collectives, des casiers, un accès Internet, des lave-linge à pièces et des salons avec TV. Les dortoirs des auberges HI (Hostelling International ; www.hiusa.org) sont généralement non mixtes.
- Les tarifs des B&B comprennent souvent le petit-déjeuner, mais il y a des exceptions malgré le B de breakfast. Ces établissements offrent des prestations très variables, mais les chambres avec TV et téléphone sont rares ; les chambres les moins chères font parfois salle de bains commune.
- Les motels et hôtels de catégorie moyenne louent des chambres propres, confortables et de taille correcte avec au moins une salle de bains privative et confort habituel (TV câblée, téléphone, machine à café voir four à micro-ondes et mini-frigo).
- Les hébergements haut de gamme proposent d'excellents équipements et parfois un lieu pittoresque, un design particulier ou un cadre historique. Piscine, salle de sport, centre d'affaires, restaurant, bar et autres équipements y sont attendus.
- Dans le sud de la Californie, presque tous les hébergements sont climatisés. L'inverse prévaut dans le Nord, où il fait rarement chaud. Dans les villes côtières jusqu'à Santa Barbara, plus au sud, seuls des ventilateurs sont parfois fournis.
- Le Wi-Fi peut être payant, surtout dans les chambres. Le Wi-Fi

est parfois gratuit dans les parties communes, comme le hall ou la piscine.

- De nombreux établissements sont aujourd'hui non-fumeurs. Lorsqu'elles le sont encore, les chambres fumeurs ne sont souvent pas rénovées et situées dans des lieux moins enviables. Fumer dans une chambre non prévue à cet effet vous expose à des "frais de nettoyage" exorbitants (100 $ ou plus).

Tarifs et réservations

- Les prix sont généralement plus bas en milieu de semaine, sauf dans les hôtels destinés aux voyageurs d'affaires. Les hôtels de la Silicon Valley, du centre de San Francisco, de Los Angeles et de San Diego essaient parfois d'attirer les vacanciers avec des réductions le week-end.
- Le prix des chambres d'hôtel dépend souvent de la taille et du nombre de lits, pas du nombre d'occupants. Une chambre avec lit double ou queen-size coûte généralement le même prix que vous soyez seul ou à deux, tandis qu'une chambre avec lit king-size ou deux lits doubles coûte davantage si vous êtes deux.
- Les cartes de fidélité (par exemple AAA, AARP) peuvent vous faire bénéficier d'une remise de 10% sur les tarifs de base des hôtels et motels participants.
- Des coupons de réduction pour les hôtels et motels se trouvent dans les brochures gratuites et magazines distribués dans les stations-service, les offices du tourisme, sur les aires d'autoroute, et en ligne sur le site internet HotelCoupons (www.hotelcoupons.com).
- La haute saison s'étale de juin à août, sauf dans les régions désertiques et montagneuses, qui font le plein de décembre à avril.
- La demande et les tarifs explosent pendant les grandes vacances et les festivals. Certains établissements exigent alors des séjours de plusieurs jours.
- La réservation est recommandée pour les week-ends et les jours fériés toute l'année, et tous les jours pendant la haute saison.
- Si vous arrivez sans réservation, il est parfois possible de négocier, surtout hors saison.
- Le réseau de parcs régionaux comprend divers campings. Pour réserver, consultez www.reservecalifornia.com.

Heures d'ouverture

Les entreprises, restaurants et commerces ferment parfois plus tôt et plus souvent durant la basse saison hivernale (novembre-mars). Autrement, les heures d'ouverture normales sont les suivantes :

Banques 9h-18h lun-ven, parfois 9h-13h30 ou plus tard sam

Bars 17h-2h tlj

Discothèques 22h-4h jeu-sam

Heures d'ouverture (générales) 9h-17h lun-ven

Magasins 10h-18h lun-sam, 12h-17h dim (*malls* plus tard)

Poste 8h30-17h lun-ven, parfois 8h30-12h ou plus tard sam

Restaurants 7h30-10h, 11h30-14h et 17h-21h tlj, parfois plus tard ven et sam

Supermarchés 8h-21h ou 22h tlj, parfois 24h/24

Homosexualité

La Californie est prisée des voyageurs LGBTQ, en particulier le Castro, à San Francisco, West Hollywood (WeHo), Silver Lake et Long Beach à LA, le quartier Hillcrest à San Diego, la ville de Palm Springs dans le désert, Guerneville dans la Russian River Valley et Calistoga dans la Napa Valley.

Le mariage homosexuel est légal en Californie.

Infos pratiques

DVD Code régional 1 (États-Unis et Canada uniquement)

Journaux *Los Angeles Times* (www.latimes.com), *San Francisco Chronicle* (www.sfchronicle.com), *Mercury News* (www.mercurynews.com), *Sacramento Bee* (www.sacbee.com)

Radio National Public Radio (NPR), en bas de la bande FM.

Tabac La cigarette est généralement interdite dans les lieux publics, comme les aéroports, les centres commerciaux, les gares routières et ferroviaires. Dans certaines villes, il est désormais interdit de fumer dehors à proximité des bâtiments publics.

TV PBS (radiotélévision publique) ; câble : CNN (informations), ESPN (sports), HBO (cinéma), Weather Channel (météo)

Système métrique Anglo-saxon (sauf 1 gallon américain = 0,83 gallon britannique)

Toutefois, malgré une grande tolérance, l'homophobie existe toujours. Dans les petites localités, notamment dans l'intérieur, la politique du "don't ask, don't tell" (ne rien demander, ne rien dire) prévaut encore.

Sites Internet

Advocate (www.advocate.com/travel). Articles, informations sur le tourisme gay et guides de voyages.

Damron (www.damron.com). Guides de voyages gays sponsorisés et appli mobile "Gay Scout".

LGBT National Hotline (☎888-843-4564 ; www.glbthotline.org). Numéro national où trouver écoute, conseils et informations.

Out Traveler (www.outtraveler.com). Magazine gratuit en ligne avec conseils de voyage, guides de voyages et critiques d'hôtels.

Purple Roofs (www.purpleroofs.com). Annuaire des hébergements LGBTQ.

Internet (accès)

- Les grands aéroports, de nombreux hôtels, motels et *coffee shops* (comme Starbucks), certains offices du tourisme, campings (comme KOA), boutiques (comme Apple), bars et restaurants (dont des chaînes de fast-foods comme McDonald's) possèdent des zones Wi-Fi, gratuit ou payant.
- Le Wi-Fi public gratuit se généralise (retrouvez la liste sur le site www.ca.gov/WiFi) et certains parcs d'État disposent désormais du Wi-Fi (détails sur le site www.parks.ca.gov).
- Les bibliothèques publiques possèdent des terminaux avec Internet (avec durée de connexion parfois limitée, réservation exigée et service payant pour les visiteurs non inscrits), et proposent, de plus en plus, le Wi-Fi gratuit.

Jours fériés

Aux dates indiquées ci-dessous, banques, écoles et administrations ferment, tandis que les transports, musées et autres fonctionnent aux horaires dominicaux. Si la date tombe le week-end, le lundi suivant est généralement férié.

Nouvel An 1er janvier

Martin Luther King Jr Day 3e lundi de janvier

Presidents' Day 3e lundi de février

Vendredi saint Vendredi précédant Pâques en mars/avril

Memorial Day dernier lundi de mai

Independence Day 4 juillet

Labor Day 1er lundi de septembre

Columbus Day 2e lundi d'octobre

Veterans Day 11 novembre

Thanksgiving Day 4e jeudi de novembre

Noël 25 décembre

Offices du tourisme

- Pour préparer votre voyage, le site de la **California Travel & Tourism Commission** (Visit California ; 877-225-4367, 916-444-4429 ; www.visitcalifornia.com) est une mine d'informations.
- Cette agence gouvernementale gère également une vingtaine de California Welcome Centers (www.visitcwc.com) dans l'État. Son personnel distribue cartes et brochures et peut vous aider à trouver un hébergement.
- Dans presque toutes les villes, un *visitors center* ou une chambre de commerce fournit cartes, brochures et renseignements.

Problèmes juridiques

Drogues et alcool

- La possession d'une quantité de marijuana inférieure ou égale à 1 once (environ 28 g) pour usage récréatif n'est plus un délit en Californie (pour les individus âgés de 21 ans ou plus), mais il est toujours illégal d'en fumer en public (l'amende encourue peut atteindre 250 $ et être assortie de travaux d'intérêt général et de cours de sensibilisation obligatoires).
- La possession de tout autre stupéfiant ou de plus de 28 g de marijuana est un délit passible d'une longue peine de prison. Pour les étrangers, toute condamnation pour trafic de drogue est passible d'expulsion du territoire.
- La police peut soumettre les automobilistes à un contrôle pour détecter la consommation d'alcool ou de drogues. Si c'est le cas, vous passerez un alcootest, un prélèvement d'urine ou de sang pour déterminer si votre alcoolémie est supérieure à la limite autorisée (0,08%). Refuser de se soumettre au test est assimilé à un résultat positif.
- La conduite en état d'ivresse ou sous l'influence de la drogue peut valoir un retrait de permis et une amende, voire une peine de prison. Toute bouteille d'alcool ouverte, même vide, est interdite dans l'habitacle d'une voiture. À moins qu'elle ne soit pleine et scellée, rangez-la dans le coffre.
- La consommation d'alcool est réprouvée en dehors de la maison et des débits de boissons autorisés ; c'est le cas des parcs et des plages (de nombreux campings l'acceptent).
- Les bars, discothèques et magasins d'alcool demandent souvent une pièce d'identité avec photo pour prouver que vous avez l'âge légal de boire (21 ans). Ne le prenez pas personnellement : il s'agit d'une pratique normale.

Police et sécurité

- Pour joindre la police, les pompiers ou une ambulance, composez le 911. Hors des cas d'urgence, contactez le poste de police le plus proche (appelez les renseignements au 411).
- Si la police vous arrête, restez courtois. Ne sortez pas du véhicule sans qu'on vous le demande. Laissez toujours vos mains en évidence (sur le volant, par exemple).
- Inutile d'essayer de régler votre amende auprès de l'agent : ce système n'existe pas, et vous pourriez être accusé de tentative de corruption.
- En cas d'infraction au Code de la route, l'agent vous expliquera vos options. L'amende doit généralement être payée sous 30 jours ; le plus souvent par courrier ou en ligne.
- En cas d'arrestation, vous avez le droit de garder le silence et êtes présumé innocent jusqu'à preuve du contraire. Vous

pouvez passer un appel téléphonique. Si vous n'avez pas d'avocat, on vous en nommera un d'office (gratuitement). Si vous n'avez ni avocat, ni ami ni membre de votre famille pour vous aider, appelez votre ambassade ou votre consulat. La police vous donnera son numéro sur demande.

- La sécurité s'est accrue pour prévenir les attentats ; ne quittez pas vos sacs des yeux, surtout dans les aéroports et les gares, routières et ferroviaires.

Santé

Soins médicaux et assurance

- Les soins de santé aux États-Unis sont excellents, mais leurs prix sont exorbitants. De nombreux professionnels de santé demandent le règlement immédiat des soins, notamment pour les non-résidents.
- En dehors des urgences médicales (☎911 ou rendez-vous aux urgences les plus proches, "emergency room" ou ER), assurez-vous par avance que le médecin accepte votre assurance.
- Conservez tous les reçus et documents qui serviront à la facturation et à la demande de remboursement.
- Certaines polices d'assurance santé exigent une autorisation préalable avant un rendez-vous médical.
- Les étrangers titulaires d'une assurance santé voyage doivent parfois contacter le centre d'appel compétent pour un accord préalable. Voir aussi p. 313.

Sécurité en voyage

Malgré la liste apparemment longue de dangers – armes à feu, agressions, émeutes, tremblements de terre – la Californie reste un endroit sûr. Les accidents de la route (le port de la ceinture est obligatoire) représentent les plus gros dangers, tandis que la circulation et la foule en agglomération sont les principaux désagréments. Les animaux représentent une petite menace, et il y a, bien sûr, un risque assez improbable de catastrophe naturelle.

Tremblements de terre

Les séismes sont fréquents, mais souvent seuls les appareils sismologiques les perçoivent. En cas de gros séisme :

- À l'intérieur, mettez-vous sous une table, un bureau ou dans l'encadrement d'une porte.
- Protégez votre tête et éloignez-vous des fenêtres, miroirs ou objets susceptibles de tomber.
- Ne prenez pas l'ascenseur, ne vous précipitez pas dehors.
- Dans les galeries marchandes ou les grands bâtiments publics, l'alarme et/ou les extincteurs automatiques peuvent se déclencher.
- Si vous êtes dehors, éloignez-vous des bâtiments, des arbres et des lignes électriques.
- Si vous êtes en voiture, garez-vous sur le bas-côté loin des ponts, des bretelles routières et des lignes électriques. Restez dans la voiture jusqu'à la fin des secousses.

Santé sur Internet

Il existe de très bons sites Internet consacrés à la santé en voyage. Avant de partir, vous pouvez consulter les conseils en ligne du **ministère des Affaires étrangères** (www.diplomatie.gouv.fr), de l'**Organisation mondiale de la santé** (OMS ; www.who.int/fr) ou le site très complet du **ministère de la Santé** (www.sante.gouv.fr). Vous trouverez, par ailleurs, plusieurs liens sur le site de **Lonely Planet** (www.lonelyplanet.fr).

- Si vous êtes sur le trottoir, tenez-vous dans une embrasure de porte pour vous protéger des chutes de briques, de verre et de débris.
- Sachez que des répliques peuvent survenir.
- Allumez la radio et écoutez les informations.
- N'utilisez votre téléphone qu'en cas d'absolue nécessité.

Animaux

- Ne nourrissez jamais les animaux sauvages et ne les approchez pas, même les plus inoffensifs – cela leur fait perdre leur peur naturelle des hommes et les rend dangereusement agressifs. De nombreux oiseaux et mammifères, notamment les cervidés et les rongeurs comme les écureuils, sont porteurs de maladies graves transmissibles à l'homme par morsure.
- Il est interdit, sous peine de lourde amende, de déranger les espèces protégées, dont de nombreux mammifères marins comme les baleines, les dauphins et les phoques.
- Les ours noirs sont souvent attirés par les campings, où ils peuvent trouver de la nourriture, des déchets et d'autres produits odorants laissés sur les tables de pique-nique, dans les tentes et les voitures. Utilisez toujours les poubelles anti-ours quand il y en a. Consultez les conseils relatifs aux ours sur le site Internet de SierraWild (sierrawild.gov/bears).
- Si vous rencontrez un ours noir, ne courez pas. Restez groupés, gardez les enfants près de vous et prenez les petits dans vos bras. Tenez-vous à une centaine de mètres de l'animal. Si l'ours se dirige vers vous, reculez lentement en sortant du sentier, et laissez-le passer, en veillant à ne pas lui couper la route et à ne pas vous placer entre une femelle et ses oursons. L'ours noir fait parfois mine de charger pour intimider son adversaire. Ne fuyez pas, et faites-vous aussi grand et menaçant que possible, par exemple en agitant les bras en l'air et en criant.
- Les attaques de pumas sur les humains sont rares mais peuvent être mortelles. Si vous rencontrez un puma, restez calme, prenez vos enfants dans vos bras, faites face à l'animal et reculez lentement. Levez les bras ou saisissez un bâton pour paraître plus grand. Si le félin devient menaçant, criez ou jetez-lui des pierres. S'il attaque, défendez-vous de manière agressive.
- Serpents et araignées abondent en Californie, et pas seulement dans le désert. Vérifiez vos chaussures avant de les enfiler. Les morsures de serpent sont rares, et se produisent lorsque le reptile est dérangé et lorsqu'on lui marche dessus. Des sérums sont disponibles dans la plupart des hôpitaux.

Téléphone

Appels internationaux

- Pour appeler les États-Unis depuis l'étranger, composez votre code

Numéros utiles

Tous les numéros comprennent un indicatif régional à 3 chiffres suivis d'un numéro local à 7 chiffres. Pour les appels longue distance et les appels gratuits, composez le 1, puis les 10 chiffres.

Indicatif du pays	☎1
Indicatif international	☎011
Renseignements (local)	☎411
Standard	☎0
Urgences (ambulance, pompiers et police)	☎911

d'accès international (souvent 00), suivi de l'indicatif du pays (☎1 pour les États-Unis, comme pour le Canada, mais un tarif international s'applique entre les deux pays), du code géographique et du numéro de votre correspondant.

- Pour appeler à l'étranger depuis les États-Unis, composez le code d'accès international ☎011, suivi de l'indicatif du pays (☎33 pour la France, ☎32 pour la Belgique et ☎41 pour la Suisse), puis de l'indicatif régional (généralement sans le "0" initial) et du numéro de votre correspondant.

Appels locaux, longue distance et indicatifs téléphoniques

- Les numéros américains sont composés d'un code géographique à 3 chiffres, suivi du numéro local à 7 chiffres.
- Si vous appelez un numéro dans votre propre zone, les 7 derniers chiffres suffisent (si cela ne fonctionne pas, composez les 10 chiffres).
- Pour un appel longue distance, composez le ☎1, suivi du code géographique à 3 chiffres et du numéro local. Vous trouverez la liste des codes géographiques dans l'annuaire.
- Les numéros gratuits commencent par 800, 855, 866, 877 ou 888 et doivent être précédés du 1.

Téléphones portables

- Vous aurez besoin d'un GSM multi-bandes pour passer des appels aux États-Unis. Utiliser une carte SIM prépayée américaine rechargeable revient généralement moins cher que d'utiliser votre réseau.
- Les cartes SIM sont en vente dans les boutiques de télécommunications et d'électronique, qui proposent aussi à prix bas des téléphones prépayés.
- On peut louer un téléphone portable chez **TripTel** (www.triptel.com) à l'aéroport international de San Francisco (SFO) ; les tarifs sont variables, mais généralement élevés.

Téléphones publics et cartes téléphoniques

- Les rares téléphones publics existants fonctionnent à pièces, et prennent parfois les cartes bancaires (par exemple dans les parcs nationaux). Les appels locaux coûtent au minimum 50 ¢.
- Pour les appels longue distance, il est généralement préférable d'acheter une carte prépayée, vendue en supermarché, pharmacie, et dans les kiosques à journaux et boutiques d'électronique.

Transports

Depuis/vers la Californie

La Californie est facile à rallier en avion, en bus, en voiture ou en train, mais ce n'est pas toujours bon marché. Vous pouvez réserver vos vols, voitures et circuits en ligne sur le site www.lonelyplanet.fr, rubrique "Réserver".

Agences en ligne

Vous pouvez réserver votre vol via une agence en ligne ou vous renseigner auprès d'un comparateur de vols :

- www.bourse-des-vols.com
- www.ebookers.fr
- www.expedia.fr
- www.govoyages.com
- www.illicotravel.com
- www.kayak.fr
- www.opodo.fr
- www.skyscanner.fr
- voyages.kelkoo.fr
- www.oui.sncf
- www.partirou.com

Les lignes suivent les grandes axes routiers et ne desservent souvent que les grandes villes, celles desservant les villes plus modestes ayant été supprimées.

Train

La compagnie Amtrak (www.amtrak.com) gère un réseau ferroviaire très complet à travers tout le pays. Les trains sont confortables, un peu lents, et dotés de wagons-restaurants et de salons sur les trajets longue distance. Les tarifs varient selon le type de train et de place (classe économique, classe affaires, couchette).

Principales lignes longue distance Amtrak depuis/vers la Californie :

California Zephyr Ligne quotidienne entre Chicago et Emeryville (à partir de 136 $, 52 heures), près de San Francisco, via Denver, Salt Lake City, Reno, Truckee et Sacramento.

Coast Starlight Parcourt quotidiennement la côte Ouest de Seattle à LA (à partir de 97 $, 35 heures 30), via Portland, Sacramento, Oakland, San Jose, San Luis Obispo et Santa Barbara.

Southwest Chief Départs quotidiens de Chicago et LA (à partir de 141 $, 43 heures), via Kansas City, Albuquerque, Flagstaff et Barstow.

Sunset Limited Trois services hebdomadaires entre La Nouvelle-Orléans et LA (à partir de 136 $, 46 heures 30), via Houston, San Antonio, El Paso, Tucson et Palm Springs.

Voyages organisés

La Californie fait l'objet de nombreux circuits organisés à la découverte de ses richesses naturelles, de ses villes et de son patrimoine. Découvertes de la nature et des parcs nationaux, incursions dans le désert, visites de San Francisco, Los Angeles, Palm Springs ou San Diego, randonnées à pied ou circuits à moto, à vous de réaliser et de vivre votre rêve californien. Voici quelques prestataires intéressants pour commencer vos recherches :

Randonnée

Allibert (✆04 76 45 84 84 ; www.allibert-trekking.com)

Terres d'Aventure (✆01 70 82 90 00 ; www.terdav.com)

Trek America (à Londres ✆+44 208 682 8920 ; www.trekamerica.com)

Voyages découverte

Back Roads (✆01 43 22 65 65 ; www.backroads.fr/)

Comptoir des voyages (à Paris ✆01 53 10 30 15 ; www.comptoir.fr)

Huwans-Club Aventure (✆01 44 32 09 30 ; www.huwans-clubaventure.fr)

La Maison des États-Unis (✆01 53 63 13 43 ; www.maisondesetatsunis.com)

Nomade Aventure (✆01 46 33 71 71 ; www.nomade-aventure.com)

Tui (✆0825 000 825 ; www.tui.fr)

Voyageurs du Monde (✆01 42 86 16 00 ; www.voyageursdumonde.fr)

Zig Zag (✆01 42 85 13 93 ou 01 42 85 13 18 ; www.zigzag-randonnees.com)

Voyages à moto

West Forever (✆03 88 68 89 00 ; www.westforever.com)

Comment circuler

En Californie, la plupart des gens utilisent la voiture. L'avion est pratique si vous avez un budget important mais manquez de temps. Autrement, économisez en prenant le bus ou le train pour un beau trajet.

Avion

Des transporteurs américains assurent des vols en Californie, souvent par le biais de leurs filiales régionales, comme American Eagle, Delta Connection et United Express. Alaska Airlines/Virgin America, Frontier Airlines, Horizon Air et JetBlue desservent de nombreux aéroports régionaux, tout comme les compagnies low cost Southwest et Spirit.

Bus

Les bus Greyhound permettent de circuler à moindres frais entre les grandes villes et les points importants du littoral, mais ils ne s'écartent pas des sentiers battus et ne desservent ni les

Distances Routières (Km)

	Anaheim	Arcata	Bakersfield	Vallée de la Mort	Las Vegas	Los Angeles	Monterey	Napa	Palm Springs	Redding	Sacramento	San Diego	San Francisco	San Luis Obispo	Santa Barbara	Sth Lake Tahoe
Arcata	1 094															
Bakersfield	217	893														
Vallée de la Mort	458	1 135	378													
Las Vegas	427	1 352	459	459												
Los Angeles	40	1 046	177	467	467											
Monterey	595	635	402	797	861	555										
Napa	684	426	483	877	950	644	241									
Palm Springs	153	1 223	354	483	451	177	724	813								
Redding	917	225	708	909	1 167	877	507	306	1 046							
Sacramento	660	483	451	700	909	620	298	97	789	257						
San Diego	153	1 239	370	563	531	193	748	837	225	1 070	813					
San Francisco	652	451	459	853	917	612	193	80	789	346	137	805				
San Luis Obispo	362	813	193	587	652	322	233	426	499	692	467	515	370			
Santa Barbara	370	982	233	563	579	153	402	595	330	861	636	346	539	169		
Sth Lake Tahoe	813	644	604	555	740	772	459	257	781	418	161	966	298	628	797	
Yosemite	539	748	322	483	668	499	322	306	668	523	257	692	306	370	555	306

parcs nationaux, ni les petites localités. La fréquence des bus est très variable, mais il y en a plusieurs par jour sur les lignes principales.

Ces bus sont généralement propres, confortables et fiables. Les meilleurs sièges sont plutôt à l'avant, loin des toilettes. Il y a quelques prestations à bord dont une climatisation très fraîche (apportez un pull) et des sièges légèrement inclinables, et certains bus sont dotés de prises électriques et du Wi-Fi. Il est interdit de fumer à bord. Les bus longue distance s'arrêtent pour les pauses repas et la relève du chauffeur.

Les gares routières sont généralement tristes et souvent situées dans des secteurs peu sûrs – si vous arrivez de nuit, prenez le taxi pour rejoindre la ville ou votre hébergement. Dans les petites localités sans gare routière, sachez avec exactitude où et quand arrive le bus, faites des signes clairs pour le héler et donnez l'appoint au chauffeur.

Circuits organisés

- **Green Tortoise** (☎800-867-8647, 415-956-7500 ; www.greentortoise.com). Les circuits pour jeunes voyageurs au petit budget dans des bus convertis en camping-cars s'aventurent dans les parcs nationaux de Californie, dans les forêts de séquoias du Nord, dans les déserts du Sud et sur la côte pacifique.
- **Road Scholar** (☎800-454-5768 ; www.roadscholar.org). Anciennement Elderhostel, cette organisation à but non lucratif propose d'intéressantes excursions – circuits en bus ou à pied et activités en extérieur telles que randonnée et observation des oiseaux – pour les plus âgés.

Train

La compagnie Amtrak propose des trains confortables, quoique parfois en retard, à destination des grandes villes californiennes et de quelques localités de moindre importance. Les bus Thruway d'Amtrak assurent des liaisons à partir de nombreuses gares. Il est interdit de fumer à bord des trains et des bus.

Transports urbains

Hors des villes, les transports publics ne sont pas commodes pour voyager, et les banlieues et villes périphériques sont mal desservies. Reste qu'ils sont bon marché, sûrs et fiables.

Bus, cable car, tramway et trolleybus

- Presque toutes les grandes villes possèdent un réseau de bus fiable (trajet 1-3 $ en moyenne). En dehors des grandes agglomérations, le service est parfois restreint en soirée et le week-end.
- Le vaste réseau du Municipal Railway (MUNI) à San Francisco comprend des bus, des trains, mais aussi les célèbres *cable cars* (tramways à traction par câble).
- À San Diego, des trolleybus desservent certains quartiers et la frontière mexicaine.

Taxi

- Les taxis sont équipés de compteur. Ils facturent une prise en charge de 2,50 à 3,50 $, puis de 2 à 3 $ par mile. La carte bancaire est parfois acceptée mais prévoyez tout de même des espèces.
- Un supplément bagage et aéroport est parfois exigé.
- Un pourboire de 10 à 15% est attendu, arrondi au dollar supérieur.
- Dans les grandes villes, les taxis maraudent dans les rues des quartiers les plus fréquentés, ailleurs, vous devrez peut-être appeler une compagnie de taxis.

Train

- À LA, le réseau Metro allie métros et trains légers ; les trains de banlieue Metrolink relient LA aux comtés voisins.
- À San Diego, les trains de banlieue *Coaster* circulent du centre-ville et d'Old Town à Carlsbad, Encinitas, Solana Beach et Oceanside dans le North County.
- Pour circuler dans la San Francisco Bay Area, empruntez le Bay Area Rapid Transit (BART) ou le Caltrain.

Vélo

- Bon moyen de transport dans les petites villes, le vélo est cependant moins agréable dans les zones à circulation dense comme LA.
- San Francisco, Napa, Arcata, South Lake Tahoe, West Sacramento, Chico et Santa Monica comptent parmi les villes de Californie les plus appréciées des cyclistes selon la League of American Bicyclists (www.bikeleague.org).
- Les vélos sont généralement admis dans de nombreux bus et trains locaux, parfois uniquement en dehors des heures de pointe.

Vélo

Si le vélo est un moyen de transport non polluant et écologique, les distances considérables en Californie requièrent une très bonne forme physique et limitent l'activité aux courts trajets. Les déserts en été et les montagnes en hiver sont infranchissables.

Le site de la California Bicycle Coalition (www.calbike.org) propose des liens vers des cartes d'itinéraires, des événements, des conseils de sécurité, la réglementation officielle, les programmes de location de vélos en libre-service et les boutiques de cycles associatives.

Location

- Vous pouvez louer des vélos à l'heure, à la journée ou à la semaine dans la plupart des villes.
- Comptez 10 $/jour pour un *beach cruiser* et jusqu'à 45 $ pour un

VTT. Réductions pour plusieurs jours ou une semaine.

- La plupart des loueurs demandent un dépôt de garantie important par carte bancaire.

Règles de circulation

- Le vélo est autorisé sur toutes les routes et même les autoroutes (highways et freeways) en l'absence de petite route parallèle. Les sorties obligatoires sont indiquées.
- Certaines villes ont des pistes cyclables, mais il faut garder son sang-froid dans la circulation.
- Le code de la route est aussi valable pour les vélos. Les chauffeurs ne respectent pas toujours votre droit de passage.
- Port du casque obligatoire pour les moins de 18 ans.
- Veillez à être équipé de lampes et d'équipement à bandes réfléchissantes, surtout si vous roulez la nuit ou dans le brouillard.

Voiture, moto et caravane

L'histoire d'amour entre la Californie et la voiture est fondée sur au moins une raison pratique : l'État de Californie est si vaste que les transports publics ne peuvent le couvrir entièrement. Vous louerez probablement une voiture pour plus de flexibilité et de commodité, mais les tarifs de location et de l'essence peuvent sérieusement entamer votre budget.

Assurance

La Californie impose la souscription d'une assurance responsabilité civile pour tous les véhicules. Avant de louer une voiture, vérifiez que vous êtes couvert par votre assurance personnelle ou votre assurance voyage. Sinon, une police vous coûtera environ 20 $/jour.

L'assurance pour les dommages occasionnés au véhicule, dite l'assurance collision sans franchise (Collision Damage Waiver, CDW) ou l'assurance pertes et dommages (Loss Damage Waiver, LDW), coûte au minimum 10-20 $ supplémentaires par jour. La franchise oscille entre 100 $ et 500 $ pour toutes réparations.

Certaines cartes bancaires incluent une assurance collision (CDW/LDW) si vous réglez l'intégralité de la location avec. Vérifiez auprès de l'organisme qui vous l'a délivrée l'étendue exacte de l'assurance et les clauses particulières. En cas d'accident, vous devrez peut-être payer l'agence de location avant de demander le remboursement à la société émettrice de votre carte.

Code de la route

- Conduite du côté droit de la route.
- Envoi de messages ou usage d'un téléphone sans kit mains libres interdits.
- À bord des véhicules privés, chauffeurs et passagers doivent attacher leur ceinture de sécurité. Les passagers assis à l'arrière peuvent s'en dispenser dans les taxis ou les limousines de location.
- Sièges bébé et enfant sécurisés obligatoires pour les enfants de moins de 8 ans ou de moins de 27 kg.
- Port du casque obligatoire à moto. Scooters interdits sur l'autoroute.
- Les voies marquées d'un symbole en losange sont réservées aux véhicules multi-occupants, parfois uniquement aux horaires indiqués.
- La limite de vitesse est de 104 km/h sur les freeways, 88 km/h sur les highways à 2 voies, 56 km/h en agglomération et 40 km/h dans les quartiers commerçants et résidentiels et près des écoles.
- Sauf indication contraire, vous pouvez tourner à droite à un feu rouge après avoir marqué l'arrêt, mais les véhicules venant de gauche ont la priorité.
- Aux carrefours à 4 stops, les véhicules passent par ordre d'arrivée. Si deux véhicules arrivent en même temps, la priorité

revient à celui de droite. En cas de doute, faites signe à l'autre conducteur de passer.

- Quand des véhicules d'urgence (police, pompiers, ambulance) arrivent dans le sens inverse, rangez-vous sur le côté.
- Conduire sous l'emprise de l'alcool ou de drogues est illégal. Il est également interdit de transporter dans un véhicule tout récipient d'alcool ouvert, même vide. Rangez-les dans le coffre.

Essence

- Stations-service nombreuses sauf dans les parcs nationaux et quelques zones désertiques et montagnardes.
- L'essence est vendue au gallon (1 gallon = 3,78 l). Lors de la rédaction de ces pages, le prix du carburant intermédiaire était d'environ 3 $.

État des routes et sécurité

Pour s'informer de l'état des autoroutes, et notamment des routes fermées, appelez le **California Department of Transportation** (CalTrans ; ☎800-427-7623; www.dot.ca.gov). Pour les autoroutes du Nevada, appelez le ☎877-687-6237 ou consultez www.nvroads.com.

Dans certaines régions, des pneus neige et des chaînes sont parfois obligatoires en montagne. L'idéal serait d'avoir vos propres chaînes et de savoir les poser avant de prendre la route. Autrement, vous en trouverez (à prix élevé) sur l'autoroute, dans les stations-service ou dans la ville la plus proche. La plupart des agences de location n'autorisent pas l'usage des chaînes et interdisent la conduite hors des routes ou sur les chemins de terre.

En zone rurale, un panneau avec une silhouette de bœuf signale la présence de bétail en liberté près des routes. Un panneau avec une silhouette de cerf indique le passage d'animaux sauvages. Soyez très prudent quand vous croisez ces panneaux, surtout la nuit.

Sur la côte, le brouillard peut poser problème : ralentissez. Prenez garde aussi aux chutes de pierres près des falaises et dans les montagnes.

Location

Voiture

Seuls les plus de 25 ans détenteurs d'un permis et d'une carte bancaire peuvent louer une voiture. Quelques agences acceptent les jeunes conducteurs entre 21 et 25 ans moyennant un supplément important. Si vous n'avez pas de carte bancaire, l'agence consentira peut-être à une garantie en espèces.

En réservant à l'avance, on peut obtenir une petite voiture à partir de 30 $ par jour, hors assurance, taxes et frais. Les tarifs week-end et à la semaine sont souvent les plus économiques. Les locations aux aéroports affichent parfois un tarif plus bas, mais des frais élevés. Les forfaits vol + voiture n'incluent pas toujours les taxes locales. Les agences en centre-ville offrent parfois le transfert aller et retour.

Les tarifs incluent généralement le kilométrage illimité, mais prévoyez un supplément pour les conducteurs supplémentaires et les locations aller simple. Les sièges bébé et enfant sont obligatoires, réservez-les pour 10-15 $ par jour environ.

Afin de limiter la pollution de l'air en Californie, certains grands opérateurs proposent désormais des véhicules "verts" hybrides ou à biocarburants. Cependant, ces derniers, peu nombreux, sont beaucoup plus onéreux et se réservent bien à l'avance.

Tous les grands loueurs de voitures sont représentés en Californie. Pour trouver et comparer les loueurs indépendants, allez sur Car Rental Express (www.carrentalexpress.com).

Moto

La location de moto et l'assurance sont chères, surtout si vous voulez une

Harley. Suivant le modèle, comptez entre 100 et 250 $ par jour, hors taxe et frais, avec casque, kilométrage illimité et assurance responsabilité civile. La location aller simple et l'assurance collision (CDW) sont en supplément. Des rabais sont proposés pour des locations de plusieurs jours ou à la semaine. Dépôt de garantie jusqu'à 2 000 $ (carte bancaire obligatoire).

California Motorcycle Adventures (☎800-601-5370, 650-969-6198 ; www.californiamotorcycleadventures.com ; 2554 W Middlefield Rd, Mountain View). Location de Harley-Davidson et de motos BMW dans la Silicon Valley.

Dubbelju (☎415-495-2774, 866-495-2774 ; www.dubbelju.com ; 274 Shotwell St ; à partir de 99 $/jour ; ⏲9h-18h lun-sam). Harley-Davidson et modèles japonais et italiens importés, ainsi que des scooters.

Eagle Rider (☎888-900-9901, 310-321-3180 ; www.eaglerider.com). Agence nationale avec 11 enseignes en Californie et à Las Vegas, NV.

Véhicules de loisirs

Ces engins gourmands en carburant restent prisés malgré le prix du plein et leur volume encombrant. Cela dit, ils ont l'avantage de régler à la fois les problèmes de transport, d'hébergement et de restauration. On trouve facilement des campings adaptés, avec électricité et raccordement à l'eau, mais ces véhicules n'ont pas accès à de nombreux secteurs des parcs nationaux ou des montagnes. Ils posent problème dans les grandes villes, car rares sont les emplacements pour les garer et les raccorder à l'électricité.

Réservez votre véhicule le plus tôt possible. Les tarifs varient suivant la taille et le modèle, mais comptez plus de 100 $ par jour. Kilométrage, taxes, frais de préparation, literie et batterie de cuisine sont rarement inclus. Quand les animaux sont acceptés, un supplément est parfois demandé.

Camper USA (☎310-929-5666 ; www.camperusa.com). Location de camping-cars près de la baie de San Francisco, à Los Angeles et à Las Vegas (Nevada).

Cruise America (☎480-464-7300, 800-671-8042 ; www.cruiseamerica.com). Loueur national de véhicules de loisirs avec une vingtaine d'agences en Californie.

El Monte (☎562-483-4985, 888-337-2214 ; www.elmonterv.com). Cette entreprise nationale de location de camping-cars dispose de plus d'une dizaine d'agences en Californie et accorde des remises aux membres de l'AAA (American Automobile Association).

Escape Campervans (☎877-270-8267, 310-672-9909 ; www.escapecampervans.com). Camping-cars aux carrosseries superbement décorées et à prix économique, près de la baie de San Francisco, à LA et à Las Vegas (Nevada).

Jucy Rentals (☎800-650-4180 ; www.jucyrentals.com). Location de camping-cars à San Francisco, à LA et à Las Vegas, NV.

Road Bear (☎866-491-9853, 818-865-2925 ; www.roadbearrv.com). Location de camping-cars près de la baie de San Francisco et à Los Angeles.

Vintage Surfari Wagons (☎714-585-7565 ; www.vwsurfari.com). Fourgonnettes Volkswagen dans l'Orange County.

Permis de conduire

- Les étrangers sont autorisés à conduire en Californie pendant 1 an maximum avec leur permis de conduire national.
- Si vous venez d'un autre continent, un permis de conduire international (IDP) vous donnera plus de crédibilité auprès des agents de la circulation et vous simplifiera la location de véhicule, surtout si votre permis ne porte pas de photo ou n'est pas rédigé en anglais.
- Moto : un permis moto américain valable ou un permis international spécial sont requis.
- Les automobile-clubs peuvent émettre des permis internationaux valables 1 an (payant). Conservez toujours le permis d'origine avec le permis international.

Stationnement

- Si les places de stationnement sont généralement nombreuses et gratuites dans les petites villes et en zone rurale, elles sont rares et chères dans les grandes villes.
- Si vous vous garez dans la rue, lisez les consignes et restrictions (par exemple : heures de nettoyage de la rue, zone de stationnement résidentiel) et prenez garde aux lignes colorées sur le trottoir, sous peine d'amende et d'enlèvement du véhicule.
- Les parkings et horodateurs municipaux acceptent les pièces (quarters) et parfois les cartes bancaires.
- Prévoyez entre 30 et 50 $ pour une nuit de stationnement en ville ou dans un parking.
- Dans les grandes villes, notamment LA et Las Vegas, (Nevada) , un service de voiturier à prix fixe est souvent proposé dans les hôtels, restaurants, discothèques, etc.

Langues

En raison de leur histoire – les colonisations et les vagues d'immigration successives – et de la diversité de leurs populations, les Américains pratiquent, pour la plupart d'entre eux, plusieurs langues. L'anglais est parlé dans tout le pays, mais n'a pas été désigné comme langue officielle des États-Unis. D'aucuns pensent qu'il faudrait remédier à cette situation, notamment ceux qui s'inquiètent de l'utilisation croissante de l'espagnol.

Dans les zones touristiques, on rencontre peu de gens parlant entre eux une autre langue que l'anglais américain. Cependant, dans les parcs nationaux en particulier, les visiteurs n'auront aucun mal à trouver des brochures en espagnol, allemand, français et japonais.

Langues ethniques

Dans des quartiers entiers de Los Angeles, San Francisco et des agglomérations de la San Joaquin Valley, on ne s'exprime qu'en espagnol, chinois, japonais, vietnamien, coréen ou cambodgien. D'après certaines enquêtes, plus d'un tiers des Californiens ne parlent pas anglais chez eux. Les langues étrangères sont pratiquées essentiellement dans les communautés ethniques des grandes villes, mais les zones rurales du Sud et la Central Valley sont de plus en plus hispaniques, et celles du Nord de plus en plus asiatiques.

Du fait de l'importance de la population hispanique, l'espagnol devient la seconde langue officielle. Jusqu'à présent, aucun hybride hispano-anglais n'est encore apparu dans l'usage populaire, même si tout le monde sait qu'une *bodega* est une petite épicerie.

Dans le Chinatown de San Francisco, les panneaux de signalisation, les affiches et les cartes des restaurants sont rédigés en chinois sans traduction anglaise. En Californie du Sud, la toponymie est souvent espagnole (Santa Barbara, San Diego, La Mesa, El Cajon) mais elle est le reflet de l'histoire et non de la démographie actuelle. Dans les banlieues, les nombreux noms de rues espagnols illustrent le désir des promoteurs de faire plus exotique que Main St ou 5th Ave. Les Américains préfèrent vivre dans Via de la Valle plutôt que dans Valley Road.

L'anglais américain a emprunté des mots à toutes les langues des vagues d'immigrants, que ceux-ci soient originaires d'Allemagne, d'Europe centrale (en particulier, les Juifs parlant le yiddish) ou d'Irlande.

Par ailleurs, quelques communautés indiennes parlent encore leur propre langue, même si certains de ces idiomes ne comptent plus qu'une dizaine de locuteurs.

Plusieurs termes indiens, tels que *moccasin*, *moose*, *toboggan* et *kayak* ont enrichi le vocabulaire anglais. D'autres proviennent des langues européennes et furent importés par les immigrants. Ainsi, *loafer*, *hoodlum* et *kindergarten* sont issus de l'allemand ; *boss*, *stoop* (perron) et *nitwit* du néerlandais ; *schmuck*, *schmock* et *schmaltz* du yiddish ; *prairie* et *saloon* du français ; *pasta*, *pizza* et d'autres termes culinaires analogues de l'italien. Les mots *canyon*, *ranch* et *rodeo* sont tirés de l'espagnol, tout comme les noms de nombreux endroits du Sud-Ouest et de l'Ouest.

Néanmoins, la plupart des américanismes ont été créés par les Américains eux-mêmes. En effet, l'arrivée

Pour aller plus loin

Indispensable pour mieux communiquer sur place : le *Guide de conversation anglais* de Lonely Planet (7,99 €). Pour réserver une chambre, lire un menu ou simplement faire connaissance, ce manuel permet d'acquérir des rudiments d'anglais. Inclus : un minidictionnaire bilingue.

de nouveaux produits a entraîné la formation de nouveaux mots pour les désigner et d'un vocabulaire neuf pour les commercialiser. C'est de cette façon que sont nées des expressions comme *soda pop*, *root beer* et *sarsaparilla* (toutes d'origine américaine). Des noms de marques, tels que Coca-Cola, Coke et Pepsi, sont également passés dans le langage courant, de même que certains slogans publicitaires comme "the Pepsi Generation", ou de nouveaux concepts imaginatifs comme la "Coca-Colonization". Quantité de termes proviennent des entreprises, des nouvelles technologies, de l'industrie automobile, du cinéma, de l'armée et du sport.

Le parler SoCal

Le SoCal, le dialecte le plus connu de Californie, celui utilisé dans les chansons et les films, est né sur les plages et dans les centres commerciaux de Californie du Sud. Ce langage familier est surnommé "surfer" ou "valley" (de San Fernando Valley), tous deux très similaires. Les visiteurs parlant anglais auront peut-être du mal à discerner les nuances. En voici un exemple : *The most common zones* (places) *to scope out* (observe) *this lingo* (language) *are on SoCal* (Southern California) *beaches, especially where there is killer* (good) *wave action* (surf) *and a mellow scene* (ambience). Ce genre de langage (*rap*) ne reflète pas tant le niveau d'intelligence ou d'éducation du locuteur que les endroits qu'il ou elle a fréquentés.

Killer, bitchin, awesome, sweet, stylin' et *stellar* signifient "formidable, super". Pour exprimer l'inverse, il faut employer *bunk, nappy, shitty* et *slack*. *Hairy* signifie "effrayant". *Gnarly* et *insane* s'appliquent à n'importe quoi d'extrême, tout comme *totally* ou *hella* placés devant un mot en renforcent le sens. Ainsi, des *gnarly* ou *insane waves* peuvent être *totally killer, totally hairy* ou *totally bunk*.

Des *vibes* sont des sensations ou des signes que vous transmettent une personne ou un lieu. Ces "ondes" peuvent être bonnes (*good*), mauvaises (*bad*) ou étranges (*weird*). Un *dude* est soit mâle soit femelle et est souvent précédé de *hey* (pour "hi"). *To cruise* signifie "aller" à pied, en voiture, à vélo ou en skateboard. *All right* et *right on* confirment que vous et votre interlocuteur êtes bien *on the same wavelenth* (sur la même longueur d'onde).

Le Californien a tendance à simplifier son expression, à laisser tomber la fin des mots, à glisser sur les syllabes et à télescoper les mots.

Yeah, mmmhmm et *uh-huh* signifient "yes", mais *uh-uh* et *hmmhm* "no". Un hochement de tête significatif vous en dira plus.

"Dirty" se prononce *dirdy*, "do you want to ?" devient *dyawana*, "I don't know" *Idunno*, "all right" *awright* et "what is up ?" ("Qu'est-ce qu'il se passe ?") se limite à un simple *sup* ?

Formules de politesse

Les formules d'accueil sont des plus simples, avec les standards "hello", "hi", "good morning", "good afternoon", "how are you ?". Plus familièrement, on s'interpelle par "hey", "hey there" ou "howdy". Les formules d'adieu sont, en comparaison plus variées, avec "bye", "goodbye", "bye-bye", "see-ya", "take it easy", "later", "take care", "don't work too hard" et l'éternel "have a nice day".

Si les Américains sont avares de "please", ils distribuent généreusement leurs "thank you". Vous entendrez souvent "excuse me" à la place de "sorry". Dans la conversation, l'interlocuteur émettra fréquemment des *mm-hmmm* ou *uh-huh* pour montrer qu'il ne dort pas, qu'il vous écoute et vous encourager ainsi à continuer. C'est un signe beaucoup plus encourageant que le circonspect *mmm*.

Certains locuteurs ne se satisfont pas de ces *uh-huh* enthousiastes et émaillent leur discours de "y'know" ou de "you hear what I'm saying ?". Ces expressions n'appellent pas forcément de réponse.

Termes et expressions utiles

Tout le monde peut parler une langue étrangère, le tout est d'oser. La grammaire, au final, n'est pas essentielle pour se débrouiller sur place. Pour réserver une chambre, commander un plat ou simplement engager une conversation, voici 99 phrases essentielles qui vous aideront à ne pas rester muet, en toutes circonstances !

Premier contact

Bonjour. *Hi.*
Au revoir. *Bye.*
Je m'appelle… *My name is…*
Enchanté(e). *Nice to meet you.*
Comment allez-vous ?/vas-tu ?
How are you?
Bien, merci. Et vous ?/Et toi ?
Fine thanks, and you?
Voici mon compagnon/ma compagne.
This is my partner.

À propos de vous

D'où venez-vous ?
Where are you from?
Je viens de…
I'm from…
Je suis marié(e).
I'm married.
Je suis célibataire.
I'm single.
Quel est votre/ton numéro de téléphone ?
What's your phone number?
Quelle est votre/ton adresse e-mail ?
What's your email address?

Engager la conversation

Quel est votre/ton métier ?
What do you do for a living?
Je suis employé(e) de bureau.
I'm an office worker.
Je suis ouvrier/ouvrière.
I work in a factory.
Je suis un homme d'affaires/
Je suis une femme d'affaires.
I'm a businessperson.
Je suis un(e) étudiant(e).
I'm a student.
Je suis un(e) artiste.
I'm an artist.
Quel âge avez-vous ?/Quel âge as-tu ?
How old are you?
J'ai (25) ans.
I'm (25) years old.
Aimes-tu l'art ?
Do you like art?
Aimes-tu le sport ?
Do you like sports?
Aimes-tu lire ?
Do you like to read?
Aimes-tu danser ?
Do you like to dance?
Aimes-tu voyager ?
Do you like travelling?

Sensations

J'ai faim. *I'm hungry.*
J'ai froid. *I'm cold.*
J'ai chaud. *I'm hot.*
J'ai soif. *I'm thirsty.*
Comment te sens-tu ? *You okay?*

Transports

Est-ce le bus (pour San Francisco) ?
Is this the bus (to San Francisco)?
Est-ce l'avion (pour San Francisco) ?
Is this the plane (to San Francisco)?
Est-ce le train (pour San Francisco) ?
Is this the train (to San Francisco)?
C'est combien pour aller à… ?
How much is it to …?
Ce taxi est-il libre ?
Is this taxi free?
À quelle heure part-il ?
What time does it leave?
Où se trouve le centre-ville ?
Where is downtown?
Où puis-je trouver un hôtel ?
Where's a hotel?
Où se tient le marché ?
Where is a farmers' market?

Hébergement

Où puis-je trouver un terrain de camping ?
Where is a camp ground?

Pouvez-vous me recommander un logement pas cher ?
Can you recommend somewhere cheap?
Pouvez-vous me recommander un logement de qualité ?
Can you recommend somewhere good?
Quel est le prix par nuit ?
How much is it per night?
Je voudrais réserver une chambre, s'il vous plaît.
I'd like to book a room, please.

Achats

Où est le supermarché ?
Where's the supermarket?
Où puis-je trouver une banque ?
Where's a bank?
Où puis-je acheter… ?
Where can I buy …?
Est-ce que je peux le voir ?
Can I look at it?
Quel est votre meilleur prix ?
What's your lowest price?
Pouvez-vous écrire le prix ?
Can you write down the price?
Puis-je avoir un reçu, s'il vous plaît.
I'd like a receipt, please.

Photographie

Je voudrais une carte mémoire pour cet appareil.
I'd like a memoray card for this camera.
Avez-vous un câble pour cet appareil ?
Do you have a cable for this camera?
Où puis-je trouver une batterie pour cet appareil ?
Where can I find a battery for this camera?
Je voudrais graver mes photos sur un CD.
I'd like to put my photos on a CD.
Combien coûte le tirage papier des photos de cette carte mémoire ?
How much is it to print out the photo on this memory card?
Quand cela sera-t-il prêt ?
When will it be ready?

Sortir

J'aimerais aller au cinéma.
I feel like going to the movies.
J'aimerais aller au théâtre.
I feel like going to the theatre.
J'aimerais aller à un concert.
I feel like going to a concert.
Où y a-t-il des discothèques ?
Where can I find clubs?
Où y a-t-il des lieux gays ?
Where can I find gay venues?
Où y a-t-il des pubs ?
Where can I find pubs?

Visites touristiques

Quand a lieu la prochaine excursion à la journée ?
When's the next day trip?
L'excursion dure combien de temps ?
How long is the tour?
L'entrée est-elle comprise dans le prix ?
Is the admission charge included?
À quelle heure doit-on rentrer ?
What time should we be back?

Où se restaurer et prendre un verre

Pouvez-vous me conseiller un restaurant ?
Can you recommend a restaurant?
Pouvez-vous me conseiller un café ?
Can you recommend a cafe?
Servez-vous des plats végétariens ?
Do you have vegetarian food?
Y a-t-il un restaurant végétarien par ici ?
Is there a vegetarian restaurant near here?
Je voudrais une table pour (5) personnes, s'il vous plaît.
I'd like a table for (five), please.
Y a-t-il un espace fumeurs ?
Is there a smoking area?
Pouvez-vous me conseiller un bar ?
Can you recommend a bar?

Faire ses courses

Combien coûte (un kilo) ?
How much is (a kilo)?
J'en voudrais (200) grammes.
I'd like (200) grams.
J'en voudrais (6) tranches.
I'd like (six) slices.
Quelle est la spécialité locale ?
What's the local speciality?

Commander à manger/à boire

Puis-je avoir la carte des boissons, s'il vous plaît.
I'd like to see the drinks list, please.
Puis-je avoir le menu, s'il vous plaît.
I'd like the menu, please.
Qu'est-ce que vous me conseillez ?
What would you recommend?
Un café (avec du lait).
Coffee with milk.
Un thé (avec du lait).
Tea with milk.
L'addition, s'il vous plaît.
The check, please.

Au bar

Qu'est-ce que vous désirez ?
What would you like?
Je vous offre un verre.
I'll buy you a drink.

Une bière.	*A beer.*
Un verre de vin blanc.	*A glass of white wine.*
Un verre de vin rouge.	*A glass of red wine.*
Champagne.	*Champagne.*
Santé!	*Cheers!*

Santé

Au secours !
Help!
J'ai besoin d'un médecin qui parle français.
I need a doctor who speaks French.
Est-ce que je peux voir une femme médecin ?
Could I see a female doctor?
Je n'ai plus de médicaments.
I've run out of my medicine.
Où y a-t-il un dentiste par ici ?
Where's the nearest dentist?
Où est l'hôpital le plus proche ?
Where's the nearest hospital?
Où y a-t-il une pharmacie de garde par ici ?
Where's a 24-hour pharmacy?

Glossaire

4WD – Four Wheel Drive ; véhicule 4x4.

9/11 – 11 septembre 2001 (prononcer "nine, one, one") ; jour des attaques terroristes d'Al-Qaïda, où des avions détournés ont frappé le Pentagone et le World Trade Center de New York.

24/7 – 24h/24, 7 jours/7.

AAA – American Automobile Association, également appelée "Triple A".

Acela – trains à grande vitesse du nord-est des États-Unis.

adobe – matériau de construction mexicain traditionnel, composé de briques de boue et de paille séchée ; structure faite à base de ce matériau.

aka – *also known as* : aussi connu pour/comme.

alien – terme officiel désignant un citoyen étranger aux États-Unis, qu'il soit visiteur ou résident.

Amtrak – compagnie nationale de chemins de fer consacrée au transport de voyageurs.

Angeleno/ Angelena – habitant de Los Angeles.

antebellum – adjectif désignant la période précédant la guerre civile, c'est-à-dire avant 1861.

antojito – (espagnol) apéritif, snack ou plat léger.

Arts & Crafts – signifiant "arts et artisanat", cette expression désigne un courant qui s'est développé aux États-Unis dans l'architecture et le design dès le début du XXe siècle. Mettant l'accent sur le travail artisanal et la fonctionnalité, il s'est imposé en réaction à la mauvaise qualité des objets fabriqués industriellement.

ATF – Bureau of Alcohol, Tobacco & Firearms, agence fédérale chargée de faire respecter la loi.

ATM – Automated Teller Machine ; distributeur automatique de billets (DAB).

ATV – All-Terrain Vehicles ; véhicules tout-terrain, utilisés pour le transport sur des routes non goudronnées ; voir aussi OHV.

back east – expression utilisée par les Californiens pour désigner la côte Est.

backpacker – randonneur partant camper pour plusieurs jours ; plus rarement, un jeune voyageur à petit budget.

bling-bling – terme du vocabulaire hip-hop désignant des bijoux et des biens très onéreux, symbolisant le succès.

BLM – Bureau of Land Management ; service

du département de l'Environnement qui gère de grandes superficies de terre appartenant à l'État.

blue book – abréviation de Kelley Blue Book, équivalent américain de l'Argus pour les voitures d'occasion.

bodega – petit magasin vendant alcool, nourriture et autres articles de base.

boomtown – terme, datant de la ruée vers l'or, désignant une ville qui connaît une expansion économique rapide accompagnée d'un afflux de population.

booster – promoteur enthousiaste d'une ville ou d'une université ; prend parfois une connotation provinciale.

born again – personne ayant trouvé dans le christianisme une forme de renouveau personnel ; par extension, un baptisé.

brick-and-mortar – l'emplacement géographique d'une entreprise, par opposition à sa présence virtuelle sur Internet.

burro – un petit âne utilisé comme porteur.

BYOB – "Bring Your Own Booze", amenez votre propre alcool ; mention figurant sur certaines invitations à des fêtes.

camper – un type de caravane.

carded – adjectif signifiant que vous avez dû présenter votre carte d'identité pour entrer dans un bar, acheter de l'alcool ou des cigarettes.

carpetbaggers – opportunistes du Nord venus s'installer dans le Sud après la guerre de Sécession.

CCC – Civilian Conservation Corps ; programme fédéral instauré en 1933 consistant à embaucher des jeunes hommes non qualifiés.

CDW – Collision Damage Waiver ; assurances proposées avec la location d'une voiture.

cell – téléphone portable.

Chamber of Commerce – COC, chambre de commerce ; association d'entreprises locales qui fournit souvent des renseignements touristiques sur la région.

Chicano/Chicana – homme/femme d'origine mexicano-américaine.

Civil War – guerre civile (ou guerre de Sécession) opposant, de 1861 à 1865, les États confédérés du Sud aux États du Nord et qui aboutit à l'abolition de l'esclavage en 1865.

CNN – Cable News Network ; chaîne d'information 24h/24 du câble.

coach class – classe économique dans les trains et les avions.

coed – coeducational ; terme désignant un endroit ouvert aux femmes et aux hommes. Il est utilisé, par exemple, pour les dortoirs des auberges de jeunesse.

conestoga – grand chariot couvert tiré par des chevaux ou des bœufs, utilisé par les pionniers dans leur voyage vers l'Ouest.

Confédération – ensemble regroupant les 11 États du Sud (appelés les États confédérés) qui firent sécession en 1860 puis en 1861, entraînant la guerre civile.

contiguous states – tous les États américains à l'exception de l'Alaska et d'Hawaï ; on parle aussi des "lower 48".

cot – lit de camp.

country and western – un mélange de musique folk du sud et de l'ouest des États-Unis.

coyote – petit chien sauvage, typique des plaines du centre et de l'ouest de l'Amérique ; personne qui aide les immigrants mexicains à franchir illégalement la frontière des États-Unis (passeur).

cracker – dans le sud des États-Unis, terme péjoratif désignant un Blanc sans le sou.

CVB – Convention and Visitors Bureau ; bureau instauré par de nombreuses municipalités afin de promouvoir le tourisme et d'assister les visiteurs.

DEA – Drug Enforcement Agency ; instance fédérale chargée de l'application des lois anti-drogues.

DIY –"Do It Yourself", bricolage, pratique d'amateur.

DMV – Dept of Motor Vehicles ; agence fédérale responsable de l'immatriculation des véhicules et de l'attribution des permis.

docent – guide ou gardien dans un musée ou une galerie.

dog, to ride the – voyager dans les bus de la société Greyhound.

downtown – le centre-ville, quartier central des affaires.

DUI – Driving Under the Influence of alcohol ; conduite en état d'ivresse (et/ou sous l'influence de drogues).

efficiency – petit appartement meublé doté d'une cuisine, souvent proposé pour des locations de courte durée.

Emancipation – en référence à l'Emancipation Proclamation, par laquelle Abraham Lincoln, en 1863, déclarait libres tous les esclaves de la Confédération ; en 1865, le 13e amendement de la Constitution des États-Unis abolissait officiellement l'esclavage.

entrée – plat principal d'un repas.

express bus/train – bus ou train qui ne marque que les arrêts principaux et non les arrêts "locaux".

express stop/station – station desservie par les "express buses/trains", ainsi que les "local buses/trains".

flag stop – endroit où les bus ne s'arrêtent que si vous leur faites signe.

foldaway – lit de camp dans un hôtel.

forty-niners – immigrants qui arrivèrent en Californie pendant la ruée vers l'or de 1849 ; également l'équipe professionnelle de football américain de San Francisco (les 49ers).

gated community – zone résidentielle close et à accès contrôlé.

general delivery – poste restante.

Generation X – la jeunesse désœuvrée des années 1980, à laquelle ont succédé les Générations Y et Z.

gimme cap – casquette promotionnelle ornée du logo d'une entreprise ; terme souvent péjoratif pour désigner la culture blanche des classes modestes.

GLBT – Gay, Lesbien, Bisexuel, Transgenre.

GOP – Grand Old Party ; surnom donné au Parti républicain.

graduate study – études postuniversitaires effectuées après le bachelor's degree (équivalent de la licence).

green card – carte attribuée aux détenteurs d'un visa d'immigrant. Elle permet à son possesseur de vivre et de travailler en toute légalité aux États-Unis.

hip-hop – musique rap ; en général, l'ensemble de la culture noire et urbaine.

Hispanic – d'origine latino-américaine (synonyme de Latino/Latina)

HI-USA – Hostelling International USA ; auberges de jeunesse américaines membres de Hostelling International, une association faisant elle-même partie de l'IYHF (International Youth Hostel Federation).

hookup – dans les campings, branchement qui permet aux caravanes de bénéficier de l'électricité, de l'eau courante, et du système d'évacuation des eaux usées ; dans certaines situations, désigne une rencontre romantique.

IMAX – salles de cinéma spécialisées avec écran géant.

INS – Immigration & Naturalization Service ; remplacé depuis 2002 par l'USCIS.

interstate – autoroute commune à plusieurs États, qui fait partie du système national des autoroutes.

IRS – Internal Revenue Service ; le service du département du Trésor américain chargé de la levée de l'impôt.

Jim Crow laws – lois instaurées dans le Sud, après la guerre de Sécession, qui visaient à limiter le droit de vote et les droits civils des Noirs ; "Jim Crow" : ancienne expression péjorative désignant un Noir.

Joshua tree – type de yucca géant, très répandu dans les régions arides du Sud-Ouest.

kiva – chambre ronde souterraine construite par les peuples amérindiens du Sud-Ouest pour des cérémonies ou d'autres événements de la vie quotidienne.

KOA – Kampgrounds of America ; chaîne privée de terrains de camping présente dans tout le pays.

LA – abréviation de Los Angeles

Latino/Latina – homme/femme originaire d'Amérique latine (synonyme d'Hispanic).

LDS – Latter-day Saints ; Église des Saints du Dernier Jour, dénomination officielle de l'Église mormone.

live oak – chêne vert à feuilles pérennes originaire du Sud. Le bois de chêne vert représente un excellent matériau pour la construction de bateaux.

local – un bus ou un train qui marque tous les arrêts ; voir aussi express bus/train.

lower 48 – Les 48 États contigus des États-Unis continentaux ; tous les États à l'exception de l'Alaska et d'Hawaï.

MLB – Major League Baseball ; fédération professionnelle de base-ball.

MLS – Major League Soccer ; fédération professionnelle de football.

mojito – cocktail à base de sucre, de rhum, de citron vert et de menthe écrasée.

morteros – mortiers ; petites cavités dans la roche où les Indiens avaient coutume de moudre des graines.

Mother Road – surnom de la Route 66, autrefois la seule route reliant Chicago à Los Angeles.

NAACP – National Association for the Advancement of Colored People ; organisation de défense et de promotion des droits des Noirs, fondée en 1910 et qui a joué un rôle majeur dans le mouvement des droits civiques dans les années 1960.

National Guard – armée de réserve de chaque État placée sous la tutelle de l'État fédéral, entrant en action en cas d'urgence.

National Recreation Area – zones géographiques gérées par le National Park Service et présentant un intérêt écologique important. Elles ont été modifiées par l'action des hommes (barrages, par exemple).

National Register of Historic Places – liste de sites historiques établie par le National Park Service ; l'altération de ces sites est étroitement surveillée.

NBA – National Basketball Association ; fédération professionnelle de basket masculin.

NCAA – National Collegiate Athletic Association ; organe gérant le sport interuniversitaire.

New Deal – ensemble de mesures et de grands travaux entrepris par le président Franklin D. Roosevelt pour sortir de la Grande Dépression.

NFL – National Football League ; fédération professionnelle de football américain.

NHL – National Hockey League ; fédération professionnelle de hockey sur glace.

NHS – National Historic Site.

NM – National Monument.

NOW – National Organization for Women ; association de défense des droits des femmes.

NPR – National Public Radio ; société de radiodiffusion non commerciale, soutenue par les auditeurs, qui produit et distribue des informations et des programmes culturels.

NPS – National Park Service ; division du département de l'Environnement chargée de l'administration des parcs nationaux et de leurs monuments.

NRA – National Recreation Area. Également National Rifle Association, un important groupe de pression pro-armes, empêchant la mise en place de législations restrictives sur l'utilisation des armes à feu.

NWR – National Wildlife Refuge ; réserve naturelle de faune et de flore.

OHV/ORV – Off-Highway Vehicle/Off-Road Vehicle ; véhicule tout-terrain.

outfitter – société fournissant des équipements divers, assurant le transport ou employant des guides pour des activités sportives, telles que la pêche, le canoë, le rafting ou la randonnée.

panhandle – bande de terre étroite se dégageant du territoire principal d'un État. Désigne également l'action de faire l'aumône.

parking lot/garage – place de stationnement.

PBS – Public Broadcasting System, réseau télévisuel non commercial ; l'équivalent télé de la NPR.

PC – politiquement correct ; ordinateur.

pétroglyphe – signe ou motif gravé sur la roche.

PGA – Professional Golfers' Association.

pick-up – camionnette ouverte à l'arrière.

pictographe – peinture sur roche.

po'boy – gros sandwich.

pound – monnaie représentée aux États-Unis par le symbole #, et non £.

pow-wow – rassemblement indien.

pueblo – village amérindien du Sud-Ouest composé notamment de demeures en pierre ou en adobe.

ranchero – propriétaire mexicain d'un ranch ; style de musique américano-mexicaine aux influences allemande et espagnole.

rancho – petit ranch (en espagnol du Mexique).

raw bar – comptoir de restaurant où l'on sert des fruits de mer crus.

Reconstruction – période qui suivit la guerre de Sécession, durant laquelle les États sécessionnistes ont été placés sous contrôle fédéral avant d'être à nouveau admis dans l'Union.

redneck – terme péjoratif désignant un membre de la classe ouvrière soutenant le Parti conservateur.

ristra – guirlande de piments.

RV – Recreational Vehicle ; camping-car ou caravane.

scalawags – terme péjoratif désignant les sudistes blancs ayant soutenu les États du Nord durant la guerre de Sécession et ayant tenté de s'enrichir sur les ruines du Sud au moment de la Reconstruction.

SF – abréviation de San Francisco

shotgun shack – petite cabane en bois composée de trois ou quatre chambres attenantes aménagées de telle sorte que l'on pouvait tirer avec un fusil à travers toutes les portes, de l'avant jusqu'au fond ; à l'époque, demeure des pauvres (Blancs ou Noirs) dans le sud des États-Unis.

sierra – (espagnol) chaîne de montagnes.

snail mail – lettre envoyée par courrier, par opposition aux e-mails, rapides (snail signifiant escargot).

snowbirds – terme désignant les riches retraités qui passent tous les hivers au soleil, dans le sud des États-Unis (région de la Sunbelt, Floride, Arizona, etc.).

SoCal – abréviation de Southern California.

soul food – cuisine traditionnelle des Noirs américains du Sud (l'andouille, le jarret de porc et le chou vert par exemple).

SSN – Social Security Number ; code à neuf chiffres sans lequel il est impossible de travailler.

stick, stick shift – boîte de vitesses manuelle/voiture à transmission manuelle.

strip mall – ensemble de sociétés ou de magasins installés autour d'un parking.

SUV – Sports Utility Vehicle ; 4x4 citadin.

swag – articles promotionnels délivrés gratuitement.

trailer – maison transportable ; un "trailer park" fournit des logements bon marché.

TTY, TDD – Telecommunications Devices for the Deaf ; dispositifs de télécommunication pour les malentendants.

two-by-four – pièces de bois de dimension standard : 2 pouces (5 cm) d'épaisseur et 4 pouces (10 cm) de largeur.

Union, the – les États-Unis ; dans le contexte de la guerre civile, l'Union désignait les États du Nord en guerre avec la confédération des États du Sud.

USAF – United States Air Force ; armée de l'air américaine.

USCIS – US Citizenship & Immigration Services, service rattaché au département de la Sécurité intérieure, chargé de l'immigration, de l'attribution des visas et de la naturalisation des étrangers.

USFS – United States Forest Service ; département du ministère de l'Agriculture chargé des forêts fédérales.

USGS – United States Geological Survey ; agence du ministère de l'Intérieur responsable, notamment, de l'établissement des cartes topographiques de l'ensemble du pays.

USMC – United States Marine Corps ; corps de l'armée chargé de faire respecter les directives américaines en territoire étranger.

USN – United States Navy ; marine américaine.

wash – cours d'eau dans le désert, le plus souvent à sec mais sujet à des crues soudaines et violentes.

Wasp – White Anglo-Saxon Protestant ; terme souvent utilisé pour désigner la classe moyenne blanche américaine.

well drinks – boissons peu chères à base d'alcools forts, par opposition aux "top-shelf drinks".

WNBA – Women's National Basketball Association.

wonk – terme généralement péjoratif désignant une personne obsédée par de petits détails ; personne qui rencontre des difficultés de sociabilité. Équivalent d'un *nerd* ou d'un *geek* de l'informatique.

WPA – Works Progress Administration (puis Works Project Administration) ; programme mis en œuvre à l'époque de la Grande Dépression, et visant à réduire le chômage en finançant des travaux publics.

zip code – code postal de cinq ou neuf chiffres, instauré dans le cadre du Zone Improvement Program.

En coulisses

Crédits

La carte climatique est adaptée de Peel MC, Finlayson BL & McMahon TA (2007) 'Updated World Map of the Köppen-Geiger Climate Classification', Hydrology and Earth System Sciences, 11, 1633-44. Illustrations pp. 46-47 de Michael Weldon.

À propos de ce guide

Cette 3e édition du guide *L'essentiel de la Californie* est une traduction-adaptation du guide *Best of California* coordonné par Nate Cavalieri, assisté dans les recherches et la rédaction par Brett Atkinson, Andrew Bender, Sara Benson, Alison Bing, Cristian Bonetto, Jade Bremner, Michael Grosberg, Ashley Harrell, Josephine Quintero, Andrea Schulte-Peevers, Helena Smith, John A Vlahides et Clifton Wilkinson.

Traduction Louise Cabannes, Frédérique Hélion-Guerrini et Florence Szarvas

Direction éditoriale Didier Férat

Adaptation française Claire Chevanche

Responsable prépresse Jean-Noël Doan

Maquette Pierre Brégiroux

Cartographie Cartes adaptées en français par Caroline Sahanouk et cartes originales de Martine Marmouget (AFDEC)

Couverture Laure Wilmot

Un grand merci à Christiane Mouttet pour sa relecture attentive, à Maryline Martinol pour son travail de révision et à Olympe Richez pour son travail de comparaison des textes. Merci à Dominique Spaety pour son soutien et à toute l'équipe du bureau de Paris. Enfin, merci à Darren O'Connell, Elizabeth Nguyen, Chris Love, Jacqui Sanders, Glenn van der Knijff et Claire Murphy du bureau australien, et à Clare Mercer, Joe Revill, Sarah Nicholson, Luan Angel et Becky Henderson du bureau de Londres.

Vos réactions ?

Vos commentaires nous sont très précieux et nous permettent d'améliorer constamment nos guides. Notre équipe lit toutes vos lettres avec la plus grande attention. Nous ne pouvons pas répondre individuellement à tous ceux qui nous écrivent, mais vos commentaires sont transmis aux auteurs concernés. Tous les lecteurs qui prennent la peine de nous communiquer des informations sont remerciés dans l'édition suivante, et ceux qui nous fournissent les renseignements les plus utiles se voient offrir un guide.

Pour nous faire part de vos réactions, prendre connaissance de notre catalogue et vous abonner à notre newsletter, consultez notre site Internet : **www.lonelyplanet.fr**

Nous reprenons parfois des extraits de notre courrier pour les publier dans nos produits, guides ou sites Web. Si vous ne souhaitez pas que vos commentaires soient repris ou que votre nom apparaisse, merci de nous le préciser. Notre politique en matière de confidentialité est disponible sur notre site Internet.

A–Z
Index

Comment utiliser ce guide

Ces symboles vous aideront à identifier les différentes rubriques :

- À voir
- Activités
- Cours
- Circuits organisés
- Fêtes et festivals
- Où se restaurer
- Où prendre un verre
- Où sortir
- Achats
- Renseignements et transports

Ces symboles vous donneront des informations essentielles au sein de chaque rubrique :

Adresses écoresponsables

GRATUIT Sites libres d'accès

- Numéro de téléphone
- Heures d'ouverture
- Parking
- Non-fumeurs
- Climatisation
- Accès Internet
- Wi-Fi
- Piscine
- Bus
- Ferry
- Tramway
- Train
- Menu en anglais
- Végétarien
- Familles bienvenues

Choisissez des lieux sur mesure grâce aux symboles suivants :

- Petits prix
- Gastronomie
- Prendre un verre
- Vélo
- Sports
- Art et culture
- Fêtes et festivals
- Sites photogéniques
- Paysages
- En famille
- Excursion
- Détour
- Randonnée
- 100% local
- Histoire
- Sortir
- Plages
- Café
- Faune et flore
- Scène LGBT
- Hébergement
- Transports
- Activités aquatiques
- Infos pratiques

À voir

- Cave/vignoble
- Château
- Église
- Monument
- Mosquée
- Musée/galerie/ édifice historique
- Plage
- Réserve ornithologique
- Ruines
- Synagogue
- Temple bouddhiste
- Temple confucéen
- Temple hindou
- Temple jaïn
- Temple shintoïste
- Temple sikh
- Temple taoïste
- Zoo/réserve animalière
- Autre site

Achats

- Magasin

Activités

- Bodysurfing
- Canoë/kayak
- Cours/circuits organisés
- Plongée/snorkeling
- Randonnée
- Sentô (bain public)
- Ski
- Snorkeling
- Surf
- Piscine/baignade
- Planche à voile
- Autres activités

Où se loger

- Camping
- Hébergement

Où se restaurer

- Restauration

Où prendre un verre

- Bar
- Café

Où sortir

- Salle de spectacle

Renseignements

- Banque
- Ambassade/consulat
- Hôpital/centre médical
- Accès Internet
- Police
- Bureau de poste
- Centre téléphonique
- Toilettes
- Office du tourisme
- Autre adresse pratique

Géographie

- Aire de pique-nique
- Cascade
- Col
- Montagne/volcan
- Oasis
- Parc
- Phare
- Plage
- Point de vue
- Portail
- Refuge/gîte

Transports

- Aéroport
- Bart
- Bus
- Ferry
- Gare/chemin de fer
- Métro/MRT
- Monorail
- Parking
- Piste cyclable
- Poste-frontière
- Station-service
- Subway
- T/T-Bane
- Taxi
- Téléphérique/ funiculaire
- Tramway
- Tube
- U-Bahn
- Autre moyen de transport

Las Vegas, la Californie, le Sud-Ouest américain, le Canada, l'Australie et Hawaï.

Alison Bing

San Francisco Après plus de 10 guides et 20 ans à San Francisco, Alison Bing a passé plus de temps à Alcatraz que certains détenus, s'est prise de passion pour les drag-queens et les burritos et continue d'ignorer royalement l'interdiction de parler au chauffeur dans les bus MUNI. Elle a également contribué aux chapitres *Avant le départ* et *En savoir plus*.

Cristian Bonetto

Los Angeles À ce jour, Cristian a participé à plus de 30 guides Lonely Planet sur New York, l'Italie, Venise et la Vénétie, Naples et la côte amalfitaine, le Danemark, Copenhague, la Suède et Singapour. Ses articles ont paru dans de nombreuses publications dans le monde, dont le *Telegraph* (Royaume-Uni) et le *Corriere del Mezzogiorno* (Italie). Il vit à Melbourne, en Australie.

Jade Bremner

San Diego Jade est journaliste depuis plus d'une décennie. Où qu'elle aille, elle aime essayer des sports extrêmes, surtout les plus farfelus – ce n'est pas un hasard si beaucoup de ses destinations préférées offrent des rouleaux parmi les plus belles vagues du monde. Jade a été éditrice de magazines de voyage et de rubriques pour *Time Out* et *Radio Times* mais aussi correspondante pour le *Times*, *CNN* et *The Independent*.

Michael Grosberg

Yosemite National Park Michael a collaboré à plus de 45 guides Lonely Planet allant du Myanmar au New Jersey. Il a aussi contribué à l'urbanisation de l'île de Rota, dans le Pacifique Ouest, écrit des articles sur la violence politique en Afrique du Sud et enseigné en Équateur. Titulaire d'un master en littérature comparée, il a enseigné la littérature et l'écriture en tant que professeur adjoint dans plusieurs universités de New York.

Ashley Harrell

Sonoma Valley Après avoir fait un peu de porte-à-porte pour vendre des coupons de réduction pour des centres de bien-être dans le sud de la Floride, Ashley a préféré devenir auteur. Elle a beaucoup voyagé et déménagé, allant d'un appartement minuscule à New-York à un ranch californien ou une hutte dans la jungle au Costa Rica, où elle a commencé a écrire pour Lonely Planet. Depuis, ses voyages sont plus exotiques et plus lointains encore et elle s'amuse toujours d'être payée pour ça.

Josephine Quintero

Forêts de séquoias, Coastal Highway 1
Josephine a débuté dans le journalisme en écrivant dans un magazine d'œnologie et d'art de vivre de la Napa Valley. Ironie du sort, elle a ensuite déménagé au Koweït, un pays plutôt "sec", pour être rédactrice en chef du *Kuwaiti Digest* pendant six ans, jusqu'au 1er août 1990 – date de l'invasion irakienne. Retenue en otage pendant six semaines, elle s'est échappée en Turquie avant d'emménager en Andalousie, où elle a gagné sa vie en travaillant principalement comme "nègre".

Andrea Schulte-Peevers

Palm Springs Andrea a déjà parcouru l'équivalent d'un aller-retour sur la Lune au cours de ses voyages dans quelque 75 pays. Née en Allemagne, où elle a passé son enfance, elle a fait ses études à Londres et à l'UCLA. Elle est auteur de voyage professionnel depuis plus de vingt ans et a signé ou cosigné près de 100 ouvrages pour Lonely Planet, écrivant aussi pour des quotidiens, des magazines et des sites Internet dans le monde entier. Elle travaille également comme consultante de voyages, traductrice et éditrice.

Helena Smith

Lake Tahoe Auteure et photographe primée, Helena a écrit des guides de voyage sur des pays allant de Fidji à la Norvège. Née en Écosse, elle a passé une partie de son enfance au Malawi et se sent toujours chez elle en Afrique. Elle apprécie l'ambiance multiculturelle du quartier londonien de Hackney, où elle vit, et a rédigé, illustré de photos et publié *Inside Hackney*, le premier guide sur ce quartier (www.insidehackney.com).

John A Vlahides

San Francisco John a été cuisinier dans un bordel parisien, concierge dans un hôtel de luxe, animateur de télévision, surveillant de couloir dans un club libertin et interprète français-anglais – et c'est un des auteurs de guides les plus expérimentés de Lonely Planet. Natif de New York vivant à San Francisco, il a contribué à une vingtaine de guides Lonely Planet depuis 2003. Il coanime aussi l'émission de télévision Lonely Planet: Roads Less Travelled.

Clifton Wilkinson

Santa Barbara Les Noël passés près de Sacramento, les virées à vélo de l'autre côté du Golden Gate Bridge et les randonnées dans le Yosemite National Park l'ont fortifié dans l'idée que le Golden State est le plus bel État des États-Unis et que Santa Barbara en est un des plus beaux coins. Il travaille pour Lonely Planet depuis plus de 11 ans et est maintenant basé au bureau de Londres.

Les guides Lonely Planet

Une vieille voiture déglinguée, quelques dollars en poche et le goût de l'aventure, c'est tout ce dont Tony et Maureen Wheeler eurent besoin pour réaliser, en 1972, le voyage d'une vie : rallier l'Australie par voie terrestre via l'Europe et l'Asie. De retour après un périple harassant de plusieurs mois, et forts de cette expérience formatrice, ils rédigèrent sur un coin de table leur premier guide, *Across Asia on the Cheap*, qui se vendit à 1 500 exemplaires en l'espace d'une semaine. Ainsi naquit Lonely Planet, dont les guides sont aujourd'hui traduits en 13 langues.

Nos auteurs

Nate Cavalieri

Coordinateur Écrivain et musicien basé à Oakland, en Californie, Nate a signé plus d'une douzaine de titres pour Lonely Planet dont des guides sur la Californie, les Caraïbes et l'Amérique latine ainsi que *Le Monde à vélo*. Il a parcouru à vélo la Chine, l'Afrique australe en tant que guide chez Tour d'Afrique, mais a aussi été percussionniste dans un parc à thème d'Orlando et accompagnateur de cours de danse moderne.

Brett Atkinson

Big Sur Brett vit à Auckland, en Nouvelle-Zélande, mais prend souvent la route pour Lonely Planet. Écrivain gastronomique et écrivain de voyage à plein temps, il publie régulièrement sur le site de Lonely Planet et dans des quotidiens, magazines et sites Internet néo-zélandais et australiens. Depuis qu'il est devenu auteur chez Lonely Planet en 2005, il a couvert des régions aussi diverses que le Vietnam, le Sri Lanka, la République tchèque, la Nouvelle-Zélande, le Maroc, la Californie et le Pacifique Sud.

Andrew Bender

Los Angeles, Orange County Écrivain gastronomique et de voyage primé, Andrew a rédigé plusieurs dizaines de guides Lonely Planet ainsi que de nombreux articles pour lonelyplanet.com. Il écrit aussi sur le site Seat 1A de Forbes.com, consacré au voyage, et publie fréquemment des articles dans le *Los Angeles Times*, des magazines de bord, etc. Andrew a vécu au Japon, en France et aux Pays-Bas ; natif de Nouvelle-Angleterre, il vit actuellement près de Los Angeles.

Sara Benson

Carnet pratique Après ses années universitaires, Sara a sauté dans un avion pour la Californie avec une valise et 100 $ en poche. Elle vit aujourd'hui à Oakland. Auteure de plus de 70 livres de voyages et ouvrages de non-fiction, elle a contribué à des guides Lonely Planet concernant le Pérou, le Japon, la Malaisie,

Nos auteurs (suite)

L'essentiel de la Californie
3e édition
Extrait, traduit et adapté de l'ouvrage *Best of California, 1st edition, May 2018*

Dépôt légal Mai 2018
ISBN 978-2-81617-120-4
Photographes © comme indiqué2018
Imprimé par ESTIMPRIM, Baume-les-Dames, France
Réimpression 02, Mars 2019

En Voyage Éditions | un département édi8